CAMBRIDGE LIBRARY COLLECTION

Books of enduring scholarly value

Rolls Series

Rerum Britannicarum Medii Aevi Scriptores, or The Chronicles and Memorials of Great Britain and Ireland during the Middle Ages, usually referred to as the 'Rolls Series', was an ambitious project first proposed to the British Treasury in 1857 by Sir John Romilly, the Master of the Rolls, and quickly approved for public funding. Its purpose was to publish historical source material covering the period from the arrival of the Romans to the reign of Henry VIII, 'without mutilation or abridgement', starting with the 'most scarce and valuable' texts. A 'correct text' of each work would be established by collating 'the best manuscripts', and information was to be included in every case about the manuscripts used, the life and times of the author, and the work's 'historical credibility', but there would be no additional annotation. The first books were published in 1858, and by the time it was completed in 1896 the series contained 99 titles and 255 volumes. Although many of the works have since been re-edited by modern scholars, the enterprise as a whole stands as a testament to the Victorian revival of interest in the middle ages.

Registrum Epistolarum Fratris Johannis Peckham, Archiepiscopi Cantuariensis

A Franciscan scholar and theologian, John Peckham (*c*.1230–92) was appointed archbishop of Canterbury by the pope in 1279. His register survives at Lambeth Palace and is the chief source for his archiepiscopacy. This three-volume edition, prepared by Charles Trice Martin (1842–1914) between 1882 and 1885, rearranges the documents from their original thematic order to a chronological one, and omits the purely formal items, published elsewhere. The text is mostly in Latin, with some Anglo-Norman documents, for which a translation is provided in Appendix 2. Volume 2 contains letters 306–561, from August 1282 to June 1284, and the table of contents provides a useful summary of each letter. Topics range from purely ecclesiastical matters, such as excommunications and indulgences, to relations between England and Wales, as well as anti-Semitic legislation. Appendix 1 contains documents relating to the priory of Great Malvern.

Cambridge University Press has long been a pioneer in the reissuing of out-of-print titles from its own backlist, producing digital reprints of books that are still sought after by scholars and students but could not be reprinted economically using traditional technology. The Cambridge Library Collection extends this activity to a wider range of books which are still of importance to researchers and professionals, either for the source material they contain, or as landmarks in the history of their academic discipline.

Drawing from the world-renowned collections in the Cambridge University Library and other partner libraries, and guided by the advice of experts in each subject area, Cambridge University Press is using state-of-the-art scanning machines in its own Printing House to capture the content of each book selected for inclusion. The files are processed to give a consistently clear, crisp image, and the books finished to the high quality standard for which the Press is recognised around the world. The latest print-on-demand technology ensures that the books will remain available indefinitely, and that orders for single or multiple copies can quickly be supplied.

The Cambridge Library Collection brings back to life books of enduring scholarly value (including out-of-copyright works originally issued by other publishers) across a wide range of disciplines in the humanities and social sciences and in science and technology.

Registrum Epistolarum Fratris Johannis Peckham, Archiepiscopi Cantuariensis

VOLUME 2

EDITED BY CHARLES TRICE MARTIN

CAMBRIDGE
UNIVERSITY PRESS

CAMBRIDGE UNIVERSITY PRESS

Cambridge, New York, Melbourne, Madrid, Cape Town,
Singapore, São Paolo, Delhi, Mexico City

Published in the United States of America by Cambridge University Press, New York

www.cambridge.org
Information on this title: www.cambridge.org/9781108051460

This edition first published 1884
This digitally printed version 2012

ISBN 978-1-108-05146-0 Paperback

RERUM BRITANNICARUM MEDII ÆVI SCRIPTORES,

OR

CHRONICLES AND MEMORIALS OF GREAT BRITAIN AND IRELAND

DURING

THE MIDDLE AGES.

R 4237.   Wt. 14024.

a

THE CHRONICLES AND MEMORIALS

OF

GREAT BRITAIN AND IRELAND

DURING THE MIDDLE AGES.

PUBLISHED BY THE AUTHORITY OF HER MAJESTY'S TREASURY, UNDER
THE DIRECTION OF THE MASTER OF THE ROLLS.

ON the 26th of January 1857, the Master of the Rolls submitted to the Treasury a proposal for the publication of materials for the History of this Country from the Invasion of the Romans to the reign of Henry VIII.

The Master of the Rolls suggested that these materials should be selected for publication under competent editors without reference to periodical or chronological arrangement, without mutilation or abridgment, preference being given, in the first instance, to such materials as were most scarce and valuable.

He proposed that each chronicle or historical document to be edited should be treated in the same way as if the editor were engaged on an Editio Princeps; and for this purpose the most correct text should be formed from an accurate collation of the best MSS.

To render the work more generally useful, the Master of the Rolls suggested that the editor should give an account of the MSS. employed by him, of their age and their peculiarities; that he should add to the work a brief account of the life and times of the author, and any remarks necessary to explain the chronology; but no other note or comment was to be allowed, except what might be necessary to establish the correctness of the text.

a 2

The works to be published in octavo, separately, as they were finished; the whole responsibility of the task resting upon the editors, who were to be chosen by the Master of the Rolls with the sanction of the Treasury.

The Lords of Her Majesty's Treasury, after a careful consideration of the subject, expressed their opinion in a Treasury Minute, dated February 9, 1857, that the plan recommended by the Master of the Rolls "was well calculated for the accomplishment of this important national object, in an effectual and satisfactory manner, within a reasonable time, and provided proper attention be paid to economy, in making the detailed arrangements, without unnecessary expense."

They expressed their approbation of the proposal that each Chronicle and historical document should be edited in such a manner as to represent with all possible correctness the text of each writer, derived from a collation of the best MSS., and that no notes should be added, except such as were illustrative of the various readings. They suggested, however, that the preface to each work should contain, in addition to the particulars proposed by the Master of the Rolls, a biographical account of the author, so far as authentic materials existed for that purpose, and an estimate of his historical credibility and value.

Rolls House,
December 1857.

REGISTRUM EPISTOLARUM
FRATRIS JOHANNIS PECKHAM,
ARCHIEPISCOPI CANTUARIENSIS.

EDITED

BY

CHARLES TRICE MARTIN, B.A., F.S.A.

VOL. II.

PUBLISHED BY THE AUTHORITY OF THE LORDS COMMISSIONERS OF HER MAJESTY'S
TREASURY, UNDER THE DIRECTION OF THE MASTER OF THE ROLLS.

LONDON:
ONGMAN & Co., Paternoster Row; TRÜBNER & Co., Ludgate Hili
ALSO BY
PARKER & Co., Oxford; AND MACMILLAN & Co., CAMBRIDGE;
A. & C. BLACK, AND DOUGLAS & FOULIS, EDINBURGH;
AND A. THOM, DUBLIN.

1884.

Printed by
EYRE and SPOTTISWOODE, Her Majesty's Printers.
For Her Majesty's Stationery Office.

ERRATA.

Page 162, l. 10, *for* " Wocking " *read* " Docking."

„ 401, last line, *for* " oca " *read* " loca."

„ 462, l. 4, *for* " detradi " *read* " detrudi."

„ 486, No. ccclxix., in margin, *for* " 28 December" *read* " 10 December."

Page 514, l. 17, *for* " Sladebur " *read* " Fladebur."

„ 530, note ¹, l. 3 from end, *for* " Porte " *read* " Ponte."

Page 652, l. 16, *after* " interioribus " *insert* a comma.

TABLE OF CONTENTS.

TABLE OF CONTENTS.

c

c 2

APPENDIX I.

Documents relating to the Priory of Great Malvern :—

APPENDIX II.

PREFACE.

PREFACE.

This second volume of Archbishop Peckham's letters extends over a period of nearly two years, from August 1282 to June 1284. During this period the archbishop travelled over a great part of his province, visiting the dioceses through which he passed and correcting abuses both among the secular clergy and in the religious houses. The most important events recorded are his two visits to Wales, undertaken to assist in pacifying that country. To understand the state of things which led him to take this journey it is necessary to go back and recapitulate the events of the last few years.

In 1240 Llewellyn ap Jorwerth, "the most valiant and Welsh affairs. " noble prince, who had brought all Wales to his sub- "jection,"[1] died, leaving by his wife Joan, king John's natural daughter, a son David and a daughter Gladys, married to Sir Ralph de Mortemer, and also an illegitimate son named Gruffyth, older than either of them.[2] Gruffyth was a valiant soldier, beloved of the people, but restless and turbulent. Once he and his father had stood face to face with their armies, but the impending battle had been averted by wise counsel, and later the son had suffered six years' imprisonment at his father's hand for some fresh offence.[3]

David succeeded to the principality, for which he did homage to Henry III., and like an eastern sultan, kept his brother in close prison for fear of his attempting to dispossess him. The clergy and most of the laity took Gruffyth's part. The bishop of Bangor excommunicated the prince, and sought Henry's intercession, but without effect.

---

[1] Caradoc. History of Cambria, p. 298.

[2] M. Paris, 827.

[3] Brut y Tywysogion, 307.

At last the king yielded to the persuasion of the Welsh lords, and made a treaty with Senena, Gruffyth's wife, for the liberation of her husband. David thereupon submitted, but he managed privately to work so much upon the king's fears by representing to him the warlike disposition of his bastard brother, that notwithstanding the treaty Gruffyth soon found himself lodged in the Tower of London, whence he tried to escape by making a rope of his sheets, but being heavy he fell and broke his neck.[1] This was in 1244.

Two years later David himself died. The people refused to acknowledge Roger Mortimer, son of his sister Gladys, as his heir, being only half a Welshman, and sent for Owen Goch[2] and Llewellyn, sons of the unfortunate Gruffyth, to whom they did homage. These two divided the principality between them, and were strong enough to repel an English army, though not without the loss of the cathedrals of St. Asaph and Bangor, which were both burnt.

After eight years of this divided reign, Owen and his younger brother David rose against Llewellyn and tried to dispossess him of his share, but only lost their own. From this time forward Llewellyn appears to have been possessed with a desire for conquering the whole of Wales, and freeing himself from English rule. At first he recovered the inland country of North Wales, Merionethshire, and the lands which prince Edward had possessed himself of in Cardigan, which he gave to his nephew Meredith. Then he drove Rhys Vachan out of Builth, settling Meredith ap Rhys there ; he recovered Gwerthryneon from Sir Roger Mortimer, and Powys land from Gruffyth ap Gwenwynwyn, an adherent of England.[3] He defeated the English with considerable

---

[1] Magnus valde et abdomine turgens. Erat enim caput ejus cum collo fere totum inter scapulas in pectore demersum. M. Paris, 617.

[2] A letter from them to Henry III. during David's lifetime is in the Record Office. They complain of the king's officers seizing their land, and wish their rights determined by Welsh law. Royal Letter, 767.

[3] Annales Cambriæ, 104.

loss at Dynefawr, and overran the whole of the county of Chester. At the height of his success he offered to make peace, or rather his lords compelled him to do so, foreseeing that the discord between the brothers would prevent their ever being really strong enough to resist the common enemy.[1] Their overtures were refused, and Llewellyn continued the war, dispossessing Roger Mortimer, and invading the earldom of Chester. He yielded so far to the wishes of his people as to set free his brother David, who immediately went over to the English. Soon after Meredyth ap Owen, his chief support in South Wales, died, and Gruffyth ap Gwenwynwyn, in attempting to recover Powysland, succeeded in occupying the castle of Molde ; so that when in the summer of 1267 [2] the prince found an English royal army marching against him, he judged it wise to listen to the pacific counsels of the legate Ottobonus, whom Henry III. had commissioned to negotiate a peace. On Michaelmas day, 1267, at Montgomery, a treaty was signed, of which the principal provisions were as follows.[3]

Llewellyn agreed to restore lands lately taken from England, except Brecon, Wercrennon, (Gwerthryneon), Burget, Kede Wien and Kery. Roger de Mortemer was allowed to build a castle at Maclenich, but both castle and land were to be restored to Llewellyn if determined to be his when tried by the customs of the Marches. Llewellyn was to receive the accustomed service from the castle and land of Whittington,[4] but the castle itself was to be in the king's hands. Llewellyn agreed to restore his lands in Hawarden to Robert de Monthaut on condition that no castle should be built there for 30 years, but refused to do the same to Gruffyth Gwen-

---

[1] 1258, M. Paris, 981.

[2] In Llwyd's edition of Caradoc this event is ascribed to the year 1268.

[3] Rym., I., 474.

[4] " Whicenton " Rymer. Whitenton in MS.

wynwyn [1] until he left the king of England and did fealty to him.

In return the king granted to Llewellyn and his heirs the principality, with the fealty and homage of the barons and people who held their lands of them in chief, with the exception of Maraduc, or Meredydd, son of Rys, whose homage the king retained, though the prince was bound to restore him. If the king were willing hereafter to transfer his homage, Llewellyn would pay 5,000 marks for it. On behalf of David, Llewellyn's brother, it was stipulated that he should have all the lands he held before taking part with the English, and if he would not be content with this, his case should be considered by certain Welsh lords, in accordance with the laws of the country and in presence of one or two assessors sent by the king of England. The king gave to Llewellyn also the four cantreds of Perveddwlad [2] to be held as his predecessors had held them.

These four cantreds are constantly mentioned from this time to the death of Llewellyn. They were Rhos, in which was the castle of Diganwy or Gannock, near Conway ; Rhyvoniog, the district round Denbigh ; Tegeingl, or Englefield, near Rhuddlan, and Duffryn Clwyd higher up the river Clwyd, including Ruthin. Roughly speaking they are the country from the frontier of Cheshire to the water of Conway.

Both parties agreed not to maintain or assist each other's enemies, and the Welsh bound themselves to pay 25,000 marks damages to the king.

The conditions of this peace were never thoroughly carried out. During the remainder of Henry III.'s. reign commissioners were more than once sent to the Marches to settle matters in dispute, but nothing seems to have been done. Llewellyn attacked and burnt Caerphilly castle belonging to the earl of Gloucester,

---

[1] Filius Wenori Wen.   [2] Perchwlad in Rymer.

and kept a force in the neighbourhood to prevent its being rebuilt, till he was promised that it should be held by the king and not by the earl until a formal decision was come to as to the rights of the dispute. This was repeatedly postponed, and no satisfactory settlement had been made, when on 16th Nov. 1272 Henry III. died. Within a very few days the archbishop of York and the earl of Cornwall wrote to require Llewellyn to meet the abbots of Dore and Haghmond at Montgomery Ford and perform his homage to the new king Edward,[1] who was on his way home from the Holy Land. From early in the morning till it was nearly dark they waited outside the castle, but neither the prince nor any messenger appeared.[2] That this was not accidental, but that the prince was beginning to think of another war with England, was evident from the fact that at this very time he was building a new castle near Montgomery, which the English council promptly forbade to be continued.

Llewellyn refused to be present at Edward's coronation,[3] and took no notice of repeated summons to meet him near the borders and do his homage. He allowed the payments due by the treaty of 1267 to fall into arrear. He wrote to the pope representing the danger incurred by his people in entering England, and obtained a bull releasing the Welsh from appearing before the court of the archbishop of Canterbury; and, what was a distinct infraction of the allegiance owed to the king of England, he appealed to Rome to settle a dispute about land with his brother David,[4] a matter which should have been settled by commissioners according to the laws and customs of the Marches. When Edward, tired of waiting at Chester, sent him a final summons[5] to come to Westminster and do his homage at Michaelmas, Llewellyn

---

[1] Rym. i., 498.
[2] Rym., i. 499.
[3] Royal Letter, 1322, P.R.O.

[4] Rym., 515.
[5] 10 September 1275.

must have known that a refusal would mean war. He therefore wrote to the pope a letter begging him not to believe untrue reports as to his conduct, and justifying himself by accusing the English in general terms of harbouring his enemies and summoning him to an unsafe place* to do homage.[1] At the same time, as if repenting of his obstinacy, he offered to come to Montgomery or Whitchurch on safe-conduct. But this was too late. The king had already returned to Westminster, and his council advised[2] him not to accept this tardy submission, but to proceed against Llewellyn as a rebel for his refusal to do homage and to observe his treaty with Henry III.

The bishops[3] indeed wrote to the prince to try and bring him to a better mind, but his answer[4] merely recapitulates his charges against the king of seizing lands belonging to Welsh barons, of aiding and abetting David, his brother, Gruffyth ap Gwenwynwyn, and other of his enemies, and complaining that he is summoned to do homage at an unsafe place; in fact it bears throughout the tone of a man determined to make war, but anxious to throw the blame on others. War was accordingly commenced.

Rhys ap Meredith, one of the leading men in South Wales, joined the English, and many of Llewellyn's own subjects accepted the king's offer of peace made through the earl of Warwick, captain of Chester.

The king himself was at Chester in June 1277, while his brother Edmund and Pain de Chaworth[5] were acting in South and West Wales. Flint and Rhuddlan castles were soon reduced. Anglesey was held by a fleet from the Cinque Ports. On August 16[6] David came to the English camp at Basingwerk, and joined their party on condition of receiving either half of Snowdon, Anglesey, and Penchyn,

---

[1] Rym., 528.
[2] Rym., 535.
[3] Rym., 536.
[4] Llwyd's Caradoc, 251.

[5] De Cadurcis, "Gadury" in the Welsh writers.
[6] Monday after Assumpt. of B. V. M., 5 E. 1. Rym., 544.

or if the king preferred it, all Anglesey and Penchyn
without Snowdon. Owen the eldest brother, whom
Llewellyn had kept in prison, was to share in the spoils.
No important engagements were fought, but in a very
short time the Welsh prince saw that his prespects of
success were hopeless. On November 10 a treaty was
concluded, of which it is advisable to give full details, as
the complaints of the Welsh [1] hereafter to be considered
refer to it article by article. Llewellyn submits to the
mercy of the king, and gives him 50,000l. as compensation
for his disobedience. He resigns the four cantreds entirely,
with other lands taken by the king, except Anglesey. If
he claims any lands outside the cantreds [2] held by others
than the king, justice shall be done to him according to
the local laws and customs. He shall take the oath of
fealty at Rhuddlan, previously having obtained absolution and freed his country from the interdict. He shall
liberate his brother Owen, and make terms with him subject to the king's approval, or else Owen, under the king's
protection, shall seek his rights by Welsh law. Llewellyn
shall liberate Rhys ab Gruffyth, Owen ab Gruffyth ab
Gwenwynwyn, David ab Gruffyth ab Owen Elisse,
Madog ab Einion,[3] and any other persons imprisoned for
taking the king's part. The king grants to Llewellyn
during his life the homage of David ab Gruffyth, of the
two sons of Owain ab Bleddyn, and Rhys Vychan ab
Rhys ab Maelgun.[4] The last is to hold only the land he
now has, the others all that they previously held. All
others who come into the king's peace and remain so are

---

[1] No. cccxlii.

[2] "Ex quatuor cantredis prædic-
"tis," in Rymer. This might be
ambiguous. The copy from which
the editors of Rymer printed, reads,
" ex quatuor cantreda prædicta,"
which they have silently altered.
The enrolment on the Welsh Roll
(4 Edw. I., m. 4) reads "extra

" quatuor cantreda prædicta." In
vol i., No. cxv., the passage is
quoted " extra quatuor cantredos.'·
[3] Enmaun, Rymer.
[4] The names are given as in
Woodward's History of Wales, p.
482, as the spelling in Rymer is
very uncertain and perhaps incor-
rect.

to have the lands they then possessed. The king grants
to Llewellyn all his brother David's inheritance, intend-
ing to compensate him elsewhere ; and also the Isle of
Anglesey for an annual payment of 1,000 marks. All
persons holding land in the four cantreds, or other parts
kept by the king in his own hand, (except those to whom
the king has refused this favour) are to hold them as
freely as before the war, with their old liberties and customs.
All disputes between the prince and others, are to be decided by the laws of the Marches or of Wales, according
to the locality. Gruffydd Vychan is to do homage for
lands in Yale, and Llewellyn for lands in Edeyrnion,[1]
held of the king. The king will confirm Llewellyn in
possession of all the lands he now holds, except Anglesey,
which he will confirm to him only for life and to the heirs
of his body, and except the portion of David his brother.
He will satisfy Owain and Rhodri, Llewellyn's two
brothers whom he had imprisoned, and will confirm a
future agreement made between them and Llewellyn·
The prince shall come to Rhuddlan on safe conduct, and
thence to London to do homage. Ten hostages are required, for the giving of whom Tewdwr ab Ednyved,
Gronw ab Heylyn, and David ab Ennyaun pledge their
oaths. Llewellyn and his council will immediately take
the oath to keep the treaty, and twenty men from each
cantred shall do the same annually and engage to transfer their allegiance to the king if the prince is in default.

The rigour of these terms was considerably mitigated
by the conqueror. The payment of 50,000*l.* for damages
was remitted directly after the peace was ratified, and
so was the annual 1,000 marks for Anglesey, on condition that the reversion of it should come to the crown
of England if Llewellyn died without issue.[2] Christmas
was kept in London and the oaths of peace and fealty

---

[1] Edeyrnion was a commote of
ancient Meirionydd, in the valley
of the Dee, from the boundary of
Penllyn above Llan Dervel down
to the boundary of Denbighshire,
below Corwen. Powysland Club,
ii., 11.

[2] Rym., 546-7.

were solemnly renewed. The Welsh lords were lodged
at Islington, and though hospitably entertained their
digestions suffered from English fare, and their pride
from London impudence.[1] David was. taken into high
favour. The king made him a knight, on account of his
honesty and faithfulness, Trivet says sarcastically ; gave
him the widowed daughter of the earl of Derby to wife,
with lands in Cheshire, and the keepership of Rhuddlan,
Hope and Denbigh castles.

Early in the following year (1278) arrangements were
made for carrying out the terms of the treaty. Commissioners [2] were appointed, two at least of the five being
Welshmen, to receive the oaths of the people, to take
charge of the hostages, to set free prisoners, to redress
injuries on both sides, and to see what dowry the prince
would give to Eleanor de Montfort, his intended wife. The
lady was at this time in Edward's custody,[3] and she was
married to Llewellyn in the king's presence at the door of
the great church at Worcester [4] in the following October
"non sine magno cordis tripudio."[5] Just before this ceremony, according to Llewellyn's own account,[6] Edward
forced him to subscribe a letter binding himself not to
keep any man in his territory without the king's permission, " whence it might happen that all his faithful fol-
" lowers might be removed." He signed this, he says,
" compelled by the fear which may fall upon a steadfast
" man," a curious phrase which occurs more than once in
the series of Welsh remonstrances, and which suggests that
Welsh courage was of the uncivilized order, fury without
much self control. Such an engagement could only mean,
as Llewellyn must have known, not native Welshmen but
English outlaws. It clearly had reference to a letter
from him in the early summer complaining of his out-

---

[1] Carte's Hist. of England, 191.
[2] Rym., 549.
[3] *See* vol. i., p. lxxii.
  R 4237.

[4] Brut y Tywysogion, p. 370.
[5] Wikes, 277.
[6] p. 443.

d

laws being harboured in England.[1]   He complained too of
being cited to Montgomery by the justices.   Edward's
answer puts the case very clearly, that the old custom is
for pleas about lands held in chief to be heard at certain
fixed places, but cases concerning other lands on the spot ;
and this he repeats in a letter of July 14 as the correct
interpretation of the article in the peace.[2]   The prince
also deprecates Edward's belief in unfavourable reports
about his loyalty, which the king expresses his unwillingness to credit.   Wikes speaks distinctly of such reports
existing ;[3] of Llewellyn's refusal to attend Parliament
at London just after Easter ; of the king's marching to
the west to find out the truth, and Llewellyn's satisfying
him as to his loyalty.   This must have been immediately
after the parliament held at Gloucester on July 1.[4]

In the following year (1279) Wales appears to have
been quiet.   Peckham indeed writes to the prince [5] complaining of his taking the goods of intestates according
to the laws of Howel Dda, and otherwise infringing the
liberties of the church.   A document of 1276, quoted by
Browne Willis states that the prince would not
allow the bishops of St. Asaph to make wills, and even
revoked their gifts made just before their death ; and
that he claimed the right of holding episcopal manors
during a vacancy.[6]   But this was no infraction of the
peace with England, and the Welsh were extremely
tenacious of their own laws and customs.   One of the
chief sources of irritation was the attempt of the English
justices, backed up by the king, to enforce the maxims
and penalties of English law on the unwilling inhabitants of the four cantreds, who adhered to their own code
even when it contradicted the Decalogue,[7] and when

---

[1] *See* Edward's answer, 4th June
1278, Rym., 557.
[2] Rym., 560.
[3] Ann. Mon., iv., 276.
[4] Trivet, 299.

[5] Vol. i., No. lxvi.
[6] Survey of cathedral of St.
Asaph, p. 144.
[7] p. 77.

given the choice, preferred the more burdensome and uncertain services to which they were accustomed to the more definite system of English tenure.[1] The king's intentions towards the country are well expressed in a letter of the archbishop's in 1280, after he had visited Wales in person to assist in settling a dispute between Llewellyn and the bishop of Bangor.[2] The prince was still at variance with his old enemy Gruffyth ab Gwenwynwyn, lord of Powys, whom Edward had restored, and dissatisfied with the actions of the English justices, complains that article II. has been violated The reply is that the king considers that the "laws and customs" to be followed are those used by previous kings of England ; that he and his council are bound to see reasonable justice done, while Welsh laws are unreasonable ; that he is also bound by his coronation oath to abrogate bad laws and unjust customs, as many Welsh customs were, especially that allowing private revenge and money compositions for homicide ; that if the king disregard reasonable laws and customs the Welsh will have just cause of complaint.

This is statesmanlike, but high-handed, as the king assumes the right to judge which laws and customs are reasonable. It sprang from a desire to see Wales quiet and peaceable, but it was not the way to conciliate a semi-barbarous people who could not forget that they had once possessed the whole island. A commission[3] was issued to the bishop of St. Davids, Reginald de Grey, and others, to examine the records of law proceedings in Wales and the Marches in the time of the king's predecessors, and the justices were ordered to act in accordance with what was ascertained to be the previous practice. But this was hardly as much as the Welsh wanted. Wrecking, for instance, was one of their old customs, and the attempts of the

---

[1] Carte, 191.   [3] Rym., 593.
No. cxv.

d 2

English justices to stop it were made the occasion of bitter complaint.[1] All along the Marches there must have been constant disturbances. The "Grievances" show that English and Welsh could hardly meet without a collision. English masons [2] going home to Rhuddlan after their day's work met a Welsh "noble" and his wife, insulted her and killed her husband. Welsh farmers selling their produce at Rhuddlan were obliged to take what the English offered, or be flogged. Llangadog church had been desecrated and the chaplain half killed. Woods had been cut down, no doubt to make roads. Market regulations at Whitchurch were very stringent. Welsh horse dealers were fined for selling their nags outside the town, a rule which was common enough throughout England; and cattle dealers for letting their beasts stray about the streets. One man was even fined 5s. *absque aliqua causa.*

The case of the men of Geneuirglyn,[3] which is rather obscurely expressed, and in referring to which Mr. Woodward [4] comments on the unreasonableness of the Welsh objecting to a booty which they had taken being recovered from them, is explained by a letter from Llewellyn.[5] It appears that the robbers were "your," *i.e.* the king's, men, of "Genevglynn," under Rys ab Einnann, a Welshman who was on the English side throughout The Welsh had gone peaceably to ask redress, and been ill treated.

The constable of Oswestry was also an object of detestation. Among other misdeeds he is accused of forcing Llewellyn (not the prince) to send him two "nobiles" to be hanged, "which hanging their parents "would not have borne for 300l.," [6] so that the life of

---

[1] pp. 443, 453. See also two letters from Llewellyn on the subject. Royal letters, 1983, 1984.
[2] p. 447.

[3] p. 444.
[4] Hist. of Wales, p. 491.
[5] Royal letter, 1325.
[6] p. 464.

a Welshman was valued at 150*l.* in those days.[1] It is not uncharitable to suppose that many of these acts were in retaliation. When the constable of Oswestry takes away a Welshman's horse without reason, it is very likely that his own may have been previously stolen. Justiciaries and bailiffs were sent, Llewellyn complains, to grow rich by their oppressions, and when replete[2] with unjust exactions, their places were filled by still more cruel men.

The exasperation of the Welsh became daily more intense. According to Llwyd, the editor of Caradoc,[3] the Welsh reconciled David and Llewellyn with the express purpose of making an insurrection, and David, whose "probity and fidelity" Edward had acknow ledged and rewarded, gladly consented Some of his reasons for this step, as put forward by himself, are not very adequate[4] One of his woods has been cut down; he has been accused of harbouring thieves, whom in truth he has hanged; he has not been treated according to Welsh law, and he is so frightened by a report that he was to be captured and Hope castle taken from him, that he had no course left but to take up arms. His brother puts forward a very similar report as one of his reasons for revolting.

David's other complaints are of land being taken away from him, perhaps by sentence of law, and of his being summoned to Chester to defend his title to certain lands called Hope and Eston.[5] His account of this matter is still extant in a letter from him to the king. One William de Venabeles impleaded him by writ of entry, and he was summoned to appear within the

---

[1] On the Welsh Roll of 6 Edw , I. there are two commissions to in-quire into the hanging of two of Prince Llewellyn's household, who were alleged to have a safe-con-duct from the king, but it is not quite clear whether it is the same case.

[2] Saturati.

[3] p. 255.

[4] No. cccxliii.

[5] p. 445.

county of Cheshire. He went on the appointed day
and publicly declared that as the land was Welsh and
not in Cheshire he should not answer the plea, " and
" with a loud voice I placed God's peace and yours
" upon the said land, submitted myself (made obeisance)
" and retired."[1] The case is still being proceeded
with, and he desires the king to stop proceedings and
revoke it to his own court, ending his letter with an
appeal to the king, that as he is by God's grace lord
of divers countries and kingdoms, where divers laws
are kept unchanged, that the laws of Wales, like those
of other countries, may be preserved   Other complain-
ants[2] argue from the case of the Jews, who still keep
their own laws in England, that it is hard upon them
to change theirs, which they say were unchanged till
the last war.

The position taken by the king is clearly laid down
in an answer given by him in Parliament to the
Welsh ambassadors who came in the spring of 1280 to
obtain a favourable decision of their master's dispute
with Gruffyth Wenunwyn, and to which they assented.[3]
Edward protests, honestly no doubt,[4] that he intends to
keep the treaty of 1277 (6 E. I.) inviolable, but he did not
mean by any expression used therein to lessen the authority or liberty used by his predecessors in time of
peace. He will faithfully keep the article that disputes
are to be settled according to the laws and customs of
the parts in which the dispute arises, that is, according
to the practice of his predecessors in peace. (The Welsh
evidently interpreted this clause as returning to their
own law.) He remarks that Welsh lords have habi-
tually settled disputes by applying for writs and plead-
ing before the king's justices. He will observe all just
and reasonable Welsh laws which are not contrary to

---

[1] Royal letter, 1340, R.O.
[2] p. 454.
[3] Royal letter, 1326, R.O.
[4] 8 E. I., 18 May. Royal letter, 1982.

the rights of his crown, acquired by his predecessors. A subsequent oath cannot derogate from those rights without distinctly mentioning them (*tacite*). It would be unworthy of him to maintain unjust and frivolous customs, as his coronation oath bound him to extirpate bad laws and customs from his kingdom. (This inclusion of their country in Englãnd was no doubt very offensive to the Welsh.) Finãlly, he promises to send commissioners to inquire what are the laws and customs of Wales and the Marches, and to have them observed on these principles.

The same intention to act fairly is apparent even before the treaty of 1277.[1] In May 1273, before Edward's return to England, the Welsh attacked Humfrey de Bohun's lands in Brecknock, and Roger Mortemer writes to the council for help. They reply that no assistance must be given to him, as Brecknock is excepted from what Llewellyn has to restore by the treaty of 1267, and it is not certain whether De Bohun has acquired this land by the custom of the Marches or not. Castles not being included in the treaty, he may help to defend them. A letter was at the same time sent to request Llewellyn to desist from besieging castles, but saying nothing about the lands in question.

It is clear that Edward meant to act for the good of the country, and to treat the Welsh fairly, and that he thought himself justified in forcing on them a better system of law than their own. On the other hand it is abundantly clear that the English " Marchers " committed all sorts of excesses. The Welsh March was not like the borders of Scotland, where people of the same race and of equal prowess plundered and fought, " thanking each other " for the sport they had shown," which sport was governed by certain defined rules, tolerably well kept on the whole. In the case of Wales the English tyrannised, and the Welsh revenged themselves whenever they

---

[1] Royal letter, 1339, 1985, R.O.

could. The *Gravamina* show their weakness. Kinmont
Willie or Jock Armstrong would rather have harried an
English herd than taken their own cattle for sale at an
English market, and certainly would not have endured
many of the persecutions of which the Welsh complain.
But then they did not know the *timor qui potest cadere
in constantem virum.*

The accounts of the beginning of the insurrection are
rather confused. All the English chronicles speak of
Llewellyn and David taking Rhuddlan and Flint castles
during a storm on the night of (before) Palm Sunday,
and carrying off Roger Clifford The Welsh annalist,[1]
however, says that David alone took Penharddlech
castle on the feast of Benet the Abbot, March 21,
putting all the garrison except Clifford to the
sword. An entry on the Welsh Roll[2] proves that
Penharddlech is the same as Hawarden, but neither
name is mentioned by any of the English writers, while
the Welsh annalist omits all notice of Rhuddlan or
Flint The whole country was up in arms in a moment.
Within a very few days the new castles of Lampadarn-
vaur[3] and Aberystwith were burned, and a considerable
portion of the counties of Cardigan and Caermarthen
recovered from the English.[4] With the account of this
victory the " Chronicle of the Princes" ends, the author,
ignorant of the future, adding, " Benedicamus Domino.
" Deo gratia."

The king was keeping his Easter at Devizes when the
news came. In a very few days summons[5] were issued
for an army to meet at Worcester at Whitsuntide, and
Peckham, who was in Devonshire, aided the cause by
bidding the bishops curse the rebels with bell, book,

---

[1] Brut y Tywysogion, 373.
[2] 10 E. I., m. 10.
[3] This castle had recently been
built under the superintendence of
the earl of Pembroke. *See* his
letter. Royal letter, 1994.
[4] Brut, 373.
[5] Rym., 603.

and candle,[1] a command which the bishop of St. Asaph was too patriotic to obey.[2] In June the army was at Chester. Hope castle was soon recovered, not without serious loss,[3] and by July 15 the king was holding his head-quarters at Rhuddlan. After this progress was slow. Roads were made with great labour through the woods. A fleet was brought round from the Cinque Ports to attack Anglesey, and a bridge was constructed over the Menai straits.

Meanwhile Peckham, who, it will be remembered, had visited Llewellyn two years before,[4] determined to do his best to persuade him to submit, and avert the certain destruction which awaited him, knowing that there was no one else in England willing to undertake such a task. While on his journey he sent[5] one of his chaplains, a countryman of Llewellyn's, to prepare the way, with strict orders not to use threats of ecclesiastical censures, though at the same time he cited the bishop of St. Asaph for not obeying his order. After resting a few days with the king at Rhuddlan, and failing to obtain any sanction from him for his mission, he went on alone, against the royal will, to meet Llewellyn at his castle of Aber or Garthcelyn, the strongest of the Welsh fortresses in the mountain of Snowdon. His proposals[6] were inspired by a real desire for the peace and happiness of the Welsh and a hatred of war and bloodshed, but a tone of superiority which runs through them,—an assumption that the English, and not they, are judges of what is best for them, and that they have no right to accuse the king,— were sufficient to prejudice the Welsh against him at first. He saw the immense superiority of the English forces, and tried hard to save those whom he saw were doomed to destruction, but their salvation must be sub-

---

[1] No. ccliv.
[2] No. cccxxviii.
[3] Wikes, 289.

[4] No. cviii.
[5] 21 Oct. No. cccxxvii.
[6] No. cccxl.

mission. Llewellyn's reply [1] throws all the blame on the English, and expresses a desire for peace and readiness to obey the king (more than could have been expected from him) if only their laws are secured to them. He will redress all damage done to the English if they will do the like. At the same time he sends the "Grava- "mina" which have already been mentioned.[2]

The archbishop was away for three days, during which time (6 Nov.) the English made a treacherous attack on the Welsh positions, but were repulsed with considerable loss.[3]

No wonder that on his return Edward was too irritated to listen to his palliation of the conduct of the Welsh, saying that they had no excuse, as he had been always ready to do them justice.[4] He would not even promise them a safe departure if they came to him to treat for peace, so the archbishop went back to Snowdon to try again. Llewellyn expressed his readiness to submit to the king's will,[5] on two conditions, saving his duty to his people and his dignity as a prince. This was not enough for Edward, who would be content with nothing but unconditional surrender. The archbishop knew this would never be accepted, and he persuaded the king to allow him to consult the other lords pre-

---

[1] No. cccxli.

[2] These documents were printed in English by Dr. David Powell in his edition of H. Llwyd's translation of Caradoc's "Historie of "Cambria," published in 1584. He says that he was furnished with them by Dr. Thos. Yale, chancellor to archbishop Parker, and dean of Arches. The Rev. Wm. Warrington has also reprinted these translations in the appendix to his "History of Wales."

[3] Wikes Ann. Mon., iv. 289. B. B. Woodward says (p. 497), "the

"English nobles began to suspect, "says Thos. Wykes, that his (Peck- "ham's) return was delayed by "treachery." Wikes gives no such excuse for their conduct. It is impossible to discover Mr. Woodward's grounds for this remark, unless it is based on a mistranslation of more than ordinary calibre.

[4] I think the correction of "ex- "cusabiles" to "inexcusabiles" (No. cccliii. l. 6.) is required by the sense, but Mr. Woodward thinks differently.

[5] No. cccliii.

sent and draw up some statement of terms. These were simply that Edward would make no conditions about the four cantreds or Anglesey, not even engage to treat the people well, though the lords believe he will be merciful, both to them and to the prince, who must submit absolutely. In private Llewellyn is to be offered, if he will give up Snowdon, an estate in England worth 1,000l. a year, with descent to his heirs male and provision for his daughter; and his brother David will be provided for if he will go to the Holy Land and not come back without leave.[1] On Nov. 11[2] the Welsh reply is sent, refusing the terms, as giving no security. The people dare not, they say, submit to the king's will, because he has not heretofore kept his oaths or promises, and they will not allow their prince to do so either. As to the offered estate in England, if the king wishes to take from him his own poor land in Wales, it is not likely that he would let him keep a rich estate in England among his enemies. David replies in the same terms. If he ever goes to the Holy Land it shall be for God's sake, not for man's. The cruelty and faithlessness of the English are again pleaded, and the Welsh deprecate excommunication for acting in their own defence.

These arguments had no weight with the archbishop. On the 14th of Nov.[3] he replies. He has hitherto treated them as "erring sheep," wishing to bring them back to the shores of safety by making a bridge of his own body. Now he rebukes their obstinacy. If they are descended from a Trojan, a friend of Paris, the adulterer, that accounts for the laxity of their laws as to legitimacy and marriage. If the Angles and Saxons have deprived them of their inheritance, did not they turn out the Scythian giants whom they found in the Isle of Albion? "Woe to thee that spoilest;

---

[1] Nos. cccliv–vi.
[2] No. ccclvii.
[3] No. ccclx.

" shalt thou not be spoiled ? "[1]   To their desire to have
Welsh laws again he urges the superiority of English
law and canon law, suggesting that Howel Dda's only
authority was the devil. He finishes by the insulting
remark that the Welsh are so ignorant that no one outside
England would know of their existence but for a few
Welsh beggars in France, and again threatens excommunication. On this the war began afresh. The earl
of Gloucester and Edmund Mortemer won a signal vic-
tóry over the Welsh at Llandeilo Vawr ; and Llewellyn,
leaving his brother at Snowdon, went southwards to
help his friends there   There he ravaged the lands of
Rhys ap Meredith, who favoured the English, and in
the beginning of December was at Builth, the people of
which place he hoped to stir up against the English.
Somewhere in this neighbourhood,[2] on the 11th Dec., his
men were attacked and defeated by a force under Roger
L'Estraunge.[3] The prince was not with his men when
the fray commenced, and while attempting to join them
was killed by one Adam or Stephen de Frankton, who
knew not his victim. The circumstances of the action
and the prince s death are variously narrated. The
different versions and local traditions will be found in
Woodward's and Warrington's Histories, but need not
be discussed here. His head was sent to London to rot
upon the Tower. His body was allowed to be buried
in consecrated ground at the intercession of a lady,[4] on
the ground that his having heard mass the morning
before the battle, and asked for a priest when dying,
absolved him from the sentence of excommunication.

On his body was found his seal and a letter impli-

---

[1] Isaiah. xxxiii. 1. The authorised
version translates this "and thou
" wast not spoiled."

[2] " Prope Lanueyr in Builth."
Annales Cambriæ.

[3] Le Vendredy prechein apres
la Feste de S. Nicholas. Roger
L'Estrange to Edward I. Royal
letter, 1337.

[4] No. ccclxxxii.

cating some of the lords of the Marches, which were kept
to be sent to the king.

Here Peckham's connexion with Wales ceases for a
time. He journeyed back through Herefordshire and
Worcestershire, while the English army was gradually
hemming in the new prince David. In March the king
was established at Conway, and in April Snowdon was
entered and Bere castle taken. David's power was
completely broken, and after some weeks hiding in the
woods he was captured by the treachery of some of his
countrymen, and tried and executed at Shrewsbury.[1]
The archbishop still interested himself in the people
whom he had tried to save, especially the clergy; and
hearing that clerks had been hung at Rhuddlan with
some robbers, he begged the king to allow the priests in
Snowdon to leave the country.[2]

He also wrote a very strong letter[3] urging on the
king the duty of restoring the damage done to churches,
and when he consented to do something,[4] he wrote to
Wales to collect evidence on which to base the claim
for compensation.[5] Churches had suffered severely. The
cathedral of St. Asaph had been burnt down at the
beginning of the war, and the bishop, Anian de Schonan,
a Black Friar who had accompanied the king to the
Holy Land as his confessor, but had since offended him by
his patriotism, was detained in England for nearly two
years, till the archbishop obtained leave for him to revisit
his diocese and rebuild his cathedral. The king wished
the see to be removed to the new town at Rhuddlan,
and offered the bishop 1,000 marks towards a cathedral
there;[6] but for some reason, perhaps for want of the
pope's consent, the scheme fell through and the old

---

[1] Sept. 30.
[2] No. ccclxxii., ccclxxiii.
[3] No. dlviii.
[4] Rym., 642.

[5] No. dlix.
[6] Rym., 629. Browne Willis' St.
Asaph, 149.

building was restored, the king subscribing 100*l.*[1] It
did not last much more than a century, being again
destroyed utterly in 1404 by Owen Glendower.

Another ecclesiastical change made by the king was the
removal of Conway abbey to Meynan. This Cistercian
house had been founded by Llewellyn ap Jorwerth in
1185, and here he and his sons, David and Gruffyth, had
been buried. In 1245 it had been plundered and burnt
by the English,[2] and now the king wished finally to
destroy a place sacred to the Welsh from the memory of
the greatest of their princes, and to place on its site a
fortress as a sign of his victory. Meynan, the spot
chosen for the new abbey, was not far off. The archbishop
of Canterbury's assent, of course, had to be obtained,
as well as that of the Order. Peckham misunderstood
the king's scheme, and imagined he intended to found
a new monastery. With this idea he proposed that it
should be placed in the diocese of Bangor, where there
was only one house of White monks, while St. Asaph
had four. There can be no worse neighbours, says the
archbishop (a friar also, be it remembered). "Wherever
" they plant their foot they destroy towns, take away
" tithes, and annul by their privileges the rights of the
" prelacy."[3] The avarice of the Cistercians had already
been noticed by Richard I., who when accused of having
at home three daughters whom he loved more than the
grace of God, viz., Pride, Luxury, and Avarice, replied,
" No, they are no longer at home. My daughter Pride
" I have married to the Templars, Luxury to the Black
" Friars, and Avarice to the White Monks." The bishop
and chapter of St. Asaph at first refused to acquiesce,
but the archbishop finding his remonstrances with the

---

[1] Browne Willis' St. Asaph 158.
Peckham's letters to the bishop are
printed in Wharton's De episcopis
Londonensibus et Assavensibus.

[2] M. Paris, p. 682.
[3] No. dliv.

king useless, advised them to give in.[1] The king's
charter of foundation is dated at Caernarvon, 12 July
1284,[2] and a few months later he granted the monks
additional land in exchange for their old site at Conway; with very full privileges and exemptions, stipulating
that the old church was to be served by one Welsh and
two English chaplains.

The social state of Wales receives some illustration
from the archbishop's letter to the bishops of St. Asaph
and Bangor,[3] with which this volume concludes, though
allowance must be made for the partiality and prejudice
of an Englishman. The clergy appear to have given up
the distinctive costume of their profession, and reduced
the tonsure to the smallest size possible, hiding it with
their long hair, while their striped clothes and bare heads
and feet made them still more like the members of their
flock. Some sketches in the margin of a book [4] containing
copies of records of this period show what a Welshman
was like, and illustrate the above remarks. They wear
a tunic, with a striped border, and a cloak of darker
colour than the tunic. One foot and leg, the right, is
bare, and the other covered with a boot. They have no
hats or hoods, but a profusion of rough hair enough to
hide any tonsure. In two of the drawings the men carry
spears, and the third a small bow, apparently made of a
goat's horn like that of Ulysses.

The priests imitated the laity also in being married.
The "vice of incontinence" does not necessarily imply
looseness of morals, but only disobedience to the statutes
enforcing celibacy. The concubines were in many cases
really wives. The profits of the churches were so
small that non-residence was the rule, and the ignorance
of the clergy, who did not even know a little Latin,[5]
made them jealous of the superior attractions of the
sermons of the Friars. As to the laity, Peckham's

---

[1] No. dlvii.
[2] Cart. 12, E. 1, Nos. 18 and 3.
[3] No. dlxi.

[4] Chapter House Book. Liber
A., P.R.O.
[5] Lingua literalis.

chief charge against them is idleness, " the source of all vices." What their condition was then may be judged from the history of the time, Welsh plundering Welsh with the greatest impartiality Even at a much later time, according to Sir John Wynne,[1] the "gentlemen " of Wales " seem to have had no occupation but shooting matches and drinking at each others houses, diversified with fighting. His accounts of some of the battles between neighbours, for no reason but to prove who was the best man in the country, are almost incredible in a country which had been christianized and civilized for many centuries. Peckham earnestly begs the bishops to preach peace, showing the hopelessness of resistance to England ; he wishes the people to forget that they are a separate nation and to give up the prophecies of Merlin and the tale of Troy for the story of the Cross.

One point in the letter must be noticed as an indication of Peckham's principles, that he considered himself an ecclesiastic first and an Englishman next, and also that he was no friend to oppression. He solemnly warns the two bishops not to let the king or his officers infringe any of their liberties, and he would have been quite ready to support them if necessary. Reminding the reader that by this time the king's son Edward had been born at Carnarvon, and the new line of English princes of Wales begun, we will pass on to other matters of interest.

Seizure of the Crusade money.

It was during the last part of the Welsh war that the king, being pressed for money, ordered the simultaneous seizure all over England of the tenth already gathered by the Pope's collectors in aid of the recovery of the Holy Land.[2] The matter was brought before convocation, which met at London on May 9, and in the name of the assembled bishops Peckham protested against this outrage on the church. At Lincoln the doors of the room in the cathedral where the money was stowed

---

[1] Hist. of the Gwydir family.
[2] This was granted by the first council of Lyons, 1245, (cap. 17.)

Annals of Worcester. (Ann. Mon., iv., 486.)

away were violently burst open. At Worcester the king's men were disappointed and found nothing The Pope also wrote in a tone of much exasperation.[1] Before his brief arrived in England the king had promised to settle the matter, but Peckham was not satisfied, and went down in person to Acton Burnell, where he procured immediate restitution.[2] Many of the bags of money appeared not to have been opened.

While travelling home from Wales the archbishop took the opportunity of visiting several of the dioceses through which he passed, and inquiring into the state of the monasteries. In the course of these two years he issued injunctions for some ten houses, all in the south and west of England. In nearly every case their money matters had gone wrong At Rochester the prior had not only wasted convent property, but had managed to lay up a hoard for himself, which he was ordered to restore in three days;[3] and the cellarer of Southwark was accused of a similar fault. To prevent this in future two or three treasurers were ordered to be appointed to receive all rents, and account for them annually. Those estates assigned to particular officers in the church were excepted from this rule, otherwise no one else was to touch money. All the prior's or abbot's expenses when away from home were to be paid by his chaplain, who must be annually changed, in accordance with cap. xxxiii. of the council of Oxford.[4] The rents and profits were to be collected by lay bailiffs and reeves, except at Dover, where a monk and a bailiff were charged with the office.[5] In all other cases monks were to visit the estates but not finger the money. At Christchurch, Canterbury, a strict rule was laid down that no presents [6] were to be given except in the name of the prior and convent or with the consent of the six seniors ; and to prevent future cavilling a *donum notabile* was defined to be anything worth half a mark.

Injunctions for monasteries.

---

[1] Rym., i. 631.
[2] Nos. ccccxcv., ccccxcvi.
[3] p. 621.
[4] Wilkins, i. 591.
[5] No. cccclxxviii.
[6] Dona notabilia.

R 4237.

e

The prior had very little power in business matters, for the archbishop insisted that nothing important must be done, no keepers of manors or obedientiaries elected, without the consent of the convent, " because what touches all ought to be approved by all ;" a very liberal sentiment for an archbishop and a regular. These regulations refer more or less to all the houses visited, but there are some special cases of interest.

Leomin-
ster Priory.

At Leominster the joint rights of the parishioners and the convent in the Priory church had been giving trouble and wanted settlement.[1] A nunnery had existed here in Saxon times, founded by the great earl Leofric, but, perhaps in consequence of the elopement of an abbess with a son of earl Godwin, it had ceased to exist before the days of the Conqueror. The site was granted by Henry I. to Reading abbey, at its foundation, and Leominster priory, until the suppression, was a cell to that celebrated house. The first church was completed about 1130,[2] and the nave, Romanesque of extreme simplicity and plainness, still remains. The building was shared by the parish and the monks, but not divided by an impassable barrier "The partition " across the western arch of the lantern was a roodloft, " and not a solid wall, serving as reredos to the parish " high altar, as at Waltham, Crowland and Wymond- " ham," so that access to the domestic buildings of the convent through the church was possible. In 1238 the parish required more room, and pulled down the outer wall of the south aisle, replacing it by a building nearly as large as the original Norman nave. No doubt this was intended to supplant the old Norman part as the main body of the parish church. This was the state of affairs when archbishop Peckham visited Leominster in December 1282, but scarcely any traces of this building are now visible. In the next century a southern aisle

---

[1] No. ccclxxxix. | [2] Dugdale, iv., 51.

was added, a magnificent work of the early decorated style, remarkable, like Ledbury, Hereford, and other churches in the west, for the great profusion of ball flower ornament. Later still a Perpendicular west window was inserted, and a fire in 1699 destroyed still more of the old building.[1]

The monastic church can have had no nave of its own, east of the western lantern arch. The words of the archbishop's letter appear to imply that the transepts and presbytery were open to the public. Thus the services were disturbed; and more, the monks took this opportunity of communication with the outer world, to commit flagrant breaches of rule, and the townspeople found the dark passages and arches a convenient place for vicious and criminal practices. This was aggravated by the necessity of keeping the church open all night, lest fugitives from private revenge or temporal justice might be unable to claim their right of sanctuary and lest parishioners might die without receiving the *viaticum.* The rights of the parish were considered more important than the monks' behaviour by St. Thomas de Cantilupe, a lawyer as well as a churchman, and he had ordered the doors of the church to be taken off the hinges to ensure free access at all times. Peckham was shocked at this and had them restored, but required the monks to build within a year a chapel to the honour of St. Thomas of Canterbury, which might fulfil both purposes of a sanctuary and of a place for keeping the host.[2] Mr. Townshend

---

[1] For these architectural details I am indebted to a chapter by Mr. Freeman in the Rev. G. F. Townshend's History of Leominster. Mr. Freeman places the consecration of the new building in 1239, having miscalculated the pontifical years of bishop Ralph Maidstone, in a document printed by Dugdale in the Monasticon. vol. iv., p. 57.

[2] The archbishop's assertion of the right of constant access to the parish church is noteworthy. There can be, I think, no doubt that the present practice of locking up a church and churchyard cannot be defended by law, and only by comparatively recent custom.

speaks of the archbishop having built the chapel at his own cost in gratitude for the hospitality of the prior. This is perhaps the local tradition, not a very violent perversion of the fact. The chapel is still in existence, though it has long been desecrated. It stands in the Forbury, being " a plain building in the pointed style, with a good eastern window, two low pointed doorways, and an open timber roof." The new chapel did not interfere with the parochial rights in the mother church, and at the dissolution that portion which the parish had used became their property, and the monastic portion, consisting of the central tower, the transepts, presbytery, and eastern chapels was pulled down, together with the eastern bay of the north aisle. Of the conventual buildings, the sole relic is now used as part of the union workhouse.

Rochester Cathedral.   Another case of the inhabitants of a town having rights in a monastic church was at Rochester,[1] where the people of St. Nicholas' parish having no church of their own had the right of hearing mass at the altar of St. Nicholas in the cathedral. Its original place is not certain, but it was probably in a recess on the east side of the north great cross aisle, where " a receptable for holy water is " still entire."[2] In 1312 it was moved by the convent without the consent of the parishioners into the upper end of the nave, not far from the steps leading to the choir. The importance of the altar to the people is due to the fact that there was then no other church in the town. What is now St. Margaret's church was then only a suburban chapel dependent on St. Nicholas parish,[3] and St. Mary's church, in the south eastern part of the town, was also outside the walls.[4]

---

[1] No. cccclxxxvii.
[2] Hist. of Rochester, 1817, p. 63.
[3] Altare S. Nicolai quod est parochiale in præfata ecclesia cum ecclesia S. Margaretæ, quæ sicut

capella ad prædictum altare pertinere dinoscitur. Reg. Roff., 528.
[4] See Ethelwolf's charter, Registrum Roffense, 23.

The right of presentation belonged to the monks by a grant of bishop Gundulf,[1] but in the reign of Stephen, during the dispersion of the monks by reason of the burning of the priory, the then bishop, a monk of Seez, gave this away to the archdeacon, with several other churches belonging to the convent. Ascelin,[2] his successor recovered them at the expense of a journey to Rome, and the altar of St. Nicholas was restored to the monks ;[3] bishop Walter confirming them in their possession not only of the right of presentation but also of the fruits and offerings both at the altar and its dependent chapel.[4] This arrangement did not last long, for when the great dispute between the bishop and his convent was settled by bishop Gilbert Glanvill (1185–1214) the convent resigned to the bishop the right of presentation both here and elsewhere,[5] receiving as compensation a pension of 40s. to be paid by the priest who served the altar. This was the state of things when the archbishop visited the cathedral. The church that he found begun and destroyed is not noticed at this early date, as far as I am aware, by any other authority. His order to have it completed was for a long time disregarded by successive sacristans[6] and about 150 years after this time it was still unfinished. In 1312, however, it was again talked of. The prior had displeased the parishioners by removing the altar without their consent, and the conditions of its use were laid down by a formal deed. The people were to have access to the cathedral at such times as least to interfere with the monks, sermons were to be preached immediately after mass, and on certain days no

---

[1] Reg. Ro
[2] Reg. Roff., 8.
[3] The historian of Rochester, by an error of punctuation, says it was assigned to Jordan the chaplain.
[4] Reg. Roff., 43.

[5] Reg. Roff., 54.
[6] The fabric was one of the things in the charge of this obedientiary at Rochester. The choir was rebuilt by Ric de Hoo, sacristan, and the north and south aisles added by his successors in the office.

music was to be used.[1]   All these rights were to be immediately given up when the prior and chapter had built a suitable church.   But prior and chapter were in no hurry, and perhaps would never have done anything more, if bishop Ric. Yong in 1418 [2] had not compelled them to give the unfinished work to the people, the bishop retaining the presentation to the new church, which was to be a rectory, so that the repairs would not fall upon the convent.   The prior resisted as far as possible, but in spite of his protestation that it had never been meant for a church, and that it was on the convent's land, the keys of the new work were delivered to the keepers of St. Nicholas' altar, with fatherly advice from the bishop not to quarrel over the building.   More than three years after this the walls only had been built. Apparently the work had not seriously been started, for a new composition was made under the auspices of archbishop Chicheley on 7 March 1422,[3] by which the parishioners were to build or repair in three years " a certain church or chapel in the north part of the " cemetery, of which the walls had already been built," but not to enlarge it without the prior's licence.   The church was to have a baptistery and a western bell tower, but the bells were not to be rung before 5 a.m. nor after 8 p.m., except occasionally for early mass for the country people coming into market.   The line which processions were to take is very carefully marked out, and so are the rights of the priory as to carriage and watercourse.   One gutter, for sanitary reasons, was to be covered up at the prior's expense.   In one point this composition contradicts the previous one of bishop Yonge. The priest is to be vicar, as he was of the altar, and not rector.   The three years stipulated for were not required, and in December 1423 the vicar and parishoners resigned

---

[1] "Sine nota," Reg. Roff., 545. This is translated by the historian of Rochester "without notice."

[2] Reg. Roff., 560.

[3] Reg. Roff., 563.

their rights to the altar in the cathedral, and the new church was consecrated.[1] It was built principally of flint, and was considerably enlarged in 1624. At present it consists of a chancel, nave, aisles, with a small low Perpendicular tower, on the west side of the north aisle, containing two bells. The arcades of the nave consist of five pointed arches springing from circular columns with square capitals. The "baptisterium" is represented by a curious octagonal stone font. The windows have tracery of a decorated character, which was probably inserted in the 17th century. The west window is of five lights, and below it a Perpendicular labelled door way with spandrels. At the west end of the south aisle is a three light Perpendicular window.[2]

While on the subject of Rochester it may be noticed that Rochester bridge, the repairs of which are referred to in a letter of the archbishop's,[3] was broken by the ice during the hard winter of 1281-2, when London Bridge suffered also.[4] The archbishop contends that his tenants of Northfleet are not bound to contribute. In this he appears to be wrong. There are three documents printed by Lambard in his "Perambulation of Kent"[5] bearing on this point, of different dates. In all three the archbishop of Canterbury and his tenants are said to be bound to repair the fifth and ninth piers, with the ground sills and planking. In the earliest, in Anglo-Saxon, "Fliote" (Fleet) is mentioned as contributing to the ninth pier, and in a later Latin copy this is explained as Northfleet. Both these are in the Textus Roffensis, but in another copy at Canterbury there is a blank for the name. Perhaps this blank was the ground, a very insufficient one, on which the claim of exemption was based.

At Mottesfont the prior had been guilty of other breaches of the rule, besides carelessness about money

Mottesfont, Austin Priory.

---

[1] Reg. Roff., 568-571.
[2] Glynne's churches of Kent, 318.
[3] No. cccxiv.

[4] Annals of Dunstable. Wharton's Anglia Sacra, I. 352.
[5] 344 et seq.

matters and peculation.[1] Suspicious conversation with women is to be *ipso facto* cause of deprivation, and he must never go outside the walls without, as a companion, one of five trustworthy members of his house.

Southwick, Austin Priory.

At Southwick the late prior,[2] who had resigned, had been reluctant to return to the discipline of a common monk, and was living in the monastery in his own rooms, with an entrance under his own control. All this liberty must be stopped. He must sleep in the dormitory and eat in the refectory, as others do, and if late for matins must lose half his pittance for the day. Notable infringement of the rule of silence will also incur punishment. With the same precision that defined a *donum notabile* as being half a mark, a *fractio notabilis* of the rule of silence is defined as speaking for as long as it takes to repeat *De Profundis*, which we may reckon at something less than a minute.

Mutilated service.

Another point impressed upon several of the Benedictine houses of both sexes by the archbishop, is the full performance of the Divine service, as enjoined by the rule of the founder. This was alluded to in the preface of the former volume, but the necessity of describing the MSS used in preparing the work rendered it impossible to treat other subjects at much length, and a few words about what this curtailment of the service was may not be out of place here. By the rule of the founder vigils were performed at the eighth hour of the night, in the winter, from 15th November to 21st December, thence to 21st March at an hour later, and as the spring and summer went on at such an hour that they could be finished before daylight. The rule has been commented upon most fully, and every possible doubt thrashed out. For instance, many words have been wasted to decide whether "a Calendis Novembris" means 1st November or 16th October, and what the eighth hour of the night is, and whether the monks were

---

[1] p. 645.　　　　　　　　[2] vol. i. 292 ; vol. ii. 666.

to rise at the commencement of the eighth hour or in the middle of it. The received opinion is that 2 a.m. was the time. The office consisted of versicles (*"Deus in adjutorium*, and *Domine, Labia*), Psalms iii. and xciv., and six others. Then three lessons, six more psalms, and a passage from St Paul's epistles repeated without book, finishing with the *Kyrie Eleison*. The anonymous author of a book on the Benedictines,[1] himself a monk of St. Blaise in the Black Forest, says that the Lord's Prayer was then silently repeated, but this does not appear in the words of the rule. In summer the shortness of the nights caused the above programme to be slightly curtailed, one lesson from the Old Testament being substituted for the former three. This service should take an hour and a half. On Sundays and feast days vigils were divided into three, the number of lessons being increased and a Gospel and hymn being added. Matins or lauds began at daybreak all the year, and consisted of the usual versicles, Psalm lxvi. and three others, a canticle from the Old Testament (the Song of the Three Children), three more Psalms, cxlviii., xcv., cl., with a *Gloria* and antiphone. The psalms were followed by a lesson from the epistles, a short responsory, a hymn, verses, the *Benedictus*, and the *Kyrie Eleison*. On Sundays there was a slightly different arrangement with fewer psalms. Lauds were calculated to take half an hour. At the *Horæ Minores* (i.e. *Prima, Tertia, Sexta* and *Nona*), three psalms with verses, a lesson or collect and the Lord's Prayer were said, occupying in all an hour. Vespers were said at sunset, consisting of four psalms with a lesson, the *Magnificat*, and the Lord's Prayer, and at compline three psalms without antiphone, a hymn and lesson, the *Kyrie*, benediction and Lord's Prayer were repeated. An hour was required to get through these two last offices, so that the whole time occupied in psalmody by the monks in the

---

[1] Vetus Disciplina Monastica. Paris, 1726.

time of their founder was four hours. This was arranged
so as to allow time for the bodily work which the
founder also enjoined on his disciples, and in later times
monks who were doing specially useful work, such as
writing or compiling, or even copying books, were
excused from the choir, as were those whose labour at
distant parts of the demesne rendered their presence at
the church inconvenient. The first changes in the service were introduced soon after the death of Saint
Benedict, when the sack of their monastery drove the
inmates to Rome, and they, to fall in with the fashions
of their new home, accommodated their service to the
Roman use.

Sturmius, abbot of Fulda, who wrote in the 8th century, mentions that after their return they omitted
certain responses and reduced the number of lessons
to twelve on great feasts, and on others to eight, and
Paulus Diaconus, writing to Charles the Great, speaks
distinctly of the monks in France and Germany as following, some the Roman use and some their own rule
in saying the psalms.[1] According to the latter the whole
Psalter was repeated every week. Amalarius[2] also
speaks of certain curtailments as enjoined by Gregory
the Great, to assimilate the practice of the monks and
of clerks. The *Alleluia* was omitted in Septuagesima,
and the *Gloria Patri* for a fortnight before Easter,
while for three days before Easter nine psalms and nine
lessons only were to be recited.

During the reign of the emperor Lewis the Pious,
there was some discussion as to which rule the monks
should follow, the bishops naturally being in favour of
Rome and uniformity, and the emperor on the other
side. A compromise was proposed, that the week should

---

[1] Migne. Patrol. Cursus, vol. xcv., 1585.
[2] Suppl. in l. 4, De Divin. Offic., quoted in " Vetus Disciplina Monas-
" tica."

be divided, but this does not seem to have been uni
versal, and at the council of Aix-la-Chapelle in 817
it was ordained that the order of St. Benedict should
be observed, and proper directions for doing so were
given.[1] In spite of this the anonymous monk of St.
Blaise tells us that soon after this council the omissions
of the *Alleluia* and *Gloria* first mentioned again became
usual. Further, in the 13th century, Peter Boerius,
who wrote a commentary on the rule,[2] states that in
some abbeys the custom had been introduced of saying
on the eves of saint's days only those psalms which were
assigned to the saint, omitting the regular ones in order
for the day.[3] By adopting this practice there were some
periods in the year, such as Easter and Whitsuntide,
when the whole Psalter was not recited weekly, and
even in some monasteries, from the number of saints
who had a separate office, some psalms were scarcely
sung once a year. These changes had no doubt come
over to England with other French habits, and a chapter of the order meeting at Abingdon had approved of
the alterations. The archbishop had procured the passing of an ordinance in the council of London for the
restoration of the old service, and attempted to enforce
it at all his visitations, but without much success. The
prior of the cathedral church at Ely [4] even sent round to
the abbeys which Peckham had visited telling them not
to obey him, and in 1300 another chapter, meeting at
Oxford, ratified the act of that at Abingdon, and determined to omit superfluous prayers. Our informant, himself a Benedictine, is evidently rather scandalised, and
sarcastically expresses a fear that the Lord's Prayer
will some day seem superfluous as well.[5]

---

[1] Labbe. Sacrorum Conciliorum
collectio, xiv. 349.
[2] Vet. Disc. Mon., p. xliv.
[3] Megii Comment, p. 373.
[4] I. 150.
[5] " Et decrevit preces prolixas

" omittere inter horas hactenus
" observatas. Et dubito quod
" futuris temporibus superfluum
" videbitur *Pater noster*." Annales Wigorniæ. Ann Monast.,
iv., 547.

At a later period the tendency was the other way, and partly perhaps from zeal for the Divine service, but more from dislike of bodily labour, and desire to please the laity who left money for anniversaries, the length and frequency of the services were considerably increased. At one house (Goritz near Trieste), 30 psalms were sung at vigils and the whole of the book of the prophet Daniel read at one lesson. Instead of the Psalter being repeated once a week, according to the rule, it was sometimes got through in one day. For walking, cooking, shaving, baking, bleeding, field work, every employment in fact, was accompanied by the monotonous and mechanical recitation of prayers and psalms.

Nunneries. Among the nunneries visited were Wherwell, Romsey, and the Holy Sepulchre, Canterbury. Similar regulations about business matters are enjoined, as in the case of houses of the other sex. The election of stewards is to be by the whole convent, while bailiffs being less important, may be chosen by the seniors alone, but the abbess is not to decide any "notable business" on her own responsibility. The definition of this phrase covers a great deal, the appointment of obedientiaries, and punishment of delinquents, as well as external business, so that the abbess has really very little left to do but to be a mother to her family. The archbishop earnestly prohibits any favouritism, or the formation of parties in the house. In view of the impending famine [1] he directs the abbess to dine in the refectory and have no separate tables for her household or strangers, that it may be seen that all share alike. At Romsey there was reason for this, as the abbess was accused of stinting the convent for her own extravagancies, and she is told not to keep too many dogs, and no monkeys. In all cases the rules about admitting

---

[1] *See* p. 670.

men and going into the town are to be more strictly
enforced, but it is only at Canterbury that any reference
is made to punishment, and that is for quarrelling. Delinquents are to be confined in solitude in a dark house
under the dormitory till they show themselves amiable
to every one. That there was a good deal of society in
nunneries is clear enough. For, as if it was a matter of
frequent occurrence, directions are given for saying
compline when the abbess has company and cannot
attend. After it has been said, all drinking is to cease
in her room, and she is to dismiss her friends as soon
as possible, and say the service alone.[1] Dean Kent-
wood's injunctions for St Helen's, Bishopsgate, show
that even dancing was not unknown as a social amusement in nunneries.[2]

As to the drinking, the allowance of wine (in the
eighth century) was three *libræ* in fertile countries, and
in places where wine was dear either two *libræ* of wine
and two of beer, or one of wine and three of beer.[3]
The last proportion was no doubt the custom in England A *libra* was either a quarter or a half pint.
Authorities differ, and perhaps local usage.

In the injunctions to male houses, there is no reference
made to any of the customs, half religious and half pro-
fane, which enlivened the Christian year in the Middle
Ages, but in the case of most of the nunneries, the observances on Ascension Day and such feasts are either
prohibited or curtailed.

The ordinary superstitions observed throughout Eng- Ascension
land on Ascension Day were a processional perambula- Day.
tion of the parish "to obtain God's blessing upon the
fruits of the ground," by singing the gospel, epistles, and
Litany, and the, 103rd and 104th Psalms, and to im-
press the boundary line on the memory of the future gene-
ration by whipping boys or bumping casual strangers at

---

[1] p. 651.
[2] Loftie's London, I. 292.

[3] Amalarius; Regula Sanctimo-
nialium, cap. xiii.

the boundary stones. This practice is still continued even in London, with the exception of the whipping and bumping, which has been stopped in consequence of victims objecting and even seeking a remedy at law

A "patient angler" at Walthamstow, about 50 years ago, recovered 50*l.* as compensation for having unwillingly undergone the process, and a stout burgess of Maidenhead, if it was not the mayor himself, suffered a similar indignity on Stubbings Heath, in still more recent times. It is not likely however that the nuns of Romsey joined in this amusement, but rather that they allowed the procession to pass through their precincts and bless their crops and orchards, with the time honoured verse

> " Stand fast root; bear well top ;
> God send us a youling sop.
> Every twig, apple big,
> Every bough, apple enow."

Another observance peculiar to the time was to hang up an egg laid on that day as a talisman.

But the stern friar forbade all such religious diverersions, both then and on Christmas Day. The prohibited ceremony on the latter festival was doubtless the preparation of a kind of puppet show of the birth of Christ, which is still the custom in Roman Catholic countries, and which John Locke, when he first saw it at Cleves, compared to the shows at Bartholomew Fair.

Innocents' Day. The observances on Innocents' Day, or Childermastide, which the children under the care of the nuns of Barking were allowed grudgingly to continue,[1] commenced with the childish sport of surprising the drowsy in their beds and chastising them, "bailler les Innocents," as it was called in French.[2]

---

[1] I. 82.
[2] The following epigram of Clement Marot refers to this practice.

Très chere sœur, si je scavois ou couche
Vostre personne au jour des Innocens,

The following account of this custom was written long after the thirteenth century, but observances of this kind do not vary much from time to time.

Postera lux recolit Herodis facta cruenti
Quum Christum quærens æternum extinguere regem
Sustulit infantes bimulos, omnesque minores.
Illos inclamant miseri, multumque precantur,
Ut sua apud Dominum cum pœnis crimina tollant.
Mane statim primo gnatos gnatasque parentes
Nil meritos cædunt virgis, juvenesque puellas,
Et famuli famulas: monachi quoquo mutuo sese
Aut omnes cædit prior aut fanaticus abbas
In puerorum illorum, aut certe Herodis honorem.[1]

Then for the rest of the day, " St. Nicholas and his clerks " came out in all their glory. The boy bishop had been chosen before the day of his patron saint (Dec. 6) and he and his choir had sung vespers in the vestments specially kept for them, and after going round the parish to be treated with sweets had retired to private life for a time. But "towards the end of evensong, on St. John's " Day, the little Nicholas and his clerks, arrayed in their " copes, and having burning tapers in their hands, and " singing those words of the Apocalypse (c.xiv.) ' Cen- " tum quadraginta,' walked processionally from the

---

De bon matin je yrois à vostre couche,
Veoir ce gent corps que j'aime entre cinq cens;
Adonc ma main, veu l'ardeur que je sens
Ne se pourroit bonnement contenter
Sans vous toucher, tenir, taster, tenter;
Et si quelqu' un survenoit d'avanture,
Semblant ferois de vous innocenter:
Seroit ce pas honneste couverture?

His editor adds : —
"Les jeunes personnes qu' on " pouvoit surprendre au lit le jour " des Innocens, recevoient sur la " derriere quelques claques, et quel- " que fois un peu plus, quand le " sujet en valoit la peine." Note to Clement Marot's epigram, 135. One of the stories (45) of Margaret, queen of Navarre, is based on this custom.

[1] Naogeorgus, Regnum Papisticum, iv., p. 133.

" choir to the altar of the Blessed Trinity, which the boy
" bishop incensed ; afterwards, they all sang the anthem,
" and he recited the prayer commemorative of the Holy
" Innocents. Going back into the choir, these boys took
" possession of upper canons' stalls, and those dignitaries
" themselves had to serve in the boys' place, and carry
" the candles, the thurible, the book, like acolytes, thu-
" rifers and lower clerks. Standing on high, wearing
" his mitre and holding his pastoral staff in his left
" hand, the boy bishop gave a solemn benediction to all
" present ; and while making the sign of the cross over
" the kneeling crowd, he said

Crucis signo vos consigno, vestra sit tuitio.
Quos nos emit et redemit suæ carnis pretio.

" The next day, the feast itself of Holy Innocents, the
" boy bishop preached a sermon, which of course had
" been written for him ; and one from the pen of Eras-
" mus, ' Concio de puero Jesu,' spoken by a boy of St.
" Paul's School, London, is still extant ; and dean Colet,
" the founder of that seminary, in his statutes for it,
" ordained that all these children shall, every Childermas
" Daye come to Paulis churche and hear the childe
" bishop sermon ; and after be at the hygh masse, and
" each of them offer a 1d. to the childe bysshop, and
" with them the maisters and serveyors of the Scole."

" At evensong, bishop Nicholas and his clerks officiated
" as on the day before, and until archbishop Peckham's
" times, used to take some conspicuous part in the ser-
" vices of the church during the whole octave of Chil-
" dermas-tide," but he forbade, at Godstow, though not
at Romsey, the ceremonials being carried on after Innocents' Day itself.

" This festival, like St. Nicholas' day, had its good
" things ; and then, as now, was marked by a better
" dinner in nunneries, wherein the little boys who served
" at the altars of the nuns' churches were not forgotten,
" as we see by the expenses of St. Mary de Prees :

" Paid for makyng of the dyner to the susters upon
" Childermas day, iijs. iiijd. Item paid for brede and ale
" for St. Nicholas' clerks, iijd." [1]

Dr. Rock goes on to quote a passage from the injunctions of a bishop of Salisbury, showing how popular this procession was, for the crowds in the church were said to have done so much damage that disorderly persons were threatened with excommunication. The feast of St. Katharine, the patroness of school girls, was kept by her votaries with similar processions.

All this was finally abolished in England by royal proclamation in 1541.[2]

Nunneries would probably not be able to have a very complete celebration, especially as "mixed schools" were discountenanced, but the services were conducted on the same principle by little girls.

Strangers of both sexes were forbidden to be present, but the nuns were enjoined to be there, lest the little ones should turn the service into a mockery or commit unconscious sacrilege by their mistakes.

At the present time in Rome children recite sermons and hymns on that day in the church of *Ara Cœli* to a crowd of hearers, and far from the praise of God being turned into a farce, as Peckham suggests, the natural eloquence of the children, their graceful and appropriate gesture, and the earnestness in their young faces as they stand raised above the crowd, evoke no feeling but reverence and solemnity among their audience.

We saw in the last volume that archbishop Peckham was inclined to quarrel, rightly or wrongly, with the Benedictines, and there are instances of a similar tendency here also. In 1282 the abbot of Westminster had given him cause of complaint by charging extor- The Priory of Great Malvern.

---

[1] Rock, Church of Our Fathers, iii., pt. 2. p. 217.

[2] Wilkins, iii., 860.

tionate tolls on his ferry at Lambeth,[1] and now the archbishop takes up the cudgels for one of his cells which
he was treating with unjust severity. The priory of
Great Malvern had been originally founded before the
Conquest by a hermit named Aldwyne, round whom a
number of recluses gradually collected. But its real
beginning as a monastery appears to date from a grant
of land and the appointment of a prior by Gislebert,
abbot of Westminster. A claim of patronage founded
on this grant was set up by the abbot and acquiesced
in by the priory, in the hope of thus exempting themselves from the jurisdiction of the bishop of Worcester.
The relation between the two houses, as settled in 1217
or thereabouts, was that Malvern had the right of free
election, but the prior elect must be presented to the
abbot of Westminster for confirmation.[2] The abbot
retained the right of visiting Malvern once a year with
20 horse, and staying there two days and nights. The
correction of the faults both of prior and monks was
within his power, but not the arbitrary removal of
anyone. This was deemed an easier yoke to submit
to than episcopal jurisdiction, for the bishop of Worcester
asserted his right to institute priors, to visit, and to
exact procurations accordingly. Exemption from the
bishop's power was one of the chief ends striven for
by the regulars. In the time of bishop Roger[3] the
monks had tried to free themselves by getting the
abbot of Westminster to institute a prior secretly, but
the bishop upset the election, and succeeding priors
had received institution from him, and episcopal visitations had been more than once held.

At the time we are considering, Wm. de Ledebury, a
man whose character, whether judged by the rule of his
order or by the common laws of morality, was by no

---

[1] No. ccxxiii.
[2] Dugdale, iii., 449.

[3] Antiquitates Prioratus Majoris
Malverniæ, 97.

means good,[1] had been prior for about two years. He had already been suspended from performance of Divine service for contumacy, and had not been long released from the sentence when bishop Giffard held a visitation of his monastery.[2] This was on Sept. 22, 1282. The monks accused their prior of grave offences, but the bishop took no definite action in the matter. He preached indeed on the text, "Veniam et descendam "super vos," but no spirit of good descended on William of Ledbury. Five days after, while the bishop was sitting at dinner at his manor of Kempsey (where Simon de Montfort had slept the night before the fatal field of Evesham), four monks suddenly entered the hall and threw themselves at his feet. Their prior's conduct was too bad for them to bear any longer. Giffard was moved by their earnestness and returned to Malvern. Ledbury was immediately deposed and confined in the monastery, but breaking his prison and carrying off some of the property of the house,[3] he and his party, consisting of the subprior, precentor, sacristan, and cellarer, were excommunicated. The remaining monks elected as their new prior William de Wykewane, prior of Avecote, Warwick, a relation of bishop Giffard's and also of cardinal Hugh of Evesham, and sent him to the abbot of Westminster for his approval. The abbot at this time was Richard of Ware, a man who had taken his part in the political life of the kingdom, and now filled the office of treasurer to the king. He was disliked by his convent for his severity, according to the annalist of Dunstable. He was irritated at the bishop's action, and reasserted the old claim of exemption which had been given up for so many years.

---

[1] Illegitimum, dilapidatorem, irregularem, delirum, fornicationis adulterii et incestus criminibus non minus quam cum viginti et duabus mulieribus notorie diffamatum.

Ibid, p. 7, from the Reg. of Bp. of Worc.
[2] Annales Wigorniæ, iii., 484.
[3] Antiq. Malv., 40.

f 2

Wykewane and his friends were sent up from Shrewsbury, where the abbot happened to be staying, to Westminster in a cart, and then were thrown into prison, even put in chains, and the Malvern monks were ordered to receive Ledbury again. A few obeyed, and were promptly excommunicated by the bishop for contempt. He wrote also to the abbot to complain of this conduct, but received nothing but an insolent answer in return,[1] and a few days after Peckham wrote also.[2] The abbot's answer is not preserved, but it was evidently a justification of what he had done, for on Nov. 10 Giffard wrote to Peckham that they were still in prison,[3] and in the following February the dean of Arches and others were commissioned to examine evidence at Westminster bearing on the claim of exemption.

Meanwhile the bishop of Worcester was continuing process by citations and excommunications, and attempted to gain the king's favour through the bishop of Bath, his chancellor; but the abbot's personal influence with the king was too strong, and he procured a royal letter[4] charging the bishop with entering the priory with an armed force and spoiling its goods, and ordering him forthwith to restore Ledbury. Giffard did not yield even to this exercise of royal authority, and appointed custodians of the temporalities and spiritualities till a new election; quite uselessly, however, for the sheriff was promptly ordered[5] to expel them and seize the priory, and then, for neglecting to carry out his instructions for fear of incurring spiritual penalties, was fined heavily Shortly after this either the king began to think he had been acting hastily, or perhaps the chancellor's or his mother's[6] persuasions were of more avail than before. The officers of the Exchequer were ordered to

---

[1] Antiquitates Prioratus Malverniæ, p. 6.
[2] No. cccxxix.
[3] Antiq. Malv., p. 31.

[4] 18 Oct. 1282. Antiq. Malv., 13.
[5] Ibid, pp. 25, 44.
[6] Appendix I. No. iv.

make a search as to precedents for the seizure of the
priory,[1] and the sheriff of Middlesex was bid to replevy
the unhappy Wykewane, who was still in his prison at
Westminster   This order also had to be repeated before
it was obeyed, and then the abbot appealed to Rome,
and firstly to the archbishop, before whom the case came
in March 1283.   To cut a long story short, after a visitation by Peckham, another by Giffard, frequent excommunications, and the capture of Ledbury by the sheriff, the
contending parties met before the king at Acton Bur-
nel, and there the bishop of Worcester formally re-
nounced his jurisdiction over Malvern in return for
the manor of Knightwick, given him by the convent,
and Ledbury was restored.[2]   Nearly the whole of the
documents referring to this case are printed in full
from Giffard's Register in Thomas's Antiquitates Prioratus Majoris Malverniæ, from which the above account
of the transaction has been compiled.

One letter of archbishop Peckham occurs among
these documents, which is not entered in his own
register, and there is also an account of his visitation
of the diocese of Worcester.   These will be found in
the Appendix.

Before leaving the subject there is a point worth
noticing in the king's interference in the matter.   He
issued a most sensible writ to the sheriff of Gloucester[3]
ordering him to proclaim that in spite of the excommunication the people of the country are to trade with
the priory for food as usual, but he bases his disregard of the bishop and archbishop's sentence on the
questionable ground that Malvern is a cell "liberæ
"capellæ nostræ S. Petri Westmonasteriensis," whereas
previously papal privilege had been held up to justify
the exemption.   What the archbishop's opinion about

---

[1] Antiq. Malv., 57.   [3] Antiq. Malv., 138.
[2] Ibid. 144.

royal chapels was, we have seen in the last volume,
and such a claim would not tend to conciliate him.
He was offended with Giffard for settling the dispute
without consulting him,[1] and objected strongly to the
arrangement on the ground that it was simoniacal,[2]
which Giffard denied without attempting to argue the
point and without satisfying the archbishop, for he did
not absolve the priory from his sentence of excommunication till he visited it in July 1285.[3] Neither
party seemed contented with the arrangement, as will
be seen on referring to the book quoted above, but
that does not concern us here.

The Friars at Reading. Another case in which Peckham was interfering in
the interest of his own order was at Reading. As we
saw in the previous volume he was always ready to
protect them and encourage them in any matter of
dispute with the richer and more powerful religious
orders. While at Reading in 1279 he no doubt visited
his brother Franciscans, who had been established
there since 1233.[4] The chief landlords in the town
were the abbot and convent, and they had with evident unwillingness granted to their rivals a piece of
land in the Caversham road, outside the town, saddling
their grant with severe restrictions. The Friars bound
themselves not to seek another site on abbey land; not
to attempt to increase the site then granted; not to
ask for any "exhibition," nor to receive bequests, offerings, or tithes accruing to the abbey, on pain of immediate expulsion. They managed to obtain the insertion
of a clause barring the abbey from ejecting them for
any other reasons than those above mentioned, though

---

[1] No. dxvi.
[2] No. di.
[3] Annales Monastici, iv. 491.
[4] Doran's Hist. of Reading, 107.

if they left voluntarily, the land was to revert to the
abbey.[1]

The piece of land in question is that marked on
Coates' map of 1802 as "Friary Mead," bounded by
Portman brook, and surrounded by a wet ditch.[2] It lies
between the Great Western railway and the river,
on the east of the Caversham road. The brook some
years ago ran by the side of the footpath leading
from the Caversham road to the Forbury, but is now
invisible, being probably a covered sewer, like the Ty
bourne and Marybourne in London. The name Portman
Brook Meadows still occurs in deeds of property The
"Vasterns" were divided into the Home Vastern, nearer
the town, the Farther Vastern, nearer the Caversham
road, and the Little Vastern, adjoining the bathing
place.

No one who knows the country will be surprised to
hear that the friars soon found their house untenable in
the winter on account of floods. They were probably
obliged to live entirely in their upper story, and to com-
municate with the town by boat. It is not very uncharitable to suppose that this was the reason of the last
stipulation made by the monks in granting them the land.
After bearing it for nearly fifty years, they applied to the
Protector of their order at Rome, cardinal Mattheo Orsini,
and he in turn wrote to Peckham, as conservator of the
order in England. Peckham at once took up the position that the friars, besides being foolish in making rash
promises from their eagerness to gain a settlement, had
no right to bind themselves and their successors without

---

[1] The two grants to the friars are
printed in the appendix to Coate's
Hist. of Reading, from Vespasian,
E. xxv. Peckham's letters on the
subject are also inserted.

[2] "In loco quodam in cultura de
"Vasterna secus viam regiam
"versus pontem de Kaversam."
Coates prints this wrongly "In
"loco quodam inculto, de vas-
"terna."

the permission of the protector or minister-general, and
he wrote to this effect to the abbot.

How the remonstrance was received at first we know
not, but three years later the abbot granted them an
additional piece of land, extending up the hill from their
old site as far as *Vicus Novus*, now Friar street.

They were still forced to submit to oppressive restrictions, against which, as we shall see at a later period, the
archbishop again protested with effect, for three years
later (1288), in spite of their promises, they acquired
additional land by the bequest of Robert Fulco. On
the highest part of their property, close to the street,
they built their house. The church, which was completed about 1311, consisted of nave, aisles, and chancel,
and, though it has been a good deal knocked about,
enough records of the original work remain to show that
it was a very fine example of geometrical decorated.

At the dissolution the domestic buildings were granted
to one Robert Stanshawe, groom of the chamber, but the
corporation made interest with Dr. London, the com-
missioner, to beg the church for them as a town hall.
It was subsequently used as a prison, and the roof taken
off, though a beautiful west window was bricked up to
preserve it. A mezzotint drawing of it in this state, as
the "Town Bridewell," will be found in Man's History
of Reading. It has now returned to its original use,
having been purchased in 1863 by the late archdeacon
Phelps from the corporation, who made it a *sine qua
non* in the transfer of the property, that the new church
should be as far as possible a restoration of the old
building. None of the domestic buildings remain, but in
1860, Mr. Andrewes, who then resided at "Grey Friars
" House," disclosed the foundations of the cloisters in
his garden. They have been since covered up, and a
row of houses has been built across the garden.

Two foreign monasteries also came under Peckham's Abbey of notice during this period, the Norman abbeys of Fécamp ^{Fécamp.} and Seez. Fécamp had been founded in early times (the seventh century), on the spot where a miraculous stag had struck stiff the hounds of duke Ansegisus, and subsequently it was inhabited by Clement, a holy Saxon thane. Ethelred, when in Normandy, was much attached to the holy place, and a story is told of his having his ears boxed by the porter for trying to enter the church at a forbidden time.[1] Edward the Confessor gave to them Rameslie and Steyning, in Sussex, and other lands, some of which William, before his voyage to England, confirmed to them in the event of his success. It was about Steyning that the archbishop and the abbot had come into collision. The case had been revoked to Rome, and meanwhile Peckham had excommunicated the abbot's agents and placed the church under an interdict ; but the abbot, on the other hand, procured letters from the king promising that no writs should be issued against his bailiff till it was decided.[2] Next year the abbot died, and the custody of his lands was granted to John de Ponte by patent dated 26 Sept. 1284.[3] In Gallia Christiana, XI. 207, he is said to have lived until 1286, the date being given precisely as 15 Sept.,[4] but the year must surely be wrong, as there can be no mistake about the patent.

At Arundel the state of discipline was very loose, the Arundel prior alleging as an excuse that their superior, the abbot priory and Seez ab- of Seez, had reserved to himself the right of punishment. bey. The abbey of St. Martin de Seez, which more than once gave bishops and abbots to England, was originally founded by St. Evroul in 560, and in 1050 refounded

---

[1] Neustria Pia, 196, et seq.

[2] Chancery file, No. 37, 11 and 12 Edw. 1.

[3] Pat. 12 E. I., m. 3.

[4] xvii. Kal. Octobris.

by Roger de Montgomery. He, being created earl of
Shrewsbury and Arundel after the Conquest, gave land
in Sussex to his abbey in Normandy, and after a time
he and his wife Mabilia built a new house at Arundel,[1]
at some distance from the church, and sent for two
monks, Raynaldus and Frodo, from Seez to superintend
the building. It was not finished till 1102, and by that
time the earldom of Arundel had been forfeited to the
Crown. Henry I., however, treated the new priory with
consideration, and allowed a prior and monks to come
from Seez and inhabit it. A later earl, Wm. de Albini,
annexed the conventual and the parochial churches, and
the original building was abandoned. The number of
monks was small. They were still subject to the mother
house of Seez, in whom rested the election of the prior.
The bishop of Chichester instituted, and the newly elected
prior performed some sort of homage to the earl. What
was the ground of the prior's assertion about his in-
ability to punish does not appear. It may be that the
abbot of Seez was usurping more than his just rights.
It certainly appears from an inquisition, *ad quod damnum*,[2] taken concerning the founding of the college there
by Richard Fitz Alan, earl of Arundel, that the prior
had full power over the monks, to " correct, punish, or
" remove them, admit new ones, alienate and acquire
" possessions," &c.

The Jews.   In the present volume there are a few documents
relating to the community of Jews in London.

The position of this people was a peculiar one in
England, and if it were judged merely from the provisions in royal charters granted to them and from
other records, it might be considered much more favour-

---

[1] Gallia Christiana, xi. Inst. 151.
[2] Esch. 3 Rich. II., No. 160. Tierney's Arundel, 747.

able than it in fact was. Of their own records before
the expulsion nothing remains, except a few bonds and
such like formal instruments, which were in the hands
of Christians. Before the Conquest their persons and
property were considered to belong to the king, and
he forbade his nobles from taking them into their service or plundering them, as he forbade hunting on his
manors, this being his sole prerogative.[1]

In the reign of John they were permitted by charter
to live freely and honourably in the kingdom, to hold
fees and lands, to enjoy the same liberties and customs
as in the time of Henry II., to travel unmolested where
they pleased, as the king's own property,[2] and were
exempt from customs, tolls, or the tax on wine. The
regulations for the settlement of differences between
them and Christians were fair enough. Such cases
were tried by a jury of Jews[3] before special judges.
The witnesses must be of both religions, and if Jewish
witnesses were not forthcoming the Jew's oath on his
roll was admitted in his exculpation.[4]

But now for the other side of the picture.

To say nothing of massacres like that which dis-
graced the coronation of Richard I., the status of the
king's "res propriæ" had manifest disadvantages, for
they were outside the law, and though free from toll
and such regular exactions were tallaged by the king
at his pleasure. A few years after granting the above
charter John imprisoned all the Jews in England till
he had extracted from them a sum of 66,000 marks,
but this fact comes not from the records, but from an

---

[1] Sciendum est quod omnes Judei
ubicunque regno sint, sub tutela
et defensione regis ligie debent
esse. Neque aliquis eorum potest
subdere se alicui diviti sine licentia
regis ; quia ipsi Judæi et omnia
regis sunt. Quod si aliquis deti-
nuerit eos vel pecuniam eorum rex
requirat tanquam suum proprium
si vult et potest. Laws of Edward
the Confessor, 25.

[2] Sicut res nostræ propriæ.

[3] Pares Judæi.

[4] Rot. Cart., 2 Johan., n. 49.

annalist [1] who scarcely mentions the nation except to draw attention either to their fictitious crimes or their too real punishments.

In the reign of Henry III. legislation became more stringent. Christians throughout Europe were beginning to chafe under the superiority of the Jew in business transactions, and the laymen revenged themselves for want of acuteness by brutality. The Crusades also by stimulating religious zeal had increased its natural companion persecution, and the king was obliged in his own interest to protect his property from those "crusaders" who preferred fulfilling their vows by injuring the helpless rather than by fighting brave enemies. At Gloucester, for instance, the Jews were entrusted for protection to twenty-four burgesses.[2]

The church was fairer to them than the laity. Clement III. published a decree forbidding Christians baptising Jews by compulsion ("defilement by the "proud water," to use their own term), disturbing their services with sticks and stones, or trespassing on their burial grounds, besides other more serious crimes against their persons; [3] but still the separation became more marked, and a comparison of the two ordinances of Henry III. with John's charter will show how much worse their position had become. The first of these orders in 1253 [4] distinctly forbids the residence of any Jews in England except as the king's servants, or the erection of any *scolæ, i.e.* synagogues, except where they had been in his father's reign. This article is based on the decree of Alexander III.[5] contained in a letter to Louis VII. of France, advising him not to allow new synagogues to be built, but on the other hand not to prevent the repair of the old

---

[1] Annales Monastici, ii., 264.

[2] Close Roll, 2 Hen. iii., pt. 2, m. 9.

[3] Decret. Greg. ix., lib. v., tit. vi., c. ix.

[4] Close Roll, 37 Hen. iii., m. 18.

[5] Decret. lib. v., tit. vi. c. 7.

ones, so long as they are not improved or beautified. Within the synagogues the service is to be performed in a low voice, so that Christians may not be offended. Though they are compelled to pay parochial dues to the rectors of their parishes they are not to enter churches or chapels except *en passant*. They must not buy flesh in Lent, a more strict prohibition than that of the church, which only forbade their carrying it about.[1] No Christian must serve a Jew or eat or dwell with him, and no Christian woman must nurse a Jew's child. This is based on a decree of Innocent III., the alleged reason being the insult offered by Jews to Christianity in compelling Christian nurses to throw away their milk[2] for three days after receiving the sacrament. On entering England their names must be enrolled before justices of the Jews, nor can they leave the country,[3] nor reside without license in towns where they have not hitherto lived. In the next reign there are several writs for their expulsion from such towns, as Winchelsea in 1273 and Windsor ten years later. In accordance with the decree of the Lateran Council in 1215,[4] the wearing of a distinct badge is enforced, and there are other prohibitions as to discussing the faith, hindering other Jews from being converted, and such offences. The badge is called a *tabula*, and in subsequent enactments *duæ tabulæ*. It was probably made in imitation of the two tables of the law which Moses is represented as carrying. At first it was made of white linen or parchment,[5] but afterwards altered to yellow felt.[6] On the continent the distinguishing mark was a horned hat.[7] In the later ordinances of 1271 [8]

---

[1] Council of Vienna, c. 19. Labbe, xxiii., 1173.

[2] Lac effundere faciunt in latrinam. Decret. lib. v., tit. vi., c. 13.

[3] Rym., 152.

[4] Qualitate habitus publici ab aliis populi distinguantur, c. 68.

[5] Rym., 151.

[6] "Feltro croceo," pat. 5 E. I. m. 13.

[7] "Cornutum pileum." Council of Vienna, A.D. 1267, c. 15.

[8] Rym., 489.

no Jew was allowed to have a freehold in lands or rents, by charter, gift, or feoffment, as was possible when Bracton wrote;[1] nor in London at least were they permitted to inhabit more houses. The social division of the two religions was increased by prohibiting Christians from being nurses, bakers, brewers, or cooks for Jews. It was during this reign that the *Domus Conversorum* was founded in *New Streete*, between the Old and New Temple, the site being now occupied by the Public Record Office.

Even in matters relating to their religion they were completely subject to the king. When the promised subscriptions for a burial ground were slow in coming in, "the Master of the Law of the Jews" obtained a royal license to excommunicate[2] the defaul-

---

[1] Lib. ii., c. 5, s. 6.

[2] The anathema of the synagogue cut off the offender from the house of Israel. He became an outcast of society. The first process usually was the censure. The name and the offence of the delinquent were read for four succeeding sabbaths, during which he had time to make his peace with the congretion. At the end of that period the solemn Niddui or interdict was pronounced, which for 30 days separated the criminal from the hopes and privileges of Israel. For more heinous offences and against contumacious delinquents, the more terrific Cherem, or the still more fatal Shammata, the excommunication, was proclaimed * * * The sentence of excommunication was couched in the most fearful phrases. The delinquent was excommunicated, anathematized, accursed, — by the book of the Law, by the ninety-three precepts, by the malediction of Joshua against Jericho, by that of Elisha against the children who mocked him, and so on through all the terrific threatenings of the ancient law and history. He was accursed by the mysterious names of certain spirits of deadly power. He was accursed by heaven and earth, by the seraphim and by the heavenly orbs. "Let nothing good come " out of him, let his end be sudden, " let all creatures become his ene- " mies, let the whirlwind crush " him, the fever, and every other " malady, and the edge of the " sword smite him, let his death be " unforeseen, and drive him into " outer darkness." Excommunication inflicted a civil death; how far at least in the milder form it excluded from the synagogue seems not quite clear. But no one, except his wife and children, might approach the moral leper, all others must avoid him the distance of a toise. If there were a dead body in his house, no one might inter it; if a

ters, the fines, of course, to be paid into the royal treasury.[1] When Elias, the bishop of the Jews, was deprived
of his office for resisting the demands of the king and
of the earl of Cornwall, (to whom he had given them
over to be gutted after he had himself flayed them,[2])
and for proposing to leave the kingdom, the king
granted his flock leave to elect a successor, as if they
had been a Christian chapter, not without a fine of
three gold marks, which was paid by two brothers
named Cresse and Haginus, who had a couple of months
before been freed from talliage for five years for services rendered to the king of the Romans.[3] The new
bishop had to be presented to the king for confirmation,[4] and one such confirmation at least is extant,
granted by Edward I.[5] at his queen's request in favour
of one Haginus, son of Deulacres, probably the man
just mentioned. That the queen had dealings with the
Jews appears from Peckham's letter remonstrating with
her for profiting by their usury.[6] We see from this
system of *congé d'élire* and confirmation that the supre-
macy claimed by the English crown in ecclesiastical
matters was not confined to the Christian church.

A full account of the Exchequer of the Jews, in
which all matters concerning the revenue derived from
them were managed, will be found in Madox's History
of the Exchequer (Vol. I., p. 221). The justices who
presided in this court were entitled *justiciarii ad
custodiam Judæorum assignati*, or more briefly *custodes*

---

child be born, the father must cir-
cumcise it. Public detestation was
not appeased by death. No one
mourned him who died excommunicated; his coffin was stoned, and
a heavy slab was placed over his
remains by the hands of justice,
either as a mark of infamy or to
prevent him from rising again at
the last day. Milman's Hist. of
the Jews, iii., 147.

[1] Pat. 34 Hen. III., m. 3. Rym.,
274.

[2] Ut quos rex excoriaverit comes
evisceraret. M. Paris, s. a., 1254.

[3] Pat. 41 Hen. III., n. 11. Rym.,
356.

[4] Trin. Commun. 41 Hen. III.,
rot. 20 b. Madox's Exchequer, p.
261; Pat. 41 Hen. III., No. 6.

[5] Pat. 9 Edw. I., m. 20.

[6] No. cccclxxxiv.

or *justiciarii Judæorum.* They exercised jurisdiction in matters touching contracts with Jews, their property, fines, and the like. Under them were officers called *chirographers,* who in every town in which Jews resided, kept the *arca* in which their contracts were deposited, and made inventories of them. These officers were usually part Christians and part Jews, as were the justices also at first.

Accusations against the Jews for such crimes as circumcising and crucifying Christian children were rife at this period. As Dr. Tovey justly remarks, " The Jews are never said to have practised this crime, but at such times as the king was manifestly in great want of money,"[1] which unluckily for them was pretty often. That brutal oppression produces a spirit of cruelty in the oppressed as well as the oppressors is true enough, and there may have been cases in England to compare with the murder of a Christian girl at Nosa in 1197, mentioned by the Rabbi Joseph Ben Joshua Ben Meir,[2] but no one can read the accounts, circum-

---

[1] Anglia Judaica, p. 11.

[2] Chronicle, i. 219. This book, of which the title is "The Book of the Words of the Days of the Kings of France, and the Kings of the House of Othman, the Turk, which the wise Rabbi Joseph, the son of Joshua, the son of Meir, the Priest, the Sphardi, compiled, &c.," was translated from the Amsterdam edition by C. H. F. Bialloblotzky for the Oriental Translation Fund. The author lived at Avignon and Genoa, and his account of French and Italian affairs for his own period, the first half of the 16th century, is of some value. The language throughout is biblical, and the translator has carefully preserved the flavour, the effect being very quaint. In some cases Hebrew phrases are used with a totally different sense to what our translators of the Bible have given. For instance, the rabbi uses the words translated in Gen. xxv., 28, " because he did eat of his venison " as meaning " because he used flattery." Sometimes the translator has misapprehended the meaning. " Teaching Scriptures in the camp " with bow and arrows," for which the Jewish physician at the siege of Rhodes was " rent in pieces as " one would tear a kid," does not mean, as Mr. Bialloblotzky explains it, " that he was a scholar as well " as a soldier," but that he kept up a treasonable correspondence with the Turks by means of his bow and arrows.

stantial as they are, given by historians of these supposed
crimes, and contained in the depositions before courts of
law, without feeling their improbability. Consider the
charges on which the Templars were suppressed: the
appearance of a supernatural cat at their meetings, the
spitting on the cross, and other monstrous ceremonies
of initiation. Consider the evidence seriously adduced
at trials for witchcraft; and to come to still more recent
times, the conduct of the Government of New York
during the so-called Negro Plot in 1741, and it will
be seen how easy it is to make the people believe
anything when their prejudices help them. In the
case of abduction and circumcision at Norwich, referred to in the editor's preface to the second volume of
the new edition of Bracton,[1] though the evidence is
given with most minute details, the King's court had
good reason for doubting the truth of the charge, and
dismissing it. The accused did not however escape, for
what a lay court could not do, an ecclesiastical court
did, and in spite of the clearest evidence that the crime
had not been committed the bishop of Norwich condemned them to death. The proceedings are printed
from the roll in Tovey's Anglia Judaica, p. 96. In the
better known case of Hugh of Lincoln, the miraculous
elements of the story are an additional reason for dis-
believing it, for it would not have been necessary to
invent circumstances of such a kind to substantiate a
true charge. Mr. Stuart Lethieullier, in a paper read
before the Society of Antiquaries in 1736, argues for
the truth of the story, because Matthew Paris " probably
" could not be imposed upon in a fact he was con-
" temporary with, it happening above five years before
" his death," and because it is proved by records that
Jews were hanged for the crime. Does not this reason-

[1] ii. xxii. The account of this affair in Paris's Chronica Majora (iv. 30), is more detailed than that in the Historia Anglorum, cited by the editor of Bracton.

R 4237.

g

ing almost justify Horace Walpole's translation of Archæologia as "old woman's logic?"

The next reign, that of Edward I., saw the expulsion of the nation from this land. Before that event took place the King appeared to be trying to force them by severities to be converts to Christianity, and by forbidding the practice of usury to compel them to adopt manufactures and husbandry as means of livelihood. The same thing had been attempted some years before by St. Louis, in France, but without success.[1] By the Statute of Jewry, which Dr. Tovey has shown to have been passed before 5 Edward I.,[2] in which opinion the editors of the Statutes concur, the king entirely forbade usury, though he acknowledged the benefits derived by himself and his ancestors from the Jews. Hitherto they were allowed to take .2d. a week interest on the loan of 1l., as appears by a prohibition of their taking more from the scholars of Oxford.[3] The same rate is charged in a bond printed by Mr. E. A. Bond in the Archæologia (xxviii. 226), but in this case the interest is only payable if the principal is not repaid by a certain date, which is not considered usury. This evasion of the law was invented by the Italian banking firm, the Caursini, in 1255, and imitated by the Jews, who wished to keep themselves on the safe side of the law, though they laughed at Christian hypocrisy.[4]

The other articles of the statute repeat former re-

---

[1] M. Paris, 862.

[2] There is a commission to enforce this statute dated 24 May, 1277 (Pat. 5, Edw. I. m. 13), which is printed both in Rymer's Fœdera and by Dr. Tovey (p. 205), in neither case correctly. The sentence "Arche cyrographar' (cyro- "grapharie or cyrographarum) " Judeorum nostrorum esse con- " sueverant," is printed in the former " Archecyregrapharius " . . . consueverat," while Tovey misread " arche " as " dicka,' a word which he interprets as meaning " a tally."

[3] See Close Roll, 32 Hen. III. m. 9, quoted by Tovey, p. 122.

[4] Judæi quoque novum genus usuræ in Christianis comperientes, Sabbatha nostra non immerito deridebant. M. Paris, p. 418.

strictions as to living in places where they have no *arca*, forbid them to enfeoff Jews or Christians without license; to serve any one but the king; or to dwell with Christians; and enforce the wearing of a yellow badge at seven years of age. On the other hand, the king, calling them his serfs, professes to take them under his protection, and formally desires his officers to defend and protect them, and his subjects not to molest them in their bodies or goods.

The worthlessness of this protection appears from the fact that shortly after 280 Jews of both sexes were executed for clipping money. That the accusations in many cases were false was so well known that the justices were empowered to receive fines to save those who were accused but had not been already indicted, from future proceedings.[1] The comfort and safety of the Jews themselves is the reason assigned in the writ, but it was not a very kingly act to stop extortion by the people by converting the stream into the royal exchequer.

The attempts for their conversion took various forms. In 1279 a proclamation was issued forbidding blasphemy or irreverence to what Christians held sacred on pain of death, and threatening apostates with the same fate.[2] In the following year the Dominicans persuaded the king to order the sheriffs to compel the Jews to attend sermons specially composed for their benefit, and not only to compel them to be present, but to listen *diligenter et benigne absque tumultu, contentione vel blasphemia.*[3] John Evelyn gives an account of a similar ceremony as he saw it in Rome in 1645, and it continued till the late pope abolished it. The probable effect on the hearers is well described by Browning in his poem entitled " Holy Cross Day."

---

[1] Claus, 7 E. I., m. 7. Rym., 570.

[2] Close Roll, 7 Edw. I., m. 6. Rym. 570.

[3] Rym., 576.

g 2

The Black Friars had before this shown signs of a just and kindly feeling to the persecuted race. After the murder of the boy at Lincoln, of which these people were accused, the friars exerted themselves strenuously to procure the liberation of the prisoners, even of those whom it was hopeless to attempt to convert. The Annalist of Burton [1] is horribly shocked at their conduct, and hints at bribery, but the result was loss, not gain, to them, for the Londoners refused in consequence to give them alms or assist them in any way.

Perhaps it was in view of a harvest from these sermons that the *Domus Conversorum* was now re-endowed. It was the universal custom throughout Europe for converted Jews to forfeit their property, in spite of the decree of the Lateran Council forbidding this iniquity,[2] another instance of the greater severity of the temporal power than the spiritual. Even in Italy, where the canon law was more regarded than in England, the same practice prevailed, and it was commented upon by anti-papal writers during the Reformation.[3] Edward I. gave up this right for seven years, assigning one half to the hospital and the other to be retained by the owner. The chevage paid by the Jews, forfeits, and the reversion of deodands, which had been given for a time to the Dominicans, were also added to the revenue.

---

[1] Ann. Mon., I., 348.

[2] " Si qui præterea Deo inspirante ad fidem se converterint Christianam, a possessionibus suis nullatenus excludantur, quum melioris conditionis ad fidem conversos esse oporteat, quam, antequam fidem susceperint, habebantur." Decret. lib., v., tit. 6, c. 5.

[3] " Quam indignum hoc spectaculum multos Judæos in Italia ad Christi cultum conversos, in summa egestate versari, qui antea opulenti vivebant satis splendide. An non mirum hæc si pontificium esca paucos in Christi nassam invitat, præsertim cum apud Judæus mendicet nemo Judæus . . . Qualis ille pastor, qui ovem nullam in gregem admittat, nisi deposita ' lana." Morysine's Apomaxis, 97.

This money was to be primarily spent on the celebration of divine service and the education and maintenance of the converts; and the surplus to be devoted to the beautifying of the chapel. Converts taking holy orders and getting a benefice would cease to be supported out of the funds, and laymen also, on learning a trade and being able to earn their own living honestly. The subsequent history of the house is well known, that it was annexed by Edward III. and Richard II. to the Mastership of the Rolls, being still liable to a claim from those for whose benefit the property was originally set apart.[1] In the accounts of Thomas Cromwell, when Master of the Rolls, a payment of three halfpence a day to three "converses" is an annual item; and even as late as the reign of James II. a like pension was claimed and paid. The master of the hospital at the time of which this volume treats was John of St. Dennis, archdeacon of Rochester. He died in 1288, being succeeded by Robert de Scardeburgh.

It is to his mastership of the hospital that the archbishop refers, when he requests the king to desire the archdeacon to proceed against apostate Jews.[2] The archbishop acknowledges that no pressure must be put upon Jews to force them into Christianity, for Pope Clement III. had already laid this down as a distinct principle,[3] but he invokes the king's zeal for Christianity as shown in his ordinance of 1279,[4] to prosecute the apostates. It was said indeed that those who were in distress professed Christianity in order to share the endowments of the *Domus Conversorum*, and that directly they found themselves a little better off they relapsed. This, however, is not very probable, considering the strong attachment of Jews to their religion and their charity to their brethren in distress. Morysine, in a passage already

---

[1] Pat. 51 E. III., m. 20. Statute, 1 Ric. II.

[2] No. cxviii.

[3] Statuimus enim ut nullus Chris-

tianus invitos vel nolentes Judæos ad .baptisinum venire compellat. Decret. v., vi., 9.

[4] Rymer, 570.

quoted, says that there are no Jewish beggars.   One
case of apostacy is, however, mentioned by Matthew
Paris, the convert having taken deacon's orders before
his relapse to his old faith   He was hanged.[1]

Two other of Peckham's letters refer to the synagogue
in London.[2] In 1231 we find the Jews building a hand-
some synagogue.   This must have been finished in 1253,
in which year Matthew Paris[3] speaks of the " Schola
" Judæorum " as a public place, where some bonds stolen
from the abbey of St. Alban's were cried.   In the riots
of 1263, when Kok, son of Abraham, one of the richest
and most influential of his people, was barbarously mur-
dered by John Fitz John, this building was, Dr. Margo-
liouth says, " reduced to ashes."[4]   This is probably an
exaggeration, for the only authority I know for the
statement is that of the Annals of Winchester, which
merely say that " eorum synagogæ datæ dedecori."[5]   Not
many years after, however, Henry III. gave the building and site to the Friars of St. Anthony of Vienna, and
it became their hospital.[6]   According to Tanner, their
hospital was " on the north side of Threadneedle Street,
" in the parish of St. Benet Fink," but this must have
been their new church, built for them by John Tate,
mayor in 1473.

Queen Eleanor's confirmation of Henry III.'s grant
shows that their first house, and therefore the synagogue
which it supplanted, was in Colechurch Street, in the
parishes of St. Olave's, in the Jewry, and St. Margaret's,
Lothbury.

Not dismayed by this loss, the Jews set to work upon
a new " schola," in 1281, and archbishop Peckham ordered
the bishop of London to prevent its completion by threats
of excommunication and interdict.[7]   The land on which

---

[1] Chronica Majora, iii., 71.
[2] Nos. cccxii, cccxvi.
[3] p. 871.
[4] Hist. of the Jews in Great
Britain, 208.

[5] Ann. Mon., ii., 101.
[6] 56 Hen. III. Stow's Survey,
iii., 569.
[7] See No. clxxix.

the work was commenced had recently been given to the community by Aaron, son of Vyves, and he had taken the precaution to get his grant confirmed, first by Edmund, earl of Lancaster, and then by the king himself.[1] It is this confirmation that is referred to in the footnote to p. 407. Aaron must have put the earl of Lancaster, and perhaps the king as well, under some obligations, for we find the earl granting him freedom from tallages, aids, and other exactions, and liberty to dwell in any town in which Jews already reside.[2] The consideration for the freedom is a pair of gilt spurs annually. The plot of ground was situated in St. Laurence parish, in the street called Catte Strete, afterwards Cateaton Street, now Gresham Street, and was bounded by the messuages of the late Vyves, son of Master Moses, and of Aaron himself; by the king's high road; and by a garden bought from Margalicia, daughter of Benedict the bishop, and Juda, her daughter.

The next month Peckham writes again to say that he hears that the chief Jews have synagogues of their own, and orders the bishop to destroy them, leaving them one only, as allowed by canon law. He was, however, obliged to revoke this order and issue another excepting the new building on the land given by Aaron, and further, on the Jews' complaint, writes again to the bishop to explain that they must be allowed to rebuild their old synagogue if they are not attempting craftily to increase the number, but that they are not to decorate it, as any place would be good enough for them "to beat " the air with their good-for-nothing ceremonies." The following passage from the Decretals will show with what scrupulous regard for law the archbishop acted. " Judæos etiam de novo construere synagogas, ubi eas " non habuerint, pati non debes. Verum si antiquæ " corruerint, vel ruinam minantur, ut eas reedificent, " potest æquanimiter tolerari, non autem, ut eas exal-

---

[1] Charter Roll, 9 E. I., 33.
[2] Pat. 54 Hen. III., m. 1., 55 Hen. III., m. 29.

" tent, aut ampliores aut pretiosiores faciant, quam
" antea fuisse noscuntur, qui utique hoc pro magno
" debent habere, quod in veteribus synagogis et suis
" observantiis tolerantur."[1] If the building was ever
completed it only served its intended purpose for a few
years, and came into the king's hands with their other
property at the expulsion in 1290.

There are scarcely any traces of the old synagogues in
England. The church of the Holy Sepulchre in Cambridge has been considered to have been formerly built
for Israelite worship, but on no better evidence than its
proximity to the Jewry, and its circular shape.[2] At
Bury St. Edmunds, where the Jews suffered massacre at
the expulsion in 1290,[2] there is a house called " Moyses
Hall," which is supposed to have been either a synagogue or a dwelling house of Jews. The oldest part of
it is of the eleventh or twelfth century, the ground floor
having semicircular arches springing from pillars with
Norman capitals and bases.

Dr. Tovey has apparently confused this building with
the remains of the monastery built by Fursæus, at
Burgh Castle. At Lincoln also there is a house in the
Bull Ring which once belonged to Belaset de Wallingford, a Jewess who was hanged for clipping coin in the
eighteenth year of Edward I. There is a brief description of it in Allen's History of Lincolnshire.

Murder in
St. Paul's.   Other illustrations of the History of London will be
found in the letters referring to the outrage at St. Paul's,
when the constable of the Tower pursued some escaped
prisoners as far as the cathedral, where they took refuge.
Being determined to recover them, he entered the sacred
building in pursuit. One of the fugitives was wounded
before the high altar, and the rest were beheaded just
outside the churchyard. The whole of London was accordingly put under an interdict.[4]

---

[1] Lib. v., tit. vi., c. 7.
[2] Archæologia, vi.

[3] Nos. cccxxxviii, cccxxxix, ccccv, ccccvii..
[4] Annales Monastici, iii., 289.

The case of Tedisius de Camilla, dean of Wolver- Tedisius de Camilla. hampton, which occupied some space in the first volume, comes up again here. The delinquent appealed to the Pope against the archbishop's sentence of deprivation, and procured the intercession of some of the cardinals with Peckham to allow him to hold his benefices, but he was inexorable.

Plurality, as we have already seen, was a special The epi- object of the primate's wrath. He was successful in scopal elec-tion at 1280 in opposing the election of Richard de la More as Rochester. bishop of Winchester on this ground, and in 1283 he won a similar victory at Rochester. John de Bradefeld, who died on St. Gregory's day 1283, was precentor of the monastery when he was elected bishop. Being humble and quiet in the cloister, the monks thought he would still be so in the bishop's throne. No little bribery was necessary to procure his election and con-firmation, and it was all thrown away.[2] Ἀρχὴ ἄνδρα δείξει, and instead of the patient submissive precentor, the priory found they had a hard avaricious bishop, who cared nothing for the prior or the monks, and exacted the gift of St. Andrew to the uttermost farthing. On his death they elected a stranger, John de Kyrkeby, archdeacon of Coventry, but Peckham refused to confirm their postulation, on the ground of his notoriously hold-ing several benefices with cure of souls. Wharton sup-poses that he refused the dignity, but his resignation, a certificate of which is stitched in to the archiepiscopal register, was evidently on compulsion. The right of election had hereby devolved upon the archbishop, but he allowed the convent another choice.[3] They selected Thomas de Yngelthorp, dean of St. Paul's, who was con-secrated at Canterbury on 26 Sept.[4] following.

During the ceremony, a most unexpected interruption

---

[1] Nos. cccxciii, ccccxxxii, ccccxviii–lxxi, ccccxcvii.

[2] p. 621. Wharton's Anglia Sacra, i., 352.

[3] Nos. ccccxliii, ccccxlvi.

[4] Haddenham (Annales Ecc. Roffenses) says "5 Non. Oct." which cannot be right.

occurred. A large roll was flung into the archbishop's face, the outrage being accompanied by violent and abusive language.[1] The assailant was the sacristan of Westminster, a partisan of Tedisius de Camilla, who had been trying to collect the revenues of his benefices in Kent, and had been excommunicated for so doing.[2] It need hardly be said that the sentence was immediately repeated. At another time also archbishop Peckham was subjected to personal insult, when his servants were attacked and himself hooted at at Alcester Abbey, a cell of Evesham.[2] What the cause was does not appear. It may have been connected with the sequestration of the abbot of Evesham's benefices a year ago for refusing to attend the council at Lambeth.

At visitations, also, the officials were ordered to cite all rectors holding several benefices, to exhibit their dispensations for this breach of the law,[4] and also those who had held benefices for a year without being ordained. Six months was the longest time fixed by the Council of Lyons for such an arrangement to last,[5] but in England it was extended to a year.

The archbishop's house at Lyons.

The manor of Quincy and the house at Lyons,[6] of which the lease fell vacant in 1283 by the death of Chatardus de Chamaremi, dean of Lyons,[7] were granted to the see of Canterbury by Guichard, or Wicard, who held the archbishopric of Lyons from 1165 to 1180. Before his elevation to that dignity, he had been abbot of Pontigny, the monastery where Thomas Beckett passed nearly two years of his absence from England. He thus had been brought into connection with the see of Canterbury, and no doubt acquired an affection for the archbishop, who attempted at first to imitate the

---

[1] p. 618.
[2] p. 588.
[3] No. cccc.
[4] No. cccxcv.
[5] Second Council of Lyons, cap. xiv. Labbe, xxiv., 91.

[6] Nos. iv, lv, cccclxxx et seq.
[7] The editors of Gallia Christiana were not aware of the date of his death. See vol. iv., p. 204.

Cistercian austerities, but soon broke down. One of Becket's biographers speaks of the abbot as smilingly chaffing his guest, when boasting of his readiness to submit to death for the cause of the church, with the incongruity of the cup of wine he was drinking and the cup of martyrdom.[1] Hugh of Poitiers[2] also mentions his co-operating with Becket in attempting to patch up a quarrel between the Count and Countess of Nevers and the abbot of Vezelay. The grant in question, however, was not made to Becket, but to his successor As it has not, I believe, hitherto been printed, I have given it here in full.

Guischardus dei gratia Lugdunensis archiepiscopus apostolice sedis legatus universis Sancte Matris ecclesie filiis salutem. Notum sit universitati vestre nos assensu tocius capituli nostri concessisse venerabili fratri nostro Ricardo Cantuariensi archiepiscopo et omnibus successoribus ejus canonice substituendis et ecclesie Cantuariensi terram de Quinciaco cum omnibus pertinenciis suis et domum in claustro nostro emptam ab episcopo Morianensi Guillelmo et Burn' nepote ipsius. Ipse autem Dns. Cantuariensis singulis annis faciet servitium refectorii honorifice diebus quatuor incipiens a quinto die natalis Domini. Postquam vero Beatus Martir Thomas Cantuariensis translatus fuerit quarti diei servitium in die translationis ejus transferetur. Et si forte Dns. Cantuariensis in terra de Quinciaco castrum firmaverit erit canonicis et militibus et hominibus eorum ad refugium sine incommoditate ipsius archiepiscopi. Terram eandem nullatenus absque assensu capituli alienabit et si aliquam terram in partibus vicinis adquisierit eam cum terra predicta sub servitio pretaxato tenebit. Anniversarium suum ei in ecclesia nostra concessimus annuatim faciendum et ipse nobis similiter nostrum in ecclesia Cantuariensi. Pro defunctis ecclesie sue faciemus annuatim servitium in conventu nostro infra xv. dies post festum Sci. Michaelis et ecclesia Cantuariensis similiter faciet pro nostris.—(*Chartæ Antiquæ Cantuar.* A. 25).[3]

---

[1] Hook, ii., 441.
[2] Migne, Patrol. Cursus, cxciv., 1672.

[3] I am indebted for this copy to my friend Mr. J. B. Sheppard, of Canterbury.

There are slits for the tags of two seals, but both tags and seals are lost.

The enthusiasm for the newly martyred archbishop did not stop here, for only a few years after dean Olivier de Chavannes built a chapel in his honour, on the heights of Fourvieres, which his successor, Stephen de St. Amour, in conjunction with archbishop Jean de Bellesmes, completed and refounded as a conventual and collegiate church.[1]

Alfonso, king of Castile, and his son Sancho.   While Peckham was at South Malling [2] in July 1283, news came to England of the misfortunes of Alfonso El Sabio, king of the Romans and of Castile, Leon, &c., king Edward's father-in-law. Many years before this he had been a competitor for the imperial crown against Richard, earl of Cornwall. By the help of the relations of his mother, Beatrice, daughter of Philip of Swabia, he succeeded in procuring his election by one party of the nobles, while the earl was equally successful by means of another. Neither, however, could ever succeed in establishing their authority, and Alfonso considerably injured his position at home by sending money and men to support his party. At his rival's death in 1272, he hoped to attain his end without more trouble, but the electors, instigated by the pope (Gregory X.) fixed upon Rudolph, count of Hapsburg, and those of Alfonso's adherents, who refused to acknowledge the validity of the election, were excommunicated. The Spanish king did not accept even this as a total defeat, and continued to intrigue against the new emperor. In 1275 he visited the pope at Beaucaire, but reaped no advantage from the interview,

---

[1] This was in 1192. The foundation charter, which has some curious particulars about the building, is printed in Gallia Christiana, iv. Instrumenta, p. 23.

[2] No. ccccliii.

although he had attempted to gain the pope's favour by modifying the old laws of the Visigoths in accordance with the canon law, by giving up the independence of the Spanish church, and allowing to the clergy immunities and privileges hitherto unknown in the peninsula. King Edward also wrote a fruitless letter to the pope in his favour,[1] and promised himself to help him, though he did not scruple to accept his rival's proposals for his son Hartmann's marriage with the princess Johanna. The dissatisfaction caused by these changes was taken advantage of by the king's second son, Sancho, who allied himself with Mahomet I., the founder of the kingdom of Granada, and attacked his father. Before long the Moors of Africa joined in the war. The Infante, Don Fernando de la Cerda (*of the Bristle*) died during his father's absence in France, from the fatigue and hardships of the campaign. Fernando had left two sons by his wife Blanche, sister of king Philip of France, but the Cortes, which met at Segovia in 1276, decided that by the laws of the Visigoths, the second son was the rightful heir. Sancho was accordingly proclaimed successor to the throne. War with France followed, in which Edward tried to mediate, and, indeed, promised to come to Gascony[2] to assist in patching up a peace, though affairs at home prevented him from fulfilling his intention, and again in 1282 he wrote to both combatants excusing himself from giving assistance, and recommending peace. Alfonso proposed to the Cortes to separate Murcia from his crown in favour of his two young nephews. This did not increase the respect in which he was held by his subjects, and his popularity was destroyed by depreciation of the coinage, and other acts of rapacity and cruelty,[3] so that Don Sancho had not much difficulty in procuring his father's deposition. His uncle, Don Miguel, proposed that he

---

[1] Rym., i. 522.
[2] Rym., i. 594.

[3] Rym., i. 576–583.

should be king, but he contented himself with the title
of regent. Seville alone remained faithful to the old
king, and none of his Christian neighbours would help
him. The king of England, however, pitying a deposed
king, sent him 100 Gascon knights, notwithstanding his
previous refusal, and his old enemy, Abu Jusef Ben
Merin, king of Morocco, chivalrously came to his assistance. Moorish lances and spiritual artillery (for the
pope excommunicated Don Sancho's adherents) turned
the scale in his favour, and as he was on the eve of
regaining his throne, Sancho made overtures for reconci-
liation, of which Alfonso gladly informed the pope,[1] that
he might remove the ban from his son, but very shortly
after he died. Sancho now succeeded him, but civil
wars and Moorish invasion made his reign as uneasy
as his fathers.

The bishop of Tusculum, whom Peckham defends
against a charge of assisting Sancho, no doubt knew
something about Spanish affairs, for the ambassadors of
Edward and Alfonso had jointly applied to him for
help when in Rome, but there does not appear to be
any evidence as to his taking any side in the matter.
He may have attempted to dissuade the Pope from ex-
communicating Sancho.

There are two errors in vol. I. which require correction. One is the reference to Dionysius the Carthusian
of the quotation, "hierarchis in hiis quæ agunt hier-
" archice obediendum est sicut a Deo motis." [2]

It is a translation of the passage in the "Ecclesiastical
Hierarchy" of Dionysius the Areopagite.[3]

The other error is a double one. The word "tuitio"
was translated "wardship" in the marginal abstract of

---

[1] Rym., i. 640.

[2] p. 241.

[3] Τοὺς δὲ ἄλλους οὕτω τοῖς ἱεράρχ-
οις, ἐν οἷς ἂν δρῶσιν ἱεραρχικῶς, προσ-

εκτέον, ὡς ὑπὸ θεοῦ κεκινημένους. Ὁ
ἀθετῶν γὰρ ὑμᾶς, φησὶν, ἐμὲ ἀθετεῖ.
Cap. vii. § 7.

No. cxliii., and on the authority of a passage in the Decretals, corrected in the Errata to "testamentary jurisdiction." Neither of these meanings is right, at least in this connection. The "tuitio" was the prerogative which the archbishop possessed as *legatus natus* (since the time of Theobald) of receiving appeals and protecting the appellants from the jurisdiction of the bishops of their province. The archbishop himself defines it as "the duty of protecting appellants to the " Holy See, from being attached in persons or goods, " that so they may prosecute their appeals the more " freely."[1]

The following words of Matthew Parker will explain it more fully.

"Præterea cum in hiis causis in quibus jam ad re-
" giam majestatem appellatur, antiquitus ad usurpatum
" Romanum consistorium appellatum fuit, Cantuariensis
" archiepiscopus de causa controversa summarie cogno-
" vit, reique controversæ possessionem juxta juris exi-
" gentiam uni litigantium adjudicavit, proprietatis jure
" ad instantiam et exitum appellationis reservato. Et
" hæc appellatio, quia possessionis tuendæ causa inter-
" ponebatur, *tuitoria* dicta est. Cujus præsidio ut pos-
" sessionem firmaret, non modò litigantibus, sed ipsis
" Romani Pontificis judicibus delegatis inhibuit, ne lite
" pendente quacunque innovatione possessionem a se
" decretam turbarent, aut appellanti præjudicium infer-
" rent. Ad hoc possessionis tuendæ auxilium imploran-
" dum, non modo ex sua provincia, sed ex Eboracensi,
" atque Hibernia, aliisque provinciis Gallicanis quæ
" quondam in Angliæ regis ditione fuerunt, omnes ad
" Papam provocantes olim confugerunt."[1]

A treatise was written, "De consuetudinibus ac sta-
" tutis in tuitoriis causis observandis," by John Alen,

---

[1] p. 521. *See also* pp. 428, 433, 531, and 680.

[2] Parker, De Antiquitate Britannicæ Ecclesiæ, p. 42. Ed. 1729.

archbishop of Dublin, who had acted as judge in Cardinal Wolsey's legatine court,[1] but I have not been able to discover any copy at present existing.

I have attempted in these pages to illustrate a few of the events of interest with which archbishop Peckham was connected, and which are recorded in the portion of his Register printed in this volume.

There will be found, besides, much information concerning ecclesiastical affairs in various parts of the kingdom, to which it is unnecessary here to call attention in detail.

Nov. 1883.   C. T. M.

---

[1] Wood's Athen. Oxon, i. 77.

REGISTRUM EPISTOLARUM
FRATRIS JOHANNIS PECKHAM
ARCHIEPISCOPI CANTUARIENSIS.

Vol. II.

R 4237.   Wt. 14024.

A

CCCVI.

To Cardinal Benedict Gaetano.

Reverendo in Christo patri ac domino Benedicto, Dei gratia Sancti Nicholai in Carcere Tulliano diacono cardinali, frater J[ohannes], permissione divina, etc., cum omni reverentia et honore paratam ejus beneplacitis voluntatem. Paternitatis vestræ literas suscepimus cum ingenti gaudio et dolore, asperas quidem sed non exasperantes, inferentes caritatis vulnera sed sanantes, tenentes siquidem certissime quod vos ea quæ simplicitati nostræ expediunt, cum affectu amplectimini[1] et effectu. Hoc solum in sanctitatis vestræ literis mirandum vidimus et plangendum, quod inimicis Dei et nostris ecclesiasticam fugientibus disciplinam, et præsertim blæsis Herefordensis episcopi labiis, fidem adhibuisse vestra reverentia videbatur. Scripsistis enim, pater sanctissime, quod ipse ad sedem apostolicam, propter molestias sibi a nobis et nostris officialibus illatas, requirere, ut asseritur, est compulsus. Super quo, pater sanctissime, noveritis quam nos asserimus inveniendam finaliter veritatem. Quoniam cum . . officialis suus ab . . officiali nostro ex parte una, et ab auditoribus nostris ex parte altera fuisset hinc inde propter multiplicatam contumaciam ac totius libertatis Cantuariensis ecclesiæ subversivam, quantum in ipso erat excommunicationis sententia innodatus, nos coacti scripsimus episcopo ut ipsum excommunicatum denunciari faceret sollempniter, ut est moris. Quo nostra mandata et monita contempnente, eidem diximus viva voce, cujus dicti tam ipsum quam Ardi-

1282.
1 Aug.
Defends his proceedings against the bishop of Hereford.
R. f. 16.

---

[1] *amplectimini*] applectimini, MS.

A 2

cionem complicem suum testes quamvis adversarios
invocamus, ut ipse nobis faceret, quod prædecessores
sui prædecessoribus nostris omni tempore fecisse noscuntur. Adjicientes quod, si hoc faceret, sic possessione juris nostri uteremur imposterum sobrie et
modeste, quod nunquam ipse gravaretur aliquo facto
nostro. Quibus ab ipso spretis, tandem crescente contumacia indurata, multorum prudentum consilio cuidam
socio nostro commisimus potestatem in ipsum, si con-
tumax remaneret, quod erat canonicum exercendi.
Quo facto fugit ipse in spiritu Dathan et Abyron,
non minus ex innata læsione cerebri quam ex per-
vicacia voluntatis. Postquam vero sponte recessit
pacificatis suffraganeis nostris, qui propter quædam
officialium et auditorum nostrorum gravamina extiterant offensi, ipsis rogantibus concessimus quod ipsum
Herefordensem ad eandem pacis formam reciperemus
hilariter, si rediret penitus ad eandem. Ipse autem,
processus nostri tam in conciliis quam extra concilia
præcipuus impeditor, hujus nostræ benignitatis abusu
recessit pertinax, ut credimus firmiter, quod nollemus,
meritis sanctorum Cantuariensis ecclesiæ patronorum
cum suis complicibus ira Altissimi feriendus. Hæc
est veritas, pater sanctissime, pro cujus defensione
nullum timemus genus angustiæ sustinere. Demum
mansuetudinem nobis suadet vestra dulcissima clementia, de quo vobis breviter respondemus, quod nisi
nostra mansuetudo excederet perfectæ virtutis limites,
non vastarent tot lupi in Anglia oves Christi, quot
vastare sensibiliter dinoscuntur. Et nihilominus ex habundanti mansuetudinis gratia omnes nostros mutavi-
mus auditores, nihil tantum desiderantes sub cœlo,
sicut pro illis qui nobis falso imponuntur excessibus,
in facie sanctæ Romanæ ecclesiæ comparere fronte
libera omnium adversantium jaculis restituri, et nichil-
ominus interim vestris parebimus beneplacitis bona
fide. Custodiat Dominus excellentiam vestram per

tempora longiora. Scriptum apud Wengeham, kal. Augusti.

CCCVII.

Division of Wingham into four Parishes.

Universis præsentes literas inspecturis, frater Johannes, permissione divina Cantuariensis archiepiscopus, totius Angliæ primas, salutem in Domino sempiterñam. Summi Patrisfamilias providentia, cujus imperium universæ creaturæ terminos moderatur, vineam suam custodibus commendavit, et unicuique secundum propriam virtutem ac gratiæ mensuram dispensans, tradidit regni sui negotia procuranda, ne si forte transcenderet negotiantis vires et industriam talenti crediti magnitudo, fraudaretur thesaurus Domini, vastaretur vinea, et grex Christi sanguine comparatus sub opilionis insufficientia a lupis libere vastaretur. Nos igitur vitalis fructus desiderio in Christi specula sollicitas excubias secundum datam 'nobis gratiam observantes, attendentesque processu temporis minui merita, augeri maliciam, ac refrigescere caritatem, quæ sola debet ad animarum regimen mentes catholicas inclinare ; in ecclesiam de Wengeham oculos injecimus tanquam vineam distentam ramis ac fructibus copiosam, nec posse faciliter unius cultoris sed nec duorum sufficienter excoli laboribus, tam propter distentum terræ spatium, quam populum numerosum, sufficereque fructus ejus uberes pluribus laborantibus condigna stipendia ministrare. Valdeque videtur a divinis regulis alienum, quod pluribus Christi militibus sufficit affluenter, cum rei publicæ læsione, et animarum indicibili dispendio, in unius marsupium coartari. Quocirca in hujus periculi remedium nos cum capitulo nostro super hoc tractatu habito diligenti, de ipsius præmeditato consensu, renunciantesque ordinationi felicis recor-

1282.
2 Aug.
Division of Wingham into four parishes.
R. f. 104 b.
A. f. 137 b.

dationis domini Gregorii papæ decimi, qui ad instantiam
bonæ memoriæ domini Roberti, prædecessoris nostri,
ecclesiam de Wengeham dividi voluit in præbendas,
eam in quatuor parochias dividimus in hunc modum.
Quarum primam esse volumus, ecclesiam de Wengeham cum omnibus hamelettis suis et cum decima
nostra archiepiscopali de *la Bertone*, et cum capella
et decimis domini de Overlaunde ac tenentium ejusdem omnium in Overlaunde, et cum tota decima de
Cockynge et de Hodoun, et cum tota decima Campi
Crul, qui in eisdem finibus de nostro esse dinoscitur
tenemento. Secundam, parochiam de Esse, habentem
totum residuum decimarum quæ consueverunt venire
ad orreum de Geldeneton', cum capella de Flete, et
cum omnibus hamelettis suis, illis tamen semper exceptis quæ supra ecclesiæ de Wengeham assignavimus
nominatim. Tertiam, ecclesiam de Godwyneston' cum
hamelettis de Boningtun', Offingtun', Rollinges, Newen-
ham, Underdone, cum partibus de Tuicham et de
Chelmden', quæ ab antiquo consueverunt ad eandem
de Godwynestun' ecclesiam pertinere. Quartam, ecclesiam de Noningetun' cum capella de Wymelingewelde
ac hamelettis de Rittlynge, Freydevile, Hesole, Suth-
moningtune, Hakeholte, Catehampton', Attedane, Wol-
shethe, et Vike, salvis in prædictis quibusdam portioni-
bus, quas vicarii hactenus libere percepisse noscuntur.
Et quia in hac divisione ad solum Dei honorem et
spirituale ac temporale commodum respicimus animarum, regulas sequentes canonicas secundum Dionysium,
manifeste sub interminatione divinæ maledictionis
universis nostris subditis prohibemus, ne quis hanc
divisionem de prudentum virorum consilio exquisitis-
sime factam audeat impugnare. In cujus rei testimonium præsentem scripturam sigilli nostri impressione
duximus roborandam. Valete. Datum apud Wengeham, iiii^{to} non. Augusti, anno Domini millesimo
cc^{o}lxxx^o secundo, consecrationis nostræ quarto.

Confirmation by the Prior and Chapter. R. f. 104 b.

Omnibus Christi fidelibus præsentes literas inspecturis Th. permissione divina prior ecclesiæ Christi Cantuariensis, et ejusdem loci capitulum, salutem et sinceram in Domino caritatem. Ordinationem quam venerabilis pater Johannes Dei gratia Cantuariensis archiepiscopus, totius Angliæ primas, circa ecclesiam de Wengeham fecisse dinoscitur, inspeximus in tenore qui inferius annotatur : — Universis præsentes literas, etc. Summi Patrisfamilias providentia, etc., *de verbo ad verbum sicut in proxima litera usque in finem.* Quam ordinationem dicto archiepiscopo ut inspiratam cœlitus ratam habentes, eidem concorditer consentimus, et eam sigilli nostri munimine duximus perpetuo confirmandam. Datum in capitulo nostro Cantuariæ, nonis Augusti.

CCCVIII.
Peckham to the Convent of Christchurch, Canterbury.

Frater Johannes, permissione divina Cantuariensis ecclesiæ minister humilis, totius Angliæ primas, dilectis filiis . . priori et capitulo ecclesiæ nostræ Cantuariensis, salutem, gratiam et benedictionem. Ex evangelicis fundamentis, Spiritus Sancti gratia dirigente, beati Benedicti regula dinoscitur processisse. Quæ si a vobis, filii carissimi, perfecte et integre servaretur, essetis toti ecclesiæ Anglicanæ perpuræ claritatis speculum, cujus tenetis locum præcipuum Salvatoris clementia ordinante. Quod in vobis cupientes totis visceribus consummari, quasdam vobis salubres observantias proponimus et imponimus, quæ præsenti

1282.
6 Aug.
Injunctions to be observed by the prior and convent.[1]
R. f. 228.
A. f. 164.

---

[1] Marginal note in R. : " Ultima " ordinatio inter priorem et capitu- | " lum ecclesiæ Christi Cantuariensis " facta per dominum."

pagina continentur, a te, fili prior, sumentes exordium,
qui in absentia nostra abbatis geris officium, ex cujus
moribus et industria totius monasterii bona dispositio
cognoscitur dependere. In primis, igitur, quia omnium
tam spiritualium quam temporalium tibi ex regula
committitur dispensatio, ut vigore meriti ministerium
tuum facias honorabile, et commisso tuo collegio fructuosum; volumus et mandamus, ut quotienscumque
vacare poteris commode, et forinseca negotia id per-
mittent, quorum onus pro subditis tuis cogeris principaliter sustinere, quasi cervus umbram desiderans, ad
claustri refrigerium confugias, et ibidem sedens et
silens cum fratribus conquiescas, sicut aquila ad vo-
landum provocans pullos suos, ut et fratrum confiteri
volentium cures vulnera, et consolides vacillantes, ac
in ceteris locis communibus, utpote choro in vigiliis,
dormitorio in quiete, capitulo in collationibus, refectorio in necessitatibus, te sic realiter priorem ac præ-
cessorem exhibeas, ut oves cum gaudio te sequantur.
Alioquin si, quod absit, implicationem forinsecam ultro
amaveris, si etiam, quod absit, laxius vixeris, si vigi-
liarum excubias remissius custodieris, in te adimplebitur,
quod avertat Altissimus, illud Sapientis elogium, " Rex
" insipiens populum suum perdet." [1] Demum vobis
filiis scribimus universis, ut divinarum laudum officio
vos totis viribus coaptantes, horis canonicis in choro
cum fratribus, ubi Verbi Incarnati est procul dubio
præsentia corporalis, ubi condigne psallentibus angelo-
rum assistit applausus, dimissis omnibus intersitis,
illis duntaxat exceptis qui ex causa necessaria cogun-
tur abesse de certa conscientia præsidentis. Et qui
secus fecerint, secundum regulam puniantur, de quo
tuam, prior, conscientiam in tremendo judicio oneramus.
Et ne causari valeas impotentiam, volumus et mandamus vice et auctoritate nostra cervices indomitas, si
quæ fuerint, in hoc et in aliis corrigas, in minoribus

---

[1] Ecclus. x. 3.

arbitrarie, in gravioribus autem de consilio seniorum tibi assidentium, quos non solum annorum numerus verum vita immaculata facit amplius reverendos. Ubi autem regula certam pœnam infligit, magistram sequaris regulam ut teneris. Nec etiam aliquid subtrahas de necessariis communitati, seu in vestibus seu alimentis, seu necessariis quibuscunque, sine communi consilio, juxta quod regula fieri mandat in capitulo " De fratribus ad consilium adhibendis."[1] Nec juniores fratres administrationibus interioribus vel exterioribus quomodolibet implicentur, donec suum servitium reddiderint competenter, nisi sint tales quibus propter prærogativam meritorum et utilitatem publicam fieri debeat gratia specialis. Nulli insuper fratri pro necessitate quacunque seu negotio de claustro egredi liceat, absque socio interius et exterius non suspecto sibi assignato de certa conscientia præsidentis. Inhibemus autem ne in prioris absentia quicunque, supprior vel alius pro conventus regimine subrogatus, alicui vel aliquibus præbeat exeundi licentiam, ad quemcunque locum vel loca, cui vel quibus priorem si præsens esset putat probabiliter velle negare licentiam exeundi. Sacristæ autem et camerario equos, bigas et prata concedimus, quæ pro suo explendo officio habere consueverunt temporibus retroactis. Ita tamen quod eisdem sacristæ et camerario non liceat equos ipsos aut bigas accommodare alicui sine licentia præsidentis. Circa dispensationem vero temporalium forma ista inviolabiliter observetur : ut, videlicet, prior de fratrum consilio, ut fieri consuevit, ballivos collocet in singulis

---

[1] Regula S. Benedicti, c. iii.
" Quotiens aliqua præcipua " agenda sunt in monasterio, convocet abbas omnem congregationem, et dicat ipse unde agitur. " Et audiens consilium fratrum, " tractet apud se ; et quod utilius " judicaverit, faciat. Ideo autem " omnes ad consilium vocari diximus, quia sæpe juniori Dominus " revelat quod melius est," &c. The rule, with a copious commentary, is printed among the works of S. Benedict, in Migne's Patrologiæ Cursus, vol. lxvi. p. 215.

maneriis sæculares, et præpositos aliquos de tenentibus ecclesiæ fideles et industrios in eisdem. Ita tamen
quod ballivi nullam pecuniam recipiant de maneriis,
sed dumtaxat præpositi omnes proventus et exitus
maneriorum undecunque provenientes recipiant et col-
ligant, et ad thesaurariam deferant, sub custodia thesaurariorum, absque diminutione qualibet collocanda,
éxceptis tantummodo possessionibus illis quæ sunt ad
eleemosynariam in subsidium egenorum et ad præcen-
toris officium pro librorum custodia deputatæ. Ita
quod omnia alia bona monasterii temporalia ex quacunque causa seu spirituali seu temporali provenientia,
ad thesaurum veniant evidenter, et tam prior pro
necessitatibus personæ suæ, vel ecclesiæ, quam ceteri
obedientiarii, ex eodem thesauro recipiant omnia sibi
necessaria sine fraude. Prohibemus autem, monentes
primo, secundo et tertio, quia evidens periculum excludit inducias longiores, ne per aliam viam quis
audeat vel in maneriis vel in ecclesia vel alibi ubicunque bona ecclesiæ contrectare, seu in privatos usus
quomodocunque convertere, sub pœna excommunicationis majoris, quam in hiis scriptis ferimus in quoscunque contrarium facere præsumentes, abusum talem
dampnatæ proprietatis ac sacrilegii vitium reputantes.
Præpositi autem ipsi de receptis reddant rationem
coram priore vel aliquo ejus vices gerente, et aliquibus
discretis fratribus, prout fieri consuevit. Provideatur
insuper per priorem et capituli seniores, quod duo
fratres honesti et providi, quando dicetur eis per priorem de seniorum consilio, visitent pariter maneria
prioratus quæ sunt in Kancia, et duo alii maneria
extra Kanciam, qui statum maneriorum, ac ballivorum
et præpositorum diligentiam seu negligentiam, explo-
rent sollicite, et priori et conventui referant quod
invenerint in præmissis. Ita tamen quod isti super-
visores nullam recipiant pecuniam in maneriis, sed
præpositi eis sumptus necessarios subministrent, et
expensas necessarias, si quas facturi sunt, usque ad

proximum manerium juxta distantiam itineris faciendi; et de sumptibus et expensis faciant tallias monachis supradictis. Præterea, quia secundum regulam prior omnia domus negotia tractare et expedire habet, de consilio totius capituli vel seniorum, et plerumque difficile est in celeritate qua decet omnes senes ad consilium convocare, huic periculo obviantes, sex fratres quos in capitulo ad hoc deputavimus seniorum nomine intelligimus ad consilium vocandorum, ita quod prior nihil talium istis sex faciat inconsultis. Et quando id requirit negotiorum arduitas, plures convocet de consilio prædictorum, quorum auditis consiliis id eligat quod secundum Deum magis viderit expedire. Ita tamen quod fratribus sic vocatis revelet ad quam partem velit negotii declinare: nec omnes putet senes esse ad consilium convocandos, sed illos tantum quos vita bona et laudabilis commendat conscientia.

Cum dicit sapiens, "A consiliario malo serva ani-" mam tuam,"[1] et alibi, "Cum fatuis consilium non " habeas;"[2] et quia secundum regulam,[3] non licet fratribus vocatis ad consilium procaciter defendere sensum suum, si qui contrarium facere præsumpserint, ipsis merito a consilio exclusis, loco eorum alii Deum timentes et humiles subrogentur. Exiturus insuper prior ad quæcunque negotia procuranda vel ad videnda maneria, de prædictis sex fratribus juxta formam quam sibi in capitulo præfiximus, duos secum ducat ad minus, quorum consilio in suis· processibus innitatur. Et si quos ibi sumptus inopinatos necessarium sit effundere, vel in exenniis vel in donis, communicato id faciat fratrum consilio prædictorum, et hoc in reditu suo aliis referat. Ita quod omnia facta sua fiant in luce secundum sancti regulam Benedicti. Quandocunque insuper exire cogitur ad partes remotas vel ad oca talia fratres aliquos destinare, causas talium egres-

---

[1] Ecclus. xxxvii. 9.
[2] Ecclus. viii. 20.

[3] Capitulum, iii.

sionum vel missionum revelet capitulo, quando hoc
sine periculo fieri posse existimat bona fide. Omnia
autem dona vel exennia fiant nomine prioris et capituli, cum ea quæ dantur sint communitatis jure, quorum prior esse dinoscitur dispensator. Nec aliquod
donum notabile præbeat cuicunque in auro vel argento,
vel quocunque pecuniæ genere, exceptis esculentis et
poculentis, nisi communicato consilio prædictorum.
Et dicimus donum notabile quod dimidiam marcam
excedit, secundum consuetudinem ecclesiæ, ut aiunt
seniores. In boscis autem dandis vel vendendis, hæc
forma de cetero teneatur, ut hæc venditio absque consilio capituli nunquam fiat. Et cum eam fieri cogit
necessitas vel honestas, ad hoc faciendum duo fratres
idonei, bonæ famæ interius et exterius, de quorum vita
et moribus prior probabiliter sit securus, per ipsum
et capitulum assignentur, quibus in litera patenti capituli forma certa et limitata præfigatur, et carecteria
communia eis tradantur, sine quorum visu nulla vendendo aut dando nemora distrahantur. De officialibus
vero ecclesiæ volumus de cetero taliter provideri, ut
videlicet prior, vocatis ad scaccarium senioribus sex
prædictis ad minus, tractet de personis magis idoneis
ad hujusmodi officium exequendum, et illum nominet
in capitulo pro hoc officio, cui majus et fidelius testimonium ac major fratrum numerus attestantur. Ita
tamen ut juxta quod dicit regulæ capitulum trice-
simum secundum,[1] illum in tali officio prior præficiat,
de cujus vita et moribus ac competenti sufficientia
saltem probabiliter sit securus. Idem etiam ordo teneatur circa fratres ab officiis amovendos, salva tamen

---

[1] " De ferramentis vel rebus
" monasterii. Substantiæ monasterii
" in ferramentis vel vestibus, seu
" quibuslibet rebus provideat abbas
" fratres de quorum vita et mori-
" bus securus sit; et eis singula ut
" utile judicaverit, consignet cus-
" todienda atque recolligenda. Ex
" quibus abbas brevem teneat; ut
" dum sibi in ipsa assignata fratres
" vicissim succedunt, sciat quid dat
" aut quid recipit. Si quis autem
" sordide aut negligenter res monas-
" terii tractaverit, corripiatur; si
" non emendaverit, disciplinæ regu-
" lari subjaceat."

priori circa delinquentes disciplinæ consuetudine regularis. Sigillum insuper commune et munimenta ecclesiæ, utpote privilegia, et cartæ, sub tribus clavibus recludantur, quarum duæ puris claustralibus tradantur nullo officio occupatis, tertiam vero prior ipse habeat, ad quem pertinet cura omnium principalis. Quando vero priorem domum exire continget, clavem illam tradat alicui de cujus conscientia plenam fiduciam valeat reportare. Et ut liberius tu, fili prior, commissum tibi regimen valeas exercere, tibi præsentium tenore committimus, et in virtute obedientiæ præcipiendo mandamus, quatenus adversus superbos, inobedientes et contumaces, tam in peccati principio corporaliter flagellando, ut docet regulæ capitulum secundum,[1] quam etiam excommunicando et abscidendo membra putrida, secundum formam traditam capitulo xxviii.,[2] procedere non postponas, et hoc præcipue de illis dicimus qui nuper notorie deliquerunt. Valete, filii carissimi in Christo et Virgine gloriosa. Datum Cantuariæ, viii. id. Augusti, anno Domini MCC. octogesimo secundo, consecrationis nostræ quarto.

CCCIX.

To the Bishop of Bath.

Frater J[ohannes], permissione divina, etc., venerabili fratri domino R[oberto], Dei gratia Bathoniensi et Wellensi episcopo, salutem et sinceram in Domino caritatem. Ad absolvendum juxta formam ecclesiæ omnes illos in partibus Walliæ, qui ad pacem domini regis de sua salute solliciti se convertunt, ab excommunicationis sententia lata a sanctæ memoriæ S[te-

*1282.
16 Aug.
Empowers him to absolve from excommunication the Welsh who keep peace with the king.
R. f. 80 b.*

---

[1] "Qualis debeat esse abbas."
. . . "Improbos autem et duros "corde ac superbos, vel inobedientes, verberum vel corporis castigatione in ipso initio peccati coerceat."

[2] "De iis qui sæpius correpti "non emendaverint." If all means of correction fail, "tunc jam utatur "abbas ferro abscissionis."

phano] prædecessore nostro in Oxoniensi concilio,[1] qua
juxta ipsius concilii tenorem nuper omnes injuste turbatores pacis domini regis ac regni, necnon et jura
ejusdem indebite subtrahentes, ex Oxoniensi concilio
declaravimus exigente justicia innodatos, excepto casu
illo incendiariorum et aliis quorum absolutionem in
detestationem criminum et odium transgressorum sedes
apostolica sibi specialiter reservavit, fraternitati vestræ auctoritate præsentium plenam committimus facultatem. In cujus, etc. Datum apud Lameh', xvii. kal.
Septembris, anno Domini MCCLXXXII., consecrationis
nostræ quarto.

Forma consimili scriptum fuit fratri Willelmo de
Faveresham de ordine Prædicatorum pro eisdem Wallensibus ad pacem domini regis venientibus absolvendis.

CCCX.

To the Bishop of Norwich.

1282.
16 Aug.
Does not
believe
that he in-
tends to
infringe
the juris-
diction of
the arch-
bishop.
Intends to
use his
advice at
the coun-
cil at
Reading.
R. f. 80 b.

Frater J[ohannes], etc., venerabili in Christo fratri
domino W[illelmo], Dei gratia Norwycensi episcopo,
salutem et sinceram in Domino caritatem. Scripsit
nobis vestra fraternitas supplicando ne turbemur ex
relatubus aliquorum, qui nobis suggessisse dicuntur
vos ex frequentia querelarum nostram curiam præ
ceteris suffraganeis nostris inquietasse, ac nostram
velle jurisdictionem metropoliticam plus aliis pertur-
bare. Sciat vestra caritas prædilecta, quod inpræsentiarum non tenemus memoriter talia nobis fuisse
suggesta, et si fortassis sinistra relatio ad aures nostras aliquid consimile detulisset, tali relatui fides per
nos non fuisset adhibita, quin potius experientia didicimus, quod juris nostri etiam præ ceteris confratribus zelatores existitis, et de hoc proculdubio con-

---

[1] The council of Oxford was held
by Stephen Langton in 1222. The
sentence of excommunication and
the constitutions are printed in
Wilkins' Concilia I. 585.

fidentiam adhuc gerimus specialem. Cujus rei gratia
in ambiguitate habita inter nos et confratres super
jurisdictionis exercitio, vestro specialiter usi sumus
consilio, et uti volumus in futurum. Verumtamen
ex habundanti et fortassis supervacue vestram fraternitatem requirimus, quatenus sicut hactenus vestra devotio erga nos et Cantuariensem ecclesiam præ-
rogativa quadam benevolentia dinoscitur præfulsisse,
sic de cetero velitis vestris cavere processibus, ne quicquam emergat quod sinistris interpretibus exemplum
inobedientiæ ostendere videatur, quia revera plus
gravaret nostrum animum nota modica rebellionis
vestræ propter confidentiam quam habemus, quam aliorum recalcitratio manifesta. Ceterum, super hiis quæ
nobis per dilectum clericum nostrum vivæ vocis oraculo nunciastis, attendat vestra fraternitas quod licet,
ut debemus, promotionem magistri Adæ de Hales
affectemus, tamen nihil a vobis petere proponimus,
quod juri sit contrarium aut dissonum æquitati, et
quicquid pro ipso scripserimus, talem sibi gratiam et
non aliam fieri petimus quæ saluti suæ conveniat et
ecclesiasticæ congruat honestati. Porro dispensationem
seu moderationem faciendam circa observantias monialium vestræ diœcesis in visitatione nostra factas,
vestræ prudentiæ relinquimus; ita quod pro nobis et
vobis reddatis super hiis in extremo judicio rationem.
Proposuimus autem fratres Rading' vel ad aliquem
locum communem pro variis congregasse, maxime si
Dominus aliquid inspiraverit quod congrueret honori
regiæ majestatis, quodque tractaremus plenius super
jurisdictione cum confratribus, quia aliqui tanto nobis
magis ingratos se exhibent, quanto eis gratiam fecimus
ampliorem, aliqui etiam ex propria pharetra quædam
scripserunt statuta et scripta mirabilia, exhibentes ipsa
in locis publicis ac asserentes falsissime nos talia edi-
disse. Vestro tamen consilio quantum cum honestate
possumus in hiis sicut in aliis inhærere volentes, propositum nostrum ad tempus differimus donec videamus

quid circa hoc deliberato consilio fuerit faciendum. Super quo vos satis tempestive eritis præmuniti, et si per custodiam pacis vobis commissam vel alio modo legitimo præpediti fueritis quominus venire poteritis, licet grata et fructuosa vestra esset præsentia, nihilominus ipsam absentiam habebimus favorabiliter excusatam. Præterea non mittimus vobis transcriptum privilegii crucesignatis indulti, nec processum habitum in visitatione nostra contra vicarium de Langham, quem a nobis per dictum nostrum clericum petivistis, quia nec ipsum privilegium nec rotulos visitationis vestræ diœcesis ad manus habuimus in recessu præsentium portitoris, sed alias si inveniri valeant fiet libentius quod rogastis. Valete in Christo et Virgine gloriosa. Datum apud Lameth', xvii. kal. Septembris, anno Domini MCC. octogesimo secundo, consecrationis nostræ quarto.

CCCXI.

To Peter Bishop of Exeter.

1282.
16 Aug.
Desires
him to
see that
the will
of the
bishop of
St. Da-
vid's is
performed.
R. f. 81.
A. f. 133 b.

Frater J[ohannes], etc., venerabili in Christo fratri domino P[etro], Dei gratia Exoniensi episcopo, salutem et sinceram in Domino caritatem. Cum scitis executores testamenti bonæ memoriæ Ricardi quondam episcopi Menevensis,[1] fraternitatem vestram rogamus pariter et hortamur in Domino diligenter, quatenus curam adhibeatis et operam, quod executio prædicta rite procedat secundum testatoris ultimam voluntatem. Intelleximus enim quod per aliquos bona ipsius taliter consumuntur quod parum vel nihil impenditur pro defuncto. Quid autem super hiis facere duxeritis, nobis rescribatis cum videritis opportunum. Valete. Datum apud Lamheth', xvii. kal. Septembris, anno consecrationis nostræ quarto.

---

[1] Ric. de Carew, ob. 1 April 1280.

CCCXII.

To the Bishop of London.

R. episcopo Londoniensi, frater J[ohannes], etc., salutem. Ex fidedigno relatu plurimorum non sine admiratione vehementi pro certo intelleximus, quod quasi omnes majores Judæi infra septa sua in civitate London' habent proprias synagogas in Christianæ religionis elusionem et scandalum plurimorum. Quocirca jurisdictionem vestram tenore præsentium excitantes, fraternitati vestræ districte præcipiendo mandamus, quatenus inquisita super præmissis diligentius veritate, dictos Judæos per omnimodam censuram ecclesiasticam compellatis, quod infra brevem terminum per vos statuendum omnes et singulas synagogas hujusmodi destruant, nullas tales de cetero erecturi, sed unica tantum communi omnibus sint contenti secundum canonicas sanctiones, sic in præmissis officium vestrum exercentes ne ad hoc cogamur apponere manus nostras. Valete. Datum apud Otteford, xiiii. kal. Septembris, anno Domini MCCLXXXII., consecrationis nostræ quarto.[2]

1282.
19. Aug.

Desires him to order the Jews to destroy all their synagogues in the city of London, except one.[1]

R. f. 81.
A. f. 60.

CCCXIII.

To the Bishop of Exeter.

Frater J[ohannes], etc., venerabili fratri domino P., Dei gratia episcopo Exoniensi, salutem et sinceram in Domino caritatem. Literas fraternitatis vestræ xiii. kal. Septembris recepimus caritatis viscera prima facie redolentes, quæ si citius venissent expedivisset

[1282.]
20 Aug.

Rebukes him for sending to Rome about some suit.

R. f. 81.
A. f. 60 b.

---

[1] Printed in Wilkins' Concilia, ii. 88.

[2] The following note is added in the margin : "Domino Londoni-" ensi episcopo pro synagogis Ju-" deorum destruendis. Et postea " apud Aldyngton' iiii. id. Sept.

" sub ista forma emanavit alia " litera directa eidem, hiis additis " verbis, quæ inferius in margine " annotantur, 'In loco quem do-" 'minus rex eos per cartam suam " 'dicitur confirmasse.'"

R 4237.

B

paci nostræ et etiam aliorum qui, pacem cum omnibus custodire salubriter cupientes, vobiscum sperabamus pacis gaudere quiete, qui ab olim nos vestræ caritatis amplexibus dedimus bona fide. Verumtamen licet vicarius ipse, pro quo scripsimus, ex parte gratia sit indignus, probavit tamen partem intentionis suæ coram nobis, videlicet exhibitionem literæ nostræ, quam vel debebatis executioni debitæ demandasse, vel saltem quare non, vos nobis canonice excusasse, quod hucusque modo debito non fecistis. Suspicandi autem contemptum ex parte vestra alia fuerunt insuper argumenta, videlicet quod constat nobis vos vel procuratorem vestrum ad impetrandum in curia laborare contra juratam a vobis nostræ ecclesiæ libertatem, et jam in locum et judices est conventum, quia etiam provocatricem nobis misistis cedulam per Thomam de Bodeham, de qua vobis per magistrum Andream, decanum nostrum de Arcubus[1] rescribimus quod sentimus et quædam alia quæ vobis dicere intendimus per Dei gratiam viva voce. Verumtamen quia multum erubescimus cum homine quem tantum dileximus habere materiam contendendi, multum placet nobis quod ad nos celerius veniatis, ut auferatur omnis materia quæstionis, qui parati sumus vos corde simplici recipere in brachiis caritatis, ita tamen quod familiaritas contemptum vel inobedientiam non pariat in futurum. Datum apud Otteford, xiii. kal. Septembris, anno quo supra [1282].

CCCXIV.
To John de Cobeham.

1282.
21 Aug.
Complains of his compelling the archbishop's tenants to

Frater J[ohannes], etc., in Christo sibi carissimo domino Johanni de Cobeham salutem, gratiam et benedictionem. Esse vos credimus amicum intimum nostræ Cantuariensis ecclesiæ, et etiam personæ bene-

---

[1] J. de C. in A.

volum et devotum. Verum non sine ingenti admiratione et turbatione cordis intelleximus, quod vos, non
sine læsione nostrarum et ecclesiæ nostræ libertatum,
tenentes nostros de Northflete nitimini compellere ad
refectionem pontis Roffensis, aliter quam unquam retroactis temporibus fuerit attemptatum, et gravamina
gravaminibus cumulantes, quia vestris compulsionibus
minime adquiescunt, sicut nec tenentur, libertates
nostras invadentes, facitis eorum averia, licet non extra territorium nostrum, strictissime imparcari. Quod
per vos factum esse nolumus credere, cum non sit
dubium omnes malefactores hujusmodi excommunicationis esse sententia involutos sicut turbatores ecclesiasticæ libertatis, quod de vobis absit dicere, carissime, de quo ut amico speciali speravimus hucusque
gratiam non molestiam reportare. Cupientes autem
vobiscum pacem semper et concordiam quantum secundum Deum possumus retinere, vos attente requirimus et in Domino exhortamur, quatenus ab hujusmodi injuriis et molestiis penitus desistatis, et ab aliis
faciatis desisti; alioquin dissimulare non poterimus
quin contra omnes jurium nostrorum et libertatum
turbatores hujusmodi procedamus, sicut prædecessores
nostri in casu simili processisse noscuntur. Tantum
super hoc facientes, ut conscientiam habeatis liberam,
et a nobis gratitudinis indicia possitis merito expectare. Valete. Datum apud Otteford, xii. kal. Septembris, anno Domini MCC. octogesimo secundo, consecrationis nostræ quarto.

contribute to the re-pair of Rochester bridge.
R. f. 187 b.

CCCXV.

To the Bishop of Exeter.

P. Exoniensi episcopo frater J[ohannes], etc. Vestram credimus prudentiam non latere qualiter . . .[1]
prior majoris ecclesiæ Wyntoniensis et plures ejusdem

1282.
21 Aug.
[1] Empowers him to grant dis-pensation to the monks of

---

[1] The blank is filled up by the letter N. in A.

B 2

Winchester who have incurred excommunication.

R. f. 81.
A. f. 61.

loci monachi, majoris excommunicationis sententia auctoritate nostra extiterint innodati, qui etiam beneficium absolutionis a nobis petentes humiliter impetrarunt. Et quia ipsi per quorundam advocatorum fallaciam decepti, si excommunicati se immiscere divinis officiis præsumpserunt, irregularitatis nota sunt ipso facto procul dubio involuti, quorum quidam qui se nostro conspectui præsentarunt recepta cruce salvifica, non solum absolutionis verum etiam dispensationis gratiam super irregularitate contracta per ipsius crucis privilegium receperunt; absolvendi autem ab excommunicationis hujusmodi vinculo potestatem illos monachos qui ad nostram præsentiam minime accesserunt, priori illius loci commisimus ex gratia speciali tanquam nobis jure ordinario competentem. Verum tamen dispensationis gratiam in hoc casu quam auctoritate crucis dumtaxat conferre possumus in hac parte, decreveramus ipsis monachis ad nostram præsentiam evocatis hujusmodi gratiam impertiri, sed ut eis auferatur evagandi materia, placet nobis ut vos, qui æqualem nobis auctoritatem et consimilem habere dinoscimini, in præmissis cum omnibus monachis dictæ domus qui se læsos sentiunt in hac parte auctoritate crucis dispensetis, prout vobis videbitur expedire. In cujus rei testimonium sigillum nostrum præsentibus est appensum. Valete. Datum apud Otteford, xii. kal. Septembris, anno Domini MCCLXXXII., consecrationis nostræ quarto.

CCCXVI.

To the Bishop of London.

It will not be contrary to the canons to allow the Jews to have one syna-

Frater J[ohannes], etc., venerabili in Christo fratri domino R[icardo], Dei gratia Londoniensi episcopo, salutem et sinceram in Domino caritatem. Licet plurimum gaudeamus quod Judaica perfidia super synagogicis multiplicationibus restringendis, de vestra vigilantia et sollicitudine conqueratur, non tamen cre-

dimus menti canonum contrarium existere, ex quo
antiqua eorum synagoga destructa esse dinoscitur,
si permittatis eos unam synagogam erigere in loco
publico ubi communiter possint suis abjectis cærimo-
niis aera verberare, nisi forte jam aliquam habeant
sufficientem hujusmodi prophanis usibus domum, et
appetant sibi callide multiplicare hujusmodi synagogas.
Hoc igitur negotium vestræ diligentiæ relinquentes,
ut præfati Judæi unam tantummodo synagogam communem pro omnibus London' in loco, quem eis dominus rex ad hoc duxerit assignandum, habere valeant.
Ita tamen quod eam non faciant nimium fastuosam,
vel picturis et pompis ornatam. Videtur nobis, ex-
clusa prætacta[2] malicia, salva sententia meliore posse
sine scrupulo tolerari.

gogue in London.[1] R. f. 81 b. A. f. 134.

CCCXVII.

To the Bishop of Coventry and Lichfield.

Frater J[ohannes], etc., venerabili fratri domino
R[ogero], Dei gratia Conventrensi et Lichfeldensi episcopo, salutem et sinceram semper in Domino caritatem.
Cum magister Jordanus de Wymburne, archidiaconus
Cestriæ, nobis nuper intimasset et exposuisset cum
querela, quod ipse ex relatu quorundam intellexit
quandam excommunicationis seu interdicti sententiam
per vos seu per officialem vestrum in ipsum fuisse la-
tenter fulminatam, ac eo prætextu per vos invocatum
contra eundem brachium sæculare, super quibus contra
vos quandam literam citatoriam a nobis obtinuit,
volensque idem archidiaconus omnem dubitationem
super hoc de corde ipsius si posset eruere, ad præsentiam vestram in humilitate qua decuit personaliter
accessit, supplicans vobis cum instantia reverenti,
quatenus si qua excommunicationis seu interdicti sententia per vos seu officialem vestrum in ipsum fuerit

Asks him to certify that he has not excommunicated the arch-deacon of Chester. R. f. 81 b. A. f. 134.

---

[1] Printed in Wilkins' Concilia, ii. 89.　　[2] *prætacta*] prætacita, MSS.

fulminata, quod hoc sibi diceretis et causam. Et
vos eidem archidiacono, ut asserit, dixistis coram multis,
et officialis vester coram vobis tunc personaliter existens
vobiscum asseruit pro constanti, quod nullam excommunicationis seu interdicti sententiam per vos seu per
officialem vestrum seu per quemcunque alium unquam in
ipsum fulminastis, seu fulminari fecistis quoquo modo.
Unde idem archidiaconus dicta vestra et confessionem
vestram secutus, usui illius literæ citatoriæ contra vos
super hoc a nobis impetratæ renunciavit expresse per
literas sua patentes, in quibus de confessione vestra,
ob quam prædictæ literæ et ejus usui renunciavit, mentio ut asserit continetur. Petiitque idem archidiaconus
quod literas vestras super hoc sibi concedere curaretis,
vel saltem transcriptum literæ suæ vobis super hoc con-
fectæ sub sigillo vestro daretis eidem, quæ omnia ut
asserit facere denegastis. Unde fraternitatem vestram
rogamus et exhortamur in Domino, quatenus quæ de
labiis vestris processerunt non facientes irrita, super dictis et confessionibus vestris in præmissis dicto archidiacono literas vestras sub sigillo vestro patentes precum
nostrarum instantia concedatis, vel si in eundem archidiaconum aliquam excommunicationis seu interdicti
sententiam per vos seu officialem vestrum fulminastis seu
fulminari fecistis, et si ipsum archidiaconum tanquam
excommunicatum vitare debeamus, nobis intimare curetis et causam. Et quid super præmissis facere decreveritis, nobis infra festum Apostolorum Symonis et Judæ
per vestras patentes literas constare faciatis. Valete.

CCCXVIII.

To EDWARD I.

[1282.]   Excellentissimo principi ac domino Edwardo, etc.,
4 Sept.   frater J[ohannes], etc. Cum dominus Willelmus de
Asks for
an order to Hastyng' miles, qui nuper propter suam contumaciam
the sheriff pariter et offensam auctoritate nostra excommunicationis
of Sussex   sententia meruit innodari, et crescente ejus pertinacia

propter hoc ad mandatum vestrum tanquam excommu- to liberate
nicatus carcerali custodiæ mancipari, de parendo juri $\frac{\text{Sir Wm.}}{\text{Hastyngs.}}$
et mandatis ecclesiæ sufficientem præstiterit cautionem, R. f. 100.
juxta quod ad nos pertinet, supplicamus regiæ majestati quatenus vicecomiti Sussexiæ præcipere dignemini,
ut eum a carcere liberet quo tenetur. Valete. Datum
apud . . . . . ,[1] ii. non. Septembris.

CCCXIX.

TO THE PRIOR AND CHAPTER OF ST. SWITHUN'S.

Frater J[ohannes], etc., dilectis filiis . . . priori et [1282.]
capitulo ecclesiæ Sancti Swithuni Wyntoniæ salutem, 7 Sept.
etc. Libenter vobis annuimus ea quæ vobis in honorem him to re-
et commodum cedere credimus in hiis quæ possumus $\frac{\text{call one of}}{\text{his monks}}$
justitia inoffensa. Sane licet nuper vos, . . . prior, et who is at-
quosdam de vobis auctoritate nostra excommunica- $\frac{\text{tempting}}{\text{to injure}}$
tiónis sententia innodatos ad devotam et instantem Peckham
supplicationem vestram in forma juris absolverimus, $\frac{\text{at Rome.}}{\text{R. f. 188 b}}$
et ad absolvendum ceteros alios per nos minime abso-
lutos alias commiserimus vices nostras; frater tamen
Galfridus de Menes monachus vestræ domus, in Romana curia prosequitur contra nos, petens ab hujusmodi sententia ad cautelam absolvi, et super petitionem suam dati sunt judices, prout procuratores nostri
nobis literatorie intimarunt, ac etiam alias quam graves
molestias nobis inferri procurat. Et quod scimus quod
præmissa de vestra conscientia non procedunt, vos
requirimus et rogamus quatenus prædictum monachum
revocetis et eidem imponatis silentium in hac parte.
Et quid super hoc facere decreveritis nobis per latorem præsentium rescribatis. Datum apud Aldyngton',
vii. idus Septembris.

---

[1] Blank in MS.

CCCXX.

To Cardinal Benedict Gaetano.

[1282.]   Litera de credencia domino Benedicto directa.

9 Sept.
Credence
for Hugui-
cio, a
papal
chaplain.

R. f. 16 b.

Reverendo in Christo patri ac domino Benedicto, Dei gratia Sancti Nicholai in Carcere Tulliano diacono cardinali, frater J[ohannes], permissione ejusdem Cantuariensis ecclesiæ minister humilis, totius Angliæ primas, cum omni reverentia et honore, paratam ejus beneplacitis in omnibus voluntatem. Ad paternitatem vestram tanquam singulare refugium in necessitatibus nostris specialiter recurrentes, per dilectum consocium et familiarem nostrum dominum Huguicionem, capellanum domini papæ, exhibitorem præsentium, de cujus fidelitate et industria plenam fiduciam obtinemus, vobis super quibusdam negotiis mentem nostram decrevimus aperire, attentius supplicantes, quatenus hiis quæ reverentiæ vestræ ex parte nostra dixerit oraculo vivæ vocis, indubitanter fidem et credulitatem adhibere velitis; et habentes ea secretius commendata, nobis super eisdem salubriter consulere dignemini propter Deum. Custodiat Dominus incolumitatem vestram ecclesiæ suæ sanctæ per tempora longiora. Scriptum v. id. Septembris.

CCCXXI.

To the Abbot and Convent of Reading.

1282.
10 Sept.
Asks him
to allow
the Friars
Minors to
enlarge the
site of their
house, to
protect it

Frater J[ohannes], permissione divina Cantuariensis archiepiscopus, totius Angliæ primas, conservator privilegiorum ordinis Fratrum Minorum in Anglia, dilectis in Christo filiis .   abbati et conventui de Rading', salutem, gratiam et benedictionem. Licet omnium personarum sub religionis habitu Deo famulantium teneamur honorem et commodum, quantum

secundum [Deum] possumus, promovere, vel causam, from
præcipue nos cognoscimus obligatos per quos Dei floods.
clementia nos a mundi periculis liberavit. Sane scripsit nobis nuper venerabilis pater dominus Matheus,
Dei gratia Sanctæ Mariæ in Porticu diaconus cardinalis,
cui cura ordinis Fratrum Minorum est ab apostolica
sede commissa, sollicitis precibus et exhortationibus
nos pulsando, ut cum locus Fratrum Minorum Rading'
adeo apertus sit, quod inundantibus interdum hiemali
tempore pluvialibus aquis non possunt in eo, nisi
locus eorum aliquantulum amplietur, absque ipsorum
et personarum ibi degentium gravi incommodo commorari, nos auctoritate precum suarum vos induca-
mus sollicite, ut ob Beati Francisci reverentiam permittere velitis, quod dicti fratres locum ipsum prout
et quantum eorum evidens necessitas exigit valeant
ampliare; non obstante quod olim fratres, qui in
ipso loco morabantur, simplicitate ducti in ipsius loci
fundatione pro se et successoribus suis, quod locum
eundem nullo unquam tempore ampliarent, temere
promiserunt, quod licere non potuit sine patris et
protectoris ordinis vel ministri generalis licentia speciali. Non igitur minus devotione quam ad dictum
ordinem gerere tenemur quam dicti domini cardinalis
precibus et exhortationibus multipliciter excitati, dilectionem vestram, quam in caritatis visceribus habemus
specialiter commendatam, requirimus et rogamus, affectu
quo possumus ampliori, quatenus præfati domini cardinalis dicti ordinis protectoris et nostrarum precum
interventu, velitis vos in hoc negotio exhibere prædictis fratribus gratiosos, et eorum consolationi favorabiliter condescendere propter Deum, non obstante
promissione seu obligatione prædicta, quam credimus
per summum pontificem revocatam. Quid autem super
hoc facere decreveritis, nobis per latorem præsentium
fideliter rescribatis. Scientes pro certo quod quicquid

R. f. 105.

eisdem fratribus feceritis in hac parte, nobis reputabimus esse factum, et illud rescribemus domino cardinali prædicto. Valete. Datum apud Aldington,' iiii. id. Septembris, consecrationis nostræ anno iiii.

CCCXXII.

To the Earl of Cornwall.

1282.
22 Sept.
Asks him
not to
proceed
against
men of
Lambeth
for the
death of
Nicholas
de Breym-
ford.
R. f. 189.

Nobili viro domino Eadmundo, filio incliti viri domini Ricardi quondam illustris regis Alemanniæ, et comiti Cornuubiæ, frater Johannes, permissione divina Cantuariensis ecclesiæ sacerdos humilis, totius Angliæ primas, salutem et sinceræ dilectionis affectum. Cum nuper per quosdam homines et tenentes nostros de Lameth' et alios super morte Nicholai de Breymford clerici interfecti, quædam inquisitio facta fuerit, cujus occasione contra ipsos procedere et eos gravare quamplurimum intenditis, ut refertur, licet nondum adhuc sint attincti super aliquo falso secundum consuetudinem regni Angliæ hactenus usitatam, benevolentiam vestram, quam nobis et ecclesiæ nostræ satis favorabilem invenimus et devotam, ex animo deprecamur, quatenus cum prædictis tenentibus nostris circa præmissa contemplatione nostri et libertatis ecclesiæ nostræ mitius et favorabilius peragatis. Advertentes cautius quod in hoc facto possetis aliqua de facili attemptare, quæ in libertatis ecclesiæ nostræ læsionem et vestræ animæ periculum forsitan cederent, quod nollemus. Scientes quod non est voluntatis regiæ quod vos contra jura et libertates ecclesiæ nostræ aliquid attemptetis, qui libertates hujusmodi suis propriis labiis confirmavit. Valete, etc. Datum apud Aldington,' x. kal. Octobris, consecrationis nostræ iiii^{to}.

CCCXXIII.

To the Mayor of London.

Frater J[ohannes], etc., in Christo sibi carissimo domino Henrico Le Waleys, majori civitatis London', salutem, gratiam et benedictionem. Quia de vobis hactenus quam plurimum confidimus, et vos in multis nobis et ecclesiæ nostræ facti experientia amicum invenimus specialem, non modicum admiramur, quod vos incipitis, prout intelleximus, nostras et ecclesiæ nostræ Cantuariensis invadere libertates, inhibendo quam pluribus et quasi indifferenter omnibus vestræ cohercioni subjectis, ne molendina infra libertatem nostram sita in Suthwerk' exerceant in nostri et ecclesiæ nostræ præjudicium et gravamen. Quocirca dilectionem vestram monemus attentius et rogamus, quatenus a talibus de cetero desistatis. Scientes quod si talia de vobis imposterum ad nos perveniant, dissimulare non possumus quin contra vos procedamus per viam justitiæ, quod nollemus. Valete. Datum apud Aldington,' x. kal. Octobris, consecrationis nostræ anno iiii.

1282.
22 Sept.
Objects to Londoners from using the mill at Southwark.
R. f. 189.

CCCXXIV.

To his Official and the Dean of Arches.

Frater J[ohannes], permissione Divina Cantuariensis archiepiscopus, totius Angliæ primas, dilectis filiis . . . officiali nostro et . . . decano de Arcubus London', salutem, gratiam et benedictionem. Quanto diutius, divina disponente clementia, sollicitudine pontificalis officii nostra tempora protrahuntur, tanto fortius et vehementius nostris conatibus adversatur multiplicata malitia perversorum. Nonnulli namque palam prorumpere contra libertates ecclesiæ et curiæ Cantuariensis formidantes, occultis insidiis nituntur lædere fraudulenter, quod manifesto tangere digito non auderent. Quidam enim versipelles, ne processus tuitorios

1282.
1 Oct.
Orders him to publish a sentence of excommunication against those who infringe his jurisdiction.
R. f. 189 b.

quæ in curia Cantuariensi ex præscripta consuetudine ventilantur, valeant facilius conculcare, literas
apostolicas in suis causis procurant dirigi ad exemptos, et aliquando a delegatis non exemptis com-
missiones fieri personis exemptis seu aliis extra Cantuariensem provinciam constitutis, ut dum oppressi
confugiunt ad auxilium tuitorium a sede Cantuariensi
postulandum, et super hoc in eadem curia suam
justiciam prosequuntur, hiidem qui delegatos seu
subdelegatos frequenter falso se confingunt, vos de
hujusmodi tuitoriis negotiis cognoscentes de facto ex-
communicant et contra vos scandala popularia publice
faciunt proclamari, in obprobrium status nostri et
læsionem non modicam ecclesiasticæ libertatis, qua usa
est Cantuariensis ecclesia et utitur contra litigantium
nepharios oppressores, non tam ordinaria quam dele-
gata procul dubio potestate, ne in personis seu rebus
capiantur qui ad sanctissimam Sedem apostolicam in
suis negotiis sive causis legitime provocant seu appel-
lant. Pestis autem hujusmodi sunt ut asseritur clan-
destini compositores, advocati quidam qui in curia
Cantuariensi continue conversantur, quibus largitas ipsius curiæ tanquam suis familiaribus sæpe subminis-
trat divitias varias et honores, et illi retributionem ei
impendunt, quam juxta vulgare proverbium, "Mus
" in pera, serpens in gremio, ignis in sinu," suis consueverunt hospitibus exhibere. Sunt etiam nonnulli,
qui dum in causis ecclesiasticis se sentiunt judicialiter
condemnandos, ad vetitum examen convolantes, judi-
cialem indaginem, quæ cohæret ecclesiasticæ liber-
tati, enervari procurant per potentias sæculares, dum
curiam Christianissimi principis nostri per falsi suggestiones et veri suppressiones fallaciter alliciunt ad
scribendum. Per quod libertas condolet se læsam
absque remedio respirandi, et veritas justitiæ, quæ
pietatis studio consuevit oppressis judicialiter subvenire, miseræ socialitatis consortio confusa concidit

funditus in ruinam. Cum igitur omnes infringentes
in aliquo seu perturbantes ecclesiasticam libertatem,
sint auctoritate Oxoniensis concilii majoris excommunicationis sententia innodati, nos volentes hæc et
hiis similia, quæ cavillosa calliditas ad subversionem
justitiæ ac ecclesiasticæ libertatis novercalibus insidiis
machinatur, prout possibile est hiis temporibus extirpare, vobis committimus et mandamus quatenus si
quos de cetero inveneritis qui ope, consilio seu favore,
clam vel palam, arte qualicunque, machinatione, seu
ingenio per se vel per alios aliquid in præjudicium
nostræ jurisdictionis seu fori nostri, quæ libertatis
ecclesiæ Cantuariensis portionem non modicam reputamus, ausi fuerint attemptare, ipsos tanquam majoris
excommunicationis sententia veraciter innodatos auctoritate memorati concilii eviteris et faciatis ab omnibus
arctius evitari, donec deliberaverimus cum peritis quid
ulterius contra tales canonice fuerit exequendum. Volumus etiam et mandamus quod præsens mandatum
nostrum vobis, decane de Arcubus London', et vestris
successoribus committatur, ut bis in anno, quotiens
major ibidem exuberat litigantium multitudo, ad futuram rei memoriam in illo consistorio sollemniter ac
publice recitetur, ne prætendere valeant malignantes
confictam ignorantiam præmissorum. Datum apud
Slindon', kal. Octobris, anno Domini MCCLXXXII.

CCCXXV.

TEDISIUS DE CAMILLA.

In nomine Domini, Amen. Anno a Nativitate Ejusdem MCC. octogesimo secundo, indictione x., die nona
mensis Octobris. In præsentia mei Johannis notarii et
testium subscriptorum, reverendus in Christo pater dominus Johannes, Dei gratia Cantuariensis archiepiscopus,
totius Angliæ primas, nomine suo legi fecit quandam pro-

1282.
9 Oct.
Appeal to
the pope
against
executory
letters ob-

tained by
Camilla.[1]
R. f. 72 b.
A. f. 34.

vocationem seu appellationem in scriptis sub hac forma :
—In Dei nomine, Amen. Licet nos frater J[ohannes],
permissione divina Cantuariensis archiepiscopus, totius
Angliæ primas, nuper ex certis et legitimis causis
Tedisium de Camilla, quondam rectorem ecclesiarum de
Wengeham et de Terringes, privaverimus eisdem, justitia exigente, intelleximus tamen et ex verisimilibus
conjecturis didicimus quod ipse Tedisius quasdam literas
executorias seu conservatorias falso ac maliciose tacito
de processu contra eum super hoc habito impetravit.
Verum ne ipsi executores seu quicumque alii jurisdictionem, notionem aut executionem qualemcumque
habentes, contra nos, familiares nostros seu quoscunque
nobis in hac parte adhærentes quicquam ordinent,
statuant, sive diffiniant per se vel per alios, suspen-
dendo, excommunicando, interdicendo vel quamcumque
aliam coercionem inferendo, sacrosanctam sedem apostolicam in hiis scriptis provocamus, protestantes nos
velle, si quid horum fieri contingat, cum ad nostram
notitiam pervenerit, appellare cum effectu seu istam
innovare prout magis videbimus expedire ; supponentes
nos, ecclesiam nostram, familiares nostros et omnes
quoscumque nobis in hac parte adhærentes protectioni
et defensioni sedis apostolicæ antedictæ. Actum apud
Cyrecetre, in abbacia, præsentibus venerabilibus viris
magistris Ricardo archidiacono Cantuariensi, Rogero
dicto Baret, canonico Sarr', et domino Nicholao de
Knovile ad hoc testibus convocatis.

Et ego Johannes de Sancto Martino, Lewensis, apostolica et imperiali auctoritate notarius publicus, prædictæ provocationi seu appellationi interfui, et eam de
mandato dicti domini archiepiscopi, ut supra legitur,
in publicam formam redigens, meo signo et nomine
communivi.

---

[1] Printed in Wilkins' Concilia, ii. 87.

CCCXXVI.

To the Dean and Chapter of Hereford.

Frater J[ohannes], etc., dilectis filiis . . decano et capitulo ecclesiæ Herefordensis, salutem, gratiam et benedictionem. Notum vobis facimus per præsentes quod personas vestras atque ipsam ecclesiam Herefordensisque civitatis et diœcesis clerum et populum, favente Domino, intendimus visitare, quod concanonicis et fratribus vestris absentibus curetis patefacere sine mora, ut præmuniti una vobiscum, qui præsentes estis, se præparent visitationem nostram metropoliticam secundum sanctiones canonicas admissuros. Proponimus autem Herefordensem ecclesiam vestram die Jovis in crastino Sancti Martini episcopi proxime venturi intrare, et visitationem nostram circa personas vestras, quas tunc præsentes esse volumus, Deo volente et cessantibus impedimentis legitimis, inchoare, extunc ad alia loca diœcesis prout opportunitas dederit processuri. De die vero receptionis præsentium, et qualiter fueritis executi præmissa, nobis dictis die et loco vestris patentibus litteris harum seriem continentibus intimetis. Datum Hereford', xvii. kal. Novembris, anno Domini MCCLXXXII., consecrationis nostræ quarto.

1282.
16 Oct.
Notifies his intention of visiting the diocese.
R. f. 190.

CCCXXVII.

Llewellyn, Prince of Wales.

Frater J. permissione divina, etc. Universis ejusdem ecclesiæ filiis devotis, salutem, gratiam et benedictionem. Quia nostro incumbit officio salutem omnium nostro regimini commissorum totis viribus procurare, sicut habemus in tremendo judicio respondere, constetque nobis clamore celebri in partibus Walliæ in Salvatoris injuriam multiplicari scelera et scandala omni die, nec esse qui tantorum malorum remedium studeat

1282.
21 Oct.
Safe conduct for John the Welshman sent to the prince of Wales.
R. f. 190.
A. f. 45 b.

procurare; noverit universitas vestra nos, solo timore
ductos Altissimi, scientes quod de gregis nostri jacturis et periculis, in qualibet sui parte, habemus reddere
rationem, ad has partes, ob hoc tantum, Walliæ decli-
nasse, ut oves nostras a luporum morsibus eruamus.
Et idcirco præmittimus dilectum nobis in Christo fratrem Johannem dictum Wallensem, sacræ theologiæ
doctorem, latorem præsentium, ad principem Walliæ
ac complices et subditos suos, dicturum eisdem quædam ad eorum salutem pertinentia, et eorum responsa
nobis fideliter relaturum; volentes eidem fidem indubitatam adhiberi sicut nobis. Nolumus tamen per
ipsum aliquam censuram ecclesiasticam exerceri. Rogamus autem vos omnes et singulos ut dictum fratrem
eundo et redeundo in securo conductu amore nostri
habere velitis specialiter commendatum, non permittentes eum in aliquo molestari. In cujus rei testimonium literas præsentes nobis mittimus patentes. Datum apud Adredesly, xii. kal. Novembris, anno Domini
MCCLXXXII., consecrationis quarto.

CCCXXVIII.

To ANIAN, BISHOP OF ST. ASAPH.

1282.
21 Oct.
Cites him
for not
having ex-
communi-
cated the
Welsh for
waging
war on the
king.
R. f. 81 b.
A. f. 61.
Frater J[ohannes], etc., venerabili fratri domino
A[niano], Dei gratia episcopo Assavensi, salutem et
fraternæ caritatis continuum incrementum. Meminimus
nos[1] alias dudum vobis et certis fratribus et coepiscopis nostris Cantuariensis ecclesiæ suffraganeis nostris dedisse literis in mandatis, ut quosdam Walenses
stragem et gwerram de novo moventes, domini regis
et regni pacis et tranquillitatis turbatores, quos non
est dubium propter hoc in excommunicationis sententiam dudum in Oxoniensi concilio promulgatam damnabiliter incidisse, sic excommunicatos in genere de-

---

[1] *nos*] vos in A.

nunciaretis et faceretis denunciari publice et solemniter
in ecclesiis civitatum et diœcesium vestrarum singulis
diebus Dominicis et festivis. Sed vos solum, domine Assavensis, ut intelleximus, in eorum Wallensium favorem
obedientiæ bonum plus debito postponentes, hujusmodi
mandatum nostrum non sine nostri contemptu hactenus
minime exequi curastis. Nolentes itaque tantæ præsumptionis audaciam conniventibus oculis pertransire,
vos tenore præsentium citamus peremptorie quod per vos
vel procuratorem idoneum et sufficientem instructum
compareatis coram nobis ubicumque fuerimus in nostra diœcese vel provincia Cantuariensi, die juridica
proxima post festum Sancti Leonardi Abbatis, nobis
super contemptu et inobedientia responsuri, audituri,
facturi et recepturi quod dictaverit ordo juris. Diem
vero etc. Datum apud Aldredly, xii. kal. Novembris,
anno Domini MCCLXXXII., consecrationis nostræ iiii.

CCCXXIX.

To the Abbot of Westminster.

Frater J[ohannes], etc., domino abbati Westmon', 1282.
salutem, gratiam et benedictionem. Significavit nobis 26 Oct.
venerabilis frater noster dominus . . Dei gratia Desires him to
Wygorniensis episcopus, quod cum ipse nuper ad prio- liberate the prior
ratum Majoris Malverniæ, suæ diœcesis, jure diœcesano elect of
inibi visitandi more solito declinasset, invenit fratrem Great Malvern,
Willelmum de Ledebur', tunc priorem ejusdem loci, whom he
tam super dilapidatione rerum dictæ domus et irregu- has im-
laritatis nota, quam aliis quampluribus criminibus prisoned.
enormiter ut dicitur irretitum. Propter quæ juris or- R. f. 192.
dine in omnibus, ut asseritur, observato, eundem fratrem Willelmum ab administratione, cura seu regimine
dicti prioratus absolvit pariter et suspendit. Demum
vero, cum subprior et conventus loci prædicti fratrem
Willelmum de Wykewane, magnæ religionis virum ac

R 4237.   C

etiam in spiritualibus et temporalibus ut asseritur,
circumspectum, sibi in priorem concorditer elegissent,
ipsumque ad vos, una cum quibusdam confratribus
suis et aliis, ad impetrandum vestrum in præmissis
secundum consuetudinem obtentam hactenus transmi-
sissent, vos tam dictum electum quam etiam quosdam confratres suos et alios fecistis carcerali custodiæ
mancipari, ac ipsos sub vinculis ferreis detineri, in
magnum præjudicium fratris nostri episcopi supradicti,
et elusionem jurisdictionis suæ, quam in domo prædicta jure diocesano exercere hactenus, ut asserit, consuevit, ac etiam quominus electio hujusmodi adhuc
debitum potuit sortiri effectum.   Quocirca vos requirimus attentius et rogamus, quatenus prædictum fratrem
nostrum super jure suo quod ei competere dicitur in
præmissis, precibus nostris et amore de cetero minime
perturbetis, sed ea quæ ad officium suum et jurisdictionem pertinent, sine aliqua injusta molestia exequi
libere permittatis ; advertentes vobis esse utile et
honestum omnia circa factum hujusmodi per vos ac
alios ad mandatum vestrum, si qua fuerint, indebite
attemptata cautius revocare, nisi ipsa per jura et privilegia vestra, si qua ad defensionem vestram habeatis,
super hiis defendere valeatis, quibus per has preces
nostras non intendimus in aliquo derogare. Valete.
Datum Cestr', vii. kal. Novembris, consecrationis nostræ
anno quarto.

CCCXXX.

To Manuel Archdeacon of Cremona.

1282.
28 Oct.
Cannot do
what he
asks him.
R. f. 190 b.

Frater J[ohannes], etc., discreto viro Manueli archidiacono Cremon', salutem et sinceram in Domino caritatem. Quia directi nobis vestri mandati executio
nobis existit intolleribiliter onerosa, quod possetis satis
honorabilius et commodius, quatenus canonicum est, per
alios exequi si placeret, vos attente requirimus et

rogamus quatenus mandatum ipsum ad præsens transferre velitis in humeros alienos, cum ejusdem executio
per nos commode nequeat expediri, propter certas et
legitimas causas quas vobis ex parte nostra lator præsentium poterit vivæ vocis ministerio intimare. Quid
autem super hoc facere decreveritis, nobis per eundem
vestris patentibus literis rescribatis. Valete. Datum
apud Rothelan, v. kal. Novembris, anno Domini MCC.
LXXXII., etc.[1]

CCCXXXI.

To the Archbishop of York.

Venerabili in Christo fratri domino . . Dei gratia
archiepiscopo Eboracensi, frater J[ohannes], permissione
divina, etc., salutem et sinceram in Domino caritatem.
Cum dudum tractaverimus inter nos per nuncios speciales de pace et concordia inter ecclesiam nostram et
ecclesiam vestram stabilienda ad solatium et utilitatem cleri et populi Anglicani, et jam non sit ipsa res
integra sed incepta, eo quod super hoc cum capitulo
nostro diligenter tractavimus et vos fecistis similiter
cum discretis vestri capituli, ut putamus, fraternitatem vestram quanta possumus affectione rogamus, quatenus sicut desideratis tractatum inter nos habitum
prosperari et felici fine concludi, magistrum Emanue-
lem archdiaconum Cremonensem, vestro lateri assisten-
tem, quem vobis excommunicatum denunciamus tanquam turbatorem ecclesiasticæ libertatis, velitis tanquam
excommunicatum et inimicum ecclesiæ arctius evitare.
Valete. Datum apud Rothelan, v. kal. Nov., anno
Domini MCCLXXXII., etc.

Side notes: 1282. 28 Oct. Excommunicates the archdeacon of Cremona as a disturber of the liberties of the church. R. f. 82.

---

[1] The next document is a mandate to the bishops, &c. of his province for
the excommunication of Manuel, dated iiii. kal. Nov.

C 2

CCCXXXII.

To the Bishop of Bath.

1282.
31 Oct.
Is going to
Wales, and
appoints
him his
vicar.[1]

R. f. 82.
A. f. 61 b.

Frater J[ohannes] miseratione divina, etc., venerabili in Christo fratri domino R[oberto], Dei gratia Bathoniensi et Wellensi episcopo salutem et sinceram in Domino caritatem. Intendentes pro salute populi Wallensium ipsos adire, ac, prout nobis Deus inspiraverit, ipsorum malitiam salubri consilio declinare, eosque ad unitatem revocare catholicam; nolentes etiam dictam nostram Cantuariensem ecclesiam tanquam acephalam et pastoris solatio destitutam manere diutius, si nostrum regressum violenter et malitiose contigerit impediri ; de vestræ circumspectionis confidentes industria, vos nobis absentibus officii nostri vicarium constituimus per præsentes, quam constitutionem effectum habere volumus cum certum fuerit de nostri impedimento regressus. Vobis autem hanc nostram commissionem in virtute obedientiæ admittere injungimus et mandamus quousque aliud a nobis super hoc fuerit ordinatum. Valete. Datum apud Rothelan, i. kal. Novembris, consecrationis nostræ anno iv.

CCCXXXIII.

To the Bishop of Bath.

Commission to act
for the
archbishop
in the
diocese of
St. Asaph,
the bishop
being absent.[2]

R. f. 82.

Frater J[ohannes], etc., venerabili fratri domino R[oberto], Dei gratia Bathoniensi et Wellensi episcopo, salutem, etc. Cum venerabilis frater noster . . episcopus Assavensis absens sit a sua diœcese, nec ei tutum existat ad præsens ibidem suam præsentiam exhibere, nec nos variis et arduis ecclesiæ nostræ negotiis et utilitatibus alibi occupati possumus ibidem præsentialiter remanere, volentes in prædicti fratris nostri defectum seu impotentiam, prout ex commisso

---

[1] Printed in Wilkins' Concilia, ii. 89.

[2] Printed in Wilkins' Concilia, ii. 90.

nobis officio, ejusdem diœcesis cleri et populi providere solatiis medio tempore, fraternitati vestræ, de
qua plenam in Domino fiduciam reportamus, ad faciendum et exercendum omnia quæ nos facere et exercere possemus, si in præfata diœcese personaliter præsentes essemus, loci diœcesano absente, committimus
vices nostras, absolvendi nihilominus juxta formam
ecclesiæ omnes ad pacem domini regis venientes a
sententia excommunicationis dudum in Oxoniensi concilio lata contra injuste turbantes pacem domini regis
et regni, ac malefactores alios quoscunque, illis dum—
taxat exceptis quorum absolutio sedi apostolicæ specialiter reservatur, vobis plenam potestatem auctoritate
præsentium concedentes. In cujus rei testimonium,
etc. Datum apud Rothelan.

CCCXXXIV.

To the Subprior of Rufford.

Frater J[ohannes], etc., subpriori Rufford', salutem,
gratiam et benedictionem. Literas vestras nobis missas, prout earundem exhibitor asserebat, nuper recepimus, inter cetera præcipue prætendentes vos . . abbatis de Rufford, . . archidiaconi Notingeham judicum
principalium a sede apostolica, ut dicitur, delegatorum
commissarium in causa quæ vertitur, ut dicitis, inter
abbatem et conventum de Cumbermere ex parte una,
et abbatem et conventum de Sancto Ebrulfo super ecclesia de Dreyton', Conventrensis diœcesis, ex altera,
quarum quidem capitulis propensius intellectis, manifeste perpendimus quod eis obtemperare de jure minime debebamus, cum nobis super rescripto apostolico ac
aliis quæ in hac parte requiruntur, merito hæsitantibus,
secundum canonicas sanctiones non fuerit facta fides.
Quæ quidem et si nobis canonice facta fuisset, tamen

1282.
6 Nov.
Cannot act
in accord-
ance with
his letters
in a case
between
the abbots
of Comber-
mere and
St. Evroul.
R. f. 191 b.

propter errores tam juris quam facti multiplices in
præfato mandato contentos, exequi non cogimur quod
mandatur. Sane evidenter intelligunt, qui prudenter
attendunt, quod cum status appellantium a quibuscunque judicibus ordinariis seu delegatis ad sedem apostolicam pendente appellatione, utriusque juris auctoritate integer esse debeat, quæ sic appellantes interim
eximit a jurisdictione judicis appellati, ac ecclesia nostra Cantuariensis sit et fuerit in possessione, vel quasi
jure scripto et non scripto, a tempore de quo memoria
non existit, tuendi a quibuscunque judicibus etiam delegatis ad sedem apostolicam appellantes, ne in rebus vel
personis medio tempore capiantur; dictæ ecclesiæ nostræ tuitionem ausu temerario, intellectu erroneo, ac
mente sacrilega, corruptelam dicere præsumpsistis, ac
sacris canonibus inimicam, quæ contra iniquorum vel
stultorum judicum oppressiones sacrosanctæ sedis apostolicæ præcipue in hac parte specialis existit ministra;
non intendens processus seu decreta aliquorum judicum
appellationes ad sedem apostolicam interpositas præcedentia infirmare, seu quovis modo alio impedire,
sed ut superius est expressum, contra opprimentes ad
sedem apostolicam appellantibus subvenire, ac sedi
prædictæ necnon et suis omnibus delegatis reverenter
in canonicis obedire. Unde vestrum scire volumus
monachatum, et vestræ prudentiæ complices, quod ibi
incipit nostræ curiæ tuitio, ubi cessat seu suspenditur
jurisdictio delegati. Quod idcirco vobis scribimus ut de
cetero a talibus temeritatibus caveatis. Adhæc super
eo quod nobis imponitur nos inhibitionem dictorum
principalium judicum recepisse, ac eos super receptione
nostris literis certificasse, et post præmissa sententiam
excommunicationis in certas personas dicti monasterii
de Cumbermere de facto fulminasse, ecclesiam sæpedictam de Dreyton' ecclesiastico interdicto nihilominus
supponendo, discretionem vestram volumus non latere
quod nec inhibitionem hujusmodi recepimus, nec cer-

tificationem fecimus, quod sciamus. Et licet præmissa veritate niterentur, quod non credimus, nihil
tamen contra prædictum abbatem seu aliquos de conventu acceptavimus, occasione causæ seu controversiæ
memoratæ, sed nobis per dictam ecclesiam pro expedi-
tione rei publicæ versus Walliam transeuntibus, et
eandem ingredi ob certas causas volentibus, quidam
monachorum prædicti monasterii de Cumbermere canonice moniti ingressum liberum denegarunt, eam ut
castrum manu armata detinentes temere obseratam.
Propter quæ ad præmissas sententias excommunicationis et interdicti processimus justitia suadente. Ad
hæc vos credimus non latere, quod omnes juris et libertatum ecclesiæ nostræ Cantuariensis turbatores in
sententiam excommunicationis majoris in concilio Oxoniensi latam incidunt ipso factc. Quocirca vos rogamus, monemus et hortamur in Domino, et per vos,
ipsos quorum prætenditis esse commissarium, ne vos,
vel ipsi seu quivis alius seu alii, clam vel palam, directe
vel indirecte, quacunque arte vel ingenio, quicquam in
præjudicium juris et libertatum nostrarum et ecclesiæ
nostræ Cantuariensis audeatis, audeat, vel audeant
attemptare, faciatis, faciat, vel faciant aliquatenus at-
temptari. Et si qua per vos ipsum vel ipsos attemptata fuerint, ea studeatis, studeat, [vel] studeant quantocius sine difficultate aliqua revocare. Alioquin vos, eum
vel ipsos in dicti concilii excommunicationis sententiam
denunciavimus incidisse et denunciabimus locis omnibus
in quibus nobis videbitur expedire. Postremo scire vos
volumus quod nec sententia vestra nec aliquorum judicum hujusmodi personam nostram potest involvere ex
nostræ ecclesiæ reali privilegio, cujus hortamur ne
velitis offendere libertatem. Datum apud Rothelan',
viii. id. Novembris, anno Domini MCCLXXXII., consecrationis nostræ quarto.

CCCXXXV.

To the Dean of Hereford.

1282.
8 Nov.
Postpones
his visita-
tion to
Dec. 7.
R. f. 190 b.
Frater J[ohannes], etc., decano Hereford', etc. A
memoria vestra non credimus excidisse, qualiter vobis
denunciavimus per literas nostras adventum nostrum
ad vos causa visitationis in ecclesia vestra et diœcese
auctoritate metropolitica exercendæ, vobis ad hoc diem
crastinum post festum Sancti Martini venturum proximo
statuentes, ut interim præmuniretis concanonicos et
fratres vestros, quod ipsa die parati essent visitationem
nostram canonice suscepturi. Verum quod ad præsens
variis negotiis pro utilitate rei publicæ sumus adeo
præpediti, quod prædicta die ad vos personaliter accedere non valemus, nos dictam præfixionem circum-
ducentes ex causa prædicta, notum vobis facimus per
præsentes quod in crastino Sancti Nicholai proximo
venturi, ad vos per Dei gratiam venire proponimus,
pro dictæ nostræ visitationis officio apud vos prout
alias mandavimus inchoando. Quocirca discretioni
vestræ committimus et mandamus, in virtute obedientiæ et sub pœna canonica firmiter injungentes, quatenus hoc fratribus et concanonicis vestris curetis patefacere sine mora, ut dicta die se præparent una
vobiscum visitationem nostram in forma canonica suscepturi. Et quia nuper in capitulo vestro præsentes,
canonica monitione præmissa, excommunicationis tulimus sententiam, in omnes et singulos qui processum
nostræ visitationis prædictæ, per se vel per alium,
quacunque arte vel ingenio maliciose præsumerent impedire, cujus monitionis et sententiæ copiam ex habundanti, licet ad hoc non teneremur, vobis transmittimus per præsentium portitorem ; vos et omnes ac
singulos quorum interest monemus, rogamus et hortamur in Domino, quatenus sic habeatis vos in hac
parte, nostris mandatis vos cum reverentia debita con-
formando, ne in prædictam excommunicationis latam

sententiam, quam præsentibus innovamus, quod nollemus, aliquatenus incidatis. Quid autem feceritis in
præmissis, dictis die et loco per vestras patentes literas
harum seriem continentes nobis fideliter intimetis.
In cujus rei testimonium, etc. Datum apud Rothelan,
vi. id. Novembris, anno Domini MCCLXXXII., etc.

CCCXXXVI.

To Robert de Lacy and William de Sardenia.

Frater J[ohannes] etc. dilectis filiis magistris
Roberto de Lacy et Willelmo de Sardenia, juris civilis professoribus, clericis suis, salutem. Quia nimis
excresceret audacia plurimorum et in aliorum offensas eorum temeritas insaniret, si virga deficeret
corrigentis, expedit ut præsidentis providentia malig-
nantium temeraria præsumptio castigetur. Cum itaque
sint nonnulli, quos invidiæ spiritus exagitat, qui nostras et ecclesiæ nostræ Cantuariensis libertates et jura,
in quorum possessione pacifica sumus, et prædecessores
nostri fuerunt a tempore quo memoria non extat, per-
turbare, violare et quantum in eis est, infringere multipliciter non verentur, nec semper vacat nobis de
hujusmodi præsumptionibus personaliter intromittere
reprimendis, nec officialis noster Cantuariensis potest
semper suam præsentiam exhibere quocumque contigerit libertates et jura nostræ Cantuariensis ecclesiæ
conculcari, ne desint defensores nostrorum in hac parte
jurium, quæ habemus quanta possumus sollicitudine
promovere ; vobis, de quorum fide et industria plenam
in Domino fiduciam reportamus, tuendi ac defendendi
jura et libertates ecclesiæ nostræ prædictæ, vice et
auctoritate nostra, ac molestatores eorundem et turbatores quoscumque per censuram ecclesiasticam com-
pescendi, conjunctim et divisim tenore præsentium
plenam concedimus facultatem. Nolentes tamen jurisdictionem dicti officialis nostri per præsentes literas in

1282.
8 Nov.
Empowers
them to
defend the
rights of
his see.
R. f. 190.
A. f. 46.

aliquo derogari. In cujus rei testimonium sigillum
nostrum præsentibus est appensum. Valete. Datum
apud Rothelan, vi. id. Novembris, anno Domini
MCCLXXXII., ordinationis nostræ quarto.

CCCXXXVII.

To EDWARD I.

1282.
11 Nov.

Asks him
to cause
the church
of Dray-
ton to be
taken from
the posses-
sion of the
convent of
Cumber-
mere, who
unjustly
hold it.

R. f. 100 b.

Excellentissimo principi ac domino Edwardo, Dei
gratia illustri regi Angliæ, domino Hyberniæ, duci
Aquitaniæ, frater J., etc., salutem et prosperos ad
vota successus. Excellentiæ vestræ clementiam nuper
duximus exorandam, ut vim laicalem ab ecclesia de
Dreyton', quæ contra judicium ecclesiasticum violenter
per . . abbatis et conventus de Combermere potentiam tenebatur, faceretis de benignitate solita remo-
veri. Cumque ad mandatum vestrum dicta potentia
laicalis penitus amota fuisset, et frater Fulco prior de
Ware, procurator . . abbatis et conventus Sancti
Ebrulfi, qui in causa quæ vertebatur inter se actores
ex parte una, et prædictos . . abbatem et conventum de Cumbermere reos ex altera, super ecclesia
memorata coram nobis sive auditoribus nostris pro se
judicium reportarant, auctoritate nostra in plenam
ejusdem ecclesiæ possessionem cum suis juribus et pertinentiis canonice missus esset; prædicti . . abbas
et conventus de Cumbermere tanquam iniquitatis filii
in præfati prioris de Ware ejectionem novis adinven-
tionibus non sine Dei offensa et ecclesiæ machinantes,
ac prædicti mandati vestri quod in ipsius prioris favorem fuerat impetratum, formam et intellectum subdole
pervertentes, procurarunt postmodum eundem priorem
et suos tanquam dictæ ecclesiæ violentos detentores,
cum certe eam canonice et auctoritate ecclesiastica
tenerent, per idem mandatum vestrum expelli a possessione ecclesiæ memoratæ, et se intrudi contra libertatem ecclesiasticam in eandem. Ne igitur per hujus-

modi fraudulentas adinventiones ecclesiasticum, quod
absit, judicium enervetur, aut dicti . . abbas et conventus de Cumbermere, ab unitate ecclesiastica merito
segregati, de sua malicia valeant gloriari, clementiæ
regiæ humiliter supplicamus, quatenus vim et potentiam qualemcumque qua prædicta ecclesia de Dreyton'
ad præsens illicite detinetur, jubere dignemini penitus
amoveri, ut justitia quæ omni petenti debetur debitum
consequatur effectum, præsertim cum præfatus prior
sit in prosecutione juris sui in Romana curia, ad quam
pro illatis sibi gravaminibus legitime appellavit, et
interim concessa sit ei tuitio curiæ nostræ Cantuariensis, ne in persona capiatur aut rebus. Custodiat
Dominus excellentiam regiam per tempora diuturna.
Datum Rothelan', iii. id. Novembris, anno Domini
MCCLXXXII.

CCCXXXVIII.

To HIS OFFICIAL.

Frater J[ohannes], permissione Divina, etc., dilecto
filio . . officiali suo Cantuariensi, salutem, gratiam
et benedictionem. Insinuante nobis venerabili fratre
nostro domino . . Londoniensi episcopo, nuper accepimus immunitatem libertatis ecclesiasticæ in ecclesia
S. Pauli London' fuisse enormiter læsam et confusam
per quædam horrenda et facinorosa scelera, utpote
effusionem sanguinis, mutilationem membrorum, violentam extractionem confugientium ad eam, abscisis manibus hærentium hostiis ecclesiæ, horrendam interfectionem taliter avulsorum et demum abscissionem capitum
eorundem, quorundam [2] Dei inimicorum Christi profana
rabie inibi perpetrata. Ne igitur tanta temeritatis
præsumptio in universalis ecclesiæ subversionem et
scandalum attemptata impunita transeat, et aliis con-

[margin:] 1282.
12 Nov.
Orders him
to excom-
municate
certain
persons
who
dragged
out and
killed
fugitives at
St. Paul's
cathedral.[1]
R. f. 190 b.

---

[1] See the Annals of Dunstable
under the year 1282 (Luard's Annales Monastici, iii. 289.)

[2] *quorundam*] quorum, MS.

similia faciendi præbeat incentivum, discretioni vestræ committimus et mandamus firmiter injungentes,
quatenus omnes hujusmodi facinorosi sceleris procuratores, cum suis complicibus et fautoribus præstantibus
eis publice vel occulte auctoritatem, opem, consilium
vel favorem, per totam diœcesem nostram et alia loca
nostræ ditioni subjecta denuncietis per vos et per alios
publice et solemniter, pulsatis campanis, candelis extinctis, singulis diebus Dominicis et festivis inter missarum solemnia, majoris excommunicationis esse sententia involutos, ut sic rubore suffusi ad sanctæ matris
ecclesiæ gremium, cujus immunitatem atrociter invaserunt, citius convertantur, ac ceteri imposterum a
præsumptione hujusmodi compescantur. Tamdiu exequentes præmissa donec legitime constet vobis prædictos malefactores in forma juris absolutionis gratiam
meruisse. Valete. Datum apud Rothelan, ii. id. Novembris, anno Domini MCCLXXXII., etc.

CCCXXXIX.
To THE BISHOP OF LONDON.

[1282.]
12 Nov.
Desires
him to ex-
communi-
cate those
guilty of
the abduc-
tion and
murder cf
fugitives in
St. Paul's.[1]
R. f. 82.
A. f. 62 b.

Frater J[ohannes], etc., episcopo Londoniensi salutem,
etc. Horrendum nimis catholicis universis piaculum
nobis vestris literis nuper innotuit, immunitatem videlicet libertatis ecclesiasticæ in ecclesia vestra Sancti
Pauli London' fuisse læsam enormiter et confusam per
quædam sceleratissima facinora quorundam inimicorum
Christi prophana rabie inibi perpetrata, utpote effusionem sanguinis, mutilationem membrorum, violentam
extractionem confugientium ad eam, abscisis manibus
hærentium hostiis ecclesiæ, horrendam interfectionem
taliter avulsorum et demum abscissionem capitum eo-

---

[1] Printed by Wilkins (Concilia,
ii. 91) from the Reg. of the bishop
of Worcester, but the date is given
as " Orset," not " Rothelan." The

mistake probably occurred from
the fact that the letter of the bishop
of Worcester, in which this is
recited, is dated at the former place.

rundem. Nos igitur advertentes hoc execrabile maleficium in universalis ecclesiæ subversionem et scandalum redundare, volentes vobis in hac parte ad honorem Dei et ecclesiæ favorabiliter assistere, ut tenemur, fraternitati vestræ tenore præsentium committimus et mandamus, quatenus omnes prædicti facinorosi sceleris patratores cum suis complicibus et fautoribus quibuscumque, per omnes et singulos fratres et coepiscopos nostros per totam nostram provinciam faciatis auctoritate nostra excommunicatos cum solemnitate debita nunciari, ut sic rubore suffusi, ad sanctæ matris ecclesiæ gremium, cujus immunitatem invaserunt atrociter et læserunt, citius convertantur, et ceteris tollatur imposterum audacia similia perpetrandi; tamdiu exequentes præmissa donec ad emendam parati in forma juris absolutionis gratiam meruerint obtinere. In cujus rei testimonium, etc. Datum apud Rothelan, ii. id. Novembris, anno Domini ut supra [1282].

CCCXL.

NEGOTIATIONS WITH LLEWELLYN.

Iste est processus domini J. Dei gratia Cantuariensis archiepiscopi, habitus in partibus Walliæ.

Isti sunt articuli intimati domino L[ewelino] principi Walliæ et populo ejusdem loci, ex parte domini archiepiscopi supradicti.

Primo, quia propter salutem eorum spiritualem et temporalem ad partes istas venimus, quos semper dileximus usque modo, sicut plures eorum noverunt. Secundo, quia venimus contra domini regis voluntatem, cui etiam adventus noster dicitur plurimum displicere. Tertio, quia rogamus eos et supplicamus eis pro sanguine Jesu Christi quatenus venire velint ad unitatem

Articles proposed by Peckham to Llewellyn, prince of Wales.[1]

R. f. 242.
A. f. 98.

---

[1] Printed in Wilkins' Concilia, ii. 73. The whole of these negotiations with the Welsh are placed here under the date of Peckham's last letter to Llewellyn, that the sequence may not be interrupted by other documents; although most of them must have been written a short time earlier.

cum gente Anglorum, et ad pacem domini regis, quam
eis intendimus quanto melius poterimus procurare.
Quarto, volumus eos scire quod in hiis partibus diu non
poterimus remanere. Quinto, volumus eos attendere
quod post recessum nostrum non invenient forsitan aliquem qui ita velit sua amplecti negotia promovenda,
qui vellemus, si placeret Altissimo, vita nostra temporali ipsorum pacem honestam et stabilem perpetuo
procurasse. Sexto, quia si nostras preces spreverint
et labores, statim intendimus eorum pertinaciam scribere summo pontifici et curiæ Romanæ, propter peccata mortalia, quæ multiplicantur occasione discordiæ
omni die. Septimo, noverint quod nisi citius ad pacem venerint, aggravabitur eis bellum, quod non poterunt sustinere, quia crescit regia potentia omni die.
Octavo, noverint quod regnum Angliæ est sub speciali
protectione sedis apostolicæ, et quod Romana curia
plus inter regna cetera diligere consuevit. Nono, quod
eadem curia nullomodo volet permittere statum regni
Angliæ vacillare, quod sibi specialibus obsequiis est
devotum. Decimo, amarissime plangimus hoc quod
dicitur Walenses crudeliores existere Saracenis, quia
cum Saraceni capiunt Christianos, eos servant pecunia
redimendos, quos Walenses captos dicuntur illico jugu-
lare, quasi solo sanguine delectentur, immo, quod est
deterius, quos permittunt redimi, tradunt, ut dicitur,
accepta pecunia jugulandos. Undecimo, quod cum con-
sueverint Deum et personas ecclesiasticas revereri, a
devotione hujusmodi videntur multipliciter recessisse,
qui in tempore sanctissimo in Redemptoris injuriam
moverunt seditionem, homicidia et incendia perpetrantes, in quo eos nullus poterit excusare. Duodecimo,
petimus ut tanquam veri Christiani ad cor redeant
pœnitentes, quia cœptam discordiam non possent diu
continuare etiam si jurassent. Tertiodecimo, petimus
ut nobis significent quibus modis velint et valeant
turbationem pacis regiæ, læsionem rei publicæ et mala
alia emendare. Quartodecimo, ut significent nobis qualiter valeat ipsa concordia stabiliri. Frustra enim pax

firmari videbitur quæ tam assidue violatur. Quinto-
decimo, ut si dicunt leges suas vel fœdera ex pacto
inito non servari, nobis significent quæ sint illa
Sextodecimo, noverint quod etiam posito quod eis derogatum fuisset ut aiunt, quod nescimus, nullo modo
licebat eis quasi essent judices in causa sua taliter
majestatem regiam impugnare. Septimodecimo, quod
nisi modo pax fiat, procedetur contra eos forsitan ex
decreto militiæ, sacerdotii et populi convocati.

CCCXLI.

LLEWELLYN TO PECKHAM.

Responsiones Leuwelini principis ad articulos supra-
scriptos. *An answer to the preceding.*

Reverendissimo patri in Christo domino J[ohanni],
Dei gratia Cantuariensi archiepiscopo, totius Angliæ
primati, suus humilis et devotus filius L[ewelinus],
princeps Walliæ, dominus Snaudon', salutem et filialem
dilectionem cum omnimoda reverentia, subjectione et
honore. Sanctæ paternitati vestræ pro labore vobis
quasi intolerabili, quem assumpsistis ad præsens pro
dilectione quam erga nos et nostram nationem geritis,
omni qua possumus devotione regratiantes vobis assurgimus, et eo amplius quod contra domini regis voluntatem venistis, prout nobis intimastis. Ceterum, quod
nos rogastis ut ad pacem domini regis veniamus, scire
debet vestra sanctitas, quod ad hoc prompti sumus
dummodo idem dominus rex pacem debitam et veram
nobis et nostris velit observare. Ad hæc, licet gaude-
remus de mora vestra facienda in Wallia, tamen per
nos non eritis impediti quin pax fiat quantum in
nobis est, quam optamus per vestram industriam magis
quam alicujus alterius roborari; et speramus, nec per
Dei gratiam erit opportunum, propter nostram pertinaciam aliquid scribere domino papæ, nec vestras

Accuses the English cruelty and faithlessness.[1]
R. f. 242. A. f. 98 b.

---

[1] Printed in Wilkins' Concilia, ii. 74.

paternas preces ac graves labores spernemus, sed eas amplectimur omni cordis affectu ut tenemur; nec erit opus quod dominus rex aggravet[1] contra nos manum, cum prompti simus sibi obedire, juribus nostris et legibus nobis, ut præmittitur, reservatis. Et licet regnum Angliæ sit curiæ Romanæ specialiter subjectum et dilectum, tamen cum dominus Papa, necnon et curia Romana audierint quanta nobis per Anglicos mala sunt illata, videlicet quod pax prius formata non fuit nobis servata nec pacta, deinde ecclesiarum devastationes, combustiones et ecclesiasticarum personarum interfectiones, sacerdotum videlicet et inclusorum et inclusarum et aliarum religiosarum personarum passim, mulierum et infantium sugentium ubera, et in veru positarum, combustiones etiam hospitalium et aliarum domorum religiosarum, homicidiorum in cimiteriis, ecclesiis et super altaria, et aliorum sacrilegiorum et flagitiorum auditu etiam horribilium auditui paganorum,[2] sicut expressius eadem in aliis rotulis conscripta, vobis transmittimus inspicienda. Speramus inprimis quod vestra pia et sancta paternitas clementer nobis compatietur, necnon et curia supradicta, nec per nos regnum Angliæ vacillabit, dum, ut præmissum est, pax debita nobis fiat et servetur. Qui vero sanguinis effusione delectantur, manifestum est ex factis, nam Anglici hactenus nulli sexui vel ætati seu languori pepercerunt, nulli ecclesiæ vel loco sacro detulerunt. Qualia vel consimilia Walenses non fecerunt. Super eo autem quod unus redemptus fuit interfectus, multum dolemus, nec occisorem manutenemus, sed in silvis uti latro vagatur. De eo vero quod inceperunt guerram aliqui in tempore indebito, illud ignoravimus usque post factum, et tamen ipsi asserunt quod nisi eo tempore hoc fecissent, mortes et raptiones eis imminebant, nec audebant in domibus residere, nec nisi armati incedere, et sic præ timore tali tempore id fecerunt.

---

[1] *aggravet*] aggrevet, R. | [2] Sic in MS.

De eis vero quæ fecimus contra Deum, ut veri Christiani per Dei gratiam pœnitebimus, nec erit ex parte nostra quod bellum continuetur, dum simus indemnes ut debemus; ne tamen exhæredemur et passim occidamur, oportet[1] nos defendere ut valemus. Cum vero injuriæ et damna hincinde considerentur et ponderentur, parati sumus emendare pro viribus quæ ex parte nostra sunt commissa, dum de prædictis injuriis et damnis nobis factis et aliis emenda nobis fiat. Et ad pacem firmandam èt stabiliendam similiter sumus prompti debitis modis. Quando tamen regales cartæ et pacta inita nobis non servantur, sicut nec hucusque sunt observata, non potest pax stabiliri, nec quando novæ exactiones et inauditæ contra nos et nostros omni die adinveniuntur. Vobis autem transmittimus in rotulis damna nobis illata et fœdera non servata, secundum formam pacis prius factam. Quod vero guerravimus quasi necessitas nos cogebat; nam nos et omnes Walenses eramus adeo oppressi, et subpeditati, et spoliati, et in servitutem redacti per regales justiciarios et ballivos contra formam pacis et omnem justitiam amplius quam si Sarraceni essemus vel Judæi, sicut credimus, et sæpe denunciavimus domino regi, nec aliquam emendam habere potuimus. Sed semper mittebantur justiciarii et ballivi ferociores et crudeliores; et quando illi erant saturati per suas injustas exactiones, alii de novo mittebantur ad populum excoriandum, in tantum quod populus malebat mori quam vivere. Nec oportet militiam ampliorem convocare vel contra nos moveri sacerdotium, dum nobis fiat pax et servetur modis debitis, ut superius est expressum. Nec debetis, sancte pater, omnibus verbis credere nostrorum adversariorum, sicut enim nos factis oppresserunt et opprimunt, ita et verbis diffamant nobis imponentes quæ volunt. Ipsi enim sæpe vobis sunt præsentes et nos absentes, ipsi opprimentes, nos

---

[1] *oportet*] oportes, R.

R 4237.   D

oppressi, et ideo propter Deum fidem eis in omnibus
non exhibeatis, sed facta potius examinetis. Valeat
sanctitas vestra ad regimen ecclesiæ per tempora
longa.

CCCXLII.

Grievances of the Welsh.

Articles of
the peace
with the
Welsh
which the
English
have not
observed.

R. f. 243.
A. f. 99 b.

Primus articulus est talis. Cum in forma pacis sic
contineatur ut sequitur: "Si vero idem L[ewelinus]
" jus vendicaverit in aliquibus terris, quas alii præter
" dictum dominum regem occupaverunt extra quatuor
" cantredos[1] prædictos, plenariam justitiam sibi exhi-
" bebit præfatus dominus rex secundum leges et con-
" suetudines partium illarum in quibus terræ illæ
" consistunt." Qui articulus non fuit observatus super
terris Aroystly et inter Deuy et Dyblas fluviorum,
pro eo quod cum dictus L[ewelinus] dictas terras ven-
dicasset coram domino rege apud Ruthelan, et rex sibi
concessisset causam examinare secundum leges et consuetudines Walliæ, ac advocati partium fuissent introducti, et judices qui vulgariter dicuntur *eneyd*[2] fuissent
introducti coram rege, ut judicarent de dictis terris,
secundum leges Wallicanas, parte rea comparente et
respondente, adeo quod eo die deberet finaliter terminari ex præfixione domini regis, qui apud Gloverniam
existens diem prædictum partibus assignavit, licet
sæpius in diversis locis coram justiciariis fuisset dicta
causa examinata, et terræ ipsæ essent in pura Wallia,
nec unquam judicatum fuit super eis nisi secundum
leges Wallicanas, nec dominus rex posset vel deberet
prorogare, nisi secundum leges Walliæ, diem tamen
ipsum motu proprio prorogavit et contra leges antedictas, et adultimo fuit vocatus ad loca varia ad quæ

---

[1] *cantredos*] tancredos, MSS.   [2] *eneyd*] in modern Welsh *ynad*
is a judge.

non debuit evocari, nec justitiam obtinere potuit nisi
secundum leges Angliæ, contra illud quod in dicto
articulo continetur. Et idem factum fuit coram justiciariis apud Montegomery. Cum partes essent in judicio constitutæ et firmatæ et dies datus ad sententiam
audiendam, diem prorogaverunt contra leges memo-
ratas. Demum apud London' post multos labores et
expensas varias, rex ipse justitiam sibi denegavit, nisi
vellet secundum leges Angliæ subire judicium in causa
memorata.

Secundus articulus non servatus est talis : " Et
" omnes transgressiones, injuriæ et excessus hincinde
" factæ penitus remittuntur usque in diem hodiernum."
Iste articulus non fuit observatus, quia dominus Reginaldus de Grey, statim cum fuit factus justiciarius,
movit varias quæstiones et innumerabiles contra homines de Tegeyngl et Ros super transgressis quæ factæ
fuerunt in tempore domini regis Henrici et dicti
domini L[ewelini], dum dominium in partibus illis
obtinebant, unde dicti homines multum timentes non
audebant in suis domibus permanere.

Tertius articulus ubi dicitur, "Rys Vachan[1] filius
" Resi filii Maylgun, cum terra quam nunc tenet,"
etc. Post pacem initam fuit spoliatus de terra de
Geneuerglyn quam tunc tenebat cum hominibus et
averiis eorundem.

Quartus articulus. " Item concedit dominus rex
" quod omnes tenentes terras in quatuor cantredis et
" in aliis terris quas dominus rex retinet in manu
" sua, teneant eas adeo libere et plenarie sicut ante
" guerram tenere consueverunt, et eisdem libertatibus
" et consuetudinibus gaudeant quibus prius gaudere
" solebant," etc. Contra istum articulum dictus Reginaldus consuetudines varias de novo introduxit, et hoc
contra pacis formam supradictam.

---

[1] *Vachan*] Nathan, A.

Item quintus articulus: "Controversiæ et conten-
" tiones motæ vel movendæ inter principem et quos-
" cumque terminabuntur et decidentur secundum leges
" Marchiæ de hiis quæ emergunt in Marchia, et secun-
" dum leges Walliæ de rebus contentiosis quæ in
" Wallia oriuntur." Contra istum articulum venit
dominus rex mittendo justiciarios usque ad Mon, qui
ibidem judicare præsumpserunt homines dicti L[ewe-
lini], vinetam ponendo super illos, contra leges Walliæ,
cum hoc vel aliud simile nunquam factum fuisset ibidem temporibus retroactis, quosdam incarcerando, alios
in exilium mittendo, cum ipse idem princeps paratus
esset de eisdem hominibus suis exhibere justitiæ complementum omnibus querelantibus de eisdem.

Item, sextus articulus. Item cum sit contentum in
dicta pacis forma, "quod Griffinus Vathan homagium
" faceret domino regi de terra de Yal et principi de
" terra de Edeyrnabu," justiciarii domini regis dominam de Maylaur introduxerunt in totam terram prædictam de Edeyrnab', cujus cognitio causæ ad principem pertinebat simpliciter, et non ad illos justiciarios,
et tamen pro bono pacis princeps hoc tolerabat, cum
ipse princeps paratus esset eidem dominæ super hoc
justitiam exhibere.

Septimus articulus, ubi dicitur, "Et licet idem
" princeps se nostræ, ut dictum est, supposuerit volun-
" tati, nos tamen concedimus et volumus quod volun-
" tas nostra hujusmodi ultra dictos articulos se in
" aliquo non extendat."[1] Contra istum articulum exi-
gebatur aurum ad opus reginæ, in qualibet solutione
facta regi, cum hujusmodi aurum nunquam fuit exac-
tum a Walensibus, nec in tempore domini Henrici vel
alicujus alterius regis Angliæ. Quod aurum exsolvit
pro bono pacis, cum tamen nihil de hoc tactum fuit

---

[1] *extendat*] extendant, A.

in forma pacis vel excogitatum. Et nunc insuper exigitur a principe aurum ad opus reginæ senioris, matris videlicet domini E[dwardi] nunc regis Angliæ, pro pace facta in tempore domini H[enrici] regis Angliæ, cum nihil de hoc tunc fuerat dictum vel quoquomodo excogitatum, videlicet, duo milia marcarum et dimidiam. Et nisi dictæ marcæ solverentur, minabatur dicta regina quod bona ejusdem L[ewelini] occuparet quæ invenire poterat in dominio regis, et homines suos capere et venundare, quousque dictam summam haberet ad plenum.

Item, cum invitasset dominus rex dictum principem ad festum suum Wygorniæ verbis blandissimis, promittendo ei quod sibi tunc consanguineam suam daret in uxorem et multis ditaret honoribus, nihilominus cum illuc venisset, in die desponsationis ante missam, petiit dominus rex unam literam consignari a principe, continentem inter cetera quod idem princeps nullum omnino hominem in terra sua teneret contra regis voluntatem vel manuteneret, ex quo posset contingere quod omnes fideles principis ab eo amoverentur. Quam quidem literam sibi sigillatam tradidit, compulsus per metum, qui cadere potest in constantem virum, cum tamen in forma pacis ut præmissum est contineatur quod nihil ab eo deberet exigi ultra quod in dicta forma continetur.

Item, cum secundum eandem pacis formam consuetudines eidem principi confirmentur, quibus usus fuerat ab antiquo, ac idem princeps et antecessores sui ex consuetudine diutina et obtenta bonà de naufragiis in terris suis provenientia consueverant recipere, et in suos usus convertere ad libitum, justiciarius Cestriæ namium recepit super principem pro bonis quæ recepit de naufragiis ante guerram, contra dictam pacis formam, per quam omnia hincinde erant remissa, et contra consuetudines antedictas. Dato etiam quod hoc esset forefactum, namium recepit tale, videlicet quindecim libratas mellis et plures equos, ac homines suos incar-

ceravit, et hoc de propriis bonis principis antedicti.
Præterea accepit schafas de Baneweys quæ venerant
apud Liverepol cum mercandiis per mercatores, et eas
nunquam deliberavit donec pecuniam pro eis accepe-
rat, quantum volebat.

Item, cum quidam homines de Geneuirglyn quædam bona abstulissent ab aliis vicinis suis de Geneuirglyn, dum essent in dominio principis de Meyron',
homines regis de Lampadarn prædam fecerunt et
acceperunt de terra principis de Meyron', et cum
homines sui venissent illuc ad quærendum quare
dictam prædam receperant, unum de eis interfecerunt et alios vulneraverunt et quosdam incarcerave·
runt. Et cum in dicta pacis forma contineatur quod
in Marchia deberent emendari quæ in Marchia com-
mittebantur, tamen dicti homines regis homines principis audire noluerunt alibi quam in castro de Lampadarn, et hoc contra pacis formam antedictam. Super
quo hactenus nullam justitiam habere potuerunt. In
istis articulis injuriatur dominus rex principi et suis
et etiam in multis aliis. Et licet princeps tam per
se quam per suos petivisset sæpius a domino rege,
quod pacis formam supradictam erga se et suos faceret observari, in nullo tamen extitit observata, sed
omni die de novo justiciarii et ballivi domini regis in
partibus illis injurias injuriis et varia gravamina cumu-
larunt. Propter quod mirum non debet videri alicui,
si princeps præfatus assensum præstitit illis qui gwer-
rare cœperunt, cum in hiis fides, quam in anima
domini regis sibi dominus Robertus Tipetot juraverat,
in nullo servabatur, et maxime et principaliter cum
princeps fuisset præmunitus a personis fidedignis quod
princeps foret a rege capiendus in suo primo accessu
apud Ruthelan, et etiam fuisset captus si rex illuc
accessisset post Natale, sicut proposuerat.

Hæc gravamina et alia quasi innumerabilia, sancte
pater, considerantes, nobis affectu paterno compatia-
mini, et pro salute animæ domini regis et nostræ et

etiam multorum aliorum ad pacem bonam utriusque populi laboretis fructuose.

CCCXLIII.

COMPLAINT OF LORD DAVID.

Hæc sunt gravamina illata domino David filio Grifini per dominum Regem.

Cum dominus David primo venissèt ad dominum Edwardum, tunc comitem Cestriæ, ac homagium sibi fecisset, idem dominus Edwardus eidem David duas cantredas, videlicet de Dyffryncluyt et Kywonant, cum omnibus suis pertinentiis, dedit plenarie, et literas suas patentes super hoc fieri fecit, tandem etiam donationem eidem innovavit, postquam creatus est in regem et etiam ipsum David in possessionem illarum cantredarum induxit corporalem. Demum domina Wenliaunt de Lacy mortua, tres villas quas in dictis cantredis tenuit quoad vitam, quæ ad ipsam David spectabant ratione donationis supradictæ, dominus rex sibi abstulit minus juste contra tenorem cartæ suæ.

Item, cum dictus David ex donatione domini regis prædicti villas de Hope et Eston' obtineret in Wallia, de quibus nulli respondere tenebatur nisi secundum leges Wallicanas ; tandem justiciarius Cestriæ fecit ipsum ad instantiam cujusdam Anglici, Willelmi de Vanabel nomine, ad comitatum Cestriæ super dictis villulis ad judicium evocari. Et licet dictus dominus David petivisset multotiens quod injuriose contra eundem non procederetur in dicto comitatu, pro eo quod ibidem respondere nullatenus tenebatur super villis prædictis, quæ sitæ erant in Wallia, sed potius tractaretur secundum[1] leges Wallicanas, hoc sibi plane denegavit.

Item, idem justiciarius Cestriæ in gravamen dicti domini David nemus suum de Leweny et silvas suas

Complaint of lord David, son of Griffin, of being deprived of his land, &c.

R. f. 243 b.
A. f. 101 b.

---

[1] *secundum*] omitted in R.

de Hope fecit succidi, tam per villanos de Ruthelan quam per alios, cum idem justiciarius in terris prædicti domini David nullam haberet omnino jurisdictionem; et non contenti quod mæremium ibidem quærerent ad ædificia erigenda, tam apud Rodolanum quam alibi in patria, sed nemus destruendo, mæremium ibidem factum ad vendendum in Hyberniam transtulerunt.

Item, cum idem dominus David quosdam forbanicos de terra domini regis, qui in nemoribus latitabant, cepisset ac suspendio tradidisset, tamen idem justiciarius ipsum David penes regem accusabat ac si ipse dictos malefactores defenderet et manuteneret, quod verisimile non erat, cum ipse David dictos latrones suspendi faceret et occidi.

Item, cum esset cautum in forma pacis quod Walenses deberent in causis suis tractari secundum leges Wallicanas, istud tamen circa dictum David et suos homines in nullo extitit observatum.

De præmissis vero gravaminibus et aliis, petiit idem David aliquam emendationem, vel secundum leges Walliæ, vel secundum consuetudines, vel etiam ex gratia speciali, et hoc etiam petiit a domino rege, quorum neutrum potuit aliquatenus obtinere. Et cum hoc præmunitus fuit a quibusdam a curia domini regis, quod in primo regressu domini Reginaldi de Grey de curia, idem David esset capiendus, vel filii sui capiendi pro obsidibus, esset insuper spoliandus castro suo de Hope, et etiam silva sua ibidem succidenda. Ideo cum idem David multum laborasset pro domino rege prædicto in diversis gwerris tam in Anglia quam in Wallia, et exposuisset se et suos variis periculis et injuriis, ac amisisset nobiliores de suis et fortiores, ac multos nimis; nihilominus de dictis gravaminibus et aliis nullam omnino justitiam, emendationem seu gratiam potuit obtinere. Propter quæ gravamina et pericula, timens mortem propriam aut filiorum suorum vel in-

carcerationem perpetuam, vel saltem diutinam, quasi
coactus et invitus, incepit prout potuit se et suos
defensare.

CCCXLIV.
COMPLAINTS OF THE MEN OF ROS.

Hæc est forma quam dominus rex Angliæ promisit
hominibus de Ros, antequam ipsi fecerunt sibi homa- Complaints of
gium, et illam formam eis promisit inviolabiliter ob- the men of
servare, videlicet, quod ipse dominus rex concederet Ros of the
denial of
unicuique eorum jus suum et jurisdictionem suam et justice,
etiam dominium bonæ memoriæ domini Henrici quon- oppression
of mer-
dam regis Angliæ, secundum quod prædicti homines chants, &c.
de Ros referent ipsos habere temporibus prædicti Hen- R. f. 244.
A. f. 102.
rici.

Item, promisit prædictus dominus rex supradictis
hominibus, quod non darentur nec ad firmam pone-
rentur. Quibus articulis concessis præfatis hominibus,
homagium fecerunt domino regi, et ipse eis promisit
ore proprio dictos articulos . observare. Hoc non obstante, quidam cœmentarii redeuntes ad villam de
Ruthelan de loco ubi · ipsi operabantur, obviaverunt
cuidam nobili transeunti cum uxore sua per viam
regiam super pace domini regis, qui cœmentarii per
vim proposuerunt auferre prædicto nobili suam uxorem, et quia ipse nobilis defendit suam uxorem ne
ab ipso auferretur, prædicti cœmentarii prædictam [1]
nobilem interfecerunt. Ille autem cui plus opponeba-
tur dictum homicidium perpetrasse, cum quibusdam
sociis suis capti fuerunt.[2] Et cum parentela prædicti
interfecti petierit justitiam a domino justiciario Cestriæ de morte consanguineæ[3] eorum, illi de parentela

---

[1] *prædictam*] prædictum, A.
[2] Sic in MSS.

[3] *consanguineæ*] consanguinei, A.

ipsius interfecti fuerunt incarcerati, et interfectores fuerunt a carcere liberati.[1]

Item, quidam homo interfecit quendam nobilem, qui videlicet filium Goronu de Heylyn nutriverat, et interfector captus fuit. Et cum quidam de parentela prædicti interfecti peterent justitiam de eorum consanguineo a domino justiciario Cestriæ, quidam eorum capti fuerunt, et interfector fuit in castello domini regis liberatus, et adhuc est ibi, denegata justitia prædictæ parentelæ.

Item, quidam nobiles vendicaverunt jus in quibusdam terris, et de mobilibus suis obtulerunt domino regi magnam summam pecuniæ pro justitia h ibenda per relationem et veredictum proborum et legalium hominum de patria; quæquidem terræ adjud͞catæ fuerunt prædictis vendicantibus. Totam terram prædictam, cum omnibus ædificiis, bladis et aliis bonis in ipsis contentis, abstulit dominus Reginaldus de Grey; et sic amiserunt primo pecuniam quam pro terra pacaverunt et postea terram.

Item, jurisdictionis nostræ est, quod nullus extraneus extirparet silvas nostras, nisi prius habita licentia nostra. Hoc non obstante, proclamatum fuit apud Rodolanum quod liceret unicuique Anglico extirpare silvas nostras sine nostra licentia ad libitum eorum voluntatis, et quod nobis fuit prohibitum dictas silvas nostras extirpare.

Item, terras quas probi homines a domino David filio Lewelini bonæ memoriæ habuerunt per donationem prædicti David, abstulit prædictus justiciarius a prædictis probis hominibus.

Item, quando aliquis ad villam de Rothelan veniret cum mercandiis suis, si refutaret illud, quod Anglicus eidem offerret pro suis mercandiis, statim duceretur ille Walensis ad castrum, et emptor ibidem haberet rem quam barginaverat, et dominus rex ha-

---

[1] This passage is printed as it stands in the Register, the victim being spoken of both in the masculine and feminine gender.

beret pretium dictæ rei, tunc castellani dictum Walensem spoliatum et atrociter verberatum deliberarent, pacatis prius portario castri, iiii. *d.* Si vero aliquis Walensis emerit aliquam rem in villa de Ruthelan, Anglicus qualiscunque superveniret et rem venditam dicto Walensi ab ipso auferret, invitis dentibus suis, pro minore pretio quam dictus Walensis solverat pro eadem.

Item, contra promissionem domini regis prædictis hominibus de Ros, ipse dedit territorium villæ de Maenam et etiam Pennmaen et Lysuaen.

Item, taurus cujusdam probi hominis deprehensus fuit in pratis domini regis apud Ros et captus, et dominus ejus vocatus fuit ad placitum usque Rodolanum et fuit condemnatus in quinque libris occasione dicti tauri. Bis adivit London' pro justitia petenda, et nullam fuit assecutus, et in illis duabus vicibus expendidit prædictus homo tres libras.

Item, quidam nobiles de cantreda de Ros emerunt officia pro certa summa pecuniæ, pacata pecunia, meritis suis non exigentibus, dominus justiciarius Cestriæ abstulit ab eis eorum officia.

Item, quidam rusticus Goronou ab Heylyn condemnatus fuit in xvii. libris bonæ et legalis monetæ, et tribus obolis, juris ordine non observato.

Item, Goronou filius Heylyn accepit ad firmam territorium de Pennmaen et Lysuaen a magistro Godefrido Merillun' pro certa pecuniæ summa usque ad finem quatuor annorum. Quo facto dominus Robertus de Crefycur' cum equis et armis et cum viginti quatuor equitibus venit ad ·inquietandum prædictum Goronou occasione dictæ terræ, ita quod sic non fuit securus transitus, nec usque Rodolanum, nec usque ad justiciarium, nisi cum forti warnistura de sua parentela et etiam de suis amicis.

Item, in reformatione pacis ultimo factæ et firmatæ inter dominum regem et suos ex una parte, et dominum principem et suos ex altera, expresse contineba-

tur quod omnes injuriæ et transgressiones factæ ex
utraque parte penitus remitterentur. Hoc non obstante,
oppositum fuit contra quosdam nobiles quoddam forefactum tempore gwerræ, et statim capti fuerunt, nec
potuerunt a carcere liberari antequam ipsi pacarent
xvi. marcas.

Item, cum causæ debent tractari et terminari secundum legem et consuetudinem terræ nostræ, compellun-
tur homines cantredæ nostræ ad jurandum in causis
prædictis contra suam conscientiam, nec aliter jurare
patiuntur.

Præterea nos custavimus trecentas marcas eundo ad
dominum regem pro justicia petenda in prædictis articulis, ibidem morando et ad propria redeundo, et
cum nos credebamus habere plenam justiciam de singulis articulis, dominus rex transmisit ad partes
nostras dominum Reginaldum de Grey, cui dictus
dominus rex totam terram ad firmam concessit, ad
tractandum homines prædictæ cantredæ, prout suæ
placeret voluntati, qui compulsit nos jurare per manum
suam cum deberemus jurare per manum domini regis,
et ubi crux domini regis levari deberet, quod crux
prædicti Reginaldi levaretur in signum quod ipse erat
verus dominus. Dictus vero Reginaldus in suo adventu ad partes Walliæ vendidit quibusdam servi-
entibus domini regis officia sua, quæ prædicti servientes prius emerant a domino rege pro xxiiii. marcis,
pro lx. marcis ; et illa officia non deberent vendi
nisi cum dominium dominorum mutar[etur.]

Item, dominus rex dedit Mareduc filio Madoc magisterium satellitum, pro suo servitio, dominus R. de Grey
abstulit ab ipso suum officium, nec a domino rege
assequi potuit aliquam justiciam.

Item, unus de consilio prædicti Reginaldi nobis dixit
oretenus, scilicet Kynwricus Vychan, quod in adventu
prædicti Reginaldi ad partes Walliæ, xxiiii. homines
de probioribus hominibus cujuslibet cantredæ caperet
ad incarcerandum ipsos perpetuo vel decapitandum.

Propter ista gravamina, et alia quæ dictus Reginaldus
nobis fecit, et etiam propter minas quas ipse nobis
intulit, videlicet, quod si mitteremus aliquos nuncios
ad curiam domini regis pro justicia petenda, decapi
tarentur, multa alia damna nobis illata et injuriæ
factæ, et quando mittebamus ad curiam domini regis,
nuncii non permittebantur, nec ausi fuerunt intrare,
sed expendebant multa inutiliter. Ob ista gravamina
æstimabamus nos esse liberos a juramento facto domino regi coram Deo.

Item, Bledyn Seis et Anianus filius Jeuaf de Ros
quoddam malefactum fecerunt temporibus David filii
Lewelini et Henrici regis de homicidiis factis, tunc
satisfactionem et emendam satisfacere monstrarunt, et
modo de novo Reginaldus de Grey vellet et cogeret
illam emendam renovare, donec oportuit ipsos terras
proprias relinquere.

Item, census et obventiones quos solvimus de veteri
moneta per medietatem unius anni ante adventum
novæ monetæ, cogerunt nos reddere eis novas mo-
netas pro veteri et hoc sub eodem numero.

CCCXLV.

Complaint of Rys the Little, of Estrad Tywy.

Ista sunt gravamina per dominum regem et suos His men
justiciarios illata Reso Parvo de Estrad Tywy. have been
killed

Primum est, postquam dictus Ris dedit et concessit and his
churches
domino regi castrum suum apud Dynewr post ultimam robbed.
pacis formam, qui dictus Resus tunc temporis erat in R. f. 245.
tentilio domini Payn de Gadury, eodem tempore in- A. f. 104.
terfecti fuerunt sex nobiles viri domini Ris, de quibus
satisfactionem nec justitiam unquam habuit, quod fuit
eidem damnum et gravamen.

Item, Johannes Gyffard calumniavit eum Resum
super hæreditatem propriam apud Hirurym, quicquid

Resus inquisivit a domino rege legem patriæ suæ aut
legem comitatus Kaeruerdyn, in quo comitatu antecessores dicti Rys solebant habere leges, quando fierent
in unitatem Anglicorum et sub eorum dominiis; quod
idem Rys nullas leges habuit, et suam terram prædictam totaliter amisit, vellent ipsum instringere in comitatu Hereford', ubi nunquam antecessores ejus respon-
derunt.

Præterea, in terris præfati Resi talia gravamina
fuerunt per Anglicos facta; maxime pertinent ad eccle-
siasticos, videlicet, in ecclesia Sancti David, quæ vocatur Laungadawc, fecerunt stabula et meretrices collo-
caverunt, et omnia bona quæ in ea continebantur,
omnino asportaverunt, atque totas domos combusserunt;
et in eadem ecclesia ·juxta aram percusserunt capellanum cum gladio ad caput ejus, et eum reliquerunt
semivivum.

Item, in eadem patria ecclesiam Dyngad et ecclesiam Launwrdaf spoliaverunt et combusserunt, cete-
rasque ecclesias in partibus illis omnino spoliaverunt
calicibus et libris ac omnibus aliis ornamentis et
rebus.

CCCXLVI.

COMPLAINT OF LLEWELLYN AND HOWEL, SONS OF RYS.

Complain
that they
have been
deprived of
their land.
R. f. 245.
A. f. 104.
Gravamina Lewelini filii Ris et Howel ejusdem fratris
per dominum regem illata sunt hæc. Postquam in
forma pacis inter dominum Henricum, tunc temporis
regem Angliæ, et dominum principem apud Rydchwima,
tunc præfatus rex concessit et per cartas suas confirmavit præfato principi homagium prædictorum nobilium, ex quo prædicti nobiles fuerunt fideles et con-
stantes cum præfato principe, juxta eorum donationem
et cartarum suarum confirmationem. Edwardus nunc

rex Angliæ prædictos nobiles dehereditavit, denegando eisdem omnes leges et consuetudines Walliæ,[1] ita quod non habuerunt terras suas nec per legem nec per gratiam.

CCCXLVII.
COMPLAINT OF THE SONS OF MAREDUD SON OF OWEYN.

Ista sunt gravamina, damna seu molestiæ per Angli- Have been cos illata filiis Maredud filii Oweyn. deprived of their lands
Primum est, postquam dominus rex concessit præ- and their dictis nobilibus suas proprias hereditates post pacis jurisdiction. formam, videlicet Genenglyn et Kreudyn, præfatus R. f. 245. vero rex contra suam donationem et pacis formam A. f. 104 b. terris supradictis antedictos nobiles dehereditavit, denegando eisdem omnes leges et consuetudines Walliæ et Angliæ atque comitatus Kae[rmerdyn.][2]

Secundum est, quod præfatus rex in suo comitatu de Cardigan per suos justiciarios antedictos nobiles compellit, ut ipsi traderent judicium super ignobiles ac subditos patriæ, et quod tales homines e converso judicium super ipsos apponerent, ubi nunquam antecessores eorum ab Anglicis talia sustinuerunt.

Tertium est, quod justiciarii domini regis curiam eorum nobilium abstulerunt, compellendo homines suos proprios coram eis satisfacere, quia de jure coram prædictis nobilibus deberent satisfacere.

Quartum est, quod quoddam naufragium in terris antedictorum nobilium fuit. Qui quidem nobiles bona naufragii receperunt, sicut antecessores eorum fecerunt, et hoc non fuit eis prohibitum per aliquos ex parte regis. Antedictus vero rex contra eorum consuetudinem et legem, occasione illius naufragii eosdem dam-

---

[1] *denegando . . . . Walliæ*] these words are not in R.
[2] The ends of the last few lines of this page are lost by mutilation, and have been supplied from A.

navit in octoginta marcis sterlingorum, atque bona quæ in naufragio continebantur omnino asportaverunt.

Quintum est, quod nullus nostrum in comitatu Uffeg' de Cardigan ausus esset venire inter Anglicos propter timorem carceris, et nisi fuisset propter periculum nobilibus metipsis nihil contra honorem domini regis moverent.

Significant vero quod omnes Christiani habent leges et consuetudines in eorum propriis terris; Judæi vero inter Anglicos habent leges; ipsi vero in terris suis et eorum antecessores habuerunt leges immutabiles et consuetudines donec Anglici post ultimam gwerram ab eis leges suas abstulerunt.

CCCXLVIII.

COMPLAINT OF THE MEN OF YSTRADALUY.

Complain of the extortions of Roger de Clyfford.
R. f. 245 b.
A. f. 104 b.

Memorandum de querelis omnium nobilium virorum de Ystradaluy eisdem latis ac factis per Rogerum de Clyfford et Rogerum Croscil, vicem domini Rogeri de Clyfford gerentem, contra privilegium, justitiam et consuetudinem dictorum virorum de Ystradaluy, ut dicunt et probant.

Primus articulus est, quod cum dicti Rogeri[1] cogerunt dictos homines de Ystradaluy reddere sibi pro consuetudinibus suis et privilegiis habendis viginti marcas sterlingorum, et post solutionem dictæ pecuniæ cito fregerunt in hunc modum, quod posuerunt super duodecim viros judicantes secundum jus Angliæ, quod nunquam fuit consuetudo nec privilegium dictæ patriæ.

Item, Madocus filius Bledyn condemnatus fuit in quatuor marcis injuste, et contra privilegium terræ.

Item, Lewelinus Rufus condemnatus fuit in quinque marcis et duodecim averiis contra privilegium et consuetudinem patriæ.

---

[1] *Rogeri*] Rogerunt R.

Item, quod ipsi Rogeri fecerint forestam super terram propriam virorum patriæ, et propter pedem unius
cervi inventum in ore canis alicujus, tres homines
fuerunt spoliati omnino.

Item, Ichael ab Ygustyl condemnatus fuit in decem
solidis pro facto patris sui quadraginta annis elapsis.

Item, cogerunt parentes Ennii a Strabonis ad red-
dendum suum relevagium in vita sua.

Item, quod ipsi posuerunt super nos omnes satellites de Anglicis, quod nunquam fuit nisi dimidietas.

Item, dati fuimus domino Mauricio de Crum, et ven-
diti fuimus Rogero de Clyfford, quod nunquam fuit
super parentes nostros.

Item, relicta Roberti de Monte Alto petiit a domino
rege tertiam partem terræ de Monte Alto in wardam,
et dijudicata fuit coram domino rege, quod nunquam
dicta terra fuit in wardam data.

CCCXLIX.

COMPLAINT OF THE MEN OF PENLITI.

Hii sunt articuli questionum illati ab hominibus They are
de Penliti injuste per constabularium Albi Monasterii oppressed
by the con-
et suos cives. stable of
Whit-
Primo, Rirccht filius Madoci fuit spoliatus ab eis church.
tempore pacis, octo libris et quatuor bobus et blado R. f. 245 b.
laboris unius aratri per duos annos et valore trium A. f. 105.
librarum a tribus hominibus ejusdem. Affirmat etiam
quod solvit xvi. libras pro octo in valore, et majorem
habuit injuriam, imponendo manus in ipsum, quam
totum quod amisit, quia tunc erat constabularius domini principis apud Penllyn. Non fuit alia causa
dictæ spoliationis nisi quia dicebatur invenire xxiiii^{or}
garbas de decimis in domo cujusdam hominis dicti
Kyrit.

R 4237. E

Item, Adam Preco condemnatus fuit in vii. *s.* viii. *d.* et equa valoris unius libræ, imponendo manus in ipsum et liberando latronem dictæ equæ, quia ipse venerat ibidem cum dicto latrone capto.

Item, Ednevot ab Gruffud condemnatus fuit in xxvii. *s.*, nec fuit causa nisi quod vendidit equam unam ad unum miliare citra villam, sicut solebant a tempore quo non extat memoria, quando veniebant ad nundinas.

Item, Adaf Du condemnatus fuit in xxx. *s.* eo quod duo boves, quos proposuerat vendere in foro Albi Monasterii, exibant villam ipso connivente, et captus fuit et detentus usque ad solutionem xxx. *s.* Nec ipsi boves exierant, nisi de platea qua stabant, usque ad aliam plateam.

Item, Birit filius Guyn' condemnatus fuit in v. *s.* et in carcerem ductus, eo quod percussit unum bovem indomitum ipsum calcantem in foro.

Item, Jorverth ab Gurgonou condemnatus fuit in lxx. *s.* eo quod evaserat quondam de carcere eorum tempore guerræ, et in tempore pacis inventus fuit in dicta villa; et hoc contra formam pacis initæ inter dominum regem et dominum principem.

Item, duo famuli Kenwryc ab Gruffud condemnati fuerunt in duabus marcis, eo quod dicebant ipsos non solvisse tolletum [1] postquam solverant.

Item, Caducanus Niger, famulus constabularii de Penllyn, captus fuit et condemnatus in vii. *s.* iiii. *d.*, eo quod nolebat recipere veterem monetam pro nova.

Item, Gruffud ab Goronou, tercionarius domini principis, spoliatus fuit uno bove valoris xi. *s.* viii. *d.*, et postquam araverat constabularius cum dicto bove per vii. menses, solvit dictus Griffinus pro dicto bove xl. *d.*

Item, Howel ab David spoliatus fuit per satellites

---

[1] This word is lost by mutilation in R and supplied from A.

Albi Monasterii duobus solidis extra villam, eo quod denegaverat prius munera, ut solent satellites petere.

Item, David ab Goronou ab Eyniann spoliatus fuit xxx. s., eo quod quidam cives Albi Monasterii dixit [1] quod quidam de Penllyn qui mortuus fuerat, denegabatur eis in quibusdam rebus.

Item, duo famuli Ybongam capti fuerunt et condemnati in duabus libris, eo quod posuerunt manum in quendam latronem [2] qui spoliabat eos in villa per noctem, et liberaverunt latronem.

Item, Anianus filius Ichael captus et verberatus fuit, et spoliatus duobus bobus valoris xxiiii. s. et ii. d., nulla alia de causa nisi quod boves, ipso connivente, moverunt se de platea ad aliam plateam.

Item, Adaf ab Ichael condemnatus fuit in duabus libris pro una libra, et ipse posuerat in juramento cujusdam civis de Albo Monasterio, quod non tenebatur nisi in una libra pro principe, nec voluit jurare, et ideo spoliatus fuit una libra.

Item, Guyaun Maestran spoliatus fuit v. s., eo quod dicebant quod quidam mercator de Arduduy tenebatur eis in quibusdam rebus, cum ipse nec erat de dicta balliva. Item, condemnatus fuit in viii. d., quia dicebant ipsum vendere quasdam oves extra villam, cum ipse non vendiderat.

Item, famulus Lewelini ab Gwyun spoliatus fuit septem ovibus et v. s. d.[3] et suo pallio, eo quod dicebant ipsum esse de dominio Gruffud ab Gwyun, cum ipse non erat.

Item, Iorwerth ab Meylyr captus fuit et condemnatus in xv. solidis cum pallio. Eo quod denegavit dare satellitibus [4] munus quod petebant, ipsi finxerunt eum in villa pernoctare.

Item, cives Albi Monasterii rapuerunt a Madoco Rufo filio Ich' Dwyn unum bovem valoris xi. s. vi. d.

---

[1] *dixit*] sic in MS.
[2] *in quendam* is repeated here in A.
[3] v. *s. d.*] sic in R. v *s.* in A.
[4] *satellitibus*] satellibus, MSS.

E 2

Ista omnia facta fuerunt per Henricum Samber
dicti loci constabularium cum aliis innumerabilibus
articulis.

Item, Ybikre captus fuit in negotio domini principis, et condemnatus in v. s. absque aliqua causa.

CCCL.

COMPLAINT OF GORONOU SON OF HEYLYN.

Has been
denied
justice,
though he
went to
London.

R. f. 246.
A. f. 106.

Hæc sunt gravamina Goronou filii Heylyn. Videlicet, quod quidam villanus dictus Coronou vocatus
fuit ad curiam domini regis occasione indebitæ causæ.
Tunc dictus [1] Goronou venit ad suum villanum defen-
dendum, et petiit pro ipso veritatem a domino justiciario, aut legem, qua utuntur homines suæ patriæ.
Omnibus autem hiis eidem denegatis, dictus villanus
condemnatus fuit in xxvii. libris et tribus obolis.
Tunc dictus Goronou adivit London' pro justitia
habenda, et expendit quindecim marcas et quatuor solidos ; et promissa fuit sibi justitia, et nullam fuit assecutus.

Item, quidam nobilis fuit interfectus, videlicet, qui
nutriverat filium dicti Goronou, et ille interfector
captus fuit et deportatus [2] fuit apud castrum de
Rothelan. Tunc dictus Goronou et quidam de parentela interfecti, petierunt justitiam de interfectore.
Tunc denegata eis justitia, quidam fuerunt incarcerati,
et ille interfector fuit in castello liberatus. Tunc
dictus Goronou iterum adivit London', propter supradicta gravamina, ad justitiam petendam, et expendit
xx. marcas et iii. s. iiii. d. ; et dominus rex promisit
eidem plenariam justitiam, et nullam fuit adeptus,
quando revenit ad patriam suam.

---

[1] *dictus*] diebus R. | [2] *deportatus*] deporiatus, A.

Item, tertio ex defectu justitiæ oportuit dictum
Goronou adire London' occasionibus supradictis pro
justitia petenda, et expendit illa vice xxviii. marcas,
vi. *s.* et viii. *d.* bonæ et legalis monetæ, et tunc similiter promisit dominus rex eidem justitiam perhi-
bere; et quando credebat habere justitiam, tunc venit
Reginaldus de Grey, et dixit aperte quod ipse deberet
tractare totam patriam per cartas domini regis, et
abstulit totam ballivam a dicto Goronou quam sibi
dominus rex concessit, et vendidit illam ballivam ad
voluntatem suam. Et tunc petiit dictus Goronou justitiam a domino Reginaldo de gravaminibus sæpedic-
tis, et nullam fuit acceptus.

Item, dictus Goronou recepit terram, videlicet, Pen-
maen et Llysvaen ad firmam de Godfrido Merliun,
usque ad finem quatuor annorum pro certa pecuniæ
summa. Tunc Robertus de Crevequer venit cum
equis suis et armis ad quærendam dictam terram per
vim, et quia dictus Goronou non permitteret auferri
dictam terram ab eodem, usque terminum præsigna-
tum, tunc vocatus fuit ad curiam dictus Goronou illa
occasione. Tunc venit Reginaldus de Grey cum xxiiii.
equitibus armatis ad proponendum capere dictum Goronou, vel ad eundem decapitandum, et quia viderunt
quod non possent implere suum propositum illo die,
vocaverunt dictum Goronou crastino die apud Rothelan, et tunc dictus Goronou habuit consilium ita quod
non deberet adire dictam curiam. Iterum dictus Goronou vocatus fuit ad placitum apud Kayrwys, et non
ausus fuit adire dictum placitum nisi per conductum
domini episcopi Assavensis, quia dictus Reginaldus et
sui complices ibidem erant armati.

Item, propter ista gravamina, de quibus nullam habuit
justiciam nisi laborare et expendere quinquaginta quatuor marcas et ix. *d.*, et quia non ausus fuit in propria
persona adire curiam, misit quendam nuncium depor-
tantem duas literas, unam ad dominum regem, et

aliam ad fratrem Lewelinum, ad significandum domino regi quod amitteret totam patriam. Et dictus [1] Goronou, quia non observavit illud quod eisdem promisit, et quia nullam possent homines de Ros et Aglifild assequi justitiam, et quia noluit corrigere sive emendare ista gravamina, propter hoc amisit totam patriam.

CCCLI.

COMPLAINT OF THE MEN OF TEGEYAYL TO PECKHAM.

Complain of infractions of Welsh law, the destruction of their woods, &c.

R. f. 246 b.

A. f. 106 b.

Supplicant sanctitati vestræ, domine archiepiscope Cantuariensis, totius Angliæ primas, nobiles viri de Tegeyayl, et vobis demonstrant, quod, cum prædicti nobiles fecerunt homagium domino Edwardo regi Angliæ, ipse rex eisdem promisit quod eosdem immunes observaret et indemnes, tam in bonis, libertatibus, juribus, jurisdictionibus, [et] privilegiis, quibus usi fuerunt tempore Henrici regis per suum obtentum privilegium, ex quibus privilegiis fuerunt postmodum spoliati.

In primis. Juribus et consuetudinibus patriæ fuerunt spoliati, videlicet prædictus G . . .[2] compellendo quod ipsi procederent in causis secundum legem Anglicanam, cum secundum tenorem privilegii sui, secundum legem Wallicanam procedere debuissent, videlicet, apud Tref Eduyueyn et apud Rudlan et apud Keyr Wys, et optimati de patria fuerunt manucapti, quia ipsi provocabant quod ipsi procederent in causa apud Tref Eduyueyn, secundum legem et consuetudinem Wallicanam, secundum tenorem privilegii.

Secundo. Quod unus justiciarius duceret in causis peragendis, alius suus prædecessor in irritum revocaret; videlicet, in causa David Reginaldus de Grey recitavit processum, quem suus antecessor ratum habuit et etiam approbavit.

---

[1] *dictus*] dictum, MS. | [2] G. in A.; blank in R.

Tertio. Quod si unus nobilis de patria fuisset propter calumniam sibi impositam captus, quod non remitterent eundem pro cautione fidejussoria evadere, quod facere debuissent.

Quarto. Quod tres unius nobilis [1] fuerunt deducti ad castrum de Flynt propter parvam accusationem, una cum averiis suis, nec potuerunt de castro devenire, nec dilationem obtinere, donec unusquisque dedit unum bovem constabulario de Flynt, et donec solverunt tres libras Kynwrico Seys pro dilatione habenda.

Quinto. Reginaldus de Grey terras virorum de Mertunt dedit et concessit abbati et conventui de Basyngwerc, ordinis Cisterciensis, contra legem Wallicanam, et patriæ consuetudinem, et contra formam pacis initæ inter dominum L[ewelinum] principem et dominum regem, videlicet xvi. carucatas terræ.

Sexto. Mirantur nobiles et optimates [2] patriæ, pro eo quod dominus rex fecit ædificare castrum super terram et possessionem magnatum, et mandavit dominus rex justiciario suo quod ipse solveret æque bonam terram illis spoliatis, et adhuc aliquam terram nec suæ terræ æstimationem sunt consecuti in Flynt.

Septimo. Reginaldus de Grey non permitteret possessores silvarum uti silvis suis, donec ab eisdem pretium ac præmium fuisset consecutus, et aliis rusticis gratis permitteret silvam prædictorum abscidere, cum non debuissent secundum patriæ consuetudinem et legem Wallicanam.

Octavo. Cum homines de Karanan fecerunt pactum cum domino rege, quod cum ipsi concederent dimidietatem cujusdam prati, ad hoc ut dominus rex non permitteret silvam prædictorum abscidere, Howelo filio Gruffud præsente, et postmodum Reginaldus de Grey prædictum pactum infirmavit; videlicet, concedendo aliis quod absciderent silvam prædictorum et eosdem dimidietate prati sui spoliando.

---

[1] Sic in MSS. | [2] *optimates*] opimati, R.

Nono. Filius Kynwrici ab Goronou fuit captus apud Ruthelan culpa sua minime præcedente, nisi vellet pignus suum acquietare a quadam muliere. Et constabularius de Ruthelan fecit eundem detradi in carcerem injuriose, nec potuit exinde deliberari, donec prædictus fuit condemnatus ultra suorum bonorum hypothecam.[1]

Decimo. Cum ballivus de Rudlon erat in convivio apud villam Fontis, Hutinus de Lunayl quendam virum nobilem crudeliter vulneravit in præsentia ballivi prædicti, cujus vulneris occasione prædictus Hutinus fuit in viii. libris condemnatus, et quando ille, cui injuria fuisset illata, petere voluisset prædictas octo libras, eundem fecit detrudi in carcerem una.

Undecimo. Nuncii Reginaldi de Grey proposuerunt facere illud quod erat absurdum et dissonum juri, secundum canonicas sanctiones, videlicet, petere ab eisdem quod ipsi ararent Reginaldo de Grey, et quod ipsi seminarent illam araturam. Et illi·fuerunt nuncii, scilicet, Kynwricus Seys et Hutinus de Lunayl, quod prædictus vero Kynwricus, in præsentia omnium de patria, juravit, quod nisi omnes de patria ararent, quod ipsi ante breve tempus pœniterent, et ipsi multum timuerunt metu, qui potuit cadere in constantem virum.

Duodecimo. Quod præcones de Tegeygyl emerunt officium præconiæ pro xxx. marcis a domino rege, et postmodum Reginaldus de Grey prædictos præcones tam pecunia quam præconia spoliavit, contra legem et consuetudinem Anglicanam.

Tertiodecimo. Septem nobiles fuerunt interfecti minus juste ab Anglicis, et adhuc parentes prædictorum aliquam satisfactionem non habuerunt; cum illi malefactores fuerunt capti et postmodum prædictos malefactores remiserunt prædicti constabularii impunitos.

---

[1] *hypothecam*] ypotheca, MSS.

Quartodecimo. Constabularius de Rudlan detradit duos satellites domini regis in carcere, pro eo quod ipsi tenuerunt aliquem Anglicum, qui grave delictum commisit, hominem alium vulnerando.

Isti omnes articuli in præmissis nominati, fuerunt perpetrati contra prædictorum virorum libertatem, jurisdictionem et privilègium, et contra legem et consue tudinem Wallicanam, videlicet quod non erant anxii eorum querelas domino regi per suos nuncios denunciare propter metum Reginaldi et timorem, qui metus potuit cadere in constantem virum. Quia prædictus Reginaldus sua voce dilucida fuit protestatus, quod si inveniret nuncios prædictorum, quod eosdem decapitaret, prout nobis ex parte unius de consilio suo fuit certive intimatum. In tantum quod lingua non potest proferre [1] nec penna scribere, in quantum prædicti homines de Tegeyli fuerunt aggravati.

CCCLII.

COMPLAINT OF LLEWELLYN SON OF GRIFFIN, SON OF MADOC, TO PECKHAM.

Conqueritur vobis, domine archiepiscope Cantuarien- Has been sis, totius Angliæ primas, Lewelinus filius Griffini, filii oppressed by the con- Madoci, de constabulario de Cruce Oswaldi regis et de stable of hominibus ejusdem villæ, qui prædictum Lewelinum Oswestry. tertia parte cujusdam villæ quæ vocatur Ledrot, et A. f. 107 b. curia patris sui, sine observatione juris patriæ suæ vel consuetudine, nequiter spoliarunt.

Præterea prædictus constabularius et sui complices eundem L[ewelinum] communi pastura, qua prædictus L[ewelinus] usus fuit temporibus retroactis, ordine juris patriæ minime observato, spoliarunt, et in lxx. libris occasione prædictæ pasturæ condemnarunt. Ceterum, dominus rex Angliæ concessit quasdam literas cuidam

---

[1] *proferre*] p. in R.

bastardo, scilicet Griffino Vachan de villa Gynwrith, ad litigandum contra eundem Lewelinum pro toto dominio suo obtinendo, quarum literarum occasione idem Lewelinus expendit cc. libras sterlingorum legalis usualisve monetæ.

Iterum, prædictus constabularius compulsit prædictum Lewelinum ad mittendum duos suos nobiles ad eos suspendendos ad prædictum constabularium, qui quidem[1] viri nobiles suspendi minime debuissent. Quam suspensionem nollent parentes prædictorum hominum sustinuisse pro ccc. libris sterlingorum. Postmodum prædictus constabularius incarceravit bis lx. homines prædicti Lewelini, nulla præmissa ratione, nisi quod quidam garcio emisit quandam vocem, nec potuerunt evadere suum carcerem, donec quilibet eorum solvit x. s. pro sua deliberatione.

Item, quando homines prædicti Lewelini venirent ad forum ad suos boves vendendos, prædictus constabularius faceret boves deduci ad castrum, nec postmodum boves restitueret nec pretium solveret venditori. Præsertim idem constabularius et sui ceperunt jumenta prædicti Lewelini ad terram suam propriam, et de eisdem jumentis fecerunt suam voluntatem.

Præterea, justiciarii domini regis compulserunt prædictum Lewelinum ad tradendum quandam villam filiis Aniani, filii Griffini, qui quidem prædictam villam nec a se nec a prædecessoribus fuerunt consecuti, ordine juris patriæ suæ in hac parte minime observato.

Item, prædictus constabularius abstulit equum ballivi prædicti Lewelini, sine aliqua ratione, nec sibi aliquid debebatur, nec adhuc prædictus ballivus satisfactionem aliquam est consecutus. Ceterum, quando prædictus Lewelinus volebat adire villam quæ vocatur Kaerlon cum literis domini regis ad comparendum ibidem in die sibi assignata, filii Griffini filii Gwenynnyn

---

[1] *qui quidem*] quicquid, R.

et armigeri domini Rogeri Stermui ex consilio Rogeri
eundem Lewelinum et suos incarcerarunt, in sui injuriam et suorum non modicam læsionem. Quam injuriam et læsionem nollet prædictus Lewelinus et sui
sustinuisse pro ccc. libris sterlingorum, nec ab eisdem
potuit evadere donec invenit pro se sufficientem cautionem.

CCCLIII.

PECKHAM'S REPORT TO THE KING AND HIS ANSWER.

Hiis et aliis receptis in scriptis, accessit archiepi- The king
scopus ad dominum regem supplicans ei humiliter ut refuses to
treat unless
gravamina supradicta dignaretur advertere, et ea cor- the Welsh
rectione debita terminare, et saltem pro tanto habere submit to
his will,
excessus Walensium excusatos. Qui respondit Walen- but allows
ses in injuriis sibi illatis esse inexcusabiles,[1] quia omni Peckham
to send
tempore paratus extiterat omni facere justitiam con- certain
querenti. Quo audito archiepiscopus regi iterum sup- articles.
R. f. 247 b.
plicavit, ut permitteret Walenses pro suis gravamini- A. f. 107 A.
bus exponendis, et remediis offerendis, ad ipsum habere
accessum liberum et regressum. Qui respondit quod
libere permitteret eos ad se accedere, sed et redire, si
secundum justitiam regressus eorum meritis responde-
ret. Quibus auditis, accessit archiepiscopus ad principem Walliæ in Snaudoniam, ut tam ipsum quam
David fratrem suum et ceteros Walenses ad aliquam
humilitatis regulam ipsorum animos inclinaret, per
quam posset, quasi ipsorum nuncius, regiam clementiam
ad ipsos admittendos in gratiam inclinare. Post varios
autem tractatus respondit princeps quod paratus erat
voluntati regiæ se supponere, duobus præsuppositis,
salva scilicet conscientia sua, qua populo suo assistere

---

[1] *inexcusabiles*] excusabiles, MSS.

tenebatur, salva etiam condecentia status sui. Quæ cum archiepiscopus retulisset domino regi, respondit dominus rex quod nullum alium de pace volebat cum principe ac subditis suis habere tractatum, nisi quod ipsi supponerent se in omnibus regiæ voluntati. Et cum constaret archiepiscopo Walenses nullo modo velle se regiæ voluntati supponere, nisi præscite in forma eis tolerabili et accepta, tractatum habuit ex permissione domini regis cum magnatibus tunc præsentibus, qui omnes consenserunt in articulos infrascriptos, quos per fratrem Johannem Walensem in scriptis principi et suis archiepiscopus destinavit.

CCCLIV.

PECKHAM'S REPLY TO THE WELSH.

Articles to be declared to Llewellyn and his council.
R. f. 247 b.
A. f. 107
A. b.
Hæc sunt dicenda principi coram consilio suo :—
Primo. Quod dominus rex de quatuor cantredis et terris ab eo datis magnatibus suis, nullum vult habere tractatum, nec etiam de insula Engleseye.

Item. De tenentibus eorundem cantredorum, si ad suam pacem venerint, proponit facere prout condecet regiam majestatem. Credimus tamen quod aget cum eis misericorditer si ad pacem venerint, et ad hoc proponimus una cum ceteris amicis efficaciter laborare, sperantes efficaciter exaudiri.

Item. De facto domini Lewelini, nullum potuimus aliud habere responsum, nisi quod simpliciter et absolute ad domini regis voluntatem, et credimus firmiter quod dominus rex cum eo aget misericorditer, et ad hoc intendimus cum totis viribus laborare cum ceteris amicis, exaudiendis ut confidimus cum effectu.

CCCLV.

ARTICLES PROPOSED TO LLEWELLYN.

Ista sunt dicenda principi in secreto:—

Primo. Quod proceres hanc formam gratiæ regiæ conceperunt, ut, videlicet, domino Lewelino se regiæ gratiæ submittente, provideatur ei per regem honorifice in mille libratis sterlingorum de aliquo honorifico comitatu in aliquo loco Angliæ. Ita tamen quod prædictus Lewelinus ponat dominum regem in seysina Snaudoniæ absolute, perpetue et quiete. Et ipse rex filiæ principis, secundum condecentiam sui proprii sanguinis providebit, et ad hoc sperant se posse regis animum inclinare. Item, si contingat Lewelinum ducere uxorem, et habere de ea prolem masculam, intendunt impetrare proceres a domino rege ut proles illa succedat perpetuo hereditarie Lewelino in terra illa mille librarum, videlicet comitatu. Item, de populo principi immediate subjecto, tam in Snaudonia quam alibi, providebitur secundum Deum, prout competit saluti ejusdem populi, et honori, et ad hoc est regia clementia satis prona, populo desiderans consolabiliter providere.

[margin: Articles to be declared to Llewellyn in private. R. f. 247 b. A. f. 107 A. b.]

CCCLVI.

PROPOSALS TO DAVID BROTHER OF LLEWELLYN.

Ista sunt dicenda David:—

Primo, quod si ad honorem Dei et suum, juxta crucis assumptæ debitum, velit in Terræ Sanctæ subsidium proficisci, providebitur ei honorifice secundum condecentiam status sui, ita tamen quod 'non redeat nisi per regiam clementiam revocatus. Rogabimus etiam dominum regem et speramus efficaciter exaudiri ut provideat proli suæ.

[margin: If he will go to the Holy Land, the king will provide for him. R. f. 247 b. A. f. 108.]

Hiis omnibus motu nostro subjungimus Walensibus, omnia pericula imminere longe gravius quam eis dixi-

mus oraculo vivæ vocis, scribimus dura valde, scilicet
longe durius est obrui vi et armis et in fine totaliter
extirpari, quoniam omni die pericula vobis imminentia
aggravantur.

Item, longe difficilius est omni tempore in gwerra
esse, in angustia cordis et corporis vivere, et semper
in insidiis malignari, et cum hoc vivere et mori in
peccato mortali continuo, et rancore. Item, de quo
doleremus valde si ad pàcem minime veniatis, indubitanter timemus contra vos debere sententiam ecclesiasticam intolerabiliter aggravari, pro excessibus vestris,
de quibus non poteritis vos aliquatenus excusare ; in
quibus invenietis misericordiam, si ad pacem veniatis :
et de hiis nobis respondeatur in scriptis.

CCCLVII.

LLEWELLYN TO PECKHAM.

[1282.]
11 Nov.
Will sub-
mit to the
king, but
disap-
proves of
the terms
proposed.
R. f. 248.
A. f. 108.

Reverendissimo in Christo patri ac domino J[ohanni],
Dei gratia archiepiscopo Cantuariensi ac totius Angliæ
primati, suus in Christo devotus filius L[ewelinus]
princeps Walliæ, dominus Snaudoniæ, salutem cum
desideriis benevolentiæ filialis ac reverentiis multimo-
dis et honoribus. Sancte pater, sicut vosmet consuluistis, ad gratiam regiam parati sumus venire, sub
forma tamen nobis secura et honesta. Sed quia forma
contenta in articulis ad nos missis minime secura est et
honesta, prout nobis et consilio nostro videtur, et de
qua multum admirantur omnes audientes, eo quod
plus tendit ad destructionem et ruinam populi nostri
ac nostram, quam ad nostram honestatem et securitatem, nullo modo permittet consilium nostrum nos in
eam consentire, si vellemus, aliique nobiles et populus
nobis subjecti nullo modo consentirent in eandem ob
indubitatam destructionem et dissipationem, quæ inde
eis possent evenire. Unde supplicamus vestræ sanctæ

paternitati, quatenus ad reformationem pacis, debite, honeste et secure, ob quam tot labores assumpsistis, provide laboretis, collationem habentes ad articulos quos vobis mittimus in scriptis. Honorabilius enim est et rationi magis consonum, ut de domino rege teneamus terras in quibus jus habemus, quam nos exheredare et eas tradere alienis. Datum apud Garthekevyn, in festo Sancti Martini.

CCCLVIII.

REPLY OF THE WELSH TO PECKHAM.

Responsiones Walensium. Primo, quod licet dominus rex de quatuor cantredis et aliis terris ab eo datis magnatibus suis, ac de insula Engleseye, nullum voluerit habere tractatum, tamen consilium principis non permittit, si contingat aliquam pacem fieri, quin tractetur de præmissis, eo quod isti cantredi sunt de puro principis tenemento, in quibus merum jus habuerunt principes et prædecessores sui a temporibus Kambri filii Bruti; tum quia sunt de principatu, cujus confirmationem princeps obtinet, per bonæ memoriæ Ottobonum sedis apostolicæ legatum in regno Angliæ, consensu domini regis et sui patris ad hoc interveniente, sicut patet cartas eorum inspicienti; tum quia etiam æquius est quod veri heredes teneant dictos cantredos de domino rege pro pecunia et servitiis consuetis, quam eos dari extraneis et advenis, qui etsi fuerunt regis aliquando, tamen per vim et potentiam. Dicunt etiam communiter omnes tenentes de omnibus cantredis Walliæ, quod non sunt ausi venire ad voluntatem regis, ut de eis disponat secundum regiam majestatem. Primo, quod dominus rex nec pacta nec juramenta nec cartas servavit ab initio versus dominum suum principem et ipsos. Se-

Objections to accepting the terms proposed by Peckham.

R. f. 248.
A. f. 108 b.

cundo, quia regales in ecclesias et ecclesiasticas personas nunc crudelissimam exercent tyrannidem. Tertio
quod non tenentur ad prædicta, cum sint homines
principis, qui etiam paratus est de dictis tenementis
domino regi obedire per servitia consueta. Ad id
quod dicitur, quod princeps veniet simpliciter et absolute ad voluntatem domini regis, respondetur quod
cum nulli de dictis cantredis ausi sint venire ad
talem voluntatem propter causas prædictas, nec communitas eorum permittit principem venire ad dictam
voluntatem modo prædicto. Item, quod proceres regni
procurent ut dicto principi provideatur in mille
libratis in aliquo loco Angliæ, dicatur quod illam provisionem non debet acceptare, cum sit procurata per
dictos proceres qui nituntur ad exheredationem principis, ut habeant terras suas in Wallia. Item, idem
princeps non tenetur dimittere hereditatem suam et
progenitorum suorum in Wallia a tempore Bruti, et
etiam sibi confirmatam per Romanæ sedis legatum, ut
dictum est, et terram in Anglia receptare, unde linguam, mores, leges ac consuetudines ignorat; ubi
possent etiam sibi quædam maliciose imponi ex odio
inveterato a vicinis Anglicis, quibus terra illa priva-
retur imperpetuum. Item, ex quo rex proponit privare principem sua pristina hereditate, non videtur
probabile quod rex permitteret ei habere terram in
Anglia, ubi nullum jus videtur habere. Et si etiam
non permittitur principi terra sterilis et inculta jure
hereditario ab antiquo ei debita in Wallia, nullatenus permitteretur eidem in Anglia terra culta, fertilis
et abundans.

Item, quod dictus princeps ponat dominum regem
in seysinam Snaudon' absolute, perpetue et quiete.
Dicatur quod cum Snaudon' sit de appenditiis prin-
cipatus Walliæ, quem ipse et antecessores sui tenuerunt a tempore Bruti, ut dictum est, consilium suum
non permittit eum renunciare dicto loco et locum

minus sibi debitum in Anglia receptare. Item, populus Snaudon' dicit, quod licet princeps vellet dare regi seysinam eorundem, ipsi tamen nollent homagium facere alicui extraneo, cujus linguam, mores, legesque penitus ignorant. Quia sic posset contingere eos imperpetuum captivari, ac crudeliter tractari, sicut alii cantredi circumquaque per ballivos regis ac alios regales alias tractati fuerunt, crudelius quam Saraceni, prout patet in rotulis quos vobis miserunt, sancte pater.

CCCLIX.

REPLY ON BEHALF OF DAVID, BROTHER OF LLEWELLYN.

Ista sunt dicenda pro David fratre principis. Quod cum voluerit Terram Sanctam adire, hoc faciet voluntarie et ex voto, pro Deo, non pro homine. Unde invitus non peregrinabitur Deo dante, quia coacta servitia Deo novit displicere. Et si contingat ipsum imposterum Terram Sanctam adire, bona ductus voluntate, non propter hoc deberent ipse et heredes sui imperpetuum exheredari, immo potius præmium obtinere. Præterea, quia princeps et sui, causa odii ad aliquos concipiendi, vel lucri captandi, non moverunt gwerram alienas terras invadendo, sed suam propriam hereditatem, jura, libertatesque necnon suorum defendendo, dominusque rex et sui odio inveterato et causa lucrandi terras nostras, gwerram fecit, credimus in hoc justam gwerram nos fovere, et speramus in hac Deum nos velle juvare, ac in ecclesiarum devastatores divinam ultionem convertere, qui ecclesias funditus destruxerunt ac combusserunt, sacra ex eis rapuerunt, sacerdotes, clericos, religiosos, claudos, surdos, mutos, infantes, ubera lactantes,[1] ac debiles et miserabiles personas utriusque sexus occiderunt, et alia enormia per-

Marginal notes: Refuses to go to the Holy Land or to accept land in England. R. f. 248 b. A. f. 109.

---

[1] *lactantes*] lactentes, R.

petrarunt, sicut in dictis rotulis vobis transmissis continetur. Unde absit a sancta paternitate vestra sententiam aliquam fulminare in alios quam in illos qui prædicta perpetrarunt. Nos enim qui a regalibus prædicta passi sumus, speramus a vobis super præmissis paternum solatium et remedium obtinere, et in prædictos sacrilegos eorumque fautores, qui nullo super hiis privilegio defenduntur, animadvertere, ne. præ defectu dignæ correctionis seu ultionis in eos exercendæ, prædicta mala imperpetuum per alios trahantur ad exemplum. Mirantur etiam quamplures in terra nostra, quod consuluistis nobis dimittere terram nostram propriam, et aliénam adire inter hostes nostros conversando. Quia ex quo non possumus pacem habere in terra quæ nostra est ipso jure, multominus poterimus in aliena patria inter hostes nostros pacifice conversari. Et licet durum sit in guerra et insidiis vitam ducere, durius tamen est funditus destrui et ad nihilum, nisi Deus avertat, deduci populum Christianum, qui nihil aliud quærit nisi sua jura defendere. Unde necessitas ad hoc nos cogit et inimicorum cupiditas nos offendit. Et vos, sancte pater, coram nobis dixistis quod vos sententiastis in omnes qui impediunt pacem causa odii vel lucri, sed manifestum est qui sunt illi qui gwerrant istis causis. Timor enim mortis et incarcerationis vel 'perpetuæ exheredationis, nulla observatio fœderum, pactorum vel cartarum, tyrannica dominatio, et multa alia consimilia, cogunt nos esse in gwerris, et hoc Deo et vobis ostendimus, et petimus a vobis paternum adjutorium, út patet in literis nostris.

Ad hæc, multi alii in regno Angliæ offenderunt regem, et tamen nullos exheredavit imperpetuum, ut dicitur. Unde si aliqui ex nostris ipsum offenderunt injuste, dignum est ut satisfaciant, prout possunt, sine exheredatione, et sicut in vobis confidimus supplicamus quod ad hoc laboretis, sancte pater. Nam etsi nobis imponatur quod fregimus pacem, tamen illi verius fregerunt, qui nullum fœdus vel pactum nobis servave-

runt, qui nullam emendam de querimoniis nobis fecerunt, ut patet in rotulis.

Hiis auditis rescripsit archiepiscopus Walensibus in
hæc verba.

CCCLX.

PECKHAM TO LLEWELLYN.

In nomine Domini, Amen. Cum nos, frater J[o- 1282.
hannes], permissione divina Cantuariensis ecclesiæ· 14 Nov.
minister humilis, totius Angliæ primas, scientes nos- Reply to the pre-
tro incumbere officio, pro vobis, domine Ll[eweline], ceding,
princeps Walliæ, ac subditis vestris exponere nos et and refusal of the
nostra, spretis viarum incommodis et periculis, vestram Welsh pro-
adiverimus præsentiam, oves erroneas reducturi, et spe- posals.
culatoris fungentis officio, vobis ministerio vivæ vocis A. f. 110.
diximus pericula, quæ genti vestræ videbamus luce
clarius imminere, subjunctis remediis eorundem, teste
optantes Altissimo, juxta pontificale debitum, cuilibet
vestrum etiam minimo, de corpore nostro pontem
facere ad salutis littora reducendo. Tandem, vestris
auditis precibus et angustiis, eas ut necessitatis vestræ
nuncius præsentavimus regiæ majestati, quem abolim
ad pœnitentes adversarios in tantum scimus esse pro-
pitium, ut quidam de vestris et aliis, ut vobis certis
constat indiciis, ipsius clementia abutantur. Tractavimus insuper cum magnatibus et proceribus Angliæ
præsentibus, de modificatione gratiæ regiæ ipsorum
assistentia, nostris vobis supplicationibus impetranda,
cujus modificationis seriem, per servum Dei fratrem
Johannem Walensem vobis misimus in scriptura, una
cum consilio nostro, quod vobis secundum Deum salubrius videbatur. Vos autem deliberationem vestram
nobis [1] in quadam remisistis cedula per eundem, cujus
cedulæ perniciosas latebras vobis paterno affectu præsentibus aperimus.[1] Primo igitur dicitis, vos juri

---

[1] These words have been obliterated in R, and are supplied from A.

nolle cedere quatuor cantredorum, quia progenitores
vestri a temporibus Kambri filii Bruti, in eisdem juris
plenitudinem habuerunt, sed ne simpliciores in vobis
de successu hujusmodi gloriantur, salva in omnibus
pace vestra, vobis licet inviti, ipsius radicem originis
ex gestis Britonum et Anglorum ad memoriam revocamus. Dispersis enim olim Trojanis, pro eo quod
Paridis adulterium defensarunt, fatemur progenitores
vestræ multitudinis interpositis quibusdam seditioni-
bus, fugæ sibi præsidium assumpsisse. Et utinam non
maneat in eis hujusmodi contagii memoria, qui sic
legitima matrimonia parvipendunt, ut spurios et incestu genitos a successione hereditaria, ut dicitur, non
repellunt, quinpotius uxores legitimæ Howelisda patrocinio contra Evangelium dato repudio, fama teste, vel
potius infamia, repelluntur. Qualiter demum Brutus,
Dianæ præsagiis, non sine diaboli præstigiis per idololatriam[1] immolatæ cervæ venatitiæ obtentis, insulam
Brittannicam pervaserit, per famosas historias declaratur.
Pervaserit inquam inhabitatam insulam a gentibus sta-
tura proceris, quarum peremit fortissimum Corineus.
Gentibus inquam de boriali prosapia, quæ non solum
Alemannicam verum etiam Scythicam[2] trans Danu-
bium, ab Occidente nostro per Aquilonis latera usque
in orientales terminos occupavit. Quam ergo, quæsumus, fecerunt vobis injuriam Angli et Saxones ejusdem generis, si vos processu temporis, ab usurpato
dominio perturbarunt? Cum scriptum esse noveritis
" Væ qui prædaris. Nonne prædaberis?"[3] Non oportet
autem, simplices, in radice adulterina, processu idololatriæ,[4] et usurpationis spoliis gloriari.

Progenitores insuper vestri moderniores, cum ener-
vati deliciis sibi non sufficerent defensandis, obruenti-
bus eos Scotis et Pictis, denegato etiam eis Romani
imperii præsidio postulato, ad Germanorum refugium

---

[1] *idololatriam*] ydolatriæ, MSS.

[2] *Scythicam*] Sycchiam, MSS.

[3] Isaiah xxxiii. 1.

[4] *idololatriæ*] ydolatriæ, MSS.

convolarunt, qui venientes repulerunt hostes usque in
præsentem diem, suarum labores manuum manducan-
tes. Ex hiis causis, quasi sedet sola a vobis insula
olim populo plena vestro, præscribente Jeremia, quia
"prophetæ tui viderunt tibi vana et stulta."[1] Item, pro
dictorum juribus cantredorum confirmationem legati
frivole allegatis. Cum non fuerit intentionis suæ jura
regia seu etiam jura civilia et canonica, sicut nec potuit, enervare. Pro . crimine enim læsæ majestatis, in
quod vos incidisse dicimini, juxta quod scribitur sexta,
quæstione secunda, paragrapho, "Siquis cum militibus,"[2]
et xxii., quæstione ultima, capitulo De forma fidelitatis,[3] omne perit jus hereditarium et exspirat. In
cantredis igitur prædictis, in quibus abolim domino
regi jus dicitur adquisitum, et in Snaudonia ac ceteris,
quæ tenetis jure hereditario, nihil potestis, sicut nec
subditi vestri, ut ex præallegatis videtur, nisi ex sola
regia clementia prestolari. Dicitis demum quod populus non vult ad regiam gratiam convolare, quia dominus rex nec pacta nec juramenta nec cartarum fœdera
principi conservavit. Et nos quærimus ex cujus vel
quorum istud sit judicio declaratum, nisi per vos, qui [4]
in causa propria judicium usurpatis, et per singulas
lustrales periodos pacem infringitis, innocentes jugula-
tis, incendia facitis, munitiones regias pro viribus vas-
tatis, ac Howelda, qui talia injuriarum remedia in lege
sua, quam vidimus, instituit, auctoritate quam ei dia-

---

[1] Lamentations ii. 14.

[2] Decretorum pars. ii , causa, vi.,
quæst, i. c. xxi, in printed copies.
" Si quis cum militibus vel priva-
" tis barbaris etiam scelestam inie-
" rit factionem, aut factionis ipsius
" susceperit sacramentum, vel de-
" derit de nece etiam virorum illus-
" trium qui consiliis et consistorio
" nostro intersunt . . . . ipse
" quidem utpote majestatis reus
" gladio feriatur, bonis ejus omni-
" bus fisco nostro addictis. Filii

" vero ejus . . . . . a materna et
" avita omnium etiam proximorum
" hereditate ac successione habean-
" tur alieni."

[3] " Si quis laicus juramentum vio-
" lando prophanat quod regi et do-
" mino suo jurat, ... anathema
" sit, nisi per dignam pœnitentiæ
" satisfactionem emendaverit . . .
" id est, sæculum relinquat, arma
" deponat, in monasterium eat, etc."
Par. ii. causa xxii., q. v. cap. 18.

[4] qui] omitted in R.

bolus delegavit. Præterea in regem impingitis,[1] dicentes quod regales ecclesias et personas ecclesiasticas crudeli vastant tyrannide et consumunt, ad quod taliter respondemus quod dominus rex prædicta mala nec fieri mandavit, nec rata habuit; quinpotius nobis. obtulit ultronee, quod quamcito aderit opportunitas, ecclesiarum proponit dispendia resarcire, quod differt usque ad sedatam gwerræ tempestatem, ne si prius fieret destruerentur iterum per latrones. Præterea, timetis in Anglia honorem suscipere, ne consequenter vobis occasionata malitia auferatur, cum tamen fateamini quod dominus rex nullum suum exheredaverit inimicum. Quod frustra vos timere credimus, si legaliter vivere vos et vestri didiceritis, et non a pari cum domino vestro contendere vel certare. Mores vobis et populo vestro causamini incognitos; et nos econtrario opinamur, quod expediret vobis omnibus in modum alium et mores penitus transformari. Cum enim sitis sicut ceteri homines donis Dei gratuitis adornati, sed in vestro angulo devoramini, ut nec ecclesiam juvetis contra hostes fidei militando, nec clerum studio sapientiæ, exceptis paucissimis, decoretis, quinpotius major pars vestrum torpet otio et lasciviis, ut pæne nesciat mundus vos esse populum, nisi per paucos ex vobis qui videntur ut plurimum in Galliis mendicare. Deinde scribitis quod creditis Altissimum vos juvare pro justitia decertantes.[2] Utinam, inquam, Altissimus juvet vos salubriter et dirigat ad salutem. Sed ne ruinas aliquas Anglorum ex inconsideratione sua provenientes, vestris velitis meritis arrogare, curetis advertere qualiter Qui in cœlis habitat fatuos subsanniat et elevat ad modicum, ut perpetuo allidat, sic certe olim populus Dei electus ante Hay reprobam civitatem pro unius anathemate consortis versus in fugam, quosdam suorum perdidit bellatorum. Sic certe quater centena

---

[1] *impingitis*] impungitis, A.
[2] The bottom of this page in R. has been torn, and the lost words

at the end of the last nine lines are supplied from A.

milia bellatorum duodecim tribuum Israel in suo numero et fortitudine confidentes, ab unius tribus modico populo, occisis ex eis xl. millibus bellatorum per vices varias sunt confusi. Cum tamen purgato unius anathemate prædicta civitas finaliter deleta fuerat per illos, qui prius confusi fuerant et per lacrimas placato Domino, cum jejuniis, [et] oblatis sacrificiis, tribus illa quæ prius prævaluerat, per prius confusos quasi totaliter sit deleta. Sic certe aliter flagellat Dominus filios quos recipit, et aliter quos decernit ut arbores steriles extirpare. Ista vobis scribimus in cordis amaritudine, ab hiis partibus recedentes, nec præjudicare intendimus salubriori consilio, si vobis cœlitus destinetur, nec latere vos volumus quod nullum per vos invenimus excusationis sufficiens remedium, quo obstante pronunciari minime debeatis in excommunicationis sententiam incidisse, dudum latam in Oxoniensi concilio contra pacis regiæ turbatores. Viam autem pacis aliam invenire non possumus nec adhuc in spe sumus aliud obtinendi. Quod si nobis aliquid consultius videatur agendum, vobis numquam claudemus gremium, nec auxilium denegabimus opportunum. Datum apud Rothelan, xviii. kal. Decembris, anno Domini millesimo cc. octogesimo secundo.

CCCLXI.

Death of Llewellyn.

Lewelinus[1] autem princeps Walliæ prædictus, spretis omnibus oblationibus et pacis formis præscriptis, invasit hostiliter terram domini regis Angliæ, destruendo eam incendio et rapina, necnon homines terræ illius ad se trahendo et a bonitate pacis regiæ separando. Qui tamen princeps infra mensem illum ignominiosa

1282.
11 Dec.
Death of
Llewellyn.
R. f. 249 b.
A. f. 110 b.

---

[1] The following words are appended here in the margin of A. : "Lewelinus fuit princeps Walliæ."

morte primus de exercitu suo occïsus est per familiam
domini Eadmundi de Mortui Mari, filii domini Rogeri
de Mortuo Mari, et totus exercitus suus vel occisus
vel in fugam conversus, in partibus Montisgomoriæ die
Veneris proxima ante festum Sanctæ Luciæ, videlicet
iii. idus Decembris sub anno Domini millesimo CC.
LXXXII., indictione decima, litera Dominicali D. currente.

CCCLXII.

To the Dean of Hereford.

[1282.]
18 Nov.
Does not
accept his
excuse for
not inti-
mating his
visitation.
R. f. 190 b.
Frater J[ohannes] etc., dilecto filio decano Herefordensi, salutem, gratiam et benedictionem. Miramur
valde qualiter illud, quod in favorem vestri in execu-
tionibus faciendis contra . . . episcopum vestrum
Herefordensem . . . officialemque suum gratiose
concessimus, quæ adeo commode per alios seu alium
poterant expediri, in caput nostrum ac injuriam non
sine ingratitudinis indicio nitimini retorquere ; petentes ut executione mandati nostri de convocatione
concanonicorum vestrorum ad visitationem nostram,
quæ per alium seu alios nullo modo fieri potest, ad
præsens vos habeamus favorabiliter excusatos, a qua
executione nunquam cogitavimus vos absolvere cum
per nullum alium debeat expediri. Quocirca vobis
mandamus in virtute obedientiæ, et sub pœna canonica
districtius injungentes in forma in prædicto mandato
nostro contenta, quatenus non obstante frivola excusatione vestra prædicta, mandatum nostrum antedictum
in omnibus secundum sui tenorem exequamini cum
effectu ; scientes quod die præfixa ad ecclesiam vestram
per Dei gratiam veniemus, facturi quod justitia suadebit, nec in hoc minas vestras aut cujuscunque alterius pertimescimus, qui volumus nostra et ecclesiæ
nostræ jura in hac parte intrepide defensare. Datum
Cestr', xiiii. kal. Decembris, anno ut supra.

CCCLXIII.

To [Roger de Longespee] Bishop of Coventry.

Coventrensi episcopo etc. frater J[ohannes] salutem. Transeuntes nuper per partes vestræ diœcesis, multa comperimus quæ visitatione nostra correxisse credidimus, jam passa fuisse multipliciter recidivum ; præcipue circa detestabile crimen incestus, quod attestante fama partes illas fœdavit præ ceteris, et turpem quæstum in spiritualibus maxime a sacris canonibus reprobatum, ac defectus alios qui correctionę indigent multiplici et præsentia pastorali. Vos autem, quasi de hiis et aliis quæ vestris incumbunt humeris non curantes, extra fines vestræ diœcesis in loco non parum distante moram trahitis, ita quod nec de talibus ad vos de facili rumor eveniat, nec sit qui loco vestri apponat remedium salutare. Quocirca fraternitati vestræ in virtute sanctæ obedientiæ qua nobis tenemini firmiter injungendo mandamus, quatenus post receptionem præsentium sine dilationis obstaculo, paretis vos ad residentiam in aliquo loco vestræ diœcesis faciendam, ut qui spiritualia ministrare non sufficitis, saltem temporalia pauperibus erogetis. Ceterum, quia per appropriationes ecclesiarum factas in vestra diœcese intelleximus salutem animarum fuisse perpetuo vulneratam, cujus rei gratia certum esse dinoscitis vobis periculum imminere non modicum, vosque in sanctorum patrum statuta incidere, per quæ appropriationes hujusmodi inhibentur ; vobis sub pœna canonica inhibemus ne de cetero aliquas faciatis appropriationes hujusmodi contra formam constitutionis legati, quam insuper in collegio fratrum et coepiscoporum, sicut per nos, si recolitis, de communi consilio alias ordinatum extitit, prius recitari volumus, et mandamus ibidem approbandam, vel si expediat infirmandam. Ad hæc quia mag-

1282.
19 Nov.

Desires him to reside in his diocese, and refers to the disorders there.

R. f. 82.
A. f. 61 b.

num defectum invenimus in confirmatione parvulorum,
qui in omni loco vestræ diœcesis reperiuntur in infinita multitudine confirmandi, vobis iterato sub eadem
districtione mandamus, quatenus absque morosæ tar-
ditatis dispendio provideatis vobis de aliquo episcopo
sciente linguam, qui circuire valeat per loca diœcesis
pro hiis et aliis exequendis quæ requiruntur ad officium pastorale, sicut in correctionibus quæ circa vos
dudum exercuimus fuerat ordinatum. Scientes quod
nisi super hiis et aliis quæ vestro incumbunt officio,
citius remedium apponatis, ulterius non dissimulabimus quin et per nos faciamus quod poterimus, et residuum superiori nostro sine moræ dispendio nunciemus.
Quid autem super hiis feceritis et facere decreveritis,
nobis citra festum Beati Thomæ apostoli rescribatis.
Valete. Datum apud Terue, xiii. kal. Decembris, anno
Domini MCCLXXXII., ordinationis nostræ anno quarto.

CCCLXIV.

To the Dean and Chapter of Lichfield.

1282.
19 Nov.
Concern-
ing
scandals in
their dio-
cese, and
especially
the unlaw-
ful appro-
priation of
churches.
R. f. 191.

Frater J[ohannes] etc., decano et capitulo ecclesiæ
Lich', salutem, gratiam et benedictionem. Transeuntes
nuper per diœcesem vestram, quam dudum auctoritate
metropolitica visitavimus, tam fama celebri perstrepente
quam relatu suscepimus fidedigno, quod mala illa et
scandala, pro quibus corrigendis et extirpandis in
dicta visitatione nostra personaliter agebamus, utpote
incestus multiplices, damnata diversis statutis quæs-
tuum improbitas, appropriationes ecclesiarum illicitæ
et inutiles, aliaque infinita pericula et peccata jam quasi
revivificata iterantur quotidie et recidiva continua
patiuntur, ac si correctiones nostræ et ordinationes
circa pericula hujusmodi constitutæ penitus negligan-
tur, quin potius in elusionem ecclesiasticæ disciplinæ et
auctoritatis nostræ contemptum, non sine pastoris

vestri conniventia, relictæ totaliter videantur. Certe
non erat illa judicantis intentio, ut quod ad honorem
Dei et ecclesiæ ac animarum commodum in detestationem criminum extitit ordinatum, in novi erroris
audaciam et sopiti mali excitationem, sed ad medelam potius pertransiret. Sane, quod ubi majus ver-
satur periculum, ibi salubrius est remedium adhiben-
dum, ac in vestra diœcese per appropriationes ecclesiarum factas contra statuta bonæ memoriæ domini O
Apostolicæ Sedis legati sit, ut accepimus, animarum
saluti nostrique officii in parte executioni plurimum
derogatum. Nos, qui in defectum et negligentiam . .
episcopi vestri, cujus estis præsentia desolati, habemus
ex incumbente nobis officio errata corrigere, vestram
desidiam increpare, et futuris periculis, quanta valemus
industria, remedia procurare, caritatem vestram in
Domino exhortamur quatenus vitæ munditiam et morum honestatem super omnia diligentes, sic vos exercitio bonorum operum præbeatis aliis in exemplum,
ut sitis omnibus lucerna bene vivendi et in vobis non
accidat quod Deo et ecclesiæ debeat displicere. Ad
hæc vobis tenore præsentium districtius inhibemus in
virtute obedientiæ et sub pœna suspensionis ab ingressu ecclesiæ, quam in personas vestras in hiis scriptis ferimus, si contrarium præsumpseritis attemptare,
ne in aliquam appropriationem ecclesiarum quibuscunque
faciendam consentiatis de cetero, nisi in forma illa
quam dictus legatus concedit. Præsertim, cum inter
nos et coepiscopos suffraganeos nostros unanimiter sit
condictum, ne aliqua fiat hujusmodi appropriatio in futurum, nisi prius nostro et omnium episcoporum interveniente consensu fuerit approbata, causa appropria-
tionis hujusmodi faciendæ. Valete. Datum apud
Teruen, xiii. kal. Decembris, anno supradicto.

CCCLXV.

To the Bishop of Bath and Wells.

[1282.]
3 Dec.
Will spend
Christmas
at Ross.
Asks for
venison
from the
Forest of
Dean.
Royal
Letters.
1689.
R.O.

Venerabili in Christo fratri domino R[oberto] Dei gratia Bathoniensi et Wellensi episcopo, frater J[ohannes] permissione divina Cantuariensis ecclesiæ minister humilis, totius Angliæ primas, salutem et sinceræ dilectionis augmentum. Quia volente Domino instans festum Natalis Domini apud Ross proponimus celebrare, et propter tantam a partibus nostris distantiam venationis copiam non habemus, nec ad nos de partibus nostris ad præsens commode posset adduci, caritatem vestram in Domino exoramus, quatenus pro instanti festivitate prædicta velitis nobis in foresta de Dene juxta domini Regis beneplacitum de venatione aliqua subvenire, nihilominus rescribentes nobis statum domini Regis, Reginæ et vestrum, quem desideramus omnimode prosperari. Valete. Datum apud Lemeinstr' die Jovis proxima post festum Sancti Andreæ.

Endd. Domino R. Dei gratia episcopo Bathon' et Well'. dd.

CCCLXVI.

To the Abbot of Shrewsbury.

1282.
5 Dec.
Forbids
his pre-
senting to
benefices
persons
unfit to
hold them.
R. f. 191 b.

Frater J[ohannes] etc. religioso viro abbati Sallop, salutem, gratiam et benedictionem. Cum nos dudum, de voluntate domini papæ, sententia excommunicationis duxerimus innodandos omnes illos, qui beneficia ecclesiastica cum cura animarum absque sedis apostolicæ dispensatione præsumpserint usurpare, vos petitionibus talium, ut intelleximus, annuere præsumentes, ad beneficia ecclesiastica ad patronatum vestrum spectantia in præsentiarum vacantia seu in proximo vacatura, viros morbo hujusmodi laborantes proponitis, ut dicitur, præsentare. Unde vobis in virtute obedi-

entiæ firmiter injungendo præcipimus, ne quemquam
ad beneficia vestra præsentetis, nisi quem constiterit
vobis habilem esse et canonice posse eadem adquirere,
et tenere. Credentes vos, si secus feceritis, hujusmodi
sententiam incursurum, præsertim cum viri sæculares,
qui olim vobis contulerunt hujusmodi patronatus,
vestram in provisione facienda ecclesiis industriam
videantur verisimiliter elegisse, et conscientiam onerasse.
Valete. Datum apud Sugwas, in vigilia Sancti Nicholai episcopi, anno consecrationis nostræ quarto.

CCCLXVII.

To the Dean of Hereford.

Decano Herefordensi salutem. Cum pro certo intelligimus quod David filius Griffini quondam principis
Walliæ et ejus complices, quos non est dubium pro
turbatione notoria[1] pacis domini regis, et regni,
excommunicationis sententiam latam in Oxoniensi
consilio incurrisse, rejecto suæ salutis amore, semper
in deterius prolabuntur, nonnullos sua versutia ad
turbationem similem excitantes, discretioni vestræ committimus et firmiter sub virtute obedientiæ injungendo
mandamus, quatenus præfatos David et omnes suæ
fraudis complices auxilium, consilium vel favorem sibi
qualitercumque præstantes, per totam jurisdictionem
vestram in singulis ecclesiis diebus Dominicis et
festivis publice et solemniter sic denuncietis excommunicatos et denunciari ab aliis faciatis. Inhibentes
districtius sub pœna sententiæ supradictæ, ne quis clam
vel palam cum eis aliquatenus communicare præsumat,
sive eis arma vendendo, seu victualia, sive quocumque
alio communionis genere, per quod animosiores effi-
ciantur seu potentiores, tranquillitatem pacis et status

1282.
Orders
him to ex-
commu-
nicate
David, son
of Griffin,
late prince
of Wales,
and his ad-
herents.[2]
R. f. 152.
A. f. 40.

---

[1] *notoria*] notaria, MSS. | [2] Printed in Wilkins' Concilia, ii. 87.

484   EPISTOLÆ JOHANNIS PECKHAM.

domini regis et regni Angliæ aliqualiter perturbandi.
In cujus rei testimonium sigillum nostrum præsentibus
est appensum. Valete. Datum apud Sugwas, anno
Domini MCCLXXXII., ordinationis nostræ anno iv.

CCCLXVIII.

VISITATION OF HEREFORD.

Excommu-   In nomine Domini, Amen. Cum nos frater J[ohannes],
nication of permissione Divina Cantuariensis archiepiscopus, totius
those who
resist his Angliæ primas, visitaturi clerum et populum civitatis et
visitation diœcesis Herefordensium, nuper circa ipsius nostræ visi-
at Here-
ford. ta tionis principium in capitulo Herefordensi canonica
R. f. 73. monitione præmissa, omnes officii nostri executionem
A. f. 34 b.
et ecclesiæ nostræ jurisdictionem, exercitium, potestatem, per nos vel alios auctoritate nostra agenda, gerenda
vel quoquo modo facienda, qualitercumque impedientes
seu turbantes, in scriptis excommunicaverimus sub hac
forma :— In nomine Domini Amen. Quia nos frater
J[ohannes], permissione divina Cantuariensis archiepiscopus, totius Angliæ primas, intelligentes ex verisimilibus conjecturis quod quidam suæ salutis non
satis memores, contra libertates nostræ Cantuariensis
ecclesiæ veniendo, nostram visitationem seu jurisdictionem metropoliticam impedire, molestare seu per-
turbare intendunt, et pro parte maliciose ac temere
præsumpserunt, quominus visitationis seu nostræ metropoliticæ jurisdictionis officium exercere possimus secundum canonicas sanctiones ; nos volentes maliciis hominum industria quanta possumus obviare, monemus et
firmiter injungimus, ne quis directe vel indirecte, clam
vel palam, per se vel per alium, scienter et studiose
officium nostræ visitationis impediat seu perturbet, aut
impediri seu perturbari procuret, seu ad ea quæ ad
nos ratione visitationis hujusmodi seu nostræ jurisdictionis qualitercunque pertinent, manus, potestatem aut
actum quoquo modo extendant. Et si quid in hiis

forsan in nostri seu ecclesiæ nostræ Cantuariensis præjudicium præsumptum fuerit seu etiam attemptatum,
illud expresse revocamus, ac omnino carere decernimus
robore firmitatis; monentes pro prima, secunda et
tertia monitione, cum qualitas negotii dilationem ulte-
riorem non requirat, ut ab impedimentis, molestationi-
bus seu perturbationibus hujusmodi omnino desistant,
et quod illicite præsumptum est seu attemptatum in
hac parte de cetero non defendant. Alioquin ipsos
omnes et singulos perturbatores seu defensores hujusmodi, vel qui eis consilium, auxilium vel consensum
clam vel palam, verbo, opere seu favore seu quovis alio
modo impendunt, vel in præmissis impendent, cujuscunque ordinis, conditionis seu dignitatis existant,
excommunicamus et exnunc excommunicatos denunciamus publice in hiis scriptis. Postmodum, quomodo
ex relatu fidedignorum ac facti experientia intellexerimus quod nonnulli iniquitatis filii in suis maliciis stare
ac perseverare gloriantes, nostramque sententiam supradictam vilipendere non verentes, nos et nostram visitationem ac ejus effectum, jurisdictionem et officium,
contra statuta tam canonica quam legalia, in nostri et
ecclesiæ nostræ Cantuariensis præjudicium non modicum
et gravamen, impediunt pertinaciter et perturbant, ad
ea quæ ad nos ratione prædictæ visitationis canonice
pertinere noscuntur, manus temerarias nitentes extendere quantum possunt, non sine inobedientiæ vitio et
contemptu. Nos tot præsumptionum errores sub dissimulatione, sine nostrorum et ecclesiæ nostræ jurium
et libertatum læsione maxima, impunitas dimittere non
valentes, omnes hujusmodi malefactores seu nostræ et
ecclesiæ nostræ Cantuariensis jurisdictionis contra justitiam perturbatores in præfatam incidisse excommunicationis sententiam declaramus. Eosdem nihilominus
propter suas injuriosas præsumptiones continuatas
monentes, una monitione pro prima, secunda et tertia
monitione præmissa, ut a præmissis omnibus de cetero
penitus desistant, ac nos et nostros ad nostri officii

executionem et nostri juris exercitium in futurum
absque cujuscunque frivolæ repugnationis obstaculo
reverenter admittant. Alioquin omnes et singulos
hujusmodi contrarium facere præsumentes in hiis
scriptis excommunicamus, et prædictam nostram sententiam ut præmittitur latam alias innovantes, eosdem
in eandem sententiam incidisse, et excommunicatos
esse publice nunciamus, protestantes nos velle, cum de
eorum constet nominibus, hanc prætactam sententiam
specialiter extendere ad eosdem, et facere eos tanquam
excommunicatos ab omnibus catholicis arctius evitari.

CCCLXIX.

To the Bishop of London.

1282.
28 Dec.
Forwards
the king's
summons
to the
clergy to
meet him
in January
at North-
ampton.[1]
R. f. 82 b.
A. f. 35 b.

Londoniensi episcopo, salutem. Literas domini nostri
regis die Mercurii proxima post festum Sancti Nicholai apud Hereford[2] recepimus in hæc verba :—Edwardus Dei gratia, etc., venerabili patri J[ohanni]
eadem gratia Cantuariensi archiepiscopo, etc. Quia
Lewelinus filius Griffini et complices sui, inimici et
rebelles nostri, totiens temporibus nostris et progenitorum nostrorum regum Angliæ pacem regni turba-
runt, et rebellionem suam et malitiam jam resump-
tam continuare non desistunt animo indurato; propter
quod negotium quod ad ipsorum malitiam reprimendam jam incepimus, de consilio prælatorum, procerum
et magnatum regni nostri, necnon et totius communitatis ejusdem ad præsens proponimus, ad nostram et
totius regni pacem et tranquillitatem perpetuam, Domino concedente, finaliter terminare; commodius et
decentius esse perpendimus, quod nos et incolæ terræ
nostræ ad ipsorum malitiam totaliter destruendam pro
communi utilitate laboribus et expensis fatigemur hac

---

[1] Printed in Wilkins (Concilia, ii. 91) from the register of the bishop of
Worcester.
[2] *Hereford*] Hertford in A.

vice, licet onus difficile videatur, quam hujusmodi turbatione futuris temporibus cruciari, prout tempore
nostro et progenitorum nostrorum contigit manifeste;
vobis mandamus rogantes quatenus suffraganeos vestros, abbates, priores ac alios singulos domibus religiosis præfectos, necnon et procuratores decanorum et
capitulorum ecclesiarum collegiatarum vestræ et suffraganeorum diœcesium, venire faciatis coram nobis apud
Northampton' in octabis Sancti Hillarii vel coram fidelibus nostris quos ad hoc duxerimus deputandos; et
vos eisdem die et loco intersitis ad audiendum et faciendum ea quæ pro re publica vobis et eis super hiis
ostendi faciemus, et ad præstandum nobis consilium
et juvamen, præsertim cum vestra sicut aliorum intersit;
per quod negotium jam inceptum ad laudem et honorem Dei et magnificentiæ nostræ famæ ac totius regni
nostri et populi pacem et tranquillitatem perpetuam,
valeamus hac vice prout intendimus feliciter consum-
mare. Teste me ipso apud Rothelan, xxii. die Novembris, anno regni nostri undecimo:—Quia igitur regiæ
majestati tenemur quantum secundum Deum possumus
obedire, quamvis viarum et temporum et aliorum gravaminum multiplex importunitas videatur huic negotio plurimum adversari, vobis hiis non obstantibus dolentes et inviti, in virtute obedientiæ districtius, ut
possumus, præcipiendo mandamus, quatenus in forma
mandati regii ad præfixos diem et locum venire curetis, citantes nihilominus ad hoc ipsum abbates et
priores et alios singulis domibus religiosis præfectos,
exemptos quidem in locis non exemptis, si talia loca
habeant, vel si non habeant per viam aliam efficacem, et
eodem modo decanos et capitula non exempta pariter
et exempta, vestræ diœcesis, ut dictis die et loco compareant ob reverentiam regiæ majestatis de expedien-
tibus rei publicæ tractaturi. Citetis insuper omnes
suffraganeos nostræ provinciæ ad hoc ipsum, quibus
omnibus districte præcipimus, ut in eadem forma subditos suos in eisdem die et loco faciant convenire.
Quod personis episcoporum eo debet esse facilius, quo,

ut speramus firmiter, circa idem tempus electus Herefordensis poterit in eorum præsentia favente Altissimo consecrari. Quid autem fęceritis in præmissis, nos dictis die et loco per vestras patentes literas harum seriem continentes curetis reddere certiores. Valete. Datum Hereford', iiii. id. Decembris, anno Domini MCCLXXXII., ordinationis nostræ quarto.

CCLXX.

To Adam de Nanneu, a Dominican.

1282.
11 Dec.
Desires him to return as soon as possible from his mission to Llewellyn.
R. f. 192.

Frater J[ohannes] etc., dilecto filio fratri Adæ de Nanneu, ordinis Prædicatorum, salutem, gratiam et benedictionem. Nuper cum nostris literis misimus vos ad partes Snaudon', pro quibusdam negotiis domino Lewelino principi Walliæ et ceteris terræ magnatibus pro utilitate rei publicæ exponendis, ita quod ad nos cum responsis eorundem quam citius commode posset fieri rediretis; vos autem tempus redditus vestri minime observantes, nec ad nos venitis nec super responsis acceptis a principe et magnatibus prædictis, curastis hactenus nos. reddere certiores. Quocirca vobis in virtute obedientiæ firmiter injungendo mandamus, quatenus omni dilationis tædio cessante ad nos celerius veniatis, nobis relaturi quid receperitis et feceritis in hiis pro quibus vos duximus transmittendum, ut quæ agenda sunt in hac parte lucide cognoscamus, per quæ tam nobis quam ipsis valeat salubriter provideri. In cujus rei testimonium vobis has nostras literas duximus transmittendas. Valete. Datum apud Sugwas, iii. id. Decembris, ordinationis nostræ anno iiii.

CCCLXXI.

To Maud Lungespeye.

[1282.]
Dec.
Will absolve

Frere Jan, par la suffraunce Deu erceveske de Canterbire, primat de tut Engletere, a dame de graunt valur Mahaud Lungespeye, saluz e la beneycun Jesu

Crist.   Ma dame, vostre preyere sa acorde bin a
piete e reysun.   Mes sachez ke Lewelyn, qui esteyt
prince de Gales, ne poet estre asouz se il ne mustra
signe de repentaunce en sa mort de sey amender e
lesser ses folies.   Dunt si ceo est certeyne chose, qe
il fust repentaunt en sa mort, e aparayllez taunt cume
en luy esteyt, de fere la asez a Seynte Eglyse, et sce
seyt prove devaunt nus, nus ly frums ce ke dreyt
serra entur ce, kar autrement saunz tort fere ne puet
estre asouz.   Dunt nus luums ke vus e ses autres
amys travayllez entur co, ke aucuns de ceus ke furent
a sa mort veygnent par tens devaunt nus a mustrer
les signes avaunt diz, kar en autre maniere ni purrums riens fere.

Llewellyn
if he
showed
signs of
repentance
before his
death.
R. f. 192.

CCCLXXII.

To EDWARD I.

Domino regi:—A tre chir seynur Edward Deu
grace rey dEngletere, seynur dIrlaunde, duc dAquitaigne, frere Jan par la suffraunce Deu erceveske de
Canterbire, primat de tut Engletere, saluz en graunt
reverence.   Sire, sachez ke ceus ke furent a la mort
Lewelin truverent au plus prive lu de sun cors menue
choses ke nus avoms veues; entre les autres choses ili
out une lettre de guisee par faus nuns de traysun.
E pur co ke vus seyez garni, nus enveyum le tran-
scrit de la lettre a le eveske de Ba, e la lettre meymes
tient Eadmund de Mortemer, e le prive seel Lewelin,
e ces choses vus purrez aver a vostre pleysir, e co
vus maundum pur vus garnir, e nun pas pur ce ke
nul en seyt greve, e vus priums ke nul ne sente mort
ne mahayn pur nostre maundement, e ke sce ke nus
vus maundums seyt secre.[2]   Ovekes co, sire, sachez ke
dame Mahaud Lungespeye nus pria par lettres ke nus

1282.
17 Dec.
Sends to
the bishop
of Bath a
copy of a
letter
found on
Llewel-
lyn's body
after his
death.
Asks that
the clergy
at Snau-
done may
be allowed
to go to
France.[1]
R. f. 100 b.

---

[1] Printed in the Fœdera (Record Edition), I. 619.

[2] *secre*] printed *fetc* in the

Fœdera, where are a few other mistakes.

vosissums asoudre Lewelin, ke il peust estre enseveli
en lu dedie, e nus li maundames ke nus ne frums
riens si len ne poet prover ke il mustra sygne de
verraye repentaunce avaunt sa mort. E si me dist
Edmund de Mortemer ke il aveyt entendu par ses
valles ke furent a la mort, ke il avet demaunde le
prestre devaunt sa mort, mes saunz dreyte certeynete
nus nenfrums riens. Oveke co sachez ke le jur meymes
ke il fu ocis, un muygne blaunc li chaunta messe, e
mi sire Roger de Mortemer ad le vestemens. Oveke
co, sire, nus vus requerrums ke piete vus prenge de
clers, ke vus ne suffrez pas ke len les ocie ne ke len
lur face mau de cors. E sachez, sire, Dieus vus de-
fende de mal, si vus ne le desturbez a vostre poer, vus
cheez en sentence, kar suffrir co ke len peut desturber
vaut consentement. E pur co, sire, vus priums ke il
vus pleyse ke li clerc qui sunt en Snaudone sen puissent issir e querelur mieuz ove lur biens en Fraunce
ou ayllurs, kar pur co ke nus creums ke Snaudone
serra vostre, se il avient ke en cunqueraunt ou apres,
len face mal as clers, Dieus le rettera a vus, e vostre
bon renun en serra blesmi, e nus enserrums tenus pur
lasches. E de ces choses, sire, se il vus plest, maundet
nus vostre pleysir, kar nus imettrum le cunseyl ke nus
purrums ou par aler la ou par autre voye. E sachez,
sire, ke si vus ne fetes nostre priere, vus nus mettrez
en tristur, dunt nus nistrum ja en ceste vie mortele.
Sire, Dieus gard vus e kaunt a vus apent. Ceste
lettre fu escrite a Penbrugge, le Jeodi apres la Seynte
Lucie.

CCCLXXIII.

TO THE BISHOP OF BATH.

1282.
17 Dec.
Informs
him of the
contents of
a letter Frater J[ohannes] etc., venerabili in Christo fratri
domino R[oberto] Dei gratia Bathoniensi et Wallensi
episcopo, salutem et fraternæ dilectionis in Domino
continuum incrementum. Quia quæ in domini nos-

tri regis dampnum et periculum vergere dinoscuntur, found on
detegere debet fidelis quilibet, et ea sibi nullate- the person of Llewel-
nus occultare, nosque inter alios ipsius honorem et lyn, and
magnificentiam ab inimicorum insidiis esse tutam in- complains of the
time affectamus, mittimus vobis quandam schedulam execution
præsentibus interclusam, obscuram quidem verbis et of clerks at Rhuddlan.[1]
fictis nominibus conceptam, cujus transcriptum, quod R. f. 83.
habet dominus E[admundus] de Mortuomari, inventum A. f. 36.
fuit in bracali L[ewelini] quondam principis Walliæ
una cum sigillo suo parvo, quod sub salva facimus
teneri custodia, domino regi si placuerit transmittendum. Ex qua quidem schedula satis conjicere potestis,
quod quidam magnates vicini Wallensibus, sive Marchienses[2] sive alii, non satis sunt domini regis beneplacitis uniformes, circa quod dominum regem efficiatis
cautum, ut expedit. Ita tamen quod quantum in
nobis et vobis est, nullum periculum inde proveniat
corporale, et de hoc sollicite caveatis. Ad hæc intelleximus quod nonnulli clerici apud Rothelan in opprobrium cleri et ecclesiæ contemptum, inter prædones et
malefactores alios quotidie capitali sententia puniuntur,
quod ne de cetero fiat vestræ sollicitudinis studium
apponatis. Et certe dolemus valde de clericis illis qui
manent in Snaudonia desolati, quos libenter nobiscum
adduxissemus ad propria, dum in partibus illis extiti-
mus, si hoc clementiæ regiæ placuisset. Nec poterit
se dominus rex excusare saltem de favore, si de eis,
quod avertat Deus, male contingat. Unde si quid pro
eis sciveritis, aut obtinere poteritis, quod ad eorum
liberationem et securitatem possit nostro ministerio
expediri, scribatis nobis, et nos parati erimus pro eis
ab instantibus periculis eruendis ad honorem Dei quantum poterimus, etiam corporaliter laborare. Præterea
sunt quidam Dei et ecclesiæ inimici, quos nuper in
Exoniensi diœcese visitantes, jurisdictioni nostræ et pro-

---

[1] Printed in the Fœdera (R. O. Ed.) I. 619, from the copy in the Record Office. (Royal Letter 1338.)

[2] *Marchienses*] Machienses in MSS.

cessibus nostris invenimus multipliciter adversantes, mandata nostra et ecclesiæ damnabiliter contemnendo, propter quod meruerunt a nobis [1] majoris excommunicationis sententia visitationis lata tempore, exigente justitia, innodari. Ne igitur de malitia sua in contemptum ecclesiasticæ disciplinæ valeant gloriari, aut alios suis perniciosis exemplis inficiant, pro captione eorundem excommunicatorum, prout per nostram patentem literam petimus, rescribatis si placet. De benevolentia autem vestra quam ad nos geritis continue, negotia nostra feliciter expediendo, fraternitati vestræ quantas valemus gratiarum rependimus actiones, parati semper vestris beneplacitis quantum secundum Deum possumus favorabiliter assentire. Valeat vestra fraternitas in Christo semper et Virgine gloriosa, nobis si quid apud nos fieri volueritis cum fiducia rescribentes. Si dominus rex velit habere transcriptum illud quod inventum fuit in bracali Lewelini, poterit ipsum habere a domino Eadmundo de Mortuomari, qui custodit illud cum sigillo privato ejusdem, cum quibusdam aliis in eodem loco inventis. Nec est periculum hoc domino regi insinuare, quia ad ejus præmunitionem tantum agimus. Faciàt tamen ulterius quod sibi viderit expedire. Datum apud Penbrigge, xvi. kal. Januarii consecrationis domini anno iiii.

CCCLXXIV.

To MARTIN, HIS COMMISSARY.

1282.
18 Dec.
Desires
him to
proceed
against
monks of
Canter-
bury who
have fled,
and against

Frater J[ohannes], etc., dilecto in Christo filio magistro Martino commissario nostro Cantuariensi, salutem, gratiam et benedictionem. Non sine cordis amaritudine nuper intelleximus, quod duo monachi conventus nostri Cantuariensis, propriæ salutis et professionis immemores, bono conscientiæ et obedientiæ rejecto, fugamque dampnabiliter ineuntes se ad partes quas nescimus exteras transtulerunt. Cupientes igitur dictos

---

[1] *a nobis*] om. in R and A.

apostatas ad cor redire et ab errore resilire concepto, Sir R. de
vestræ discretioni committimus et mandamus, quate- Hardres who as-
nus pensatis inhibitionibus nostris contra tales in sisted
nostris correctionibus editis sive factis, de quo vobis them.
per priorem dicti conventus evidenter constare pote- R. f. 151 b.
rit, si relatis nobis subsit veritas, dictos perditionis
filios ipsorumque complices et fautores, de quorum
nominibus per vos inquiri et certificari exquisite volumus, quos etiam excommunicationis sententiam credimus incurrisse, tamdiu censura ecclesiastica percellatis
donec spiritu ducti sanioris consilii, ad religionis habitum et obedientiæ bonum redierint, quæ execrabiliter
rejecerunt. Si quos autem imposterum dicti conventus
inveniri contigerit similia perpetrantes, scismaticos, aut
seminaria foventes vel suscitantes discordiæ inter fratres, ut contra hujusmodi nostra possitis auctoritate
procedere, et ipsorum ecclesiastica censura cohibere
malitiam, specialem vobis tenore præsentium committimus potestatem. Ad hæc quia ad nos simili relatione pervenit, quod dominus Robertus de Hardres
miles, et quidam alii de quorum nominibus per vos
volumus et mandamus inquiri, dictos apostatas usque
Dovor', cum armis ausu sacrilego conduxerunt, vobis
injungimus quatenus eundem militem et alios, quos
culpabiles inveneritis in hac parte, inquisitione præhabita, si sit ita, citetis peremptorie quod compareant
coram nobis proximo die juridico post Octabas Sancti
Hyllarii, ubi tunc fuerimus in nostra provincia, super
sibi objiciendis responsuri, facturi etiam et recepturi
ulterius quod dictaverit ordo juris. Quid autem super
hiis feceritis, nobis dictis die et loco per vestras patentes literas intimetis. Valete. Datum apud Penbregge,
xv. kal. Januarii, consecrationis nostræ quarto.

CCCLXXV.

To the Official of Canterbury.

1282.
21 Dec.
Directions
concerning
a suit be-
tween the
archbishop
of York
and the
bishop of
Durham.
R. f. 152.
A. f. 39 b.

Officiali Cantuariensi, salutem. Quia in negotio illo quod ventilatur inter dominos episcopum Dunolmensem et archiepiscopum Eboracensem, cujus perplexitas et intricatio cor nostrum affligit plurimum et conturbat, estis quasi positi inter malleum et incudem, ita quod nihil pro una parte auctoritate officii vestri scribere, quin partem alteram, hanc videlicet favore nimio, illam ingratitudinis vitio offendatis; ut omnis hincinde tollatur suspicio, et ab offensa domini Eboracensis, cujus estis clericus, vos reddamus immunem, volumus et mandamus quatenus si contingat magistros Johannem Clarel et Johannem de Luco, judices pro archiepiscopo Eboracensi aut procuratores eorum, in ista ultima appellatione ad vos pro aliquibus inhibitionibus impetrandis, ne fiat executio cujusdam sententiæ nuper latæ pro domino Dunolmensi per decanum Sancti Pauli et commissarum abbatis de Sancto Eadmundo, recurrere, totum ipsum negotium archidiacono Cantuariensi committatis, ipsos canonicos seu procuratores eorum ad ipsum archidiaconum pro negotio hujusmodi transmittentes cognitionem et decisionem ejusdem negotii totaliter committendo. Valete. Datum apud Doure, die S. Thomæ apostoli, ordinationis nostræ anno quarto.

CCCLXXVI.

To Cardinal Gaetano.

1282.
21 Dec.
Cannot
assist the
son of J.
de Co-

Reverendo in Christo patri ac domino Jacobo,[1] Dei gratia Sanctæ Mariæ in Cosmedin diacono cardinali, frater J[ohannes], etc., cum filiali reverentia paratam in omnibus ejus beneplacitis voluntatem. Statum reve-

---

[1] *Jacobo*] Benedicto in A.

rentiæ vestræ lætanter intelleximus, novit Deus, pros- lumpna in
pcre se habere, et hoc semper ex affectu scire cupimus, quence of
fatentes nos vestris beneplacitis esse perenniter obli- his recent
gatos. Et quia certis credimus indiciis vos modicita- in Wales.
tem nostram amplecti sincerissima caritate, dominatio- R. f. 16 b.
nem vestram volumus non latere, quod per gratiam A. f. 126
vestram assumpti ad officium pastorale numquam ab
illa die qua vos vidimus, habuimus diem lætam, nec
aliquid tantum sub cœlo optamus, sicut illud onus
excutere, si dignaretur sancta Romana ecclesia in hac
parte votis nostris condescendere, Altissimo inoffenso.
Inter alias autem miserias hæc est una, quæ non mediocriter nos molestat, quod supra modum æris vinculum nos onerat alieni, et hoc nobis augetur quotidie
dum in partibus Walliæ existentes, in quibus processimus pro pacis procuratione adhuc frivola, supra ceteros status nostri cogimur effundere infinita. Quocirca
vestræ clementiæ supplicamus, quatenus in hoc impotentiam nostram habere dignemini excusatam, quod
contra solatium cordis nostri, ut novit noster conscius
in excelsis, filio desideratissimi vestri domini J . .
de Columpna non prospicimus, ut deceret. Quod tamen facere proponimus feliciori fortuna, favente Altissimo, nostris successibus arridente. Conservet Dominus
incolumitatem vestram ecclesiæ suæ sanctæ per tempora longiora. Scriptum xii. kal. Januarii, anno ut
supra [1282].

CCCLXXVII.

To GRIFFIN WENONWYN.

Frater J[ohannes], etc., nobili viro in Christo sibi 1282.
carissimo domino Griffino Wenonwyn, salutem, gratiam Cannot
et benedictionem. Non esset nobis facile de vobis believe
sinistrum aliquid opinari, nec possemus credere quod that the
dominus rex bona venerabilis fratris domini . . . fiscated the

goods of episcopi Assavensis in læsionem ecclesiasticæ libertatis
the bishop
of St. in manibus bajulorum suorum sic confiscaverit, et ea
Asaph. sibi prohibuerit ministrari. Quia tamen, si ita sit,
R. f. 192 b. vos a tanto sed non a toto credimus excusari, super-
sedemus ad præsens donec tam cum dicto . . epi-
scopo, quam etiam ceteris coepiscopis nostris, super
hoc tractatum habuerimus, quod erit in brevi quando
simul congregabimur, Domino concedente, et tunc de
ipsorum concilio faciemus in hac parte quod ad honorem. Dei et ecclesiæ viderimus faciendum ; uia non
possemus ad præsens plenam veritatis indaginem eorum quæ scribitis obtinere, et hoc eo tranquillius et
quietius fiet, quod vos mandatis nostris et ecclesiæ
contrarium non invenimus aut rebellem. Quia autem
parati estis voluntatem nostram de prædictis bonis
facere per omnia, si vos warantizemus propter præsentis guerræ pericula et insidias, vobis ut scribitis
imminentes, dissimulabimus ad præsens, vos ex animo
deprecantes quatenus interim sic vos habeatis, ne libertatem ecclesiasticam videamini aliquatenus offendisse,
non permittentes bona prædicti episcopi dissipari aut
a suis usibus quantum in vobis est fieri aliena.[1] Valete. Datum apud Ros, ix. kal. Januarii, ordinationis
nostræ iiii^{to}.

CCCLXXVIII.

TO THE BISHOP OF WORCESTER.

1282. Wygorniensi episcopo salutem, etc. Fraternitati
28 Dec.
Intends to vestræ notum facimus per præsentes, quod personam
visit his vestram atque ecclesiam, vestræque civitatis et diœ-
diocese.
cesis clerum et populum, favente Domino, intendimus
R. f. 83.
A. f. 36 b. visitare, quod eis curetis patefacere sine mora, ut præmuniti se præparent visitationem nostram secundum
sanctiones canonicas admissuri. Denunciari etiam faciatis ecclesias, seu portiones ecclesiarum appropriatas

---

[1] *alienæ*] alienos, R.

habentibus, seu in ecclesiis alienis aut parochiis pensiones vel decimas separatas percipientibus, ac universis rectoribus, tenentibus in vestra diœcese et alibi
plura beneficia curam habentia animarum, quod jus,
si quod habent speciale super appropriatione, perceptione, et pluralitate hujusmodi, cum per ipsos transitum fecerimus, sub pœna canonica peremptorie nobis
ostendant. Proponimus autem ecclesiam vestram Wygorniensem in crastino Purificationis Beatæ Mariæ
proximo venturæ intrare, et die sequenti visitationem
nostram circa personam vestram, quam tunc ibidem
adesse volumus, Deo volente, et cessantibus impedimentis legitimis inchoare, extunc ad vestrum capitulum et alia loca vestræ diœcesis, prout opportunitas
dederit, processuri. De die vero receptionis præsentium, et qualiter præmissa fueritis executi, nobis dictis
die et loco vestris patentibus literis harum seriem continentibus fideliter intimetis. Valete in Christo semper
et Virgine gloriosa. Datum apud Ros, v. kal. Januarii,
anno Domini MCCLXXXII., ordinationis nostræ iiii.

CCCLXXIX.

To the Bishop of Llandaff.

Landavensi episcopo, salutem, etc. Cum dominus
Rogerus de Mortuomari junior, sit coram nobis super
incontinentia cum Margareta uxore Rogeri de Radenore
de Bredewardyn et aliis irretitus, et patriæ nec eidem
minime foret tutum, quod ea occasione post nos ad
loca remotiora aliqualiter traheretur, vobis vices nostras committimus, mandantes quatenus vocato coram
vobis dicto Rogero faciatis, si est ita, primo eundem
peccata sua in forma canonica abjurare, eidem salutarem pœnitentiam imponentes. Super quo facto in
tremendo Dei judicio vestram conscientiam oneramus.
Intelleximus autem quod dictus Rogerus quendam

1282
28 Dec.
Empowers
him to
impose
penance on
Roger de
Mortimer
for incon-
tinence
and for
imprison-
ing a chap-
lain.
R. f. 83.
A. f. 36 b.

capellanum, pro eo quod ipsum super peccatis suis redarguit, fecit carcerali custodiæ mancipari, quod si verum sit, non est dubium ipsum ipso facto excommunicationis sententiam incurrisse. Unde super hoc plenam faciatis inquirere veritatem, et si de hoc plene vobis constiterit, eidem pro dicto delicto pœnam canonicam imponatis. Horum autem potestatem vobis committimus cum coercionis canonicæ potestate. Quid autem feceritis in præmissis, nobis in congregatione nostra Norhampton' constare fideliter faciatis. Datum apud Ros, v. kal. Januarii, ordinationis nostræ anno iiii.

CCCLXXX.

To EDWARD I.

1282.
31 Dec.
Has confirmed the
election of
Ric. de
Swinefield
as bishop
of Hereford.
R. f. 100 b.

Excellentissimo principi domino E[dwardo], Dei gratia illustri regi Angliæ, etc., frater J[ohannes], etc., salutem et prosperos ad vota successus. Excellentiæ regiæ præsentibus innotescat, quod nos electionem nuper factam in ecclesia Herefordensi de venerabili viro magistro Ricardo de Suinefeud in ejusdem ecclesiæ episcopum et pastorem præsentatam nobis ex parte . . . decani et capituli, quam per diligentem examinationem de sufficienti et idonea persona invenimus per omnia rite et canonice celebratam, auctoritate metropolitica duximus confirmandam, eidem electo plenam spiritualium administrationem prædictæ diœcesis concedentes. Quocirca serenitatem vestram attentis precibus exoramus quatenus cum præfato electo misericorditer agere dignemini, in hiis quæ ad regiam pertinent dignitatem. Custodiat Dominus excellentiam vestram per tempora longiora. Datum apud Ros, ii. kal. Januarii, anno Domini MCCLXXXII.

CCCLXXXI.

To the Clergy and Laity of Hereford.

Frater Johannes, etc., dilectis in Christo filiis, clero et populo diœcesis Herefordensis, salutem, gratiam et benedictionem. Cum electionem nuper factam in ecclesia Hereford' de venerabili viro magistro Ricardo de Suinefeud', ejusdem ecclesiæ canonico, viro utique provido et honesto, eminenti litcrarum scientia prædito, et in spiritualibus ac temporalibus circumspecto, per quem speratur status ipsius ecclesiæ in melius reformandus, præsentatam nobis ex parte . . . decani et capituli loci ejusdem, per examinationem diligentem invenerimus per omnia rite et canonice celebratam, ipsamque confirmaverimus justitia exigente ; universitatem vestram in Domino requirimus et hortamur, vobis nihilominus in virtute obedientiæ firmiter injungendo mandantes, quatenus dicto electo vestro tanquam membra capiti obsequentes, debitam in omnibus obedientiam, reverentiam et honorem exhibeatis eidem ; ut per debitæ devotionis promptitudinem vos reddatis Deo et hominibus commendatos. Valete. Datum apud Ros, ii. kal. Januarii, anno Domini MCCLXXXII., ordinationis nostræ iiii.

1282.
31 Dec.
Desires them to obey Ric. de Swinefeud, the new bishop.
R. f. 193.

CCCLXXXII.

To the Bishop of Leighlin.

Domino Lech' episcopo in Hybernia, pro testamento domini R .de Mortuo Mari.

Frater J[ohannes], etc., venerabili fratri domino . . Dei gratia Lech' episcopo, salutem et sinceram in Domino caritatem. Noveritis quod dominus Rogerus de Mortuo Mari testatus decessit, et testamentum suum sigilli nostri munimine ad preces suas ipso vivente fecimus roborari. Si quid autem postea suo superaddidit

1283.
3 Jan.
On behalf of the executors of Roger Mortimer.
R. f. 83 b.
A. f. 37.

testamento, probatum coram nobis post decessum suum
dilucide extitit et aperte. Rogamus igitur vestram fraternitatem quatenus executoribus dicti Rogeri nullum
velitis præstare nocumentum, quominus executionem
dicti testamenti exequi juxta ipsius voluntatem valeant
cum effectu, quibus bonorum suorum administrationem
in forma canonica nos noveritis contulisse. In cujus
rei testimonium, etc. Datum apud Sugwas, iii. non.
Januarii, anno Domini MCCLXXXII., ordinationis nostræ
iiii.

CCCLXXXIII.

To [R. Swinefield] Bishop elect of Hereford.

Concern-
ing a claim
of the
prior of
Wenlok to
three
chapels.

R. f. 83 b.
A. f. 16.

Frater J[ohannes], etc., electo Herfordensi, salutem
etc. Dilectus nobis in Christo prior de Wenlok tres
sibi vendicat capellas in usus proprios, quas dicit ad
jus suæ ecclesiæ ex privilegio apostolico pertinere, cum
tamen jus ipsum, si quod habuit, per factum contrarium
sit elisum. Quæ tamen capellæ modo vacant de facto
per collusionem factam, ut creditur, cum rectoribus earundem. Ipsi enim more insolito coram nostris commissariis comparentes cesserunt illico juri suo. Et quia
prædictus prior non intendit in hoc negotio nisi tria
hospitia perpetuo extirpare, rem publicam lædendo per
consequens, curam animarum extinguere, hospitalitatis
inibi januas obserare, pauperes interficere non pascendo,
divites ad nauseam saginare; sponsæ pallium tollere,
murorum monachis custodibus applicando; carnalia me-
tere nec spiritualia seminare, Jerusalem pomorum dare
custodiæ, evacuare aspersionem sanguinis Jesu Christi,
et contra jura decimarum quæ in sacra pagina continentur, portiones Leviticas ascribere non Levitis; quæ
omnia, cum multis aliis, quæ turpe est dicere, appropriationes ecclesiarum ut plurimum consequuntur;—Ro-

gamus vos ut in hoc negotio sic vos velitis exhibere
prædicto priori favorabiliores et benignos, ut prædicta
piacula jugiter excludantur, scientes quod quicquid ei
feceritis in hac parte, nobis esse factum veraciter reputamus, immo illi verius pro quo legatione fungi-
mur, licet fragiles et indigni, et eidem intelligimus in
omnibus, qui pro consimilibus ad vos venient obti-
nendis, ut advertatis tales esse, ut pro multis sit sermo,
pilosos saltantes et ululas in ædibus Babilonis.[1] Pro
prædicto autem priore, quem sincero corde diligimus,
optamus facere quicquid secundum Deum possumus,
dum tamen Altissimum minime offendamus.

CCCLXXXIV.

EDWARD I. TO THE CONVOCATION AT NORTHAMPTON.

Edwardus Dei gratia rex Angliæ, dominus Hyber- 1283.
niæ et dux Aquitaniæ, venerabilibus in Christo patri- 5 Jan.
bus J., eadem gratia Cantuariensi archiepiscopo, totius Credence
for the earl
Angliæ primati, episcopis, abbatibus, prioribus et aliis of Corn-
domorum religiosarum præfectis, decanis, capitulis wall, the
abbot of
ecclesiarum cathedralium et collegiatarum de provincia Westminster and
Cantuariensi, et eorum procuratoribus apud Northamp- John de
ton' in instantibus octabis Sancti Hillarii conventuris, Kyrkeby.[2]
salutem. Cum mittamus ad vos dilectum consangui- R. f. 101 b.
neum et fidelem nostrum Edmundum comitem Cornubiæ, et dilectos nobis in Christo abbatem Westmonasteriensem, thesaurarium nostrum, et Johannem de
Kyrkeby, archidiaconum Conventrensem, ad quædam
ardua et specialia negotia nos et vos et totum regnum nostrum tangentia, vobis nomine nostro expo-
nenda, dilectiones vestras affectuose requirimus et
rogamus, quatenus eisdem comiti, abbati et Johanni,

---

[1] *pilosos . . . Babilonis*] The
passage refered to here is Isaiah
xiii. 21, 22.

[2] Printed in Wilkins' Concilia,
ii. 92.

vel duobus eorum quos præsentes esse contigerit, firmam fidem adhibentes, ea quæ ipsi omnes vel duo
eorum vobis nomine nostro dicent, efficaciter explere
et expedire curetis amore nostri, prout vobis scire
facient ex parte nostra. In cujus rei testimonium
has literas nostras fieri fecimus patentes. Teste me
ipso apud Rothelan', quinto die Januarii, anno regni
nostri undecimo.

CCCLXXXV.

To the Official of the Bishop elect of Hereford.

1283.
12 Jan.

Requests
him to stop
extortions
by the
arch-
deacons of
Hereford
and Shrop-
shire.

R. f. 193.

Frater Johannes, etc., dilecto filio . . . officiali
domini electi Hercfordensis, salutem, gratiam et benedictionem.   Cum in processu visitationis nostræ in
civitate et diœcese Herefordensi invenerimus . . archidiaconos Hereford' et Salopsir' a subditis suis procurationes, etiam ubi et quando non visitant, passim et
indifferenter recepisse in pecunia numerata; nos, nolentes tanti erroris præsumptionem de cetero trahi in
consuetudinem contra canonicas sanctiones, discretioni
vestræ committimus, et in virtute obedientiæ firmiter
injungendo mandamus, quatenus inhibeatis ex parte
nostra, sub pœna canonica, archidiaconis prædictis et
eorum . . officialibus et ministerialibus quibuscunque,
ne procurationes hujusmodi sive census in pecunia a
subditis suis, nisi in forma canonica, exigant aut recipiant in futurum, nec notoria crimina punire pecuniaria
pœna præsumant.   Subditis quoque ipsis ne procurationes seu census prædictos dictis archidiaconis vel
eorum . . officiali seu aliis quibuscunque eorum nomine solvant quomodolibet, nisi archidiacono personaliter visitanti, nisi secum super hoc legitime fuerit
dispensatum.   De quo cum nobis plene constiterit,

parati erimus præcedentia mitigare. Denuncietis insuper archidiaconis ipsis, quod pecuniam pro causis
prædictis receptam restituant secundum canonicas sanctiones, cum in alias canonum pœnas statutas contra
hujusmodi transgressores se incidisse possint non in-
merito formidare. Nos autem sententias suspensionis,
excommunicationis aut interdicti, si quæ per dictos
archidiaconos aut eorum officiales in contrarium latæ
fuerint, juxta statuta sanctorum patrum tenore præsentium decernimus non tenere. Qualiter autem hoc mandatum nostrum fueritis executi, nobis citra festum
Purificationis Beatæ Virginis vestris patentibus literis
harum seriem continentibus, fideliter intimetis. Valete.
Datum apud Ledebur', ii. id. Januarii, anno quo supra
(1282, ordinationis nostræ quarto).

CCCLXXXVI.

To the Dean of Hereford.

Frater Johannes, permissione divina etc., dilecto filio
magistro J. de Aquablanca, decano ecclesiæ Herefordensis, salutem, gratiam et benedictionem. Ad corrigendum et reformandum secundum canonicas sanctiones
quædam crimina et defectus, quæ Herefordensem civitatem et diœcesem visitantes in jurisdictione vestra
invenimus corrigenda, quæ etiam correctioni vestræ
relinquenda duximus, ex gratia speciali, prout in quadam cedula sigillo nostro signata, quam vobis transmittimus, plenius continentur, vobis tenore præsentium
vices nostras committimus cum coercionis canonicæ
potestate. Volentes ut citra festum Purificationis
Beatæ Virginis nos de hiis quæ circa correctionem et
reformationem hujusmodi feceritis, vestris patentibus
literis distincte et aperte reddatis fideliter certiores.
Valete. Datum apud Ledebur', ii. id. Januarii, ordinationis nostræ anno quarto.

1283.
12 Jan.
Empowers
him to cor
rect certain
crimes and
defects dis-
covered at
the visita-
tion.
R. f. 152 b.

R 4237.   H

CCCLXXXVII.

TO THE OFFICIAL OF THE ARCHDEACON OF STAFFORD.

[1283.]
12 Jan.
Orders
him to try
a divorce
case be-
tween
John de
Pontifford
and Agnes
de Dodele-
bury, his
wife.
R. f. 152.

Frater Johannes, etc., dilecto filio . . officiali . . archidiaconi Stafford', salutem, gratiam et benedictionem. Nuper nobis in diœcese Conventrense et Lichfeldense visitationis officium exercentibus, Agnes de Dodelebur' ad nos accedens, gravi conquestione monstravit, quod Johannes de Pontifford, maritus suus, ipsam maritali affectu non pertractans, eam a se amovit eidem necessaria denegando. Volentes autem in hoc facto effici certiores, inquisitionem super hiis religioso viro et discreto abbati Salop' mandavimus faciendam. Qui in dicto negotio procedens, dictum Johannem propter suas multiplicatas contumacias pariter et offensas, auctoritate nostra excommunicationis sententia innodavit et excommunicatum publice nunciavit. Demum dictus Johannes ad nos veniens, divortium inter ipsum et dictam Agnetem cum effectu in forma canonica petiit celebrari, asserens se ipsam de adulterio et incestu post matrimonium inter eos contractum velle in forma juris coram competenti judice accusare. Et quia isti causæ in præsenti vacare non possumus, diversis negotiis præpediti, vobis mandamus et committimus vices nostras, in virtute obedientiæ firmiter injungentes, quatenus vocatis qui fuerint evocandi, citra Pascha dictam causam divortii audiatis et fine debito decidatis, facientes quod decreveritis per censuram ecclesiasticam inviolabiliter observari. Alioquin causam ipsam instructam vel non instructam, cum omnibus instrumentis et juribus dictam causam contingentibus, ad nostrum revocatis examen, partibus certum diem coram nobis ubicunque fuerimus in nostra provincia vel diœcese præfigentes. Datum apud Ledebur', ii. id. Januarii, consecrationis nostræ anno quarto.

CCCLXXXVIII.

TO THE PRIOR OF STAFFORD.

Frater [Johannes], etc., dilecto filio . . . priori Sancti Thomæ juxta Stafford,[1] salutem, gratiam et benedictionem. Cum Johannes de Pendeford, dudum auctoritate nostra, pro eo quod . . uxorem suam legitimam maritali affectione non pertractans esset excommunicationis vinculo innodatus, justitia exigente, ac idem Johannes a nobis beneficium absolutionis cum instantia postulaverit, volens totaliter in hac parte nostræ se subjicere voluntati ; nos volentes utriusque eorum indempnitati prospicere, et quantum secundum Deum possumus utrumque in sua justitia confovere, mandamus quatenus illos xl. solidos in quibus eidem Johanni ultra victum et vestitum suo perpetuo, ut dicitur, tenemini, eidem mulieri ad sustentationem suam quamdiu vixerit legaliter assignetis s̉eu assignari faciatis, quibus omnibus in forma canonica peractis, vobis ejusdem Johannis absolutionem committimus per præsentes, sigilli nostri impressione munitas. Valete. Datum apud Wyk' juxta Wygorniam, ordinationis nostræ anno quarto.

1283. [Jan.] Orders him to assign certain money to the wife of John de Pendeford, and then absolve him for his neglect of her.

R. f. 152 b.

CCCLXXXIX.

LEOMINSTER CHURCH.

Universis præsentes literas inspecturis, frater J[ohannes], permissione divina Cantuariensis archiepiscopus, totius Angliæ primas, salutem et pacem in Domino sempiternam. Dum nuper in Herefordensi diœcese auctoritate metropolitica visitationis officium ageremus, et ad ecclesiam de Leomenistr' ejusdem diœcesis, ubi quandam congregationem invenimus monachorum,

1283. 13 Jan. Restores the outer doors, removed by order of the late bishop of Hereford, and orders

---

[1] *Stafford*] Safford in MS.

H 2

the monks to build a chapel which shall be always open.

R. f. 224 A.
A. f. 182 b.

personaliter haberemus accessum, comperimus fores eorum exteriores sine valvis existere, eo quod dominus Thomas quondam Herefordensis episcopus monachos ipsos coegerat valvas ab ipsis foribus amovere. Cum autem videremus aperte, hoc religionis honestati minime convenire, quæ habet a sæcularium tumultibus hominum et incursibus congrui ambitus intersticio communiri, ut divinis liberius et commodius vacet obsequiis, pro quibus dinoscitur instituta, perpenderemus etiam ex hoc familiæ dictorum monachorum licentiam et occasionem tribui multa inibi nepharia perpetrandi, monachisque ipsis vel eorum aliquibus, si forsan tales essent, quod absit, ad similia contra religionis vinculum aditum præparari ; necnon, quod magis credimus ponderandum, nepharios homines et impudicos infra loci ipsius ambitus latibula multa enormia crimina commisisse, prout nobis ex parte quorundam parochianorum ibidem extitit intimatum; ac etiam ad hoc idem pro defectu clausuræ semper aditum esse paratum ; licet tot malorum et criminum evidentia, statim ad salubris correctionis remedia nos artaret, pro pace tamen et securitate omnium causam valvarum amotionis hujusmodi plenius duximus exquirendam. Demum pro facto dicti episcopi fuit propositum coram nobis quod, cum ecclesia Leomenistr' parochialis existat, ad quam tam de nocte quam de die liber omnibus patere debet accessus, ut in casibus fortuitis confugientes ad eam ipsius immunitate gaudeant, et parochianis infirmis semper viaticum sit paratum, ac fores ipsæ semper nocturno tempore solent claudi, multa propter hoc, ut dicebatur, pericula contigerunt. Nos itaque considerantes certa pericula esse dubiis præferenda, posseque hujusmodi confugarum incertis periculis per viam aliam commodius obviari, volentes in periculis certis aditum et occasionem peccandi tollere, et dictorum religiosorum honestati et securitati imposterum salubriter providere, habito super hiis cum vene-

rabili viro magistro R[icardo] electo Herefordensi per
nos confirmato, decanoque et capitulo ejusdem loci
diligenti tractatu, de eorundem voluntate et assensu,
prædictis monachis auctoritate præsentium valvas suas
prædictas restituimus, ita libere sicut eas aliquo tempore habuerunt, et circa prædicta pericula excludenda
taliter duximus ordinandum; ut videlicet prætacti monachi extra januas suas prædictas, in loco ad hoc con-
gruo, ædificent et perficiant infra annum unam honestam capellam decentis magnitudinis in honore beati
Thomæ martiris gloriosi, ad quam confugarum hujusmodi liber accessus omni tempore pateat, et in qua
corpus Christi pro infirmis honorifice collocetur, et
unus de capellanis parochialibus, vel alter sacerdos, cele-
bret omni die, ut immunitas sit et protectio omnibus
confugientibus ad eandem. Inhibemus autem nostris
subditis universis sub pœna districtionis canonicæ, ne
quis eorum præfatam ordinationem nostram præsumat
aliquatenus infirmare, vel ei ausu temerario contraire.
Decernentes exnunc prout extunc irritum et inane
si quid per eos aut eorum aliquem contra præmissa
fuerit attemptatum. In cujus rei testimonium et memoriam perpetuam præsentem paginam sigilli nostri
fecimus appensione muniri. Datum apud Sugwas,
idibus Januarii, anno Domini MCC. octogesimo secundo,
ordinationis nostræ quarto.

CCCXC.

TO THE OFFICIAL OF THE BISHOP OF BATH.

Frater J[ohannes], etc., dilecto filio magistro W.,
officiali domini Bathoniensis episcopi, salutem, gratiam
et benedictionem. Intelleximus quod monasterium
Glaston' in bonis suis et possessionibus propter excessus quosdam ipsius loci . . abbatis, læditur multipliciter et gravatur, cum tamen dudum ibidem

1283.
15 Jan.
The abbot
of Glaston-
bury must
exhibit an
alleged
letter from
Peckham

in mitiga-
tion of his
ordinances.

R. f. 193 b.

visitationis officium exercentes contra excessus et dila-
pidationes hujusmodi quasdam ordinationes salubres
fecerimus, quarum copiam domino vestro dedimus, sicut scitis. Abbas autem ipse in suæ pallium voluntatis prætendere dicitur quandam literam, quam se
asserit a nobis postmodum impetrasse, ad mitigationem
ordinationum nostrarum, et certe non recolimus nos ei
circa hoc mitigationem aliquam concessisse. Quocirca
vobis in virtute obedientiæ firmiter injungendo mandamus, quatenus ad ipsum monasterium accedentes,
faciatis vobis dictam literam exhiberi, et nobis transcriptum ejusdem sub vestro sigillo celerius transmittatis. Quod si ipsius copia vobis fuerit denegata, nos
eandem literam, si quæ sit, tenore præsentium revocamus et omnino carere decernimus robore firmitatis.
Quid autem inveneritis ac feceritis in præmissis, nobis
citra festum Purificationis Beatæ Virginis fideliter
rescribatis. Valete. Datum apud Wyk', xviii. kal.
Febr., ordinationis nostræ anno iiii.

CCCXCI.

To the Bishop of London.

1283..
21 Jan.
Summons
convoca-
tion to
meet at
the New
Temple, as
a full an-
swer was
not given
to the
king's en-
voys at
Northamp-
ton.[1]

R. f. 83 b.

Frater J[ohannes], etc., episcopo Londoniensi, etc.
Quoniam in congregatione ad instantiam domini regis
habita Northampton' in octabis Sancti Illarii, nunciis
ejusdem domini regis super quibusdam nobis et suffraganeis nostris ac clero præsenti ibidem ex parte ipsius
expositis, tum propter absentiam maximæ partis cleri
tunc temporis modo debito non vocati, tum propter
alia diversa, ad plenum non potuit responderi; de
communi omnium tunc præsentium consilio extitit
ordinatum, ut nostis, quod clerus totus Cantuariensis
provinciæ ad certos diem et locum pro danda respon-
sione hujusmodi congregetur. Quocirca fraternitati

---

[1] Printed in Wilkins' Concilia, ii. 93.

vestræ tenore præsentium præcipiendo mandamus, quatenus confratres nostros episcopos Cantuariensis ecclesiæ
suffraganeós omnes et singulos, necnon abbates, priores
ac alios quoscunque domibus religiosis præfectos, exemptos et non exemptos, decanos ecclesiarum cathedralium et collegiatarum, ac archidiaconos universos
per Cantuariensem provinciam constitutos citetis, vel
citari faciatis peremptorie, quod compareant coram
nobis per se vel per procuratores sufficienter instructos, seu conveniant apud Novum Templum, London',
a die Paschæ in tres septimanas, super hiis quæ ex
parte domini regis in congregatione prædicta exposita
fuerant tractaturi, ac ulterius facturi quod Dominus
inspirabit. Singuli insuper episcopi, sicut in dicta congregatione provisum fuerat, citra diem prædictum
clerum suæ diœcesis in aliquo locò certo congregari
faciant, et eidem quæ ex parte regis nobis proposita
fuerant diligenter exponi procurent, ita quod ad dictos diem et locum London' de qualibet diœcese duo
procuratores nomine cleri, et de singulis capitulis ecclesiarum cathedralium et collegiatarum singuli procuratores
sufficienter instructi mittantur, qui plenam et expressam potestatem habeant una nobiscum et confratribus
super præmissis tractandi, et consentiendi hiis, quæ
ibidem ad honorem ecclesiæ, consolationem domini regis,
et pacem regni cleri communitas providebit. De nominibus vero abbatum . . priorum et aliorum religiosorum, decanorum, archidiaconorum, procuratorum,
tam cleri cujuslibet diœcesis quam capitulorum, singuli episcopi pro suis diœcesibus, ad dictos diem et
locum per suas literas distincte nos certificent et
aperte. Vos autem, quos tunc præsentes adesse volumus, nobis rescribatis per vestras literas patentes
harum seriem continentes, qualiter præsens mandatum
nostrum fueritis executi. Datum Northampton', xii
kal. Februarii, anno Domini MCC. octogesimo secundo.

CCCXCII.

TO THE DEAN OF RISBOROUGH.

1283.
26 Jan.
Orders
him to se-
quester the
benefice of
Manuel,
archdeacon
of Cre-
mona, and
to send
particulars
about all
the rectors
in his juris-
diction.
R. f. 193 b.

Frater Johannes, etc., dilecto filio . . decano suo de Riseberge, salutem, gratiam et benedictionem. Quia intelleximus quod magister Manuel, qui se dicit archidiaconum Cremonensem, fructus ecclesiæ de Neuwenton', nostri patronatus et jurisdictionis, nescimus cujus interveniente auctoritate, habet ad firmam, quem esse novimus excommunicationis sententia involutum, tibi in virtute obedientiæ firmiter injungendo mandamus, quatenus si est ita quoad firmam prædictam, fructus ipsos auctoritate nostra sequestres, et, sicut de eis nobis respondere volueris, sub arto sequestro custodiri facias, donec a nobis aliud receperis in mandatis. Citans eundem Manuelem nihilominus peremptorie, necnon et rectorem ecclesiæ de Newenton' prædictæ, quod compareant coram nobis, ubicunque fuerimus in nostra provincia, tertia die juridica post festum Cathedræ Sancti Petri, super sibi objiciendis responsuri, facturi et recepturi quod justitia suadebit. Ad hæc, quod ex officii debito pastoralis nobis incumbit, vultus, mores, conditionesque subditorum nostrorum agnoscere, pro quibus habemus specialiter respondere, discretioni tuæ committimus et mandamus quatenus omnia nomina rectorum tuæ jurisdictionis, statusque et conditiones eorum, quantum scire poteritis, necnon a quo tempore hujusmodi tenuerint beneficia, et in quibus sint ordinibus constituti, una cum hiis quæ circa præfatum sequestrum feceris, nobis rescribas fideliter citra quindenam Purificationis Beatæ Virginis per tuas patentes literas harum seriem continentes. De citationibus autem prædictis et aliis quæ de præmissis sine ulteriori inquisitione in præsenti noveris, nos tuis patentibus literis certifices per præsentium portitorem. Valete. Datum apud Blockele, vii. kal. Februarii, ordinationis nostræ anno quinto.

CCCXCIII.

To Cardinal [Chioletti].

Reverendo in Christo patri et domino J[ohanni], Dei gratia tituli Sanctæ Cæciliæ presbytero cardinali, suus frater J[ohannes] etc., cum omni reverentia et honore. Si non possimus alteri, conquerimur coram vobis sanguini Redemptoris super eo quod, ut nobis certis mandatis innotuit, Tedisius de Camilla, cum esset olim fama teste omnium vilior curialium, quædam beneficia ecclesiastica sacrilege intrusus, quorum sibi confirmationem a domino Johanne papa, mediantibus quibusdam in toto falsis suggestionibus, impetravit, sua impetratione multiplici abusu privandus, ut parati sumus docere coram judice veritatis, tantum repperit in sancta Romana curia favorem, quod in nostri nostrorumque gravamen multiplex multa ei supra cursum solitum conceduntur. Quod nos teste Altissimo plangimus longe plus quam nostro incommodo pro dedecencia tantæ matris, et scandalo quod inde sequetur, non solum pusillorum sed etiam illorum qui scientes qualiter Christus docuerit carnales affectus curæ postponere animarum, cernunt eum ibi reperire favorem quo debuerat captivari, in tali maxime qui totius expers scientiæ et linguæ etiam literalis, moribus suis fuscavit aerem, ut dicitur, ubicunque hactenus moram traxit. Quia igitur in ipso canonice privato credimus de ovili Domini ejecisse furem, de templo negotiatorem et abominationis idolum prostravisse, supplicamus sanctitati vestræ ut summo pontifici suggerere dignemini, quatenus illorum qui ipsum in dicti Tedisii favorem inclinare nituntur, dignetur advertere laqueos, et nobis pro solo Christi sanguine agentibus favorem consuetæ dulcedinis impertiri. Custodiat Dominus incolumitatem vestram ecclesiæ suæ sanctæ per tempora longiora.

[1283.]
[Jan.]
Desires him to remonstrate with the pope about Tedisius de Camilla, who has obtained benefices by false representations.
R. f. 17.
A. f. 6 b.

CCCXCIV.

To Cardinal Giordano [Orsini].

[1283.] [Jan.] Asks his favour in his process against Tedisius de Camilla. R. f. 17. A. f. 6 b.

Reverendo in Christo patri ac domino Jordano, Dei gratia Sancti Eustachii diacono cardinali, frater J[ohannes], etc., cum omni reverentia et honore, salutem. Cum non habeamus patrem alium cui stupores nostros audeamus fiducialius reserare, paternitati vestræ, de qua animus noster nequit diffidere, tinnitum quendam crepitus insperati conquerendo filialiter reseramus. Super hoc videlicet, quod, ut nobis scribitur, spei nostræ refugium singulare, dominus Benedictus contra nos verbis duris insurgit publice, et processum nostrum contra Tidisium de Camilla, cujus non ignorat ignorantiam, mores mortuos et opera otiosa, nititur, spreta processus nostri justitia, impugnare; de quibus conatibus suis plus dolemus, teste conscientia, pro honore sacræ sedis apostolicæ ac personæ suæ, quam de aliquo quod possit nobis inde dispendio imminere, qui parati erimus omni tempore sacræ sedis apostolicæ cervicem nostram diffinitionibus substernere, quantumcunque sensus nostri tenuitas aut affectionis zelus videatur nobis intrinsecus reclamare. Quocirca, pater sanctissime, supplicamus ut justitiam nostram velitis promovere, quatenus concordat evangelicæ disciplinæ, cujus nos alligavit ministerio pater sanctissimus, frater vester. Custodiat Dominus incolumitatem, etc.

CCCXCV.

To the Official of the Archdeacon of Worcester.

1283. 1 Feb. Orders him to cite rectors holding several

Frater Johannes, etc., officiali archidiaconi Wygorn', salutem, gratiam et benedictionem. Quia volente Domino, juxta officii nostri debitum clerum et populum archidiaconatus prædicti in brevi proponimus visitare, tibi mandamus quatenus cites peremptorie omnes et

singulos abbates, priores et religiosos ceteros dicti _{benefices}
archidiaconatus quocunque nomine censeantur, ecclesias _{to the approaching}
appropriatas tenentes, seu portiones aut pensiones in _{visitation,}
alienis percipientes parochiis; item omnes et singulos _{and to send answers to}
rectores et vicarios plura cum animarum cura tenentes _{certain questions}
beneficia, et in alienis parochiis percipientes pensiones, _{about the}
portiones, seu decimas partiales, quod cum nos vel _{state of the church.}
clericos nostros ad præfatum archidiaconatum visita- _{R. f. 193 b.}
tionis causa declinare contigerit, coram nobis vel ipsis
compareant una cum tribus, quatuor, vel pluribus parochianis cujuslibet parochiæ fidedignis, per quos rei
veritas melius inquiri poterit, de quorum etiam depo-
sitione coram Deo tuam conscientiam oneramus ac si
necesse fuerit contra te habere recursum, jus si quod
habent speciale, dispensationes seu munimenta, per
quod, quas vel quæ, juri communi derogantia de licitis appropriatione, perceptione et retentione hujusmodi,
evidenter liquere valeat, efficaciter ostensuri. Cites
etiam peremptorie omnes et singulos rectores et vicarios dicti archidiaconatus qui post Lugdunense concilium sua admiserunt beneficia, nec sunt infra annum
a tempore admissionis suæ in presbyteros ordinati,
ostensuros præcise quare de ipsorum beneficiis tanquam de jure vacantibus disponere minime debeamus.
Denuncies etiam rectoribus ecclesiarum, quarum vicarii
nimis exiles portiones habere dicuntur, quod coram
nobis vel dictis nostris clericis compareant, ostensuri
legitime, quare ad augmentationem vicariorum hujusmodi non debeamus procedere, ut qui sunt participes
oneris, sint pro rata etiam et honoris. Denunciato
prius tamen dictis vicariis quod præmissis intersint, si
sua viderint interesse. Quid etiam, quantum, a quibus,
a quorum aut cujus dominico, an de novo vel ab antiquo, quo titulo, an pacifice vel non, omnes et singuli
prædicti, tam religiosi quam alii, una cum vera taxa-
tione seu æstimatione omnium præscriptorum memorato modo, percipiunt; necnon de nominibus ecclesia-

rum et rectorum earum et æstimationis secundum
taxationem Norwycensem ; qui etiam sunt patroni
earum ; quæ sunt pensionariæ, quibus, a quo tempore
et in quantum ; quæ sunt appropriatæ et quibus personis et a quo tempore ; quæ dimittuntur ad firmam
et quibus personis ; qui in alienis parochiis decimas
percipiunt ; qui rectores resident, et qui non ; qui
pluralitatem beneficiorum obtinent hic et alibi ; qui
etiam infra annum ordinati non fuerint, ut est dictum ;
in quibus etiam ecclesiis solebant esse vicarii nec sunt
modo ; cum de nostro vel dictorum clericorum nostrorum adventu tibi constiterit, per singulos decanos
archidiaconatus præfati literis suis patentibus harum
de verbo ad verbum continentibus seriem, nos vel
dictos nostros clericos, sicut de inobedientiæ nota red-
argui nolueris, exquisite certificari facias sub formâ
et serie suprascriptis. Valete. Datum apud Sladebur',
kal. Februarii, anno Domini MCCLXXXII., ordinationis
nostræ quinto.

CCCXCVI.

To [Roger de Longespee], Bishop of Coventry.

1283.
4 Feb.
Orders
him to
proceed
against
persons
who have
imprisoned
a certain
clerk.
R. f. 84.
A. f. 63 b.

Coventrensi episcopo. Conquestus est nobis Walterus
de Somersete, serviens noster, clericus, lator præsentium, quod quidam malignitatis filii, propriæ salutis
immemores, Dei timore postposito, multis et variis injuriis afficientes ipsum, violenter ab ecclesia Beatæ
Mariæ Salop' extraxerunt, contra ecclesiasticam libertatem, et ipsum carceri mancipantes diu in carcere
tenuerunt. Quocirca fraternitatem vestram requirimus
et rogamus, in virtute obedientiæ firmiter injungentes,
quatenus omnes hujusmodi malefactores et libertatis
ecclesiasticæ turbatores, excommunicatos denuncietis
in genere, et excommunicatos faciatis denunciari, in
locis quibus vobis videbitur melius expedire. De
ipsorum nominibus postmodum specialiter inquirentes,

et quos hujusmodi sceleris inveneritis reos esse, ad satisfactionem Deo et ecclesiæ et læso plenarie faciendam per censuram ecclesiasticam compellatis. Tantum faciatis quod super præmissis clamor ad nos non perveniat iteratus. Valeat, etc. Datum Wygorniæ, ii. non. Februarii, anno Domini MCCLXXXII., ordinationis nostræ anno quinto.

CCCXCVII.

To the Bishop elect of Hereford.

Frater J[ohannes], etc., præcordiali nobis in Christo domino . . electo Hereford', salutem cum internæ caritatis et dilectionis augmento. Ad omnia et singula quæ vestris congruerint beneplacitis et honori, salvis jure et libertate ecclesiæ nostræ, cui ex obedientiæ voto astringimur, pronos et voluntarios nos inveniet vestra dilectio dum vivemus. Ne tamen aliquorum subditorum vestrorum præsumptuosa rebellio, qui ad partem præjudicialem jurisdictioni et approbatæ et ab antiquo obtentæ consuetudini nostræ Cantuariensis ecclesiæ se convertunt, in nostri vel ipsius nostræ ecclesiæ præjudicium aut dispendium, invalescat, non miremini si vestras et domini decani Herefordensis preces ad exauditionis effectum non admittamus hac vice, nec geratis in ullo molestum, si quæ de jure et consuetudine nobis incumbunt, per ministeriales et officiales nostros tractari in forma justitiæ et executioni demandari debite faciamus. Diu vos conservet Altissimus et dirigat in honore. Datum Wygorniæ, ii. non. Februarii, ordinationis nostræ anno quinto.

1283.
4 Feb.
Desires him not to be offended at his proceedings against certain of his subjects.
R. f. 84.

CCCXCVIII.

To the Dean of Hereford.

Frater Johannes, etc., dilecto filio decano de Hereford', salutem, gratiam et benedictionem. Vere, carissime, valde miramur qualiter sic jura respicitis, quod

1283.
4 Feb.
Cannot accede to

his request, ea ad præsens in nostri injuriam et subversionem
as he is
attempting jurium et libertatum nostræ Cantuariensis ecclesiæ
to subvert nitimini retorquere, et eadem interpretamini contra
the liberties
of the see mentem juris, juribus illis quæ pro nobis faciunt non
of Canter- pensatis. Quocirca dilectionem vestram rogamus in
bury by
false in- Domino et hortamur, quatenus ab hujusmodi nostro-
terpreta- rum jurium offensionibus velitis imposterum abstinere,
tion of the
law. nec vos contra libertates nostras tot studiis involvatis,
R. f. 194. quantum ex hoc finaliter nihil vobis adquirere poteritis gloriæ vel honoris. Officiales autem nostros nec
deceret nos ab executione officiorum suorum retrahere,
cum hoc in maximum nobis scandalum redundaret.
Unde rogamus quod non habeatis pro malo si preces
vestras ad præsens non duximus admittendas, volentes
ut officialis noster circa hoc faciat quod sibi viderit
expedire. Et attendatis quod constitutio illa quam
allegatis pro vobis, quæ loquitur de salariis advocatorum, etc., excipit nisi de consuetudine aliud habeatur. Ne credatis oculos nostros aut nostrorum circa
jura talia caligare, et ne de cetero nobis scribatis
talia vos rogamus. Valete. Datum Wygorniæ, ii. non.
Februarii, ordinationis nostræ anno quinto.

CCCXCIX.

To the Official of Canterbury, the Dean of Arches, and the Examiner of his Court.

1283.
7 Feb.   Frater Johannes, permissione divina Cantuariensis
Commis-
sion to go ecclesiæ minister humilis, totius Angliæ primas, dilectis
to West- filiis . . officiali suo Cantuariensi, decano Beatæ
minster
and inspect Mariæ de Arcubus, London', ac magistro Willelmo de
evidence Haleberg', examinatori curiæ suæ Cantuariensis, salu-
for the
exemption tem, gratiam et benedictionem. Cum nuper ad prio-
of the
priory of ratum Majoris Malverniæ in progressu visitationis
Great Mal- nostræ metropoliticæ in Wygorniensi diœcese persona-
vern.
R. f. 194. liter accederemus, causa visitationis inibi exercendæ,

abbas Westmonasteriensis per magistrum Radulphum
de Vasto Prato, procuratorem suum, se nobis opposuit
in hac parte, asserens monasterium suum Westmonas-
teriense cum cellis suis, et præcipue cum cella Majoris
Malverniæ prædictæ, una cum monachis eorundem,
esse per sedem apostolicam ab omni ordinaria jurisdictione exemptos,[1] ita quod nulli archiepiscopo vel
episcopo seu diœcesano licet in præfato monasterio
aut hoc membro suo, ut prædictum est, visitationis
officium exercere; quod etiam prior et conventus dictæ
domus Malverniæ in eorum præsentes capitulo allega-
bant, petentes instanter tam procurator abbatis, quam
prior et conventus prædicti, se ad hoc congruis loco
et tempore ostendendum et probandum admitti. Nos
autem, volentes cum pace omnium procedere, justitiæ
et æquitatis ordine inoffenso, salvis juribus ecclesiæ
nostræ, et possessione nostra vel quasi, quam habemus
in dicto prioratu Malverniæ, sicut prædecessores nostri
fecerunt, libere visitandi, quibus nullo modo præjudicare nec ab eis recedere intendimus in hac parte, prædictis abbati in persona procuratoris sui ac priori et
conventui, ad ostendendum nobis omnia privilegia sua
et munimenta, per quæ probare intendunt dictos prioratum Malverniæ et monachos loci ejusdem a nostra
visitatione et jurisdictione exemptos existere, de jurisperitorum nobis assidentium consilio, terminum per-
emptorium assignavimus, videlicet diem Lunæ proximum ante festum S. Gregorii papæ proxime venturum,
ut die ipso vel citra se doceant legitime a nostra
visitatione exemptos; quem terminum tam procurator
abbatis quam prior et conventus prædicti ad hoc unanimiter acceptarunt. Cumque dictus procurator abbatis coram nobis allegaret dominum suum multa
habere privilegia, et periculosum existere ea, propter
viarum discrimina et alia pericula, extra monasterium
ad partes ita remotas deferre, peteretque ad eadem

---

[1] *exemptos*] Sic in MS.

518 EPISTOLÆ JOHANNIS PECKHAM.

videnda et examinanda in ipso monasterio ex parte
nostra fidedignos aliquos assignari ; nos ex speciali
gratia petitioni dicti procuratoris circa hoc, ac etiam
prioris et conventus Malverniæ prædictæ, favorabiliter
duximus annuendum. Quocirca discretioni vestræ committimus et mandamus quatenus omnes vel saltem duo
vestrum apud Westmonasterium personaliter accedentes, videatis et examinetis diligenter vice nostra privilegia et munimenta quæ abbas ac prior et conventus
Majoris Malverniæ vobis ostendere et exhibere voluerint pro exemptione ipsius prioratus Malverniæ, quem
. . abbas ad se immediate asserit pertinere, et tran-
scripta privilegiorum et munimentorum hujusmodi sub
sigillis vestris aperta, diligenti collatione habita, nobis
citra diem prædictum fideliter transmittatis ; certificantes nos nihilominus per vestras patentes literas harum
continentes seriem qualiter præmissa fueritis executi.
Valete. Datum apud Wyk' juxta Wygorn', vii. id.
Februarii, anno Domini MCC. octogesimo secundo, ordinationis nostræ quinto.

CCCC.

To the Official of the Archdeacon of
Worcester.

1283.
15 Feb.
Orders
him to cite
men of
Alcester
who have
ill-treated
his ser-
vants.
R. f. 194 b.

Frater J[ohannes], etc., dilecto filio . . . officiali
archidiaconi Wygorniensis, salutem, gratiam et benedictionem. Hac instanti die Dominica Septuagesima, dum
hospitati fuimus in abbatia de Alecestre, quidam iniquitatis filii, propriæ salutis immemores, de villa de
Alecestre, in magna multitudine, non nullis de familia
nostra insultum temere facientes, quosdam de nostris
vulnerarunt crudeliter, aliquos atrociter verberarunt, et
male tractarunt, nec hiis contenti injuriis, sed dampnum
dampno et contemptum contemptui cumulantes, ac familiares nostros sic vulneratos, verberatos et male tracta-
tos, usque ad portas abbatiæ cum gladiis et fustibus pub-

lice insequentes, ibidem in personam nostram nominatim, licet hujusmodi facti tunc temporis inscia𝑚, ac in
familiam nostram communiter clamorem, qui vulgariter
dicitur "hutesium," alta voce maliciose et contempti-
biliter levaverunt, convicia plurima et diversas injurias
nobis et nostris multipliciter inferendo, in nostri et
familiæ nostræ contumeliam pariter et contemptum, ac
scandalum plurimorum.   Quocirca discretioni vestræ
committimus et mandamus quatenus omnes et singulos malefactores hujusmodi, quos ipso facto constet
excommunicationis sententiam incurrisse, sic excommunicatos esse in genere in singulis ecclesiis, congregationibus seu capitulis archidiaconatus vestri denuncietis et faciatis publice nunciari ; ad locum ipsum
nihilominus accedentes, de nominibus eorum et totius
facti modo et serie ac omnibus circumstantiis, diligenter et fideliter inquiratis.   Quos autem reos inveneritis, citetis peremptorie quod compareant coram nobis
quarto die juridico post festum Sancti Petri in Cathe-
dra, ubicunque fuerimus in nostra provincia, super præmissis responsuri, facturi et recepturi quod justitia
suadebit.   Nomina vero ipsorum et quid inveneritis in
hac parte, nobis dicto die sub sigillo vestro distincte
et aperte transmittatis, ac qualiter mandatum nostrum
executi fueritis, nos certificetis per literas vestras patentes harum seriem continentes.   Datum apud Persore,
xv. kal. Martii, ordinationis nostræ anno quinto.

CCCCI.

To the Bishop of Bath and Wells.

Frater J[ohannes] etc. venerabili fratri domino R., Dei
gratia Bathoniensi et Wellensi episcopo, salutem et
sinceram in Domino caritatem.   Propter absentiam . .
diœcesani Assavensis meminimus nos vobis vices nostras in dicta diœcese, quasi viduata pastore, in hiis
quæ ad nos pertinent commisisse.   Sane conquesti

1283.
17 Feb.
Asks him
to aid in
restoring
to the
prior of
Basing-
werk a

R 4237·   I

church of
which he
has been
deprived.
R. f. 84.

sunt nobis dilecti filii . . . abbas et conventus de
Basingewerk' dictæ diœcesis, quod cum ecclesiam de
Bettusmeyngogan, ex collatione patroni ejusdem et
confirmationibus . . episcoporum Assavensium ac
summi pontificis subsequente, diu pacifice possederint,
quidam Deum non verentes se in dictam ecclesiam
intruserunt, dictos religiosos sua. possessione pàcifica
spoliando. Quocirca vobis mandamus quatenus, si est
ita, præfatos religiosos vice et auctoritate nostra ad
statum pristinum reducere studeatis, jure tamen alieno
in omnibus semper salvo. Valete in Christo et Virgine
gloriosa. Datum apud Persore, xiii. kal. Martii, anno
ordinationis nostræ v.

CCCCII.

To Geoffrey de Vezano, the Papal Nuncio.

1283.
25 Feb.
Pardons
Leo, rector
of Neu-
ton, his
previous
faults, but
desires
him to
come to
England.
R. f. 194 b.

Frater J[ohannes], etc., discreto viro in Christo, sibi
carissimo, Giffredo de Vezano, nuncio domini papæ in
Anglia, salutem et sinceram in Domino caritatem.
Libenter vestris precibus annuimus et annuere cupimus
in illis, quibus secundum Deum possumus et voluntati
vestræ credimus complacere. Verumtamen quod in
sacris literis et fundamentis euuangelicis eruditi ecclesiam Dei pro animarum procuranda salute novimus
institutam, miramur valde et inter cetera facinora
plurimum abhorremus, quod ecclesiæ hujusmodi laicis
et mercatoribus committuntur. Unde quandocunque
dominus Leo, de quo scribitis, nobilis sit et ingenuus,
non possemus tantum abusum incorrectum sana conscientia pertransire ; et parum certe de proprio curamus
honore, ubi honorem Dei, qui omnibus aliis præferri
debet, nos scimus ut potest fieri procurare. Sane ob
reverentiam precum vestrarum præfato domino Leoni,
rectori ecclesiæ de Neuton', culpas et defectus præteri-
tos indulgemus ; volentes tamen ut in Anglia veniat,
facturus de cetero quod incumbens sibi cura requirit,

ad quod sibi inducias legales duximus concedendas.
Concedimus etiam quod fructus in orreis existentes, si
commode servari non possint, triturentur et per visum
decani nostri de Ryseberge distrahantur. Ita quod
pecunia proveniens interim sub sequestro et salva custodia maneat, donec vobiscum super hoc colloquium
habuerimus personale, et tunc circa præmissa faciemus
quod expedire viderimus Altissimo inoffenso, vestris
semper beneplacitis condescendere quantum cum Deo
possumus affectantes. Ad hæc quod proponimus in ecclesia nostra cessantibus impedimentis legitimis Pascha
Domini celebrare, credimus transitum facere per London' ante Pascha, ubi poteritis si placuerit de præmis
sis conferre nobiscum. Valete. Datum apud Tekes-
bur', v. kal. Martii, anno ut supra [anno Domini
MCCLXXXII., ordinationis nostræ quinto].

CCCCIII.

To J. DE LUCO, CANON OF LONDON.

Frater J[ohannes], permissione divina Cantuariensis
ecclesiæ minister humilis, totius Angliæ primas, dilecto
filio magistro J. de Luco, canonico Sancti Pauli
London', salutem, gratiam et benedictionem. Carissime, non unius sed multorum fidedignorum relatione
pluries intelleximus, et etiam nosmetipsi quandoque
perpendimus evidenter, quod vos libertatibus et consuetudinibus ecclesiæ nostræ, quæ tam juribus im-
pressæ quam diuturna et pacifica possessione laudabiliter approbari[1] noscuntur, sæpe dedistis obicem,
eas quantum in vobis extitit temere offendendo, in eo
præcipue quo curia nostra Cantuariensis sacrosanctæ
sedis apostolicæ, tanquam devota filia continue famu-
latur, tuendo videlicet ad sedem appellantes eandem,

1283.
25 Feb.
Blames
him for
appeals
from the
court of
Canter-
bury.

R. f. 195.

---

[1] *approbari*] approbare, MS.

ne in personis capiantur aut rebus ut eo liberius appellationes suas interpositas prosequantur. Et certe si hæc feceritis, non est dubium vos ipso facto tanquam turbatorem libertatis ecclesiasticæ in excommunicationis sententiam incidisse. Verumtamen quod fideliter promittitis vos jura et libertates ecclesiæ nostræ de cetero minime offensuros, magis emendationem vestram quam turbationem, novit Deus optantes, dissimulabimus interim, et a vestro gravamine quiescemus donec vobiscum colloquium habuerimus personale, et circa factum ecclesiæ de Neweton' faciemus quod dilecto nostro Giffredo de Vezano nostris literis intimamus. Valete. Datum apud Teukesbur', v. kal. Martii.

CCCCIV.

1283.
9 March.
Will send
their
salary on
his arrival
in London.
R. f. 195.

To D. PORRINUS, AND OTHER ADVOCATES AT ROME.

Frater J[ohannes], etc., in Christo sibi carissimo domino Porrino, juris civilis professori, et ceteris advocatis suis in curia Romana, salutem et sinceram in Domino caritatem. De diligentia et sollicitudine vestra quam fideliter impenditis in nostris procurandis vobis regratiamur affectuosius ut valemus, rogantes attentius ut benevolentiam vestram circa hoc continuare velitis. Ad hæc si aliquando propter locorum distantiam et defectum nunciorum vobis suis temporibus non satisfiat de hiis in quibus vobis annis singulis obligamur, non geratis moleste, scientes quod infra mensem a data præsentium erimus London', Domino concedente, et inde mittemus vobis nuncium cum pecunia vobis et sociis vestris debita ; ampliaturi vobis manus quam cito posse nobis Altissimus ampliabit, et hoc ipsum sociis vestris, si placet, fiducialiter intimetis. Valete in Christo et Virgine gloriosa. Datum apud Sirecestr', vii. id. Martii, anno ut supra.

CCCCV.

To Edward I.

A tres noble prince e seynur Edward, Deu grace rey de Engleterre, seynur dIrlaunde, duc dAquitaigne, frere Jan, par la suffraunce Deu prestre de Canterbire, primat de tut Engleterre, saluz et benezuns e bones aventures tauntes e teles cum nus poums e savums orer. Sire, nus vos priums ke vus nus voyllez fere certeyns de vostre estat, qui Dieus gard e menteigne, kar nus desirrums a saver e oir vostre bone prosperite de tut nostre cuer. Ovekes co, sire, sachez ke nus avums fêt sumundre le clerge ja deus foys saunz la prefixiun qui nus lur feymes a North-ampton', ke il seyent devaunt nus a Lundres a treys simaynes de Paskes. Pur la queu chose assez de eus funt de nus graunt detractiuns e nus diffament, e nus mettent sus ke nus les grevums trop pur fere vostre pleysir e ke nus les avums traiz du quinzime, ke il unt done, kar il nen sentent allegiaunce des grefs de la curt laye, e ne pas pur co nus ne lerrum mie ke nus ne fazcuns leaument nostre deveir e nostre poer, a la sembleye a vaunt dite. E sachez, sire, ke nus ne sumes de riens taunt grevez comes de prohibiciuns quaunt eles vienent cuntre ley de terre par fausses suggestiuns, en cas la ou vous ne volez pas keles seyent tenues, kar par ce sunt mut des biens desturbez par povrete de ceus qui siuent e par poeir de lur enemis, e tous ke co funt sunt escu-miniez del fet. Pur Dieu, sire, e pur nostre Dame e pur lamur Seint Thomas, fetes ceste errur oster hastivement. Kar nus vus disums devaunt Dieu ke vus ne la poez meyntenir saunz peche mortel, dunt Dieu vous gard, e ament cous qui le purchacent. Ovekes co, sire, nus avums antendu ke celi qui esteit conestable de la Tur de Londres e les autres qui tres-trent les fuitifs del eglise de Seint Pol de Londres e les ocistrent, sunt en vostre servise en Gales, pur

1283.
20 March.
The clergy complain in con-sequence of his sum-mons to them to meet at London. Asks him to dismiss from his service those con-cerned in the out-rage at St. Paul's.
R. f. 101.

la queu chose nus vus requerrums ke vos les comaun-
dez oster de vostre servise deske a taunt ke le meffet
seit adresce en furme de seynte eglise ; kar sachez,
sire, ke la chose ne purra issi demurer en nule
manierc. Sire, la bone fey vers Dieu e seinte eglise
qui vous avez aukune foyz en buche, voillez mustrer
en fet en ces choses, e sentirez la grace nostre Seynur
Ovekes co, sire, pur Dieu pensez ke vostre lit vous
tout [1] le plus beau de vostre vie devaunt Dieu e devaunt le munde. Sire, Dieu vus gard en prosperite
lungement al honeur de soy e de vous, e au preu de
vostre alme, e de vostre reaume.

Ceste lettre fut escrite le vintime jur de Marz.

Ista emanavit apud Hembur', XIIII. kal Aprilis.

CCCCVI.

To EDWARD I.

Desires
the levying
of a
thirtieth
not to pre-
judice the
liberties of
the church.
R. f. 101.
Excellentissimo principi ac domino E[dwardo], Dei
gratia regi Angliæ, domino Hyberniæ et duci Aquitaniæ, frater J[ohannes], etc., salutem cum omni reverentia et honore. Justum et honestum credimus
existere, ut qui sub magnificentiæ vestræ munimine
tutantur et vivunt, ex gratitudinis debito hoc idem
condignis obsequiis et famulatibus recognoscant.
Idcirco noverit celsitudo regia nos et nobis subjectos
semper paratos existerc quantum secundum Deum
possumus vestris beneplacitis assentire. Verum scimus
vestram excellentiam non latere, qualiter nos et subditi ac feudatarii ecclesiæ nostræ ex liberalibus con-
cessionibus regum prædecessorum vestrorum, et etiam
approbatione vestra, existunt a lege communitatis exempti, et specialibus libertatibus a ceteris separati.
Quare majestati regiæ humiliter supplicamus ut libertates et liberas ecclesiæ nostræ consuetudines nolit

---

[1] Sic in MS.

offendere, sed tueri, ut qui ejus beneplacitis et mandatis obtemperabiles existimus, sub suæ protectionis clipeo in nostrorum integritate jurium gaudeamus, ne levatio tricesimæ, quæ exigitur, in nostri et ecclesiæ nostræ cedat præjudicium aut gravamen. Et super hoc velitis nobis vestras patentes literas destinare per latorem præsentium, ut sint nobis et nostris successoribus munimentum. Non moleste ferentes, si placet, quod totiens pro necessitatibus nostris ad clementiam vestram recurrimus nostrarum inquietudine literarum. Custodiat Dominus excellentiam, etc.

CCCCVII.

To ANTONY BEK.

Domino Antonio Bek', salutem. Auditum audivimus plenum scandalo et mœrore de materia vobis non incognita. De illo scilicet horrendo piaculo nuper London' perpetrato, per tunc temporis constabularium, ut dicitur, et complices suos, qui in totius ecclesiæ dedecus et ruborem occidere præsumpserunt confugas extractos de ecclesia Sancti Pauli, de quo eo amplius plangimus, quia pro certo intelleximus per grandis auctoritatis relatum, facinus ipsum, quod non credimus, de vestra conniventia processisse. Et quia nuper didicimus vos dictum constabularium et sceleris sui participes ab illa custodia usque in Walliam transtulisse, cum tamen non sit per hoc ecclesiæ satisfactum, quin potius contra vos augetur suspicio, dum communicatis cum talibus et eos elongatis ab illius quam offenderunt ecclesiæ disciplina; rogamus vos ut amicum, et hortamur ut filium, quatenus illos a vestris amoveatis obsequiis interim, et inducatis eosdem ut ad ecclesiasticam redeant disciplinam. In hac parte taliter vos habentes, quod coram Deo et hominibus conscientiam habeatis liberam, et famæ vestræ sinceritas restauretur, et nobis vestrum super hoc beneplacitum, quamcitius poteritis rescribatis, qui intendimus quan-

1283.
20 March.
Desires
him to
give up to
justice the
murderers
of certain
fugitives
who had
taken re-
fuge at St.
Paul's.
R. f. 195.
A. f. 47.

tum poterimus innocentiam vestram sinistra opinione
præventis pro viribus indicare. Præterea cogitetis de
beneficiis quæ sine juris titulo retinetis, in quorum
dimissione serenetis conscientiam vestram, sinceretis
famam, habilitetis personam, Dei donis variis insigni-
tam, ut cum dixerit vobis Dominus, "Amice, ascende
" superius,"[1] cessante minorum obstaculo, ascendere
valeatis libere ad majora, et latratus retundere æmu-
lorum. Det nobis videre Altissimus diem illum, ad
sui nominis gloriam et honorem. Valete in Christo et
Virgine gloriosa. Datum apud Hembur', xx. die Martii,
ordinationis nostræ anno quinto.

CCCCVIII.

To the Official of the Bishop of Hereford.

1283.
21 March.
Citation of
Adam de
Fyleby,
archdeacon
of Shrop-
shire, for
faults dis-
covered at
the visita-
tion.
R. f. 195 b.
Frater Johannes, etc., dilecto filio . . officiali
venerabilis fratris domini Herefordensis episcopi, salutem, gratiam et benedictionem. Visitantes nuper metropolitico jure diœcesem Herefordensem, invenimus
in nostræ visitationis progressu magistrum Adam de
Fyleby, qui se dicit archidiaconum Salopesir' in ecclesia
Herefordensi et ejus officialem multipliciter vocatos, ex
ipsius visitationis officio necessario corrigendos, juxta
canonicas sanctiones, quos quidem super articulis ipsos
tangentibus responsuros, et quod canonicum esset
recepturos, certis diebus et locis diversis in hujusmodi
visitationis tempore adhuc perdurante, fecimus coram
nobis ad judicium evocari. Sed iidem magister Adam
et ejus officialis pluries sic vocati coram nobis comparere, respondere, seu pro se quicquam ostendere in
hac parte minime curaverunt. Nos utique de solita
curiæ nostræ Cantuariensis benignitate eorum punitioni
hactenus supersedimus. Ad eorum autem malitiam
convincendam, vobis repetitis vicibus committimus et

---

[1] Luke xiv. 10.

mandamus, quatenus dictos magistrum Adam et ejus
officialem citetis vel citari faciatis peremptorie, ut die
Veneris proxima ante Dominicam in Ramis Palmarum
proximo futuram, ubicunque in nostra diœcese vel
provincia Cantuariensi tunc fuerimus, compareant coram nobis, multiplicatas eorum contractas in curia
nostra contumacias purgaturi, ac super articulis diversis in dicta visitatione contra eosdem inventis, quorum
correctionem et reformationem certis ex· causis et ex
certa scientia nobis ipsis reservavimus, responsuri, et
super eisdem de veritate si necesse fuerit juraturi,
audituri, et facturi super hiis quod juris fuerit et
consonum rationi. Alioquin contra ipsos procedetur
quatenus de jure fuerit procedendum. Qualiter autem
hujus mandatum nostrum fueritis executi, nobis ad
dictum diem fideliter intimare curetis, per vestras
patentes literas harum seriem continentes. Datum
apud Horton', xii. kal. Aprilis, anno Domini MCC. octogesimo secundo, ordinationis nostræ quinto.

CCCCIX.

To the Bishop of Worcester.

Frater J[ohannes], etc., episcopo Wygorniensi, salutem
et sinceram in Domino caritatem. Cum prior, supprior,
præcentor, sacrista, celerarius, camerarius, et frater
Thomas dictus Oye, canonici Sancti Oswalde Gloverniæ,
item prior, subprior, præcentor, sacrista, celerarius et
camerarius monasterii Majoris Malverniæ, vestræ diœcesis, dum nuper dictæ diœcesis sollicitudinem pas-
toralem visitationis debitum impendebamus, propter
ipsorum multiplicatas contumacias et offensas exigente
justitia laqueo sint per nos excommunicationis addicti;
fraternitati vestræ committimus, et—in virtute obedientiæ præsentium auctoritate districte injungimus et

1283.
23 March.
Excommu-
nication of
the priors,
&c., of
Gloucester
and Great
Malvern.
R. f. 84.

mandamus, quatenus prædictos omnes et singulos in
omnibus et singulis ecclesiis et locis sollempnibus ac
aliis vestræ diœcesis excommunicatos sollempniter et
publice nuncietis et faciatis per alios nunciari, pulsatis
campanis et candelis accensis, ipsosque tanquam excommunicatos ab omnibus artius evitari, ne ceteros
macula maculent quam perniciose ac damnabiliter contraxerunt, quousque absolutionis beneficium in forma
juris meruerint obtinere. Qualiter autem hoc nostrum
mandatum, etc., nos citra Dominicam tertiam post
Pascha venturam proximo per vestras patentes literas
harum continentes seriem exquisite certificare curetis.
Valete. Datum apud Cyrencestr'., x. kal. Aprilis, anno
Domini MCC. octogesimo secundo, et ordinationis nostræ
quinto.

CCCCX.

To the Offical, Provost, and Dean of Arras.

1283.
31 March.
Refuses to
execute a
citation on
Edmund
Mortimer,
doubting
its genuine-
ness.
R. f. 195 b.

Frater J[ohannes], etc., viris discretis . . officiali
Attrebatensi, ac præposito et decano ecclesiæ Attrebatensis, salutem et sinceram in Domino caritatem. Literas vestras, ut prima facie videbatur, die Dominica
tertia Quadragesimæ jam instantis recepimus tenoris et
continentiæ infrascriptæ :—Venerabili in Christo patri
domino archiepiscopo, et discretis viris archidiacono et
. . officiali Cantuariensibus, et cuilibet in solidum,
. . officialis Attrebatensis, subdelegatus a reverendo
patre G., Dei miseratione Attrebatensi episcopo, judice a domino papa dato, . . præpositus et . .
decanus ecclesiæ Attrebatensis, judices a domino papa
dati, una cum reverendo patre domino episcopo
Attrebatensi prædicto, salutem in Domino. Mandatum domini papæ recepimus quod vobis committimus inspiciendum, et nobis per latorem præsentium
illico remittendum. Cujus auctoritate mandati vobis
mandamus cum debita reverentia, quatenus per vos vel

per alium peremptorie citetis dominum Eadmundum de
Mortuomari, clericum Herefordensis diœcesis, natum
quondam nobilis viri domini Rogeri de Mortuomari,
quod compareat coram nobis per se vel per procuratores idoneos, cum omnibus actis, juribus et munimentis suis Attrebn. in majori ecclesia, feria sexta post
Dominicam qua cantatur "Misericordia Domini," nisi
dicta dies fuerit feriata, et si feriata fuerit, ad diem
non feriatam proximo sequentem, venerabili viro domino Almarico de Monteforti, domini papæ capellano,
in causa dudum mota inter ipsos Almaricum et Eadmundum coram . . decano Lincoln' et . . archidiacono Northumberlaund' in ecclesia Dunelmensi, judicibus a domino papa delegatis, vel subdelegatis
eorundem, super thesaurario Eboracensi et juribus
ejus, secundum formam retroactam coram eisdem . .
decano et archidiacono vel subdelegatis suis habitam,
responsuri, facturi et recepturi quod dictaverit ordo
juris ; denunciantes eidem quod sive comparuerit sive
non, quantum de jure poterimus in causa procedemus
eadem. Qualiter præmissa fueritis executi, nobis per
vestras literas, harum seriem continentes, dictis die et
loco distincte et aperte intimare curetis. Quod si non
omnes hiis exequendis interesse contigerit, duo vestrum
aut unus ea nihilominus exequatur, unius aut duorum
excusatione vel præsentia nullatenus expectata. Scituri quod si in prædictis negligentes fueritis aut remissi,
contra vos quantum juris et facti qualitas suaserint,
procedemus. Datum anno Domini MCCLXXX. secundo,
Dominica qua cantatur "Invocavit me." Superscrip-
tionem approbamus. Datum ut supra : — Noveritis
autem nos ad mandata apostolica in omnibus canonice
exequenda paratos existere, et in hac parte specialius
contemplatione carissimi nostri domini Almarici supradicti ; quia tamen de commissione dicti domini . .
Attrebatensis episcopi, judicis principalis in dicta lit-
tera apostolica nominati, et etiam de sigillis eisdem

literis vestris, ut dicitur, appensis, nobis minime con-
stabat, ac etiam pro suspicione interliniaturæ et en-
causti[1] per omnia diversi, necnon et pro rasura manifesta in data litteræ supradictæ, illud exequi de
jurisperitorum consilio distulimus ista vice, parati
tamen cum ad nos duxeritis in forma canonica rescrí-
bendum, mandatis reverenter apostolicis obedire, plus
amore justitiæ quam timore pœnæ nobis non satis
theologice vestris litteris intentatæ. Et hæc vestræ
discretioni scribimus per præsentes nostri sigilli munimine roboratas. Valete, in Christo et Virgine gloriosa.
Datum apud Mortelak', ii. kal. Aprilis, anno Domini
MCCLXXX. tertio.

CCCCXI.

To the Bishop of London.

1283.
4 April.

Desires
him to
have
certain
brothers
of the
Hospital of
the Holy
Spirit
liberated,
whom he
has had
imprisoned
by the
sheriff of
Essex.
R. f. 84.

Frater J[ohannes], etc., venerabili fratri domino . .
Dei gratia Londoniensi episcopo, salutem et sinceram
in Domino caritatem. Ex parte religiosorum virorum
Alguscii, custodis Hospitalis Sancti Spiritus de Urbe[2]
in Anglia, Leonardi et Stephani fratrum ejusdem domus, ac Bertrandi de Monte Pessulano, familiaris eorum,
nobis est conquestione lamentabili demonstratum, quod
etsi ex parte archidiaconi Essex' et . . officialis
ejusdem ac eorum in causis motis primo in curia nostra
Cantuariensi, ac postmodum auctoritate apostolica coram magistro G. de Vezano, domini papæ in Anglia
nuncio, inter ipsos ex parte una et memoratos archidiaconum et . . officialem ejusdem ex altera, sit a

---

[1] encausti] inchausti, MS.

[2] The Hospital of the Holy Spirit
in Rome, in the church of S. Maria
in Saxia, was founded for the benefit of poor English there. The
church of Writtle, in Essex, belonged to them by gift of king

John (Tanner, Notitia, p. 132.).
Though there is no church of S.
Maria in Saxia at present in Rome,
the hospital which stands between
the Porte S. Angelo and S. Peter,
is still sometimes called by the name
of " San Spirito in Sassia."

dicto magistro G. ad sedem apostolicam et ad tuitionem sedis nostræ Cantuariensis legitime appellatum,
ac per judicem dictis appellationibus reverenter dela-
tum existat, tamque appellationum causæ quam etiam
negotia principalia a vestro examine totaliter sint sublata ; vos tamen pro vestræ libito voluntatis, fratres
et Bertrandum excommunicatos contra justitiam reputantes, majestati regiæ ad captionem ipsorum vestras
literas destinastis, suntque propter hoc dicti fratres
per vicecomitem Essex' carcerali vinculo nequiter mancipati. Quare fraternitatem vestram hortámur et monemus, vobis etiam hoc ipsum in virtute obedientiæ
firmiter injungentes, quatenus ipsos fratres facientes a
carcere liberari, contra eosdem vel dictum Bertrandum
nihil penitus attemptetis. Parati sunt etenim coram
nobis vel coram quocunque judice competenti, juri et
mandatis ecclesiæ, quatenus justitia exigit, parere in
omnibus et ex toto ; attendentes quam sit periculosum
clericos et religiosas personas carceri contra justitiam
mancipare. Quid autem super hiis feceritis, nobis
citra Pascha per vestras patentes literas, harum seriem
continentes, aperte et fideliter rescribatis. Valete.
Datum apud Mortelak', die Dominica in Passione Domini, anno Domini MCCLXXXIII.

CCCCXII.

To the Bishop of Chichester.

Frater J[ohannes], permissione divina Cantuariensis
archiepiscopus, totius Angliæ primas, venerabili in
Christo fratri domino . . Dei gratia episcopo Cycestrensi, salutem et sinceram in Domino caritatem.
Fraternitati vestræ notum facimus per præsentes, quod
personam vestram atque ipsam ecclesiam, vestræque
civitatis et diœcesis clerum et populum, favente Domino, intendimus visitare, quod eis curetis patefacere
sine mora, ut præmuniti se præparent visitationem

1283.
7 April.
Intends to
visit his
diocese on
May 17.
R. f. 84 b.

nostram secundum sanctiones canonicas admissuri. Denunciari etiam faciatis ecclesias seu portiones ecclesiarum appropriatas habentibus, seu in ecclesiis alienis
aut parochiis pensiones vel decimas separatas percipientibus, ac universis rectoribus tenentibus in vestra
diœcese et alibi plura beneficia curam habentia animarum, illis etiam qui post ultimum Lugdunense
concilium beneficia ecclesiastica cum cura adepti, se
non fecerunt, infra annum a tempore curæ sibi com-
missæ, ad presbyteratus ordinem promoveri, quod jus,
si quod habent speciale super appropriatione, perceptione et pluralitate hujusmodi, necnon causam legitimam de presbyteratus ordine, ut præmittitur, non
suscepto, cum per ipsos transitum fecerimus, sub pœna
canonica peremptorie nobis ostendant. Proponimus
autem ecclesiam vestram xvi. kal. Junii proximo venturo intrare, et visitationem nostram circa personam
vestram, quam tunc ibidem adesse volumus, Deo volente et cessantibus impedimentis legitimis inchoare,
extunc ad vestrum capitulum et alia loca vestræ diœcesis prout opportunitas dederit processurus. De die
vero receptionis præsentium, et qualiter fueritis executi
præmissa, nobis dictis die et loco vestris patentibus
literis, harum seriem continentibus, intimetis. Valete
in Christo et Virgine gloriosa. Datum apud Mortelak', vii. id. Aprilis, anno Domini MCCLXXXIII., ordinationis nostræ v.

CCCCXIII.

To the Official of the Bishop of Bath and Wells.

1283.
7 April.
Orders him
to cite the
prior and
obedien- Frater Johannes, permissione divina, etc., dilecto filio
. . officiali domini Bathoniensis et Wellensis episcopi,
salutem, gratiam et benedictionem. Cum nos intellexerimus per literas . . officialis nostri Cantuariensis

sigillo ejusdem officialis signatas, quod . . prior de tiaries of
Monte Acuto, . . . supprior, . . cellerarius, . . to show
sacrista et precentor ejusdem domus, sint majoris ex- cause why
communicationis sententia innodati auctoritate nostræ arm should
curiæ Cantuariensis, ob offensam in qua per xl. dies not be in-
et amplius pertinaciter perstiterunt, claves ecclesiæ against
contemnendo, propter quod juste possemus et debe- them.
remus contra ipsos auxilium invocare brachii sæcularis R. f. 195 b.
tanquam contra clavium ecclesiæ contemptores, maxime
cum ab hiis quorum interest super hoc pluries fuerimus requisiti.   Volentes tamen cum præfatis priore et
monachis misericorditer agere, et eorum contemptus et
contumacias nolentes relinquere impunitas, vobis tenore
præsentium committimus et districte præcipiendo mandamus, quatenus dictos priorem et monachos vice et
auctoritate nostra peremptorie per vos vel per alium
citetis vel citari faciatis, quod coram nobis, ubicunque
in nostra provincia seu dioecese fuerimus, per se vel
per sufficientem responsalem compareant peremptorie
tertio die juridico post Dominicam qua cantatur " Ju-
" bilate," proposituri et ostensuri causas seu causam,
si quas vel quam habeant, quare ad eorum captionem
regiæ majestati scribere minime debeamus; intimantes
eisdem quod sive venerint sive non, in præmissis
faciemus quod de jure fuerit faciendum.   De die vero
receptionis præsentium, et qualiter præsens mandatum
nostrum fueritis executi, citra diem prædictum nos per
vestras patentes literas, harum seriem continentes, clare
et distincte certificare curetis.   Datum apud Croyenden',
vii. id. Aprilis, ordinationis nostræ anno quinto.

_____

CCCCXIV.

To the Bishop of Hereford.

1283.
9 April.
Desires
him to
warn Ph.
Walensis
to resign
possession
of the
church of
Stratton.
R. f. 84 b.
A. f. 37.

Frater J[ohannes], permissione etc., venerabili in Christo fratri domino R., Dei gratia Herefordensi episcopo, salutem et fraternæ caritatis in Domino continuum incrementum. Nuper jure metropolitico Herefordensem diœcesem visitantes, inter ceteras inquisitiones auctoritate nostra inibi factas, invenimus magistrum Philippum Walensem ecclesiam de Stratton' in Strattonesdale, post ultimum Lugdunense concilium, titulo institutionis fuisse adeptum, et infra annum a tempore sibi commissi regiminis, in presbyterum minime ordinatum, ac etiam aliud beneficium ecclesiasticum curam habens animarum sine dispensatione sedis apostolicæ obtinere. Qui quidem magister Philippus personaliter coram nobis in judicio constitutus, se ad [1] præfatam ecclesiam de Stratton' post prædictum concilium admissum esse,[2] nec procurasse infra annum se in presbyterum ordinari, judicialiter est confessus. Et nos confessionem ipsius secuti, pronunciavimus prædictam ecclesiam de Stratton' esse vacantem secundum constitutionem concilii antedicti. Injungentes vobis loci diœcesano personaliter tunc præsenti, ut patrono præfatæ ecclesiæ denunciaretis vacationem hujusmodi, et quod præsentaret alium idoneum ad eandem. Verum quia postea et recenter ex relatu intelleximus fidedigno quod idem magister Philippus, non obstante pronunciatione hujusmodi, possessioni ecclesiæ de Stratton' prædictæ hactenus incubuit et incumbit, fructus et proventus ejusdem tanquam fur et latro rapiens, et disponens de eisdem pro suæ libito voluntatis, fraternitati vestræ committimus et in virtute obedientiæ firmiter injungendo

---

[1] ad] omitted in MS. | [2] admissum esse] admisississe, R.

mandamus, quatenus præfatum magistrum Philippum legitime moneatis auctoritate nostra ut, infra decem dies a tempore monitionis sibi factæ, possessionem prædictæ ecclesiæ omnino dimittat, sub pœna majoris excommunicationis, quam in hiis scriptis in personam ipsius proferimus, si contrarium præsumpserit attemptare. Insuper fructus et proventus ecclesiæ de Stratton' prædictæ auctoritate nostra sequestretis, et faciatis sub arcto sequestro custodiri, sicut de exitibus eorundem volueritis respondere. Et quid feceritis ac etiam inveneritis in præmissis, nobis infra unum mensem post festum Paschæ proximo sequens distincte et aperte rescribatis per vestras patentes literas harum seriem continentes. Valete. Datum apud Otteford, v. id. Aprilis, anno Domini MCCLXXXIII., ordinationis nostræ quinto.

CCCCXV.

To the Bishop of Hereford.

Episcopo Herefordensi salutem. Multum acceptamus et vobis regratiamur exinde, quod nobis transcriptum literæ regiæ super facto ecclesiæ de Strattonesdale, quam magister Philippus Wallensis occupat illicite, transmisistis, quam tamen literam non credimus de ipsius regis voluntate aut conscientia processisse, quod non consuevit sic scribere nisi pro clericis obsequiis suis intendentibus, de quibus non credimus existere magistrum Philippum prædictum. Ne igitur dictus magister Philippus de malitia sua, qua convolavit ad examen vetitum, debeat gloriari, fraternitatem vestram attente requirimus et rogamus, quatenus contra eum procedatis, prout in nostris literis patentibus, quas super hoc vobis dirigimus, continetur. Ad hæc conquerimur de officiali vestro quod mandatum nostrum de citando magistrum Adam de Phylebi, archidiaconum Salopsir', et officialem ejusdem, sibi directum, non est modo debito

1283. 10 April. Desires him to proceed against Ph. Walensis, notwithstanding the king's letters; and to cite the archdeacon of Shropshire. R. f. 84 b. A. f. 37 b

R 4237.   K

executus. Super quo etiam nos derisorie certificat
et inepte. Citavit enim ipsum archidiaconum in stallo
suo vacuo, quod ad eum pertinere non credimus,
sed decanum. Officialem autem ipsius nusquam citare
curavit. Unde rogamus, ut circa hoc ipsum corripi-
entes, cogatis eundem, sicut amorem nostrum diligitis
et honorem, ut citationem ipsam faciat ˙in forma illa
quam iterato sibi nostris patentibus literis demandamus.
Scientes quod solum contemplatione personæ vestræ
hanc injuriam, seu potius ejus inobedientiam, dissi-
mulamus ad præsens. Super hiis autem quæ facta
fuerint de præmissis, nos reddatis in nostra congregatione proxima certiores. Valete. Datum apud
Otteford, iiii. id. Aprilis, ordinationis nostræ anno
quinto.

CCCCXVI.

To the Bishop of London.

Summons
convoca-
tion to
meet at
the New
Temple to
grant a
subsidy.[1]
R. f. 84 b.

Frater J[ohannes], etc., venerabili fratri domino . .
Dei gratia Londoniensi episcopo, salutem, gratiam et
benedictionem. Satis memoriam vestram credimus
retinere, qualiter nuper ultima die congregationis nostræ apud Lameth' per procuratores cleri provinciæ
nostræ, post datam eorum responsionem in scriptis
super petitione domini regis facta Norhamton', de
decima triennali, nobis et confratribus nostris extitit
supplicatum, ut novas eis concederemus inducias ad
tractandum et deliberandum super secunda petitione
domini regis de concedendo sibi a clero pro utilitate
publica aliquo subsidio liberali; præsertim, cum super
ipsa petitione, quæ nova fuit, prius non tractaverant,
nec se ad hoc eorum potestas, quæ limitata fuerat, ex-
tendebat. Nos autem eorum justis et rationabilibus

---

[1] Printed in Wilkins' Concilia, ii. 95.

in hac parte petitionibus annuentes, de vestro et aliorum confratrum nostrorum ibidem præsentium consilio
viva voce præcepimus et injunximus, sicut scitis, ut
vos et singuli fratrum eorundem, . . abbates, priores, ac alios quoscunque domibus religiosis præfectos,
exemptos et non exemptos, . . decanos ecclesiarum
cathedralium et collegiatarum, archidiaconos etiam
omnes in suis diœcesibus constitutos, citetis et citent,
vel citari faciant peremptorie, quod compareant seu
conveniant coram nobis per se vel per procuratores
sufficienter instructos apud Novum Templum, London',
a die Sancti Michaelis proxime venturo in tres septimanas, super dicta petitione ultima facta ex parte
domini regis responsuri, et facturi ulterius quod Altissimus inspirabit. Et ut in præmissis expeditius et
commodius procedatur, volumus et mandamus ut de
singulis diœcesibus nostræ provinciæ duo procuratores
nomine cleri, et de singulis capitulis ecclesiarum cathedralium et collegiatarum singuli procuratores sufficienter instructi mittantur, prout alias extitit demandatum.
Quia vero nonnulli fratrum et coepiscoporum nostrorum in præfatis præcepto et injunctione nostra non
fuere præsentes, fraternitati vestræ committimus, et
firmiter injungendo mandamus, quatenus omnibus et
singulis coepiscopis et suffraganeis nostris ibidem tunc
absentibus, præscripta omnia et singula faciatis per
vestras patentes literas harum continentes seriem nunciari, ut ea fideliter in suis diœcesibus exequantur.
Vos insuper et ceteri omnes coepiscopi nostri prædicti
dictis die et loco præsentes sitis, et conveniatis nobiscum super hiis et aliis quæ honorem Dei et animarum
salutem respiciunt tractaturi. Qualiter autem præmissa
fueritis executi, nobis dicto die vestris patentibus literis harum seriem continentibus fideliter intimetis.
Valete. Datum.

CCCCXVII.

To Edward I.

[1283.]
[15 April.]
Complains
of the
goods of
his manors
being
taken by
the king's
officers.
R. f. 101.

A tres haut seignur Eadward, par la grace Deu roy de Engleterre, seynur dIrlaunde, duc dAquitaigne, frere Jan, par la suffraunce Deu prestre de Canterbire, primat de tut Engleterre, saluz e oreysuns devotes. Sire, quant nus aprechames Canterbire, nos genz nus distrent noveles assez estranges, ke les gens deu pays par vostre comaundement esmerent le biens de nos maners propres, la queu chose ne fu unkes a Northampton' ne toche ne otrye, e si est en prejudice de nostre fraunchise. Pur la queu chose, sire, nus vus requerrums ke vus voyllez comaunder a voz ke il en ceste maniere ne nus grevent pas, numeyement pur co ke nus avium en purpos de vus servir e honeurer en autre maniere, ke serret plus profitable a vous e saunz prejudice de nus. Mes nus reconissum bien ke nus otriames ke nos gens vus eydassent, mes ke nus eussums vostre lettre patente ke co ne tornast pas en prejudice de nus en apres. E, sire, co ke nus vus prium pur nus, vus requerrums pur nostre eglise, a qui nus sumes tenuz si come a nus meymes. Dunt, sire, nus vus requerrums pur Deu ke vus maundez as asseurs du trentime e au vicunte de Kent ke il ne nus grevent pas en ceste maniere, e nus creums ke si vus le fetes, ce serra al honeur de Deu et de vus, e vus le senterez bien par fet. Sire, Deu vus eyt en sa garde. Ceste lettre fut escrite a Canterbire le Joudi Absolut. E, sire, co ke nus vus requerrums de escrivere as asseurs et au viscunt de Kent, nus vus requerrums pur Susex', Surr' e Middelsex', en queus nus avums terres. Sire, a Deu ke vus gard.

CCCCXVIII.

TO THE ARCHDEACON OF CANTERBURY.

Frater J[ohannes], etc., dilectis filiis archidiacono nostro Cantuariensi et ejus officiali, salutem, gratiam et benedictionem. Ex fidedigno relatu audivimus, et credimus esse verum, quod aliqui, licet pauci per Dei gratiam, quos gremio nostræ Cantuariensis ecclesiæ ascribit habitus et professio monachalis, pœnam sacrilegii et damnabile proprietatis vitium non satis veriti, bona monasterii in privatos usus convertere hactenus sunt conati. Et quia pecuniam propriis manibus in publico contrectare nequeunt, pro tam nephando proposito adimplendo, nisi aliquando fuerit malicia hujusmodi patefacta, diversi apud diversos pecuniam et res alias deposuerunt, ut dicitur, in non modica quantitate, ut sic in occulto exerceant per alios quod non possunt, ut diximus, per se ipsos. Cum igitur hujusmodi proprietarios et sacrilegos dudum excommunicaverimus in genere, nec omnino excusare se valeant a sacrilegii macula, qui ex retentione pecuniæ et rerum hujusmodi vel alterius cujuscunque, videlicet ratione mutui vel commodati colore quæsito, tanti facinoris conscii et participes sunt effecti; vobis conjunctim et divisim in virtute obedientiæ et sub pœna districtionis canonicæ firmiter injungendo mandamus, quatenus in civitate et diœcese nostra Cantuariensi, in omnibus ecclesiis vobis subjectis, per tres dies sollemnes continuos inter missarum sollemnia denuncietis publice, vel denunciari faciatis, ut quicunque penes se vel alium, pecuniam aut res alias quascunque per aliquem de monachis dictæ Cantuariensis ecclesiæ noverit esse depositas, vel alibi in quocunque loco, quocunque modo vel titulo, ex damnata traditione hujusmodi residere infra mensem a tempore denunciationis factæ, priori loci ejusdem literatorie aut vivæ vocis ministerio super hiis plenam et expressam veritatem insinuet,[1] et sub pœna excommu-

1283.
24 April.
Orders him to excommunicate these who are converting goods of Christ-church to private uses, and to find out their names.

R. f. 196.

---

[1] *insinuet*] insinuat, MS.

cationis quam proferimus, tam in celantes veritatem
quam bona ipsa ex certa scientia occultantes, necnon
fautores eorundem.   Denuncietis insuper sub pœna
consimili ne quis pecuniam aut res ipsas, quas exnunc
in eorum manibus penes quos resident, sequestramus,
alicui religioso vel sæculari restituat sine dicti prioris
mandato et conscientia speciali; sed sibi super hiis
quilibet libere satisfaciat cum fuerit requisitus.   Quid
autem feceritis quoad denunciationem, et inveneritis
per inquisitionem fidelem et diligentem, quam per vos
fieri volumus in præmissis, tam nobis quam præfato
priori, citra festum Pentecostes, distincte et aperte per
vestras patentes literas, harum seriem continentes, intimetis.   Datum apud Wyngeham, viii. kal. Maii, anno
Domini MCCLXXXIII.

CCCCXIX.

To Cardinal Geffroi de Barbeau.

[1283.]   Reverendo in Christo patri ac domino Giffredo, Dei
25 April.
Asks him   gratia tituli Sanctæ Susannæ presbytero cardinali, frater
to en-   J[ohannes], Dei etc., cum filiali reverentia paratam
courage
the pope   in omnibus ejus beneplacitis voluntatem.   Quanto pos-
in his   sumus cordis affectu regraciamur dominationi vestræ,
intention
to prevent quæ nostrum refocillare dignata est animum suarum
the plura- solatio literarum, quas utinam inter pressuras sæculi
lity of
benefices. frequentius recipere mereremur.   Speramus enim quod
R. f. 17. sanctitatis vestræ theologica fundamenta magnum
A. f. 126. concedente summo Artifice ecclesiastico artificio robur
dabunt.   Ceterum, pater sanctissime, rumor dulcissi-
mus nostris insonuit auribus jam frequenter, quod
videlicet pater sanctissimus summus pontifex, inter
alia cordis sui mysteria divinitus afflata, concepit propositum de Parisiensis doctrinæ serenis radiis pro-
ficiscens, quod intendit clericorum conscientia corrupto-
rum audaciam refrenare qui non verentur multiplicare

sibi beneficia præbendalia contra decretum ewan-
gelicæ disciplinæ, quo cavetur ut qui habet duas
tunicas unam tribuat non habenti, et qui habet escas
similiter, sicut vestra sapientia melius longe novit.
Scitis enim, pater sanctissime, quod hujusmodi multi-
plicatio ex radice præsumptionis infinite progreditur,
qua unus plurimos existimat se valere. Patet etiam
toti mundo qualiter per talia ministrorum Dei numerus
minuitur, ecclesiæ defraudantur, et pleno populo civitas
sola sedet. Certe non licebat hoc cum olim clerici
viverent in communi. Tunc enim non amplius licebat
unum esse clericum diversarum ecclesiarum, quam
unum monachum plurium monasteriorum. Nec decet
distinctionem præbendarum provisam ad commodum
in tantum dispendium redundare. Nec hæc scribimus
præsumentes docere Minervam, sed ad pii patris recurrimus præsidium, quia per hoc confundi cernimus in
Anglia ecclesias præbendales. Obsecrantes per viscera
Jesu Christi ut cum opportunitatem dederit cœlestis
clementia, excitare velitis illius sancti propositi igni-
culum, ut in facie totius ecclesiæ accendatur. Supplicantes humiliter ne sciant ceteri nos de ista materia
vestræ reverentiæ scriptitasse. Scimus enim quod hoc
pluribus displiceret qui in hac parte se sentiunt sau-
ciatos. Custodiat Dominus incolumitatem vestram ecclesiæ suæ sanctæ per tempora longiora. Scriptum vii.
kal. Maii.

CCCCXX.

To the Provincial of the Friars Preachers.

Fratri Willelmo de Hothom :—In Christo sibi carissimo fratri Willelmo, provinciali ordinis Fratrum Prædicatorum in Anglia, salutem in Domino Jesu Christo.
Novit Ille qui omnia perscrutatur, quod parati sumus
vestris precibus libenter annuere quantum possumus

1283.
25 April.
Concern-
ing a bond
which the
provincial
wishes him
to pay.

bona fide. Sane litera vestra nobis exhibita duas petitiones, si bene recolimus, continebat, quarum prima fuit de c. *li.* sterlingorum in quibus tenemur fratri Ricardo de Stratford', quas pro fratrum necessitatibus sibi petitis liberari. Ad quod vobis taliter respondemus, quod si executores testamenti dicti fratris petant hanc pecuniam, appareant coram nobis cum testamento, et ipso testamento probato sicut decet et moris est, eo quod dilectus noster extitit, quod justum fuerit faciemus. Et scire debetis quod dum fuit in sæculo, diversarum ecclesiarum etiam nostri patronatus bona rapuit et consumpsit, de quibus nobis haberet volente justitia respondere. Et circa hoc bonæ memoriæ dominus Robertus prædecessor noster, nobis præsentibus in curia, talia retulit de eodem, per quæ potuissemus cum licite privasse omnibus ecclesiasticis bonis suis. Si autem nomine ordinis pro fratrum necessitatibus hæc pecunia exigatur,[1] advertere debetis et scire quod Biblia illa quam dictus prædecessor noster scribi fecit, pro cujus scriptura magister Henricus Lovel senescallus noster solvit de bonis ecclesiæ c. marcas et xiii., per fratres indebite detinetur. De quo certe valde miramur, cum ipsa Biblia de bonis ecclesiæ facta ad nos pertineat pleno jure. Unde si nobis esset ipsa Biblia restituta, promptiores essemus et merito fratrum necessitates in hiis et aliis sublevare. Hæc scribimus quantum ad justitiam. Caritatis autem intuitu parati semper erimus, quantum secundum Deum possumus, ordinis vestri solatia procurare, et in hac parte amplius quam scribamus. Quod autem petitis, ut pro illo quem nostis scribamus domino Lyncolniensi episcopo, quod ipsum permittat ordinis negotia procurare; scire vos volumus quod frequenter intelleximus ipsum de sibi impositis esse culpabilem testimonio fidedigno, et miramur valde quod tantum desiderat ad locum accedere quem dici-

---

[1] *exigatur*] exhigatur, MS.

tur et verum esse credimus polluisse. Et cum non
possemus bona conscientia facere quod petitis in hac
parte, dicemus tamen episcopo quod eum circa hoc
conscientiæ suæ relinquimus, ut faciat quod sibi videbitur expedire. Reducat vos Altissimus sanum et in-
columem, et in reditu vestro de hiis et aliis invicem
tractabimus, et pro vobis quicquid poterimus faciemus.
Valete. Datum apud Wyngham, vii. kal. Maii.

CCCCXXI.

To the Bishop of Worcester.

Frater J[ohannes], etc., venerabili fratri domino . .
Dei gratia episcopo Wygorniensi, salutem et fraternæ
caritatis in Domino continuum incrementum. Trans-
missas nobis vestras certificatorias litteras nuper
recepimus tenoris et continentiæ infrascriptæ, quæ
talis est:—Sancto patri et domino reverendo domino
J[ohanni], Dei gratia archiepiscopo Cantuariensi, totius
Angliæ primati, Godefridus, miseratione divina minister
ecclesiæ Wygorniensis, subjectionem, obedientiam, reverentiam et honorem. Vestræ sanctitatis mandatum
recepimus in hæc verba:—Frater J[ohannes], permissione divina, etc., venerabili in Christo fratri domino
G., Dei gratia Wygorniensi episcopo, salutem et sinceram in Domino caritatem. Cum prior, etc.[1] . . .
Datum Cirencestr., x. kal. Aprilis, ordinationis nostræ
anno quinto :—Quod quidem mandatum vestrum sumus
in omnibus plenarie executi. Datum apud Kemeseye,
xi. kal. Maii. anno Domini MCCLXXX. tertio.

Verum quia dicti prior, subprior, præcentor, sacrista,
celerarius, camerarius monasterii Malverniæ in sua
malicia gloriantes, præfatam excommunicationis senten-

*1283.
11 May.
Repeats
his order
for the ex-
communi-
cation of
the priors,
&c., of
Gloucester
and Mal-
vern on
account of
their con-
tumacy.
R. f. 85.*

---

[1] This letter will be found at p. 527.

tiam hactenus sustinuerunt et adhuc sustinere non
formidant, animo indurato, sua communione maculando
populum Christianum; nos, cum eorum crescente contumacia crescere debeat et pœna, contra eosdem manus
aggravare volentes, fraternitati vestræ committimus et
mandamus, quatenus prioris mandati nostri formæ in-
hærentes debito cum effectu præfatos religiosos omnes
et singulos sic excommunicatos esse in majori ecclesia
Wygorn', necnon et in singulis collegiatis et parochialibus ecclesiis vestræ civitatis et diœcesis Wygorn',
singulis diebus Dominicis et festivis coram clero et
populo inter missarum solemnia, pulsatis campanis,
candelis extinctis, publice et solemniter denuncietis et
faciatis denunciari.   Inhibentes ex abundanti iterato
Christi fidelibus vestræ jurisdictioni subditis universis, ne quis cum eis aut eorum aliquo emendo, vendendo, comedendo, bibendo, contrahendo, vel alio quovis
modo, nisi in casu a[1] jure permisso participare præsumat. De nominibus autem communicantium cum
eisdem diligentem faciatis seu fieri procuretis inquisitionem, et quos culpabiles inveneritis, citetis vel
citari faciatis peremptorie quod compareant coram nobis
die tertia juridica proxima post festum Sanctæ Trinitatis proxime futurum, ubicunque in provincia vel
diœcese Cantuariensi tunc fuerimus, nobis super hiis
responsuri, et pœnam pro meritis recepturi.

Qualiter autem hujusmodi mandatum nostrum fueritis executi, nobis ad dictum diem fideliter intimare
curetis, per vestras patentes literas harum seriem continentes. Datum apud Lameth', v. id. Maii, anno
Domini MCCLXXXIII., ordinationis nostræ quinto.

---

[1] a] et in MS.

CCCCXXII.

To CARDINAL MATTHEW ORSINI.

[1283.]
12 May.
Concerning the bad conduct of two monks of Canterbury and the opposition to prior Thomas.
R. f. 17 b
A. f. 127.

Reverendo in Christo patri ac domino Matheo, Dei gratia Sanctæ Mariæ in Porticu diacono cardinali, frater J[ohannes], etc., cum filiali reverentia paratam ejus beneplacitis voluntatem. Scimus, reverende pater, et frequenter sumus experti, quod vos ecclesiæ Cantuariensis jura et negotia propter sanctorum ejusdem ecclesiæ reverentiam patronorum habetis affectuosius commendata, et zelum vestrum libenter convertitis ad ea quæ honorem Dei in ea respiciunt et commodum animarum. Sane licet ecclesia ipsa prædicta a longis temporibus in suo collegio sanctos viros habuerit et honestos, frequenter tamen inter alios discolos se habere gemuit, qui sua insolentia collegium macularunt,. quique lasciviis et vanitatibus sæculi insistentes potius quam monasticæ honestati, maneria ecclesiæ et possessiones in suis manibus tenuerunt, exeuntes et discurrentes per patriam, religionis vinculo penitus dissoluto; ex quo contigit ut bona ecclesiæ in suos privatos usus convertentes proprietarii efficerentur, dissolutam vitam agerent, ecclesiam suam inofficiatam dimitterent, et multa alia scandala in tota patria seminarent. Quæ ita publica et notoria existere dinoscuntur, quod pro certo credimus ipsius famæ strepitum aures vestras aliquotiens offendisse. Nec adhuc desunt quos certum est ad talia ignitis desideriis aspirare. Nec latent vos, ut credimus, ea quæ in dicta ecclesia nuper occasione dissolutionis hujusmodi perpetrata fuerunt per duos discolos, ut credimus, qui in toto collegio graves discordias suscitarunt, et tanquam fures sacrilegi et excommunicati clandestine recesserunt. Hoc autem majorem eis præstat audaciam malignandi, quod cum

ipsis monachis per sedem apostolicam dispensatum
esse dicitur, ne pro suis delictis puniendis extra
monasterium transmittantur. Nec habet illa ecclesia
nostra cellas sicut aliæ plures per orbem ecclesiæ,
ad quas mitti possint pro suis sceleribus expiandis.
Prædicta vero incommoda multum minuit qui nunc
est ipsius prior ecclesiæ, frater Thomas nomine, bonus
homo et honestus, in disciplina rigidus, communem
utilitatem amplectens, commoda privata detestans, qui
hujusmodi insolentiæ causam et occasionem tollere
satagens et sedare, primus instituit ut maneria ecclesiæ a monachorum manibus et per fideles ballivos
communitati devotos custodiantur, ut fructus et obventiones eorundem ad communem bursam integre veniant,
omni privato commodo sic excluso. Et quia ad hæc
manus nostras porreximus, ut potuimus, adjutrices, et
ea facimus observari, quidam de ipso collegio indignationis concepto spiritu in prioris dejectionem et sibi adhærentium machinantur. Mittimus igitur ad pedes
sanctitatis vestræ dilectum nobis in Christo fratrem
Robertum, monachum ejusdem ecclesiæ, latorem præsentium, expositurum vobis ipsius ecclesiæ negotia, humiliter supplicantes ut ei aurem dignemini inclinare
propitiam et preces nostras efficaciter exaudire pro
internorum et exteriorum gravaminum remediis, prout
honori congruit Sancti Thomæ.

Scriptum apud Mortelak', iiii. id. Maii, anno ut
supra [1] [ordinationis nostræ anno quinto].

---

[1] The date is added in the margin.

CCCCXXIII.

To Edward I.

A tres honurable prince e seignur Edward Deu grace roy de Engleterre, seynur d'Irlaunde, duc d'Aquitaigne, frere Jan, par la suffraunce Deu prestre de Canterbire, primat de tute Engleterre, saluz en graunt reverence. Sire, tute reisun comaunde e la seynte escripture le veut, ke vos prieres nus seyent comaundemenz taunt come nus poums sulum Dieu, e creums ke vos prieres sunt sulum Dieu en totes choses, la ou len fet a vous verite entendre. Mes la ou len vos fet fausses sugges- tiuns, vous poez estre deceu sicome nus. Co est a saveyr de la priorte Seint Oswald de Gloucestre, dunt nus feymes escuminier nad geres le prieur e les grey- neurs de leynz, pur co ke il nus ne receurent pas a visitaciun, vous nus priastes ke nus repelissums la sentence. De la que chose nus, sire, vòus fesums a- savoir ke celi prieur e ses chanoynies sunt le plus forz enemis en totes causes delegees qui soyent en Engle- terre, a nostre, mes la vostre, sire, eglise de Caunter- bire. Pur la queu chose nus ne beum pas, sauve vostre reverence, repeler for ke en furme de dreit la sentence avaunt dite. Ne nus ne quidums pas ke vous voilliez pur un fur confundre vostre chaumbre princepal. Ovekes co, sire, sachez ke coment ke vos chapeles soyent exemptes par exempciun doneye si come len dist par la reisun de vostre reaute, puis ke eles sunt eslungees de vostre meyn e donees a autres, eles returnent a lur nature premere de subjecciun as prelaz, e perdent lur exempciun. E si vos clers vous funt autre chose entendre, il vous deceyvent, Dieu les ament. Ovekes co, sire, pur co ke James de Espaigne est enfaunt, nient mulierez, si come len dist, nene puet aveir nul droit en seinte eg- lise, e pur co ke resignement de eglise fete par condiciun turne en symonie, nus vous priums pur la

13 May.
Refuses to repeal the excommu- nication of St. Os- wald's Gloucester. Asks that nothing illegal may be done about Crundale church.
R. f. 101 b.

honeur de Dieu e de vous ke vous endreit de la
eglise de Crundale ne suffrez pas ke len face chose
en nun de vous ke seyt cuntre les leys de seinte
eglise, kar co ne purriez vous suffrir saunz blesmir la
honeur de la Crestiente e de vous. E ces choses vous
maundums nus en la leaute ke nus vous avums juree.
Ovekes co, sire, nus vous requerums de aucunes autres
choses par nostre trescher frere le eveske de Ba, e
priums ke vous nus en voillez oyr pur la honeur de
Dieü e de vous ; la quele nus desirrums plus ke la
nostre, co siet Deus. Treschier seignur, Dieus men-
tigne vostre vie bien e lungement a la honeur de li,
au preu de vostre alme e au profit de vostre reaume.
Ceste lettre fu escrite le trezime jur de May, au
Noveaul Lu pres de Geudeford.

CCCCXXIV.

To the Bishop of Bath.

[1283.]
13 May.
Asks for an
explana-
tion of the
seizure by
the king's
orders of
the money
collected
for a cru-
sade.[1]
R. f. 85.
A. f. 37 b.

Frater J[ohannes] etc., venerabili in Christo fratri
domino R., Dei gratia Bathoniensi et Wellensi episcopo, salutem et sinceram in Domino caritatem. Ex
parte omnium coepiscoporum nostrorum in ultima
congregatione nostra London' præsentium et procuratorum absentium, vobis scribimus quæ sequuntur, ut
ea ex parte nostra et illorum intimetis, si placet, domino
nostro regi. De eo videlicet quod, sicut publice præ-
dicatur et certum est, sacræ ædes in quibus deposita
erat pecunia pro subsidio Terræ Sanctæ collecta, fuerunt,
Dominica qua cantatur *Lœtare Jerusalem*, eadem quasi
hora per Angliam spoliatæ, ipsa pecunia, ut dicitur,
asportata, nec est dubium quin spoliatores hujusmodi

---

[1] Printed in Wilkins' Concilia, ii. 94, where the reference is given as
R. f. 66 b.

in excommunicationis sententiam pluribus rationibus
inciderint ipso facto. Et quia ipsi per mandatum
regium se excusant, se hoc de ejus mandato fecisse
temere asserentes, quod nimis redundat in dedecus
regiæ majestatis, scire desiderant nobiscum fratres et
coepiscopi nostri, quibus modis valeamus dictum dominum regem apud intrinsecos et extrinsecos excusare.
Quocirca fraternitatem vestram totis præcordiis exoramus,
ut si quid explorare potueritis, quod in hac parte
dominum regem valeat excusare, velitis id nobis per
latorem præsentium literatorie intimare. Et hoc dicere
velitis domino nostro regi, nos vobis scripsisse ex parte
omnium prædictorum, sicut ipsi domino unicordi. Ad
hæc grave scandalum credimus imminere, si dominus
rex circa factum ecclesiæ de Crundale, quam dominus
Wyntoniensis episcopus contulit bono et honesto viro
domino Petro de Geldeford, capellano nostro, procedat,
sicut eum dicitur processurum. Ipsam enim ecclesiam
Jacobus de Ispania, puer ut dicitur inhabilis, prius
tenuit occupatam, quam dominus rex voluit conferri
cuidam medico, literalem [1] scientiam et linguam patriæ
non habenti. Cum igitur dictus Jacobus non sit capax
beneficii, tum quia minor annis et illegitimus ut dicitur,
nec secum sit auctoritate apostolica dispensatum, dominum regem velitis inducere propter Deum, ut in hac
parte quicquam faciat aut fieri præcipiat, quod possit
in dedecus suum aut læsionem libertatis ecclesiasticæ
aliquatenus redundare ; quia certum est istud, si aliquod
inhonestum fiat, ad sanctæ Romanæ ecclesiæ notitiam
perventurum, ex quo plurimum offendetur. Valete semper in Christo, significantes nobis statum vestrum, quem
desideramus semper in Domino prosperari. Datum apud
Novum Locum, iii. idus Maii.

---

[1] *literalem*] Wilkins prints this word " Jerusalem."

CCCCXXV.

To Robert de Seleseye, his Proctor -at Rome.

1283.
13 May.
Instruc-
tions for
recovering
property of
the see left
at Rome by
Kilwardby,
&c.
R. f. 152 b.

Procuratorium domini in curia Romana, super quibusdam articulis et negotiis impetrandis:— Inprimis,
ut, quia canones servare juravimus quibus consuetudines laicalis curiæ adversantur, nobis non imputet
apostolica benignitas in reatum, quam diu id facimus
exhortando et persuadendo pro viribus quantum patitur temporis malicia nostris humeris incumbentis.
Secundo, ut ecclesiæ nostræ provideatur de necessariæ
contra discolos remedio disciplinæ, quæ cellas non habet
ad quas incorrigibiles valeant destinari; et ut remedium insolentiæ pristinæ salubriter inchoatum favore
apostolico roboretur. Tertio, ut bona ecclesiæ nostræ
inventa penes bonæ memoriæ prædecessorem nostrum
per camerarium occupata in pecunia numerata, in vasis,
monilibus, ornamentis ecclesiasticis, libris et processibus
judicialibus ac registralibus nobis restituantur, ut justitia exigit, de quibus non aliter ditari volumus quam
vobis diximus viva voce. Demum, si qui turbare velint
ecclesiæ nostræ jura et libertates vel etiam tuitionem
curiæ nostræ Cantuariensis, in qua non sine magnis laboribus et expensis a longis retroactis temporibus sanctæ
Romanæ ecclesiæ dinoscitur ancillari, ipsi per vestræ
sollicitudinis industriam, de qua confidimus, reprimantur.
Item, ut cupiditas Thedisii de Camilla per viam aliquam
rationabilem quietetur. Item, ut status archidiaconalis
attenuatio et dejectio per viam aliquam rationabilem et
tolerabilem reformetur, præsertim quia canonum no-
vellorum archidiaconos quasi prævaricatores constituit
universos. Demum, ut constitutio suscipiendi sacerdotalis ordinis a promotis, ne pereant inferiores scientiæ,
temperetur. Item, ut informatio sanctæ rememoratio-
nis domini Nicholai de suadendo valetudinariis episcopis cessionem, sub quorum impotentia deficiunt bona

spiritualia et temporalia, qui exhortati per nos recusant cedere illorum consilio qui seniles defectus suos faciunt profectus, summo pontifici ad memoriam revocetur. Item, ut executores bonæ memoriæ domini Bonifacii seu substituti eorum nobis cogantur reddere rationem, et nobis de residuo respondere ; præsertim quia dictus dominus Bonifacius, in magnum gravamen nostrum, domos Cantuariensis ecclesiæ permisit decidere in immensum. Longe autem magis vellemus quod manus apostolica residua vendicaret, nobis juxta suum beneplacitum partitura, quam in manibus sacrilegis remanerent.

Universis præsentes literas inspecturis frater J[ohannes,] etc., salutem in Domino sempiternam. Noverit universitas vestra quod nos tenore præsentium facimus et constituimus dilectum nobis in Christo fratrem Robertum de Seleseye, [ecclesiæ] nostræ Cantuariensis monachum, procuratorem nostrum et nuncium specialem in Romana curia, ad impetrandum et contradicendum literas tam simplices quam legendas, privilegia et indulgentias tam gratiam quam justitiam continentes, quæ pro nobis et statu nostro facere poterunt et prodesse, judices et loca eligendum, et in eosdem conveniendum, negotia nostra utiliter gerendum et procurandum, et omnia alia circa præmissa faciendum quæ per verum et legitimum procuratorem valeant expediri. Ratum et gratum habituri quicquid frater Robertus, procurator prædictus, pro nobis fecerit aut procuraverit in præmissis. In cujus rei testimonium præsentes literas sigilli nostri fecimus impressione muniri. Datum apud Mortelak', iii. id. Maii, anno Domini MCCLXXX. tertio.

CCCCXXVI.

To the Bishop of Lincoln.

1283.
21 May.
Desires
him to cite
the ex-
ecutors of
the coun-
tess of
Ferrers
to pro-
duce their
accounts.
R. f. 85 b.
A. f. 16 b.

Frater J[ohannes], etc., episcopo Lincolniensi, salutem, etc. Cum humana pietas ita misericorditer agat in defunctum, ut res temporales quæ illius fuerant, per distributionem in pios usus ipsum adjuvando sequantur, et coram cœlesti Judice pro ipso propitialiter intercedant ; nos officii nostri debitum contra pias eorundem defunctorum voluntates, cura qua tenemur exercere cupientes, fraternitati vestræ committimus et mandamus, quatenus citari faciatis peremptorie magistros P. J. R. ecclesiarum de Rayndes et de Castan in Huntidon' rectores, testamenti dominæ Margaretæ quondam comitissæ Ferariensis[1] executores, ut die secunda juridica post festum Sanctæ Trinitatis compareant coram nobis, ubicunque in nostra provincia vel diœcese Cantuariensi fuerimus, cum dicto testamento, inventario et aliis instrumentis dictum testamentum contingentibus, ratiocinium et finale compotum super administratione sua in bonis dictæ defunctæ reddituri, facturi, et recepturi in præmissis quod dictaverit ordo juris. Et quid super præmissis duxeritis faciendum, nobis ad dictum diem fideliter intimare curetis per vestras patentes literas harum seriem continentes. Datum apud Slyndone, xii. kal. Jun., anno ut supra.

CCCCXXVII.

To the Bishop of Chichester.

1283.
21 May,
Desires
him to
impose
penance
instead of
a fine on

Frater J[ohannes], permissione Divina Cantuariensis ecclesiæ minister humilis, totius Angliæ primas, venerabili fratri domino . . Dei gratia episcopo Cycestrensi, salutem et fraternam in Domino caritatem. Visitantes nuper auctoritate metropolitica monasterium

---

[1] Margaret, widow of Wm. Ferrers, seventh earl of Derby.

de Boxgrave, vestræ diœcesis Cycestrensis, invenimus the prior
et novimus dicti monasterii priorem domum Domini of Boxgrave, and
turpiter maculasse. Super quo etiam coram vobis aut to remove
vestris alias notatus et convictus, propter hoc auctori- him from
his office.
tate vestra mulctatus fuit in x. libris esterlingorum, ad R. f. 85 b.
opus vestrum ut dicitur solvendorum. Verum quia
pœnæ seu mulctæ pecuniariæ in delictis hujusmodi
notoriis reprobæ sunt secundum canonicas sanctiones,
ac injustum videtur totius monasterii communitatem
seu conventum unius personæ nihil habentis proprium
delicti prætextu, puniri tam graviter seu mulctari ;
nos pecuniariam pœnam in disciplinam regularem
commutari volentes, fraternitati vestræ committimus et
mandamus, quatenus eidem pœnitentiam juxta delicti
qualitatem et beati Benedicti regulam infligatis, quem
nos interim a communitate jussimus ut eadem docet
regula separari. Et quia dignum est ut, qui aliis
præest, eis sit vita præstantior et moribus, volumus
similiter et mandamus ut eundem priorem citra diem
Ascensionis Domini ab administratione prioratus totaliter absolvatis, quod vestrum est in præmissis ulterius
exequentes celeriter, ne per appellativos custodes bona
ecclesiæ consumantur. Et quid inde feceritis nobis
intra octavas Ascensionis Dominicæ intimare curetis per
literas vestras tenorem præsentium continentes. Datum
apud Slymdon., xii. kal. Junii, anno Domini MCCLXXXIII.,
ordinationis domini quinto.

CCCCXXVIII.

To EDWARD I.

A treshaut prince e seynur, Edward Deu grace rey [1283.]
de Engleterre, seignur d'Irlaunde, duc d'Aquitaine, 23 May.
On behalf
frere Jan, par la suffraunce Deu prestre de Canterbir', of the
primat de tute Engleterre, saluz, en graunt reverence. bishop of
Win-
Sire, li roys Salomon dist ke misericorde e verite chester
gardent le roy, e clemence, co est pite, enforce sun and the

L 2

parson of
Crundale.
R. f. 42.

trone. Pur la queu chose nus sumes dolenz e tristes quaunt maundemenz durs e crueus vienent de vostre curt. Kar taunt come Deus meintient vostre trone, nus sumes seurs ove les almes, les queles nus avunıs en garde. Mes nus sumes durement esbayz de duresces ke, sicum nus avum entendu, vus avez comaundees cuntre le eveske de Wyncestre, les queles passent les bunes de vos auncestres, e surdent, sicume len dist, de une chose, ke nus tuche, de la eglise de Crundale, qi fu donee sulum la fraunchise Seynt Thomas a un de nos chapeleyns. En la quele eglise len ad fet graunt desray, e graunt despit a Deu, cuntre les leys que Jhu Crist livra a Seint Pyerre par sa beneyte buche. Pur la queu chose, sire, nus suppleum a vostre reaute ke vus pur la misericorde Deu suffrez ke en ces choses misericorde e verite gardent le roy, e adrescent vostre quoer, et ke vus eyez pite de nostre chier frere le esveske de Wyncestre, e del eveschee, e de nostre chapeleyn persone de Crundale, sulum Deu e reysun. E si ne poum nus pas croire ke les duresces avaunt dites viegnent de vous, de ky nus avums veu e oy taunt de buntes, taunt de humilitez, taunt de clemences, les queles nus avums prechees a tut le munde. E pur co, sire, nus vous prium pur Deu ke vus facez ces choses amender ; e si vous ne fetes, sachez certeinement[1] ke Deus sen curruscera par se costumes ke il ad escrites e tenues puis le comencement du munde. Sire, pur Dieu pite vous venke, tenez seinte eglise en le estat en qui vos auncestres la unt gardee par amendement pur le amur mun seignur Seint Thomas, a qui nus comaundums le cors de vous e lalme. Sire, pur Dieu ne suffrez pas ke lenteigne pur menteurs ceus ke taunt unt prise vostre bone foy, e vostre bone volente. Sire, Dieu vous eit en sa garde.

Ceste lettre fu escrite le Dimanche de vaunt la Ascensiun.

---

[1] *certeinement*] certeitenement, MS.

CCCCXXIX.

To Queen Eleanor.

A treshaute dame Alianore, Deu grace royne de Engleterre, dame dIrlaunde, duchesse dAquitaine, frere Jan, par la suffraunce Deu prestre de Caunterbir', primat de tute Engleterre, saluz en graunt reverence. Madame, li seint nus enseignent ke femmes natureument sunt plus piteuses e plus devoutes ke ne sunt les hommes, e pur co dist la Escripture, " Ubi non est " mulier, ingemiscit egens."[1] E pur co ke Dieus vous a done honour greyneur ke as autres de vostre seignurie, il est reysun ke vostre pite passe la pite de tuz iceus e de tutes celes qui sunt en vostre seignurie. Pur la queu chose nus vous requerrums pur Dieu e pur nostre Dame, ke vous le quoer nostre seignur le roy voilliez en bonir vers nostre chier frere le eveske de Wyncestre. E sachez, madame, ke les duresces ke len fet a li, la eglise de Rome tendra pur fetes a soy, e co ne sereyt pas bon au tems ke ore curt. Madame, nus vus requerum pur Dieu ke vous facez taunt en ceste partie, ke ceus ke dient ke vous metez le roy a fere duresces, pussent voyr e sentir le cuntreire. E si sumes certeins ke Dieus se curruscera a tuz ceus qui en ceste chose ne funt lur partie bone. Madame, pur Dieu, pite vous veynke e nostre Sire vous gard le cors e lalme a tuz jurs. Ceste lettre fu escrite le Dimeynche devaunt la Ascensiun.

[marginal note: [1283.] 23 May. Asks her to intercede with the king for the bishop of Winchester. R. f. 42.]

CCCCXXX.

To the Bishop of Bath.

Suo Bathoniensi, salutem et sinceram in Domino caritatem. Scimus, domine carissime, quod vos impetuositates hujusmodi temporis, licet non possitis omni-

[marginal note: [1283.] 23 May. Complains of the pre-]

---

[1] Ecclus. xxxvi. 27.

phariam cohibere, minuendo tamen et mutando pluries
bonum facitis quod valetis. Ecce ergo tempus accept-
abile, quo magni meriti titulum vobis coram Deo
et hominibus adquirere poteritis, si acceptet omnium
Moderator. Ecce enim dura et horrenda dicta contra
Wyntoniensem episcopum et ecclesiam dicuntur nuperrime profluxisse, et ex occasione irrationabili supra
modum, quia videlicet data est ecclesia de Crundale
primo vacans Wyntoniensi episcopo, capellano nostro,
juxta Cantuariensis ecclesiæ libertatem, cum satis
habeat idem episcopus in votis et potentia illi medico
alias et alibi providere. Intrusus est in eandem ecclesiam puer ut dicitur illegitimus vi et armis regalibus,
ut patuit per ministros intrusionis, quos non est
dubium ipso facto in excommunicationis sententiam
incidisse. Et quia talia facta non sunt veræ Christianæ fidei argumenta, ut ad ea quæ honori regio et
saluti expediunt, studeatis totis viribus ipsius animum
inclinare rogamus, pro certo scientes quod si ista ad
aures pervenerint apostolicas, movebitur ipse et tota
curia ut credimus vehementer. Et quid inde huma-
nitus valeat evenire, satis potestis conjicere, quodque circa hoc in thesauris iræ Altissimi sit signatum,
videntur quædam evidentia præsagire. Dominum nostrum regem custodiat clementia Salvatoris. Væ enim
et lamentationes hiis imminent, ut putamus, qui finem
dierum suorum infelici omine pertransibunt, novercalis
fortunæ verberibus flagellandi. Moneat autem dominum regem quod Wyntoniensis episcopi gravamina in
nostrum redundant dedecus multiplici ratione, ex quo
concludimus quod quicquid sibi feceritis in hac parte
solatii vel refrigerii, dilatorii saltem ad tempus, nobis
sapimus esse factum. Valete. Datum apud Slyndon',
x. kal. Junii [1283].

CCCCXXXI.

TO THE BISHOP OF WINCHESTER.

Frater J[ohannes], etc., domino Dei gratia Wyntoniensi episcopo, habitare in adjutorio Altissimi et sub protectionis suæ clypeo commorari. "Si exurgat "adversum me prælium," ait [1] vatum eximius, "in "hoc ego sperabo."[2] Si Deum habetis præ oculis, frater carissime, quid timetis? Causam Dei agitis, et contra vos ambulantes in fluctibus ventus validus insurrexit. Rogamus absit pusillanimitas, ne locum habeat illud improperium, "Modice fidei, quare dubi- "tasti?"[3] In causis Christi igitur quas tenetis, præsidium ejusdem Altissimi fiducialiter et cum gaudio expectetis, quia in temptationes varias incidistis. Certi sumus quod ad finem prosperum deducemini ejus quod pro Christi nomine assumpsistis. Quæsumus advertatis quod quasi toto tempore vitæ vestræ in ædificando palatio sapientiæ studuistis, et modo tempus existere thesauros ejus exterius declarandi. Quia igitur deesse vobis non poterit digne imploratum divinum auxilium, cum patrocinio sanctorum suorum gloriosæ Virginis et beati Francisci præcipue, nec deest vobis industriæ consilium; nihil restat nisi ut juxta temporis malitiam studeatis malitias hominum mitigare, quia dicit sapiens, "Regis indignatio [4] nuncii mortis, et vir sapiens "placabit eam."[5] Modum autem placandi Jacob docuit patriarcha, qui furorem Esau mitigavit, præmissa oratione obnixa præmittendo munera copiosa, et ipsum humili reverentia implorando. Ex [6] quo accidit ut qui [7] perempturus venerat, in ipsius rueret oscula et amplexum. Cum hiis autem recogitetis assidue quod boni pastoris incumbit humeris, agonizari pro justitia et animam ponere pro ovibus si oportet. Recogitare

[1283.]
23 May.
Encouragement in his troubles concerning the church of Crundale.
R. f. 85 b.
A. f. 60.

---

[1] *ait*] ait ait, A.
[2] Psalm xxvi. 3.
[3] Matthew, xiv. 31.
[4] *indignatio*]. This word is omitted in the MSS

[5] *eam*] *eum* in MSS. Prov. xvi. 14.
[6] *Ex*] Et, MS.
[7] *qui*] omitted in MSS.

insuper velitis vos Deum graviter offendisse quando
secundum [1] consilium vestrum et contra canonicas sanctiones puer ille, de quo agitur, ad ecclesiam de Crundale
auctoritate vestra incursus vestri principio est admissus,
scientes etiam quod de attachiamentis istis vobis ut
dicitur jam factis, præcessit rumor publicus, priusquam
in Angliam veniretis, quorum etiam plura prædecessorem vestrum bonæ memoriæ vexaverunt, donec ipse
. . . . [2] se redemit, post mortem nihilominus spoliatus.   Unde non oportet adversitates istas justitiæ
ascribere, qua domino Petro de Guldeford memoratam
ecclesiam contulistis.   Scribimus pro vobis ut possumus affectuosius, parati vobis assistere toto posse, nec
deficiemus vobis opere vel opera in hac parte.   Et si
subtraxerit vobis paleas severitas Ægyptiaca, calami [3]
nostri medietas vobis non deerit dum vivamus.   Pater
misericordiarum et Deus totius consolationis vos in
præsentibus angustiis consoletur.   Valete in Christo et
Virgine gloriosa.   Datum apud Slyndone, x. kal. Junii.

CCCCXXXII.

To Cardinal Gaietano.

1283.
25 May.
Cannot
revoke his
sentence
against T.
de Camilla.
R. f. 17 b.
A. f. 53 b.
Reverendo in Christo patri ac domino Benedicto, Dei
gratia S. Nicholai in Carcere Tulliano diacono cardinali,
frater J[ohannes], permissione ejusdem Cantuariensis
ecclesiæ minister humilis, totius Angliæ primas, salutem
cum omni reverentia et honore.   In pastorale officium
qualiter ingressi fuerimus per ostium vocatione sincerissima summi patris, nulla præveniente vel interveniente
re vel specie corruptelæ, novit vestra, pie pater, pru-

---

[1] *secundum*] omitted in MSS.
[2] a word is here obliterated by a spot of ink.
[3] *calami*].   It is difficult to say whether this word is *calami*, or *talami, i.e. thalami.   Calami* may be used as a synonym for the word

stipula (stubble) which occurs in Exod. v. 7.   *Thalami* would be intelligible if we suppose that the writer had forgotten that the straw supplied to the Hebrews was for making bricks, and assumed that it was for sleeping in.

dentia plus quam nostra. Quantum autem id horruerit inexperientia cordis nostri, novit Ille solus cui omnes latebræ sunt apertæ. Unum scimus et ipso conscio protestamur, quod salvo solius Dei honore quantum in nobis est plus vellemus ab illo tempore usque in præsens in carcere sine carceris merito speculationibus cœlestibus indulsisse. Incidimus etenim in nervos leviathan perplexos, dum jurati cum amaris lacrimis super altare principis apostoloium servare canones, eos licet involuntarii non servamus, dum sæculares principes Deum in Thomæ sanguine non verentes, formato sibi consuetudinis antiquæ sed corruptelæ potius idolo, spreta apostolica reverentia excavare nituntur ecclesiæ fundamenta. Qualiter autem sacrum Lugdunense concilium quorundam clericorum abjecisset improbitas, nisi nos, ut fueramus per sanctæ memoriæ summum pontificem informati, ascendissemus pro viribus ex adverso, narrare poterunt omnes ad curiam venientes. Ad quod et similia vitia extirpanda, etsi non plene sufficimus, diatim proficimus ut valemus, quamquam quidam clericorum magni viribus diabolicis sibi arrogent impudenter, se absque dispensatione apostolica posse ex consuetudine quòtlibet qualialibet et quantalibet citra episcopalem gradum beneficia occupare. Laboramus igitur, sancte pater, ut fures et lupos a Christi gregibus expellamus, quæ si vellemus clausis palpebris transilire, nihil esse lætius temporalis fallaciæ applausibus quam cor nostrum, quod ex causis contrariis in felle revolvitur et dolore. Proinde, pater piissime, ad immediate nobis subjectos intuitum dirigentes, invenimus præ ceteris Tedisium de Camilla in greges nostros a principio per ostium non intrasse, investituram decanatus de Wulverenehampton' a laico recepisse, qui decanatus nostri juris est plenarie, quamvis regia violentia sit detentus. Invenimus ipsum Tedisium, sicut male sibi conscium, dispensationem apostolicam ex falsis in toto suggestionibus ut plurimum impetrasse. Tandemque dispensationis abusu neglecta animarum cura totaliter,

non rectoris sed raptoris exercuisse officium in eisdem,
demum pro absentia contumaci ab ecclesia de Wulverenehampton', super qua nullo privilegio excusatur, cum
maturitate debita excommunicationis sententia involutus, in qua longo tempore perduravit, ultimo pactus
cum Bogone de Clare, ut a fidedignis asseritur, de
dimittenda sibi ecclesia de Wengeham pro quadam laicalis terræ possessione, si noster concurrisset assensus,
per peritos in jure sententialiter est privatus. Non
possemus igitur, pater sanctissime, revocare judicium
sine peccato mortalissimo et scandalo totius cleri et
populi Anglicani, inter quos qualis sit nominis et quam
fetidam sui reliquerit memoriam, noverunt omnes incolæ
regionis. Quia igitur, teste beatissima Trinitate, parati
sumus vestris beneplacitis acquiescere in omnibus,
quantum sine Dei offensa valemus, supplicamus humiliter ut nostram in hac parte velitis habere innocentiam excusatam. Nihil enim vobis honoris accresceret
si in filio vestro infelicitas adimpleret illud apostoli-
cum, "Si quæ destruxi, hoc iterum reedifico, prevari-
" catorem me esse constituo."[1] Compositionis autem
quandam formam posuimus in ore magistri Adæ de
Phileby, qua volumus ob vestri reverentiam dictum
T[edisium] liberaliter consolari. Ergo, pater piissime,
si sanguinem illum diligitis gratitudinis bonitate, qui
tamen vobis nescientibus se dicitur frequenter extra-
ordinarie dilatare, dignemini attendere quod nos solus
exagitat in hac parte amor sanguinis Crucifixi, quia
circa animarum procurandam salutem arguens allegantes
vinculum parentelæ dixit Mt. xii., " Quæ est mater mea,"
etc.;[2] et sacerdotium Melchisedec, quod est Christi,
genealogiam nescit secundum apostolum ad Hebræos,
sicut vos hæc omnia novistis melius, pater sancte. Custodiat Dominus incolumitatem vestram ecclesiæ suæ
per tempora longiora. Scriptum viii. kal. Junii.

---

[1] Galat. ii. 18. | [2] Math. xii. 48.

CCCCXXXIII.

To the Abbot of Seez.

Frater J[ohannes], etc., venerandæ religionis viro domino . . Dei gratia abbati Sagiensi, salutem et sinceram in Domino caritatem. Nuper in progressu visitationis nostræ metropoliticæ in diœcese Cycestrensi, prioratum vestrum Arundell' visitantes, invenimus monachos vestros ibidem nulli regulari subjici disciplinæ, sed eorum correctiones, qui in nostræ jurisdictionis finibus delinquunt, vobis, qui statis in partibus transmarinis, contra omnem formam canonicam reservari, cum inter se priorem habeant qui posset et deberet quotidianos defectus corrigere et insolentias delinquentium refrænare. Cum igitur monasticam deceat honestatem sub disciplina et regulari observantia Domino famulari, mandamus quatenus, si vobis expedire videbitur, committatis priori vestro loci prædicti liberam potestatem corrigendi et reformandi monachos sibi commissos, et quod unum sub se habeat subpriorem, qui in ejus absentia inter monachos ipsos faciat observari regulas ordinis et disciplinas secundum canonica instituta. Quid autem circa hoc feceritis, aut facere decreveritis in præmissis, nobis citra festum Assumptionis gloriosæ Virginis fideliter rescribatis. Alioquin nos extunc dissimulare non poterimus quin circa præmissa, prout expedire viderimus, salubre remedium apponamus. Valete. Datum apud Slyndone, v. kal. Junii, anno Domini MCC. octogesime tertio, ordinationis nostræ quinto.

1283. 28 May. Requests him to empower the prior of Arundel to punish delinquent monks.

R. f. 197.

CCCCXXXIV.

To the Prior of Arundel.

Frater J[ohannes], etc., dilecto filio . . . priori monachorum de Arundell', salutem, gratiam et benedictionem. Ecce scribimus abbati vestro qualiter

1283. 28 May. Asks him to forward

the preceding letter.
R. f. 197.

nuper apud vos visitantes invenimus quod nullæ inter vos correctiones fiunt, sed sibi totaliter contra omnem formam canonicam reservantur, et quod vobis potestatem committat corrigendi et reformandi inter monachos vestros ea quæ ad ordinis pertinent disciplinam. Quare volumus et mandamus quatenus literam ipsam, quam vobis per latorem præsentium transmittimus, abbati vestro sine dilationis tædio dirigi faciatis, et per vestrum nuncium præsentari, formam autem et potestatem quam circa hoc vobis committet, aut quid inde facere decreverit, nobis citra festum Assumptionis beatæ Virginis procuretis fideliter intimari. Alioquin nos extunc pro reformatione vestra quod animarum saluti expedire viderimus faciemus. Valete. Datum apud Slyndone, v. kal. Junii, ordinationis nostræ anno quinto.

CCCCCXXXV.

TO THE CHANCELLOR OF YORK.

[1283.]
28 May.
Blames him for what he has said about R. de Bradgare, and for his exactions on the fruits of Maidstone church.
R. f. 197.
A. f. 87 b.

Thomæ cancellario Eboracensi salutem. Noveritis, carissime, quod ab illo tempore quo vos vidimus, numquam præsentiam Roberti de Bradegare, infirmitate sua et nostris occupationibus obstantibus, potuimus obtinere, cum tamen intellexerimus aliorum fidedigno relatu vos circa istam materiam, licet hoc credere difficile videatur, linguam vestram in ⸱nostri præjudicium ultra religionis debitum relaxasse. Parcat vobis Dominus si est ita, qui vulnerat et medetur. Per villam tantum de Maydestan transitum facientes, pro certo audivimus vos per vestros plus de illius ecclesiæ fructibus recepisse, quam translationis vestræ jura permitterent, etiam si jus habuissetis, etiam obtentu ipsius ecclesiæ, quam episcopus Portuensis translationis suæ minime ignarus conferre non potuit, ut in Romana curia didicimus, et per prudentes viros intellexi-

mus; ex hoc fundamento archidiaconatum Cantuariensem ecclesiæ conferentes, cujus collationem videtur
sedes apostolica sicut cernitis approbasse.   Rogamus
igitur, carissime, ut a nostris injuriis desistentes, juxta
theologica fundamenta res alienorum pauperum concupiscere desistatis, pro certo scientes, quod si exactionem vestram justam esse decerneret industria sapien-
tum, vobis inde faceremus justitiæ complementum.
Sed quia in aliorum præjudicium nihil possumus,
vestram hortamur in Domino caritatem ut, a dede-
centi petitione et impetitione hujusmodi desistentes,
expectetis pacifice donec dederit nobis Dominus opportunitatem, sicut vere votis gerimus, dante Altissimo,
vos per viam aliam honorandi.   Valete.   Datum apud
Slyndone, v. kal. Junii.

CCCCXXXVI.

To the Dean, and a Canon of Chichester.

Frater J[ohannes], etc., dilectis filiis, ... decano
Cycestrensi et magistro R. de Grava, ejusdem loci
canonico, salutem, gratiam et benedictionem.   Quoniam
ex relatu intelleximus fidedigno, quod Petrus de Boseham, clericus ballivi Cycestrensis, frequenter libertates
nostræ Cantuariensis ecclesiæ lædere et violare quantum in ipso est non veretur, homines et tenentes
nostros multipliciter injuriis et exactionibus indebitis
aggravando; specialiter autem dilectum filium magistrum Th. de Ingelsthorp, rectorem ecclesiæ de Pageham,
clericum et consocium nostrum, cujus bigam et equos
nuper cepit et arestavit, contra libertatem ecclesiæ et
personis ecclesiasticis concessam, et ea restituere con-
tradicit, excommunicationis sententiam in Oxoniensi
concilio latam ipso facto proculdubio incurrendo, in
animæ suæ periculum et aliorum perniciosum exemplum.   Discretioni vestræ in virtute obedientiæ et

1283.
29 May.
Desires
them to
warn the
clerk of
the bailiff
of Chi-
chester to
restore the
cart and
horses
which he
has taken
from the
rector of
Pagham.

R. f. 197 b.

sub pœna animadversionis districte firmiter injungendo
mandamus, quatenus moneatis efficaciter et inducatis
dictum Petrum ut ab hujusmodi injuriis penitus de-
sistat, et dictam bigam et equos ac alia bona, quæ a
dicto rectore detinere dicitur, restituat indilate, secundum modum libertatum ecclesiæ nostræ hactenus
usitatum, et hoc sub pœna excommunicationis, quam
in hiis scriptis in personam suam ferimus, si vestris
in hac parte monitis, immo nostris potius, noluerit
obedire. Quam quidem sententiam per vos vel alterum vestrum crastina die in singulis ecclcsiis civitatis
Cycestrensis contra eum sollempniter publicari volumus,
si ipsum in hac parte inveneritis contumacem. Citetis
autem nihilominus peremptorie dictum Petrum, quod
compareat coram nobis, ubicunque fuerimus in nostra
provincia vel diœcese, tertia die juridica post festum
Sanctæ Trinitatis, nobis super hiis et aliis sibi objiciendis ex nostro officio responsurus, facturus et recepturus quod justitia suadebit. Quid autem circa
præmissa feceritis, nobis dicto die per vestras patentes
literas, harum continentes seriem, fideliter rescribatis.
Valete. Datum apud Neutymbre., die Sabbati proxima
post Ascensionem Domini, anno Domini MCCLXXXIII.,
ordinationis nostræ quinto.

CCCCXXXVII.

CHRISTCHURCH, CANTERBURY.

1283.
15 June.
Order to
the officers
of his
manors to
compel his
tenants to
pay their
dues to
Christ-
church.
R. f. 73 b.

Frater Johannes, etc., dilectis in Christo filiis universis senescallis, ballivis et aliis maneriorum nostrorum ministris, salutem, gratiam et benedictionem.
Sua nobis dilecti filii prior et capitulum ecclesiæ
nostræ Cantuariensis conquestione monstrarunt, quod
quidam de tenentibus nostris eisdem in magnis arre-
ragiis annuorum reddituum seu firmarum tenentur de
feodis et tenementis quæ de nobis tenent; quos nec

distringere nec ad hujusmodi solutionem compellere possunt absque ministris nostris in quorum ballivis dicta feoda et tenementa consistunt. Unde gravem super hiis, ut asserunt, sentiunt læsionem. Et, quod gravamina eorum merito nostra reputamus, vobis et cuilibet vestrum in virtute sacramenti nobis præstiti firmiter injungendo mandamus, quatenus cum ex parte dictorum religiosorum fueritis requisiti, dictos tenentes nostros, quos debitores suos esse constiterit, ad solutionem dictorum reddituum seu firmarum celeriori modo quo fieri poterit justitia mediante distringentes, ne ad aures nostras querela amplius inde perveniat, compellatis. Datum apud Bellum, xvii. kal. Julii, anno Domini MCC. octogesimo tertio.

CCCCXXXVIII.

To the Bishop of Lincoln.

Frater J[ohannes], permissione divina Cantuariensis ecclesiæ minister humilis, totius Angliæ primas, venerabili fratri domino O., Dei gratia Lyncolniensi episcopo, salutem et sinceram in Domino caritatem. Juxta quod invicem tractavimus London' existentes, scribentes domino regi de facto pecuniæ asportatæ, sub sigillo suo secreto recepimus in responso quod nobis et coepiscopis nostris, quam cito nostram haberet præsentiam corporalem, in tantum satisfaceret quod non remaneret ulterior materia quæstionis. Unde veracem reputantes regiam majestatem, interim dissimulare credimus esse tutius quam forti emunctione sanguinem elicere indigestum. Credimus tamen quod violentiam illatam basilicæ et fractionem ut dicitur ostiorum nolit aliquatenus excusare. Unde circa illos malefactores novit vestra discretio qualiter debeat virgam extendere, pensando nihilominus quod metus judicis plerumque delictum attenuat subditæ potesta-

[1283.] 16 June. The king has offered to settle the matter of the money that was taken away. Is displeased at his conduct concerning the executors of the countess of Ferrers. R. f. 86. A. f. 62.

tis. Circa negotium vero citandorum executorum comitissæ Ferrar', noveritis vos cor nostrum anxie vulnerasse. Memores enim sumus qualiter, cum de pace cum coepiscopis nostris tractatum habentes, in vestra præsentia turbationis remedia per viros industrios quæreremus supra debitum officii nostri, in quos fuit per vos et ceteros coepiscopos tunc præsentes consensum unanimiter ad tractandum, qui inter ceteros articulos istum dęderunt nobis in scriptis, ut causæ testamentariæ defunctorum, quorum bona fuissent in diversis diœcesibus constituta, ad nostrum pertinerent indaginem pleno jure, ceteris id acceptantibus, vos sicut vobis placuit reclamastis, et motum tunc temporis cordis vestri videmini sensibili judicio hiis temporibus declarare, quasi expectetis ut de libertatibus Cantuariensis ecclesiæ quæ jura communia aliorum archiepiscoporum in multis excedere dinoscuntur, vestræ prudentiæ fiat fides in hiis quæ consuetudo prisca sanxit,[1] firmavit possessio et notorium non patitur occultari. Rogantes igitur fraternitatem vestram propter reverentiam sanctorum Cantuariensis ecclesiæ patronorum quorum meritis non nostris viribus ipsa subsistit ecclesia, ut saltem, sicut ceteri coepiscopi nostri, velitis animum vestrum inclinare ad jura, libertates et consuetudines ipsius ecclesiæ, precibus vestris annuimus de ipso negotio differendo citationis ut petitis memoratæ, dum tamen vos interim circa ipsum negotium nihil in nostri pręjudicium attemptetis. Et in hac parte simplicitatem, de qua scribitis, servare curetis in modum simplicissimæ figurarum, quæ sic in suo habitu revolutionis suæ tranquillitatem perpetuat, quod superius posita non offendit. Duplicitatem autem nec corde vobis unquam imposuimus nec sermone, ut insinuat finis vestræ literæ nobis missæ. Et si lingua tertia vobis aliud seminavit, ille qui labia do-

---

[1] *sanxit*] sanctivit, MS.

losa disperdit, illam perimat vel faciat pœnitere. Memores autem sumus verborum quæ de hac materia
nuper vobiscum habuimus, asserentes quod de subter-
fugio ecclesiasticæ disciplinæ sub tuitionis pallio plurimum dolebamus, et de ista materia contulimus cum
peritis ne nostris læderetur temporibus, tuitorium refugium sollicite cogitantes, si forte dignaretur nobis
Deus consilium aperire, quo possemus isto ventilabro
granum a palea separare. Nihil enim amarius ferimus
quam alienis[1] paleis onerari. In calce literæ vos rogamus ne in hiis quæ nos tangunt, communicetis consilium laicale, scientes quod illa communio læsit pluries
famam vestram. Valete. Datum apud Michelham,
xvi. kal. Julii.

CCCCXXXIX.

To Edward I.

A treshaut prince e seignur Edward, Deu grace rey
de Engleterre, seignur dYrlande e duc de Aquitaine,
frere Johan, par la suffrance Deu prestre de Cantre-
byre, primat de tote Engleterre, saluz en graunt reverence. Syre, nus vus prioms ke il vus soveygne ke
nus vus deismes une foyz en parlant devant mut de
genz ke nus vodriom mieuz morir ke coroucer vus
notablement contre reyson. De la queu parole nus
avons este meynte foyz escharny, e si ne nus en re-
pentimes unkes ke nus sachons. E pur ceo, treschier
syre, ne creez pas ke nus en nule manire farom chose
ke deins desplere a vostre seignurie. Dunt, sire, nus
vus fesons a saver ke len vus ad fet faus entendre
de mestre Bonet. Kar unkes par la reson de vostre
chapele de Bruges, nus ne grevames ne lui ne autre,
ne ne beom a grever nomeement homme ke seit en
vostre servise. E endreit de cele chapele e des autres,
nus volons deffendre vostre franchise solonc nostre poer

1283.
17 June.
Seques-
tered the
fruits of
Aldington
church on
account of
Bonet's
plurality.
Rauf de
Freminge-
ham is
excom-
municated.
R. f. 42.

---

[1] *alienis*] aluinis, MSS.

contre touz genz en bone fey, taunt come nus le poom
coneistre e entendre. Mes, sire, nus feimes sequestrer
les fruz del eglise de Audintone pur ceo ke il tient
damnablement deus dignitez, la ercediekne de Lymoges
e la deiniee de Bruges, saunz dispensacion, e oveke
ceo la eglise de Aldintone, la que chose il ne puet
fere, ne nus ceo suffrir saunz fere contre Deu et contre
nostre salu, et il nus ad sovent promis ke il nus vo-
leit mostrer sa dispensacion, e a totes le foyz nus ad
failli, e ore precchenement par sa volente e par sun
assentement, nus li donames terme la Seinte Marga-
rete ke vient de mustrer son privilege, e si il le mus-
tre suffisant nus len lerrum joir e en pes, e si il nus
deceit, nus vus prions, chier seignor, ke vus suffrez
ke nus facum nostre office, e de ceo e de autre choses
nus maundez vostre pleisir, le quel nus sumes ausi
prest a acomplir come nus esteimes quant vus nus
enveastes a vos deners e sus vos chivaus au pape Jan.
Oveke ceo, sire, nus vus fesons a savoir ke en visitant
la chapitre de Cycestre, nus entendimes certeinement
par jugge delegat ke nus comaunda de denuncier es-
cumeie mestre Rauf de Fremingeham, ke il est uncore
en meymes la sentence, pur la quele vus le ostastes
autrefoyz de vostre servise. Syre, Deus vus eyt en
sa garde e quaunt ke vus amez.

Ceste lettre fu escrite a Buxle le diseutime jour de
Juyn.

CCCCXL.

To the Bishops of his Province.

1283.
18 June.
Repeats
the excom-
munication
of the sub-
prior and

Frater J[ohannes], permissione divina Cantuariensis
ecclesiæ minister humilis, totius Angliæ primas, venerabilibus fratribus et coepiscopis Cantuariensis provinciæ
suffraganeis aut eorum officialibus, salutem et sinceram in Domino caritatem. Licet dudum fratrem Wil-

lelmum de Ledebyr', gerentem se pro priore monasterii Majoris Malverniæ, Wygorniensis diœcesis, suppriorem, præcentorem, sacristam, celerarium et camerarium loci ejusdem propter eorum multiplicatas contumacias et manifestas offensas, exigente justitia, excommunicationis majoris sententia innodaverimus, eosque in omnibus et singulis ecclesiis ac aliis locis sollempnibus in dicta diœcese undique constitutis nunciari fecerimus, pulsatis campanis et candelis accensis, publice et sollempniter sic ligatos, ac inhiberi etiam universis et singulis jurisdictioni Wigorniensi prædictæ qualitercunque subjectis, ne quis cum eis aut eorum aliquo emendo, vendendo, comedendo, bibendo, seu quovis alio communicationis genere, nisi in casu a jure patenter expresso, sub pœna excommunicationis majoris, quam in contravenientes in scriptis tulimus, præsumeret communicare, ne ceteri forsan insontes suo contactu nephario inficerentur ex macula, quam perniciose et dampnabiliter contraxerunt. Ipsi tamen qui non re sed tantum nomine religiosi censentur, in suis rebellionibus et erroribus in ecclesiasticæ disciplinæ contemptum, non absque gravi animarum periculo ac scandalo plurimorum, eo hucusque perseverarunt dampnabilius, quoad eorum medelam cogitando ferventius operam impendimus salutarem. Quocirca nos eorum statum dampnabilem, tam vobis quam aliis bono zelo volentes fieri magis notum, ut arctius evitentur ab omnibus, et præ rubore saltem maturius redeant ad viam salutis, cujus ex toto immemores hactenus extitisse verisimiliter præsumuntur; vobis omnibus et singulis committimus, et in virtute obedientiæ tenore præsentium districtius injungendo mandamus, quatemus fratrem Willelmum qui pro priore monasterii memorati se gerit, suppriorem, præcentorem, sacristam, celerarium, et camerarium supradictos in singulis ecclesiis cathedralibus, conventualibus, seu collegiatis, parochialibus, ac aliis locis sollempnibus vobis seu

marginal note: other monks of Great Malvern, and orders their pensions, &c., to be sequestrated. R. f. 86.

M 2

vestrum alicui qualitercunque subjectis, per singulos
dies Dominicos et festivos intra missarum sollempnia
coram cleri et populi multitudine faciatis, pulsatis
campanis, candelis accensis, excommunicatos publice et
sollempniter nunciari, a denunciationibus hujusmodi
minime desistentes, quousque de absolutionis beneficio
per nos impenso eisdem in forma juris vobis omnibus
et vestrum cuilibet constiterit evidenter ; vestris subditis similiter inhibentes sub pœna excommunicationis
majoris, quám ex nunc in contravenientes in hiis
scriptis proferimus, ne quis cum religiosis prædictis seu
eorum aliquo, emendo, vendendo, comedendo, bibendo,
seu alias, ut præmittitur, eis vel eorum alicui partici-
pando communicare præsumat, quousque per nos in
forma juris absolutionis beneficium meruerint obtinere.
Ad hoc si religiosi prædicti in vestris diœcesibus seu
earum aliqua, pensiones seu portiones fructuum vel
decimarum eis debitas asserant, a quibuscunque personis sub vestro seu vestrum alicujus districtu existentibus, seu in parochiis alienis posse percipere se
prætendant, seu etiam ecclesias parochiales possideant
vel teneant eis in usus proprios assignatas, pensiones,
portiones ac fructus ecclesiarum hujusmodi parochialium
sub arto sequestro ex tuta custodia faciatis servari,
quousque super relaxatione sequestri hujusmodi mandatum a nobis receperitis speciale. Ipsos religiosos
peremptorie nihilominus facientes citari, quod proximo
die juridico post festum beatæ Margaretæ Virginis,
ubicunque tunc fuerimus in nostra provincia, compareant coram nobis, jus si quod habeant speciale quoad præmissas pensiones, portiones et ecclesias exhibi-
turi præcise, et responsuri similiter quare hujusmodi
ecclesias parochiales, quas in usus proprios se asserunt
obtinere, non debeamus pronunciare seu decernere de
jure vacantes, eisque ex officii nostri debito de personis idoneis providere. Quilibet autem vestrum ei
mandato præsenti exhibito, et inde sub sigillo proprio,

retenta copia, præmissa omnia et singula celerius exequatur, et de executione facta certificet nos ad plenum, et quas pensiones, portiones et ecclesias religiosi præfati sibi qualitercunque debitas seu assignatas prætendunt, distincte et aperte sub expressione locorum dictis die et loco, per suas patentes literas harum tenorem habentes, nobis exprimendo rescribat. Valete. Datum apud Bellum, xiiii. kal. Julii, anno Domini MCC. octogesimo tertio, ordinationis nostræ quinto.

CCCCXLI.

To the Official of Worcester.

Frater Johannes, permissione divina Cantuariensis ecclesiæ minister humilis, totius Angliæ primas, dilecto filio . . . officiali Wigorn', salutem, gratiam et benedictionem. Ad absolvendum eos qui ratione communicationis cum fratre Willelmo de Ledebyre, gerente se pro priore monasterii Majoris Malverniæ, suppriore, præcentore, sacrista, celerario et camerario loci ejusdem, seu aliquo ex eis habitæ, in excommunicationis sententiam per nos latam in eos incidisse noscuntur, de quorum nominibus dilectus filius magister R. de Wychio tibi constare faciet oraculo vivæ vocis, necnon ad recipiendum purgationem canonicam, si quis quoad hoc in forma juris voluerit se purgare, ac faciendum ea quæ præmissa contingunt, tenore præsentium committimus vices nostras. Datum apud Bexle, xiiii. kal. Julii, anno Domini MCC. octogesimo tertio, ordinationis nostræ quinto.

1283.
18 June.
Power to absolve those who have incurred excommunication by associating with W. de Ledbury, prior, and others, of Great Malvern.
R. f. 153.

CCCCXLII.

To the Official of the Bishop of Chichester.

1283.
19 June.
Desires him not to take proceedings against religious houses for the procurations due for his visitation.
R. f. 197 b.

Frater Johannes, etc., dilecto in Christo filio . . officiali venerabilis fratris nostri domini Cycestrensis episcopi, salutem, gratiam et benedictionem. Nuper vobis scripsisse recolimus nostrisque dedisse literis in mandatis, ut procurationes nobis debitas occasione visitationis nostræ metropoliticæ per nos vel clericos nostros factæ in domibus religiosis Cycestrensis diœcesis infra octabas Penthecostes per censuram ecclesiasticam levaretis, nobis fideliter exsolvendas.[1] Verum quia prædictos religiosos, tum propter onus æris alieni, tum propter temporis malignantis maliciam, multiplici comperimus subjacere discrimini, volentes cum eis dicta de causa gratiosius agere, vobis mandamus quatenus supersedentes exactioni[2] procurationis prædictæ, siquid durum attemptaveritis contra dictos religiosos, vel eorum aliquem, prætextu dicti nostri mandati, auctoritate præsentium in forma canonica revocetis, quousque super hoc aliud a nobis receperitis in mandatis. Datum apud Michelham, xiii. kal. Julii, anno ut supra.

CCCCXLIII.

Prior and Convent of Rochester to Peckham.

1283.
19 June.
Ask for license to elect. He knows the cause of the delay.
R. f. 198.

Sanctissimo patri in Christo et domino reverendo, domino J., Dei gratia Cantuariensi archiepiscopo totius Angliæ primati, vestri supplices et devoti, fracer J., prior, et conventus Roffensis ecclesiæ, cum omni reverentia et honore pronum ad pedes obsequium. Bonæ memoriæ Johanne, nuper episcopo ecclesiæ Roffensis prænominatæ, viam universæ carnis ingresso, ne ipsa ecclesia diutius remaneat pastoris solatio destituta, ad vos tanquam summum dominum et patronum nostrum recurrimus, et dirigimus dilectos commonachos nostros,

---

[1] *exsolvendas*] exsolvendis, MS. | [2] *exactioni*] exactionis, MS.

fratres Johannem de Wautham et Thomam de Wldeham, præsentium exhibitores, dominationi vestræ humiliter supplicantes, quatenus compatientes nobis de
mora, cujus causam vestram reputamus non latere clementiam, eligendi licentiam nobis liberaliter concedatis.
Datum Roffe, in capitulo nostro, tertiodecimo kal. Julii,
anno Domini MCC. octogesimo tertio.

CCCCXLIV.

To Cardinal Hugh of Evesham.

Reverendo in Christo patri ac domino Hugoni, etc.
Clarificato pridem nostro Cantuariensi collegio per ab-
cedentes duos filios tenebrarum, sicut olim ipsius Auctor ecclesiæ per recessum Judæ perfidi se clarificatum
esse asseruit, non miramur, reverende pater, si nisi
sunt spargere tenebras coram vobis. Sed quia frustra
rete jacitur ante oculos pennatorum, vos cœlesti lumine
perlustranti et fidem suggestis sanctæ maturitatis pondere distulistis impendere, et nos de suggestorum per-
nicie pia sollicitudine literarum vestrarum paterna
prudentia docuistis, de quo vobis regratiamur, pater
carissime, toto corde. Quamvis igitur insolitis et indebitis laboribus et expensis conati fuerimus pluries,
prudentissimorum virorum subnixi consilio, illud nostrum Cantuariense collegium reformare, tam quantum
ad sedandam discordiam capitis et membrorum, quam
quantum ad periclitantem per amfractus varios lineam
disciplinæ, profecerimusque Dei auxilio, priorisque ministerio, ex parte supra multa tempora retroacta.
Quem quidem priorem bonum esse monachum et ecclesiæ suæ fidelissimum reputamus, intellecto tamen
literarum vestrarum consilio sapienti, scripsimus suppriori totique nostro capitulo memorato, eis præcep-
torie in virtute obedientiæ firmiter injungentes, ut si
quid esset ex quacumque parte inibi reformandum,

1283.
22 June.
Concern-
ing the
reforma-
tion of his
monastery
at Canter-
bury.
R. f. 18.
A. f. 7.

id nobis scribere non tardarent infra certi temporis
spatium, paratis ope et opera prout nostro incumbit
officio ceteris postpositis omnia pro viribus reformare.
A quibus nihil recepimus pro quo nos oporteat fati-
gari. Paschalis etiam festi nuper præteriti tempore,
cum essemus in capitulo supradicto, districte quæsivi-
mus si qui essent qui duorum illorum fugitivorum
clandestino recessui assensissent, et unum solum invenimus prædictis perfidis adhærentem, Rogerum scilicet
de Trockinge nomine, quem propter sua multiplicata
scelera fecimus secundum Beati Benedicti regulam a
collegio separari. Fecimus igitur quod potuimus, pater
sancte, sicut volumus in tremendo judicio respondere,
nullatenus moleste laturi si apostolica providentia, cui
assistere credimus spiritus plenitudinem, nostrum sup-
pleat imperfectum. Nec nos etiam, ut nobis imponitur,
de ipsorum possessionibus [1] aut sigillo sumus indebite
solliciti, sed fraudare volentibus obviamus, responsuri
ut scitis coram Altissimo de custodia monachorum.
Custodiat Dominus, etc. Scriptum apud Suth Malling',
x. kal. Julii.

CCCCXLV.

To the Archdeacon of Chichester.

**1283.
25 June.
Requests
him to en-
force his
order to
the late
prior of
Boxgrave
to go to
Battle
abbey.
R. f. 197 b.**

Frater Johannes, etc., dilecto filio . . archidiacono
Cycestr', seu ejus officiali, salutem, gratiam et benedictionem. Cum nuper cessionem fratris Johannis quondam prioris de Boxgrave ob certas causas nobis factam
receperimus, ac eidem injunxerimus, ut ad abbatiam
de Bello accederet ad tempus ibidem moraturus, quousque de statu suo aliter duxerimus ordinandum, idem
prior hactenus hoc facere recusavit. Quocirca vobis
committimus et mandamus firmiter injungentes, quatenus ex parte nostra ipsum efficaciter moneatis ut
ordinationi et decreto nostro in hac parte pareat

---

[1] *possessionibus*] possessoribus, R.

indilate, eundem ad hoc faciendum, si necesse fuerit, de die in diem per censuram ecclesiasticam compellentes. Et quid inde feceritis, nobis citra octabas apostolorum Petri et Pauli fideliter intimetis per vestras patentes literas harum seriem continentes. Datum apud Suth Malling, vii. kal. Julii, anno Domini MCC. octogesimo tertio, ordinationis nostræ quinto.

CCCCXLVI.

To the Prior and Chapter of Rochester.

Frater Johannes, etc., dilectis filiis priori et capitulo ecclesiæ Roffensis, salutem, gratiam et benedictionem. Venientes ad nostram præsentiam dilecti filii fratres Johannes de Wautham et Thomas de Wldeham, nuncii monasterii vestri, nobis humiliter supplicarunt quod, cum nuper post petitam a nobis et obtentam licentiam eligendi personam convenientem canonicis institutis vobis legitime in pastorem, electio de honorabili viro domino Johanne de Kyrkeby, archidiacono Conventr' et illustris domini regis clerico, in vestro monasterio celebrata, propter notoriam pluralitatem beneficiorum cum cura, quæ ipsum ineligibilem prorsus reddit, non tenuerit ipso jure, iteratam eligendi licentiam vobis misericorditer concedere dignaremur. Nos igitur advertentes quod ob hujusmodi præsumptam electionem, rigor justitiæ secundo eligendi vobis ad præsens potestatem canonicam non concedit, vires nostras supra jus erigere non valentes, petitam licentiam hujusmodi, quatenus permittunt in vestro casu canonicæ sanctiones, vobis repetita gratia non negamus. Protestamur tamen pro nobis et ecclesia nostra Cantuar', quæ a tempore cujus non extat memoria usque ad tempus gloriosissimi confessoris Eadmundi, prædecessoris nostri, vestro monasterio variis vicibus viduato consuevit de

1283.
26 June.
The election of J. de Kyrkeby being invalid, on account of plurality, allows them, as a favour, to elect another, without prejudice to his own rights.

R. f. 198.

pastoribus idoneis providere, nos nolle fieri præjudicium
aliquod nobis vel ecclesiæ nostræ memoratæ per con-
cessas vobis hujusmodi gratias, vel facta vestra quæ
exinde fuerint subsecuta. In cujus rei testimonium
sigillum nostrum præsentibus duximus apponendum.
Datum apud Suthmalling', vi. kal. Julii, anno Domini
MCCLXXXIII., ordinationis nostræ quinto.

CCCCXLVII.

To THE BISHOP OF NORWICH.

1283.
28 June.
Desires
him to
induct
Robt. of
Caen into
the rectory
of Kirkby
All Saints.
R. f. 86 b.
A. f. 135.

Venerabili in Christo fratri domino W[illelmo], Dei
gratia Norwycensi episcopo, frater J[ohannes], permissione, etc., -salutem et sinceræ caritatis in Domino
continuum incrementum. Bonæ memoriæ dominus
R[obertus] prædecessor noster, Cantuariensis archiepiscopus, nescimus quo ductus, utinam non seduc-
tus consilio, custodiam ecclesiæ de Kirkeby Omnium
Sanctorum, vestræ diœcesis, Robertique de Cadamo
tunc minoris ad eandem admissi, magistro Thomæ de
Depham commisisse refertur, cujus custodiæ confirmationem idem magister Thomas, ut accepimus, a nobis
asserit se habere. Quod si sit ita, de nostra conscientia ut credimus non processit, cum a tempore crea-
tionis nostræ non nisi in forma Lugdunensis concilii
alicujus præsentati vel ecclesiæ custodiam alicui commiserimus, nec adhuc nostræ sit voluntatis aliud
facere in hac parte. Cum igitur dictus Robertus, utpote bonæ indolis et conversationis honestæ, prout nobis
testimonio fidedigno asseritur, jamque legitimæ ætati
proximus ordines, quos dictæ ecclesiæ cura requirit,
statutis temporibus admittere sit paratus, nos tam
dictam custodiam quatenus de facto processit, quam
ejus confirmationem, utpote constitutioni prædictæ dis-
sonam, et si qua sit subreptitie impetratam, tenore
revocantes præsentium, fraternitatem vestram requirimus et attente rogamus, quatenus dictum R[obertum]

in corporalem possessionem dictæ ecclesiæ in forma
juri consona inducatis, et amoto ab eadem dicto cus-
tode defendatis inductum. Alioquin ad id officii nostri debitum quatenus jura voluerint extendere nos
oportet. Diu vos conservet Altissimus · et dirigat in
honore. Datum apud Suthmalling', iiii. kal. Julii,
anno Domini MCCLXXXIII., ordinationis nòstræ quinto.

CCCCXLVIII.

To the Prioress of Easeburne.

Frater J[ohannes], etc., dilectis in Christo filiabus
. . priorissæ et monialibus de Eseburn', salutem,
gratiam et benedictionem. Cum de jure et consuetu-
dinario dictæ nostræ Cantuariensis ecclesiæ, monialem
unam in vestro facere monasterio nobis sit attributa
potestas, nos ad Luciam filiam domini Willelmi Basset
militis, defuncti, quæ sub disciplina regulari soli Deo
militare desiderat, oculos benevolentiæ dirigentes, ip-
siusque, quæ religiosæ conversationis in parte est præ-
gustata dulcedinem, laudabile commendantes propositum, vobis in obedientiæ virtute, et sub canonica
pœna mandamus, affectuose rogantes quatenus dictam
Luciam in sororem et monialem sub vestræ religionis
habitu, cum ad vos hoc petitura venerit, in caritatis
visceribus admittatis, pro quo vobis et vestris agendis
inveniri volumus offerente se tempore proniores. Ad
qualem igitur exauditionis effectum perduxeritis seu
perducere volueritis, quod rogamus et scribimus, nobis
per latorem præsentium significare curetis. Valete.
Datum apud Suthmalling', iiii. kal. Julii, ordinationis
nostræ anno quinto.

1283.
28 June.
Nominates
Lucy Bas-
set to be
received as
a nun.
R. f. 198.

CCCCXLIX.

To the Earl of Cornwall.

1283.
2 July.
Complains
of the
treatment
of his
tenants at
Chichester
by the
earl's
bailiff.
R. f. 198.

Excellenti˙viro sibique in Christo carissimo domino Eadmundo, filio domini regis Alemanniæ, et comiti Cornubiæ, salutem et sinceram in Domino caritatem. Novit Ille qui est cognitor secretorum, quod honorem vestrum intima prosequimur affectione, et actus vestros ad ea semper dirigi cupimus quæ honorem Dei respiciunt et animæ vestræ salutem continue operantur. Sane nobilitatem vestram nolumus ignorare quod Petrus de Boseham, gerens se pro ballivo vestro Cycestr', nostras et ecclesiæ nostræ Cantuariensis libertates hactenus obtentas et in civitate Cycestr' pacifice observatas, necnon per dominum regem qui nunc est perpetuo confirmatas, in nostri præjudicium et contemptum multipliciter violavit et turbavit, ac quantum in ipso est violat omni die, carectas et res nostras seu nostrorum et ecclesiæ nostræ tenentium in strata regia Cycestr' publice arrestando. Et licet ipsum pluries moneri fecerimus, ut res hujusmodi et bona restitueret, et satisfaceret de commissis, idem tamen bajulus vester hoc facere neglexit hactenus pertinaciter et contempsit; vos in hiis omnibus suum laudans auctorem, quem talia facere velle non credimus aliqua ratione, nititurque supra hoc nos et nostros ad suum judicium evocare, quod inauditum est temporibus retroactis. Quare ipsum Petrum in forma juris tanquam libertatis ecclesiasticæ turbatorem fecimus excommunicatum publice et sollempniter nunciari. Et quia de vobis facile credere non possumus, quod ipsum Petrum seu quemcunque alium ad hujusmodi maleficia aliquatenus animetis, seu ad hoc præstetis auctoritatem aliquam vel consensum, dilectionem vestram, quam Deo et ecclesiæ scimus esse devotam, quanta possumus affectione rogamus, et in Domino exhortamur, ut dicti Petri tanquam excommunicati vitetis consortium, faci-

entes prædicta nobis et ecclesiæ nostræ per eum illata
gravamina penitus revocari, et errata corrigi, necnon
a nostrorum et ecclesiæ nostræ jurium et libertatum
turbatione imposterum abstineri, ne nos oporteat in
hac parte manus nostras aliter aggravare. Quid autem in præmissis duxeritis faciendum, nobis, si placet,
per latorem præsentium rescribatis. Valete in Christo
et Virgine gloriosa. Datum apud Suthmalling', vi. non.
Julii, anno Domini MCCLXXXIII., ordinationis nostræ
quinto.

CCCCL.

To the Prior of Leeds.

Frater Johannes, etc., dilecto filio priori de Ledes,
salutem, gratiam et benedictionem. Cum ecclesia de
Acrise, ad quam Johannem de Glocestr', clericum nostrum, præsentastis, litigiosa existat, nosque propter
dubium litis eventum, ecclesiam de Chart juxta Suthm'
Bartholomæo de Sunting' clerico nostro et capellano in
forma Lugdunensis concilii commendaverimus, de vestro beneplacito præsumentes, ipsum in possessione
dictæ ecclesiæ esse volumus, in vestri et nostri favorem,
ut si prædicta ecclesia de Acrise ab ejus adversario
evincatur, de eadem ecclesia de Chart eidem Johanni
providere possitis; et ipsum nobis præsentare ad eandem. Pro certo vos scire volentes quod vestro juri
in aliquo derogare non intendimus, sed indemnitati
vestræ et nostri clerici providere. Hanc autem com-
mendationem de vestra benevolentia, sicut credimus,
fecimus confidenter, et hoc dicatis vestro conventui,
significantes nobis quale vobis responsum dederint in
hac parte. Valete. Datum apud Suthmalling, ii. non
Julii, anno quo supra.

1283.
6 July.
Has com-
mended
the church
of Chart to
B. de
Sunting, so
that in
case John
of Glouces-
ter is de-
prived by
law of
Acryse, he
can have
Chart.
R. f. 198 b.

CCCCLI.

INDULGENCE.

1283.
7 July.
Indulgence
to those
who fast
forty days
before
the As-
sumption
of the
Blessed
Virgin
Mary.[1]
R. f. 108 b.
A. f. 69.

Universis, etc., frater J[ohannes], etc. Matrem Dei, Virginem gloriosam, terreno et cœlesti prælatam impe-rio, cujus est in Jerusalem potestas præ ceteris crea-turis, nullus sufficit mortalium condignis cultibus venerari; cujus patrocinio nihil sub Deo utilius esse potest. Proinde non solum nostræ miseriæ verum etiam cunctorum fidelium credimus nos saluti profi-cere, si eos in tam sacrosanctæ matris obsequia provo-cemus. Quia igitur ipsius Sanctæ Mariæ tota erat vita jejunium, ciboque utebatur qui mortem arceret, nòn delicias ministraret, quippe quam tanquam fumi virgulam ascendentis frugalitas effecerat. Propter quod pater sanctissimus Beatus Franciscus a festo Apostolorum usque ad Assumptionem ejusdem Virginis, ipsius inhærendo vestigiis, continue jejunabat. Nos ad tantæ imperatricis gloriam pii patris commendantes exemplum, universis Christi fidelibus veraciter pœniten-tibus qui quadragenam totam prædictæ Assumptionis solemnia præcedentem, quæ in octabis Apostolorum dinoscitur inchoari, ad ipsius sanctæ Dei Genitricis honorem devote jejunando percurrerint, pro die qua-libet qua jejunant, de ipsius affluentissimis meritis confidentes, decem dies indulgentiæ concedimus per præsentes. Illis autem qui fragilitate corporis præpe-diti, non continuatis sed interpolatis diebus decreverint jejunare, juxta dierum numerum similem indulgentiæ gratiam impertimur, qui tamen hac speciali causa ces-sante minime jejunarent. Universis etiam qui ob ejusdem reverentiam hanc indulgentiam duxerint publicandam, totiens æqualem concedimus gratiam quotiens eam coram multitudine fidelium reverenter publicaverint et

---

[1] Printed in Wilkins' Concilia, ii. 94.

devote. In cujus, etc. Datum apud Suth Malling, nonis Julii, anno Domini MCCLXXXIII., ordinationis nostræ quinto.

CCCCLII.

To Reginald Fitz Peter.

Domino Reginaldo filio Petri, pro abbate de Bello: —Frater J[ohannes], etc., nobili viro domino R. filio Petri, salutem, etc. Non sine vehementi admiratione et amaritudine cordis intelleximus, quod vos libertatibus ecclesiasticis non satis ut honestatem vestram decuit deferentes, occasione cujusdam monachi de Brekynok', secundum regularis disciplinæ censuram, ipsius exigentibus meritis, ab eo loco nuper amoti, prædicti prioratus capi et attachiari fecistis averia, et quasdam personas carcerali custodiæ mancipari, in non modicam libertatis ecclesiasticæ læsionem, et detrimentum etiam animarum. Cum igitur tantæ præsumptionis enormitatem nequeamus conniventibus oculis pertransire, quæ famam et honestatem vestram deformat plurimum, ac in Dei et ecclesiæ necnon totius religionis redundat injuriam; vos ut filium carissimum rogamus, monemus pariter et hortamur, quatenus prædicta gravamina sine dilationis tædio revocetis, et errata faciatis in melius reformari, ne urgente necessitate pro hujus facti remedio aliter manus nostras extendere compellamur. Quid autem super hoc facere decreveritis, nobis rescribatis per præsentium portitorem. Valete. Datum apud Suthmalling, viii. id. Julii.

[1283.]
8 July.
Warns him to cease injuring the priory of Brecon.
R. f. 198 b.

CCCCLIII.

To Edward [I.].

Excellentissimo principi ac domino Edwardo, Dei gratia Regi Angliæ, etc., frater J[ohannes], etc., salutem cum omni reverentia et honore. Linguæ lubricitas ad

[1283.]
10 July.
Contradicts the report that

the bishop
of Tuscu-
lum knew
beforehand
of the
dispute
between
the king of
Castile and
his son.

R. f. 42 b.
A. f. 4 b.

inconsiderata proclivis caritatis adversaria frequenter
mala suscitat, solvit fœdera et vulnerat innocentes.
Quod, excellentissime domine, propria experientia didi-
cistis, ut credimus, et nos pro parte nostra frequenter
ex hujusmodi torcularibus amaritudinis hausimus ab-
sinthum, quod nobis excogitata malitia propinavit.
Hæc nulli parcit gradui, sed excellentioribus libentius
effundit livoris jacula, feriendis parata in pharetra
pravitatis. Cum enim reverendus pater dominus Tus-
culanus sit exemplar totius innocentiæ, ut putamus, et
in sancta Romana ecclesia speculum puritatis, plangit
sibi hujusmodi tribulationis turbinem suscitatam per
quendam sanctæ religionis falsum pallium deferentem,
qui de ipso finxit enorme mendacium, impie præsumens
asserere prædictum patrem fuisse præscium et conscium discidii inter dominum regem Castellæ et proprium filium suscitati. In qua parte ipsum sic esse
credimus innocentem, ut auderemus ipsum purgare cum
omni fiducia nostræ fidei juramento. Et quia volatu
famæ nihil velocius, præsertim quando per homines
gyrovagos circumfertur, prænominatus pater, vos ac
vestros amplectens sincerissima caritate, veretur corde
tenero ne forte aures dominationis vestræ aliquid
hujusmodi rumoris fictitii tetigerit, quod possit sereni-
tatis regiæ complacitum molestare. Quocirca quamvis
ipse proponat omnimode cito vobis hac de causa specialem nuncium destinare, sicut nobis suis insinuavit
literis, de ejusdem tamen beneplacito vobis humiliter
supplicamus, ut si vobis de ipso super hoc dedecens
insonuerit rumusculus, nullum credulitatis scrupulum
concipiat majestas regia propter Deum. Quippe quem
non causa cogit necessitas, quam inducit tenera devotio,
laminam enim auream gerit in fronte, nulli obnoxiam
veridicæ imposturæ, ut apud dominationem vestram
taliter se excuset. Dignetur igitur regia clementia nobis
in hac parte aliquid rescribere consolatorium, ut nos
sæpedictum patrem possimus, quod multum desiderat,

vestræ tranquillitatis internunciis consolari. Cujus
gratia si excellentiæ vestræ placuerit, nuncium ei intendimus speciale. Custodiat Dominus prosperitatem
regiam per tempora longiora. Datum apud Suth
Mallyng, vi. id. Julii.

CCCCLIV.

To the Bishop of Exeter.

Frater J[ohannes], etc., venerabili fratri domino
P[etro], Dei gratia Exoniensi episcopo, salutem et sinceram in Domino caritatem. In hiis quæ Dei sunt
parati sumus pro vobis semper et aliis petentibus facere
quod debemus. Cum itaque magister W. de Capella,
præcentor Cridintoniæ, præter ipsam dignitatem quæ
personalem requirit residentiam, vicariam ecclesiæ de
Boseham, quæ etiam continuam requirit residentiam
tanquam habens curam totius parochiæ, et unum aliud
beneficium cum cura teneat, sicut in vestris litteris
vidimus contineri; valde miramur qua· potestis ipsum
conscientia excusare, cum faciendo residentiam apud
Cridinton', apud Boseham curam animarum negligat,
quæ totaliter residet apud eam. Ex quo timere sibi
potest, ne perjurium incurrerit ex constitutione legati,
quæ præcipit vicarios instituendos jurare residentiam
corporalem, alioquin institutionem ipsam decernit penitus non valere. Et si in hac parte prædecessor
vester et vos fuistis hactenus negligentes, ad nos pertinet hoc correctione debita reformare, et facere quod
incumbit. Verumtamen, precum vestrarum gratia dicto
magistro parcimus ad præsens, et sibi circa prædicta
concessimus dilationem donec super hoc fuerimus invicem collocuti, quod erit in proxima congregatione
nostra London', Domino concedente. Ad hoc, non con-
fidat de literis nostris quas ipsum habere scribitis
super approbatione retentionis beneficiorum prædictorum, quum omnes literas hujusmodi reprobavimus et

[margin:] 1283.
12 July.
Blames
him for
allowing
the pre-
centor of
Crediton
to hold
other bene-
fices.
R. f. 86 b.

R 4237.　　　　　　　　　　　　　　　N

tanquam subreptitias revocavimus in pleno concilio
nostro apud Lameth', nuperrime celebrato. Valete.
Datum apud Suthmalling', iiii. id. Julii.

CCCCLV.

To the Earl of Cornwall.

1283.
14 July.
Repeats
his com-
plaint
about the
earl's
bailiff.
R. f. 199.

Magnifico viro sibique in Christo carissimo domino
Eadmundo, comiti Cornubiæ, frater J[ohannes], etc.,
salutem et sinceram in Domino caritatem. Nuper vobis scripsimus de molestiis et injuriis per quendam
Petrum de Boseham clericum, qui se dicit ballivum
vestrum Cycestr', nobis et nostris pluries in præjudicium ecclesiasticæ libertatis illatis, ut ipsum ab hujusmodi gravaminibus compesceretis, et tanquam excommunicatum, sicut turbatorem jurium et libertatum
Cantuariensis ecclesiæ, vitaretis, facientes errata corrigi
et in melius reformari. Verum circa prædicta gravamina nullum adhuc sensimus relevamen, nec quid in
hoc facere decreveritis aliquam a vobis certitudinem
literis aut nunciis hucusque meruimus obtinere, de quo
vehementissime admiramur. Cum igitur præfatus Petrus, tanquam Dei et ecclesiæ inimicus, adhuc in sua
rebellione persistat, in suis maleficiis vos suum laudans
auctorem, quem honorem Dei et ecclesiæ fervidum esse
credimus zelatorem, dilectionem vestram iterato requirimus et rogamus quatenus præfatum Petrum, quem
adhuc suis exigentibus meritis vobis excommunicatum
publice nunciamus, faciatis a prædictis maleficiis com-
pesci et corrigi quæ commisit, ne nobis, quod nollemus,
occasio ministretur aut necessitas in præmissis aliter
procedendi. Mittimus autem ad nos dilectum clericum
nostrum dominum Rogerum Burd, exhibitorem præsentium, ut ipse prædicta vobis vice nostra plenius
exponat, et per ipsum nobis vestrum in hac parte

beneplacitum innotescat. Valete. Datum apud Suthmalling', ii. id. Julii, anno Domini MCCLXXXIII., ordinationis nostræ quinto.

CCCCLVI.

To the Official of the Bishop of Bath and Wells.

Frater Johannes, etc., officiali venerabilis fratris
domini Dei gratia Bathoniensis et Wellensis episcopi,
salutem, gratiam, et benedictionem. Discretioni vestræ mandamus firmiter injungentes, quatenus executio-
nibus suspensionis, interdicti et excommunicationis, quas
alias vobis ad instantiam Salembini et sociorum suorum mercatorum Senensium contra priorem, suppriorem, precentorem, sacristam, celerarium et alios quoscunque monachos prioratus Montis Acuti et eorundem
monasterium faciendas demandavimus, supersedeatis
omnino, executione hujusmodi negotii [1] in suspenso
remanente donec aliud super hiis a nobis receperitis
in mandatis. Datum apud Maufeud, id. Julii, anno
Domini MCCLXXXIII., ordinationis nostræ quinto.

*1283.
15 July.
Desires
him to
suspend
the excom-
munication
of the con-
vent of
Monta-
cute, pro-
nounced
at the in-
stance of
Sienese
merchants.
R. f. 199.*

CCCCLVII.

To Robert, Rector of Hamme.

Universis præsentes literas inspecturis, frater J[o-
hannes], etc., salutem et pacem in Domino sempiternam.
Visitantes metropolitico jure diœcesem Cicestr, invenimus Rogerum [2] rectorem ecclesiæ de Hamme, ejusdem
diœcesis, alias coram loci ordinariis super incontinentia
et fornicationis crimine cum diversis mulieribus commisso judicialiter convictum, continentiam se in futurum promisisse ac etiam jurasse sub pœna privationis

*1283.
15 July.
Orders
him to
undertake
a three
years' pil-
grimage
as penance
for incon-
tinence.
R. f. 108 b.
A. f. 21*

---

[1] *negotio*] negociocio, MS. | [2] *Rogerum*] Robertum, A.

ecclesiæ suæ memoratæ; et hoc non obstante postmodum tanquam canis ad vomitum recidivasse. Super quibus nostræ voluntati et ordinationi seu decreto per omnia se supponens, promisit corporali præstito ad sancta Dei evangelia juramento, voluntatem, ordinationem et decretum nostrum in hac parte, ac pœnam et pœnitentiam sibi per nos pro commissis hujusmodi infligendam, per omnia completurum sub pœna privationis supradictæ. Habito igitur super hiis et aliis in hac parte ponderandis, deliberatione et consilio cum peritis, ipsius rectoris propriæ et sibi subjectorum animarum saluti prospicere cupientes, ne sibi commissum gregem dominicum per suam personalem præsentiam more solito inficiat operis per exemplum, nos quamquam eundem tanquam incorrigibilem juxta delicti qualitatem ipsa ecclesia privare possemus hac vice, si vellemus, justitia exigente, volentes tamen miscere gratiam cum rigore, ordinando decernimus ac etiam injungimus eidem rectori triennalem pœnitentiam pro commissis, a tempore datæ præsentium proximo numerandam in hunc modum, videlicet quod hoc instanti anno primo, ad Sanctum Jacobum peregre proficiscatur. Anno vero proximo subsequenti limina visitet Beatorum Petri et Pauli apostolorum et Romæ peregrinetur in stationibus consuetis. Tertio vero anno subsequenti peregrinetur apud Coloniam in suorum remissionem peccatorum. Ordinamus insuper atque decernimus ut per dictos tres annos ipsius ecclesiæ de Hamme custodiam habeat R[adulphus] rector ecclesiæ de Barewe, de cujus fidelitate et industria fiduciam reportamus, cui eandem ecclesiam per idem tempus custodiendam damus et ex certa scientia committimus per præsentes, ut ipse de prædictæ ecclesiæ bonis et proventibus singulis annis eidem rectori exhibeat, ad vitæ necessaria, centum solidos sterlingorum. Idem vero Radulphus alios centum solidos pro stipendiis suis habeat et percipiat. Residuum vero in usus ecclesiæ

et pauperum de parochia expendat quolibet anno de
tribus annis supradictis. Adjicientes huic ordinationi
nostræ, certis et rationabilibus de causis, quod si dictus
rector præfatæ ordinationi nostræ seu decreto non
paruerit, seu eidem contraierit in parte vel in toto,
vel in ¹ incontinentiam relapsus fuerit infra terminum
trium annorum prædictorum, et super hoc legitime
convincatur, extunc eadem ecclesia ipso facto imperpetuum sit privatus. Constitutus siquidem dictus
rector personaliter postmodum in curia nostra, et ordinatione seu decreto hujusmodi publice coram eodem
in judicio recitato, ipsam ordinationem sponte accep-
tavit, et eam in omnibus observare in futurum cum
juramento firmiter se promisit, sub pœna superius
annotata. In quorum omnium testimonium has literas
fieri fecimus, et sigilli nostri munimine roborari. Datum apud Suthmalling' idus Julii, anno Domini MCC
LXXXIII., ordinationis nostræ quinto.

CCCCLVIII.

To the Dean of Arches.

Frater Johannes, etc., dilecto filio decano suo de Arcubus, London', salutem, gratiam et benedictionem. Con-
questum est nobis venerabilis frater noster episcopus
Wygorniensis, quod vos ipsum contra jura et consuetudinem curiæ nostræ multipliciter prægravatis, et
præcipue circa seqüestrationem fructuum ecclesiæ de
Caumpedene, super quo sibi petiit per nos remedium
adhiberi. Quia igitur honestius est quod vos, si er-
rastis in aliquo factum vestrum, corrigatis, quam ad
discussionem alterius devolvatur, vobis mandamus firmiter injungentes, quatenus si dictum fratrem nostrum,
quem favore benivolo prosequimur in hac parte, contra

1283.
21 July.
The bishop
of Wor-
cester com-
plains of
his conduct
as to the
sequestra-
tion of
Campden,
as being
contrary to
law and
the custom
of the
court.
R. f. 199 b.

---

¹ *in*] omitted in R.

curiæ nostræ consuetudinem offendistis, factum vestrum
studeatis in melius reformare, ne nos ad hoc manus
nostras extendere compellamur; caventes imposterum
ne fratres et coepiscopos nostros contra jura et consuetudines ecclesiæ nostræ indebite molestetis, præsertim Wygorniensem episcopum, qui, nescimus qua
ratione, vos habet valde suspectum. Quid autem feceritis in præmissis infra x. dies a data præsentium
fideliter rescribatis. Valete. Datum apud Otteford,
xii. kal. Augusti, ordinationis nostræ anno quinto.

CCCCLIX.

To Martin, his Commissary.

1283.
23 July.
The people
of Wing-
ham and
other
parishes
are not to
obey the
inhibition
of the
sacristan
of West-
minster.

R. f. 199 b.

Frater J[ohannes], etc., dilecto filio magistro Martino,
commissario Cantuariensi, salutem, gratiam et benedictionem. Dudum admiranda suggestione quorundam
nobis extitit intimatum, quod quidam monachus, qui
se sacristam Westmonasterii esse asseruit, cum suis
complicibus in hac parte ausu temerario a juris tramite penitus deviantes, parochianis de Wyngeham, de
Esse, de Godwynestone, et de Nonington', nostræ Cantuariensis diœcesis et jurisdictionis, inhibuit publice et
expresse, ne nostra auctoritate rectoribus seu custodibus earundem, vel quibuscunque eorum nomine et vice
existentibus in ecclesiis antedictis, decimas majores vel
minores seu quascunque obventiones persolvant vel
pro eis satisfaciant quoquomodo, statum dictorum
rectorum et ecclesiarum prædictarum, quas canonice
sunt adepti, quantum in eis est inhumaniter subver-
tentes. Quocirca vobis mandamus firmiter injungentes,
quatenus ad ecclesias prædictas ac earum quamlibet
et earum capellas sine moræ dispendio personaliter
accedentes, diebus Dominicis seu festivis intra missarum solemnia publice et solemniter omnibus et

singulis parochianis auctoritate nostra denuncietis,
firmiter injungentes eisdem quod, non obstante dictorum monachi et suorum fautorum inhibitione frivola
et inani, decimas majores et minores et omnia jura
ecclesiis prædictis et earum rectoribus debita, quocunque jure seu nomine censeantur, cum omni integritate qua tenentur fideliter persolvant eisdem, ac tibi
satisfaciant competenter sub pœna excommunicationis
majoris, quam proferimus in hiis scriptis in omnes, cujuscunque sexus fuerint seu conditionis, qui hujusmodi
canonica monitione præmissa contrarium duxerint
faciendam. Prædictam vero excommunicationis sententiam extendimus et extendi volumus ad omnes
illos, qui scienter et malitiose quicquam de decimis
vel quibuscunque, ut præmittitur, obventionibus dictis
ecclesiis debitis et eisdem persolvendis, subtraxerint
vel surripuerint, vel auxilium, consilium seu favorem
subtrahenti dederint, vel etiam rapienti, vel qui Tedy-
sio de Câmilla, procuratori, nuncio vel cuicunque ejus
nomine petenti, aliquid clam vel palam solverit, libe-
raverit, seu tradiderit de decimis seu obventionibus
supradictis, quos sic excommunicatos per nos in genere
denunciari volumus et nominatim, cum vobis de eorum
nominibus legitime constare poterit, diebus et locis
communibus quibus vobis videbitur expedire, donec
absolutionis beneficium in forma juris meruerint obtinere, et hæc nobis vestris literis patentibus vel alio
modo legitimo innotescat. Quid autem inveneritis ac
feceritis in præmissis, cum per dictos rectores seu
custodes vel eorum aliquem congruis loco et tempore
fueritis requisiti, nos certificare curetis per vestras
literas patentes, harum seriem continentes. Datum
apud Otteford, x. kal. Augusti, anno Domini MCCLXXX-
III., ordinationis nostræ quinto.

CCCCLX.

To Geoffrey de Vezano.

[1283.]
24 July.
Complains
of his en-
trusting to
an enemy
the execu-
tion of his
mandate.
R. f. 200.

Frater J[ohannes], etc., discreto viro sibique in
Christo carissimo domino Geffredo de Vezano, salutem
et sinceram in Domino caritatem. Facetæ caritatis
erat indicium, quod vos nobis super executione mandati apostolici voluistis animi vestri innocentiam et
benevolentiam literis excusatoriis indicare, de quo vobis
grates referimus speciales. Verumtamen non videtur
esse mansuetudinis argumentum quod vos illum, quem
novistis nostrum infrunitissimum inimicum, ad executionem mandati vestri nuncium elegistis. Pro certo
autem scire vos volumus, quod mandatis apostolicis
obedire tantum cupimus et quærimus, quantum aliquis homo vivens. Illos insuper qui patrem sanctissimum excitant pro adversario Dei contra filium, pro
fure contra judicem, pro lupo contra pastorem, pro
hirco vilissimo contra gregem, convertat Altissimus vel
conterat corpora, ut spiritus salvi fiant. Supplicamus
etiam Altissimo ut in hac causa suam solam quærentes
gloriam promovere dignetur. Illos vero qui in eadem
carnalitatem suam præponunt sanguini Crucifixi, temporaliter destruat et confundat. Rogamus igitur,
carissime domine, ut in delegato vobis negotio nolitis
hostiliter procedere ut fecistis. Scientes quod nihil in
hac parte canonicum formidamus, qui parati sumus
spiculatori, si oporteat, cervicem subjicere pro hac causa,
nec dimittemus eam donec finem justitiæ conservatur.
Valete in Christo et Virgine gloriosa. Datum apud
Otteford', ix. kal. Augusti.

CCCCLXI.

To GILES DE AUDENARDE.

Dilecto filio domino Egidio de Audenardo, salutem, gratiam et benedictionem. Post auditam voluntatem vestram bonam et ordinatam et de consensu, præcipue in fructuum sequestrationem, continuo illud diximus . . officiali nostro casualiter occurrenti, qui verbi nostri non immemor, statim ne locus esset furto vel sacrilegio fructus vendidit præ manibus, nescimus cui, teste conscientia, eos sua sollicitudine collecturo, de quibus nos cogitaveramus aliter ordinare. Sed quod factum est non potest absque dubio revocari. Nec propter hoc volumus vos a possessione ecclesiæ tam celeriter elongare, immo propter pacem vestram eam-intendimus magistro Johanni de Perogiis restituere, si velit consensæ a vobis concordiæ consentire, et firmi-ter credimus quod nostris in hac parte beneplacitis adquiescet, et mittemus illum nuncium per Dei gra-tiam satis cito. Nec debet vobis sequestrum esse molestum, quia quod vobis hactenus fructus dimisimus, fuit ex gratia speciali, quia, scitis quod non potuistis aliter de jure fructus percipere ecclesiæ utriusque ; et quod vobis improperando non scribimus, sed ad memo-riam revocando, in hac parte cessimus juri nostro sine juris præjudicio alieni. Valete. Datum apud Otteford, ix. kal. Augusti, ordinationis nostræ anno quinto.

*1283.
24 July.
Does not mean to deprive him of his church at once, but to restore it to John dePerogiis, if he will consent to certain terms.
R. f. 200.*

CCCCLXII.

To POPE MARTIN IV

Sanctissimo in Christo patri ac domino reverendo Martino, Dei gratia sacrosanctæ Romanæ ac universalis ecclesiæ summo pontifici, frater J[ohannes], etc., cum filiali reverentia pedum oscula beatorum.

*1283.
5 Aug.
Asks his favour for three sons of the earl*

Inter magnates Angliæ, sancte pater, comes Oxoniæ
et comitissa, nobiles genere nec minus nobiles honestate morum, privilegiis præclarius refulgentes, tres inter
ceteros liberos, Gilbertum, Philippum et Johannem,
divinis obsequiis devoverunt, in ordine clericatus Pari-
sius jam studentes, qui prædictis suis parentibus non
minus moribus quam genere, ut communi testimonio
asseritur, se conformant. Quia igitur plantulæ tam
eximiæ in columnas ecclesiæ utiles juxta condecentiam
sui status non poterunt faciliter excrescere, nisi rore
apostolicæ benevolentiæ clementius irrigentur, propter
militiæ curas quibus ipsorum parentes hiis noscuntur
temporibus prægravati, meam rogarunt sollicitudinem,
ut quod oculata fide didici de prædictis nobilitatis suæ
filiis, vestræ veraci testimonio suggererem pietati. Quocirca obsequium Altissimo in hac parte pii fructus
me parare existimans, ex radicibus bonæ spei vobis
significo, pater sancte, quod si prædictos pueros dignemini clementiæ vestræ privilegiis honorare, ædifica-
bitis Angliæ militiam, consolabimini clerum, Altissimo
parabitis honorem, et plures nobiles animabitis ad
studium, et nonnullos ab illicitis beneficiorum eccle-
siasticorum occupationibus retrahetis, quibus desperatio
nanciscendæ apostolicæ gratiæ occasionem præbuit in
talibus delinquendi. Custodiat Dominus, etc. Scriptum
nonis Augusti.

CCCCLXIII.

To the Bishop of London.

Frater J[ohannes], permissione divina Cantuariensis
archiepiscopus, totius Angliæ primas, venerabili in
Christo fratri domino . . Dei gratia Londoniensi
episcopo, salutem et sinceram in Domino caritatem.
Quia Dominica proxima ante festum Sancti Michaelis
proxime venturum, in ecclesia nostra Cantuar' venera-

bilem virum magistrum Thomam, electum Roffen- cration of
sem, habemus volente Domino in ecclesiæ ejusdem the bishop
of Ro-
episcopum consecrare, fraternitati vestræ committimus chester.
et mandamus, quatenus hoc idem omnibus et singulis R. f. 86 b.
fratribus et coepiscopis nostris denunciantes, citetis
eosdem ut dicta die præfatæ consecrationi intersint,
ad Dei gloriam et ipsius consecrandi solatium et honorem. Quid autem circa hoc feceritis, nobis dictis
die et loco, ad quos pro prædicta causa vos etiam
citamus, per vestras patentes literas harum continentes
seriem fideliter intimetis. Valete in Christo semper
et Virgine gloriosa. Datum apud Aldington', nonis
Augusti, anno Domini MCCLXXXIII., ordinationis nostræ quinto.

CCCCLXIV.

To the Prior of Lewes.

Frater J[ohannes], etc., dilecto filio. . priori de Lewes, 1283.
salutem et sinceram in Domino caritatem. Quoniam 5 Aug.
Intends to
magister G. de Sancto Leofardo, officialis noster, variis settle the
variance
et arduis negotiis nostris frequenter involutus, non between
potest semper vestris insultibus coram justiciariis do- him and
G. de S.
mini regis personaliter reluctari, nisi nos ob carentiam Leofardo.
suæ præsentiæ grave dispendium non absque molestia R. f. 200 b.
patiamur; cupientes tam nostræ quam vestræ indemnitati prospicere salubriter in præmissis, intendimus
in vestræ quæstionis articulo, annuente Domino, via
concordiæ conjungere vos et ipsum, pro eo quod hoc
tempore messium contentionibus judicialibus non vacantes, poterimus vestro negotio efficax studium et
convenientius adhibere. Quocirca licet a nostræ ordinationis arbitrio nobis inconsultis minus provide reces-
seritis, vos tamen affectione familiari monemus, requirimus et rogamus, quatenus die Mercurii proxima post
festum Assumptionis Beatæ Virginis apud Aldington'

compareatis coram nobis instructione canonica, prout
convenit, informati super præmissis tractatum paci-
ficum aggressuri et fine felici per Dei gratiam com-
pleturi.   Nos enim a nostris manibus infectum
negotium nullatenus dimittemus.   Et ideo dicto magistro specialiter dedimus in mandatis ut dictis die
et loco se nostro conspectui repræsentet, quod æquum
fuerit in vestris litibus et honestum absque strepitu
finaliter suscepturus.   Rescribatis nobis velle vestrum
in præmissis per præsentium portitorem.   Valete semper in Christo, etc.   Datum apud Aldington', nonis
Augusti, anno Domini MCCLXXX. tertio, ordinationis
nostræ quinto.

CCCCLXV.

TO THE BISHOP OF LONDON.

1283.
6 Aug.
Summons
for the
bishops to
meet at
the New
Temple
concerning
a subsidy.
R. f. 86 b.[1]

Frater J[ohannes], permissione divina etc., venerabili
in Christo fratri domino . . Dei gratia Londoniensi-
episcopo, salutem et sinceram in Domino caritatem.
Quia nonnulla nobis occurrunt pro utilitate communi
in proxima nostra congregatione London' pertractanda,
quæ sine fratrum et coepiscoporum nostrorum præsentia personali nequeunt feliciter expediri ; fraternitati
vestræ tenore præsentium committimus et firmiter
injungendo mandamus, quatenus prædictos fratres et
coepiscopos nostros omnes et singulos citetis peremptorie, quod ad tres septimanas post festum Sancti
Michaelis proxime venturum, apud Novum Templum
London' suam nobis exhibeant præsentiam, nobiscum
super hiis quæ ad Dei et ecclesiæ suæ cedunt honorem et gloriam tractaturi, exequentes· nihilominus
quod vobis tam de ipsorum fratrum convocatione,
quam cleri nostræ provinciæ seu procuratorum suorum

---

[1] Printed in Wilkins' Concilia, ii. 95.

alias duximus nostris litteris demandandum. Et quia
prædictum clerum seu ipsius procuratores nolumus
inanibus et supervacuis vexari laboribus, nec nostrum
etiam in hac parte conatum inutilem reputari, præcipimus et mandamus tenore præsentium interim, ut
singuli episcopi nostræ provinciæ clerum sibi subjectum in aliquo certo loco convocari faciant, ad tractandum super ultima petitione domini regis facta London'
in ultima congregatione nostra, de liberali subsidio sibi
a clero præstando, ut in dicta congregatione nostra
futura, inde per ipsius cleri procuratores certa detur[1]
responsio sine dilationis tædio longioris. Vos insuper
eadem in vestra diœcese facientes, præfatæ congregationi
personaliter intersitis, certificantes nos per vestras
patentes literas harum seriem continentes, qualiter tam
primum quam præsens mandatum nostrum in hac
parte fueritis executi. Hoc idem etiam ceteris coepiscopis nostris et fratribus injungentes. Valete. Datum
apud Aldington', viii. id. Augusti, anno Domini
MCCLXXXIII., ordinationis nostræ quinto.

CCCCLXVI.

To the Bishop of London.

Frater J[ohannes], etc., episcopo Londoniensi, salutem,
etc. Dudum vobis injunxisse recolimus, ut juxta vestri
debitum officii ad expiationem seu correctionem illius
horrendi et execrabilis flagitii in vestra ecclesia perpetrati, vestra fraternitas efficaciter ad honorem Dei,
vestrum et ecclesiæ, laboraret, inquisito exquisite de
maleficorum hujusmodi plenius veritate. Super quo, ut
de vulgari fama remissos vos in hac parte asserente
subticeamus, ad præsens nihil in hac parte per vos intelleximus esse factum. Hac igitur admirantes de

1283.
7 Aug.
Rebukes
him for
not having
taken steps
to punish
a crime
committed
in St.
Paul's
cathedral.

R. f. 87.
A. f. 17.

---

[1] certa detur] These words though printed by Wilkins are omitted in
the MS.

causa vestrumque excitantes officium, fraternitatem
vestram, vestri utpote zelatores honoris, sub divini
nominis obtestatione rogamus, monemus, pariter et
hortamur, vobis nihilominus in obedientiæ virtute
mandantes, quatenus reddentes vos Deo et hominibus
commendabiles, ad ulciscendum tam detestabile flagitium in forma canonica, ne in ecclesiæ Dei vestrique
nominis opprobrium ulterioris dilationis admittat dispendium, totis nisibus insistatis, ut in proxima congregatione London' exposita fratribus et co-episcopis
nostris vestra in hac parte diligentia, aliis relinquatur
exemplum jura et libertates ecclesiasticas defensandi.
Ad hæc cum quidam de vestris, excommunicationis non
verentes sententiam, in quam ipso facto inciderunt,
libertates nostræ Cantuariensis ecclesiæ ausu sacrilego
invadentes, delictum quoddam execrabile perpetrave-
rint, non est diu, quod ut emendari debite faceretis,
vobis amicabiliter scripsisse meminimus, vos hucusque
hoc facere, nescimus occasione cujusmodi, distulistis.
Super quo non modicum admiramur, fraternitatem vestram requirentes ex corde, ut cum sciatis nos istud
non posse deserere incorrectum, ita vos in præmissis
velitis habere, quod vobis scripsimus efficaciter et celerius emendantes, ne contra vestros, quod conscientia
teste nollemus, manus cogamur extendere duriores.
Valete. Datum apúd Aldington', vii. id. Augusti,
ordinationis nostræ anno quinto.

CCCCLXVII.

1283.
9 Aug.
Repeats
his order
to seques-
trate the
churches,
&c., of the
abbey of
Evesham,

To the Official of the Bishop of Worcester.

Frater Johannes, etc., dilecto filio magistro Johanni de
Farnleye, officiali domini Wygorniensis episcopi, salutem, gratiam et benedictionem. Nuper vobis scripsimus
ut fructus et proventus ecclesiarum, ac portiones et
pensiones, quas abbas et conventus de Evesham in

dioecese Wygorn' possident, sequestraretis auctoritate _{for} nostra, et faceretis sub arto sequestro custodiri, donec nobis de injuriis et offensis in visitatione nostra præ- dictæ dioecesis per eosdem illatis esset plenarie satis- factum.

for offences committed at his visitation. R. f. 200 b.

Qui in delusionem hujus mandati nostri, ut videbatur, prima facie respondistis quod bona sua seu ecclesiæ infra vallem de Evesham existunt, qui est locus exemptus, et hac occasione ad bona eorundem non potuistis apponere manus vestras; cum multas ecclesias et bona ecclesiastica in dicta dioecese habeant in locis non exemptis, ubi mandatum nostrum præ- dictum potuistis executioni debitæ demandasse. Quo- circa vobis iterato committimus et firmiter injungendo mandamus, quatenus a delusionibus et frivolis excusa- tionibus hujusmodi imposterum desistentes, fructus et proventus ecclesiarum suarum, ac etiam portiones et pensiones quas habent et percipiunt infra alienas parochias in prædicta dioecese, sequestretis et sub arcto sequestro faciatis custodiri, donec a nobis aliud rece- peritis in mandatis. Ad hæc vobis mandamus distric- tius injungentes, ut de fructibus et proventibus eccle- siasticis ad dictos abbatem et conventum spectantibus, decem libras sterlingorum ad opus nostrum levari cum omni celeritate qua poteritis faciatis, in quibus nobis tenentur pro ipsorum multiplicibus et multiplicatis contumaciis coram nobis et nostris commissariis in prædicta nostra visitatione contractis. Præmissa omnia et singulá exequamini cum effectu sub pœna excom- municationis, quam formidare poteritis, si in executione eorundem negligentes fueritis vel remissi. Et quid feceritis in præmissis et quolibet præmissorum, nobis, citra festum Sancti Michaelis proximo venturum, fide- liter constare faciatis, per vestras patentes literas harum seriem continentes. Datum apud Aldington', v. id. Augusti, anno Domini MCCLXXXIII., ordinationis nostræ quinto.

CCCCLXVIII.

TO POPE MARTIN [IV.].

Sanctissimo in Christo patri ac domino Martino,
Dei gratia, etc., frater Johannes, etc., cum omni reverentia et honore, devota pedum oscula beatorum. In
divinis literis, pater piissime, ab annis teneris vobiscum
aliquotiens enutritus, didici ad pastoris officium pertinere nocivas bestias a Christi gregibus repellere,
vendentes et ementes de templi finibus ejicere, hœdos
ab ovibus separare, ac illos fures euuangelicos reputari
per diffinitionem Sapientiæ incarnatæ, qui non veniunt
nisi ut furentur stipendia militantium cum non mili-
tent, et mactent corpora quibus in pastu non provi-
dent, ac perdant animas quibus informandis curæ
sollicitudinem non impendunt. Ex hiis igitur et consimilibus, pater sanctissime, fundamentis processus mei
sumens initium, quem toti mundo desidero propalari,
pro quo etiam nihil pati timeo canonicum vel civile
juris regulis observatis, processi contra Tedisium de
Camilla a quibusdam eum expellendo ecclesiis per
eum longo tempore profanatis, quarum unam parum[1]
ante cupierat, ut doceri potest faciliter, pro laico feodo
commutasse. Cujus si sciret sanctitas vestra ingressum
illicitum in easdem, progressum sacrilegum circa eas,
obtentum postea surreptitium privilegii apostolici ex
suggestionibus valde falsis, et ejusdem abusum omni-
modum, non mihi indignaretur super processu contra
eum habito, sed in eo sibi potius complaceret. Demum, pater reverendissime, ad suggestionem quorundam, quorum revelet vobis Christi clementia renes et
corda, non sine admiratione multorum ipsum negotium
domino Geffredo de Vezano, personæ meæ adversario
manifesto, et impari tanto negotio, delegastis, qui in
ipso procedens, sua, contra leges quas nescit, utens pro
legibus voluntate, pro immundo sanguine hominis
nisus est derogare sanguini Redemptoris. Quocirca,

Marginal notes: [1283.] 10 Aug. Concerning his attempted expulsion of T. de Camilla from certain benefices, one of which he has attempted to exchange for a lay fee. R. f. 18. A. f. 7 b.

---

[1] *parum*] longe A.

piissime pater, sanctitati vestræ supplico prostratus
humiliter, quatenus Illius amore pariter et honore, qui
apostolorum principi recessurus per mortem a sæculo,
mandatum præstitit, de fratrum suorum processibus
confirmandis, mihi velitis assistere in hoc facto et
similibus pro Christi euuangelio decertanti. Pro certo
scientes, quod si prædicti Tedisii voluntatibus in hoc
facto præstetur favor indebitus, redundabit in scandalum non solum Anglicanæ multitudinis, verum etiam
omnium, quibus est ipsius Tedisii vita nota. Nec
deerunt qui dicturi sunt, pater · pie, faveri in ipso
furi contra judicem, lupo contra pastorem, et hirco
ut dicitur contra gregem ; assumentque sæculi potestates exaggerandi gravamina curæ meæ, si viderint
inde confundi ecclesiam, unde confusionis remedium
sperabatur. Nec mihi frons erit decetero libera
vulpes hujusmodi a Christi vineis expellendi. Custodiat Dominus incolumitatem vestram ecclesiæ suæ
sanctæ per tempora longiora, sicque det mihi vestræ
benedictionis affluentiam, sicut in hoc negotio sive
per mortem sive per vitam solam quæro gloriam
Redemptoris. Scriptum iiii. id. Augusti.

CCCCLXIX.

To the Bishop of Tusculum.

Reverendo in Christo patri et domino O[rdeono], [1283.]
Dei gratia episcopo Tusculano, frater J[ohannes], ejus- Complains
dem permissione sacerdos Cantuariensis inutilis, cum of Camil-
omni reverentia et honore paratam ejus beneplacitis being re-
voluntatem. Nutrit parvulos mater ecclesia per offi- ferred to
cium pastorale, sed hiis temporibus materna viscera de Vezano.
cruciantur dum cernit Salomonis gladio lupæ precibus Asks him
parvulum dissecari. Ecce enim cura lactentium inso- the pope
lidum pastoribus est commissa, sed dum cancerosæ about it.
putredini uredinem adhibent necessariæ disciplinæ, A. f. 127.

R 4237.   O

subterfugit manus medici languidus versipellis, et, ne
dissolvatur iniquitatis vinculum, ad appellationis falsæ
tenebras confugit ut lucem fugiat, currit et impetrat
ad pastoris æmulum qui in evacuandis pastoris sacris
conatibus triumphaliter gloriatur. Licet enim nulli fiat
præjudicium si in casibus juridicis ad summum pontificem appelletur, hoc tamen gravamen intolerabile
reputamus, quod lupus judex efficitur sententiæ pastoralis. Ex hoc enim puer scinditur, grex inficitur,
et quasi desperata infinicies cura negligitur, dum
medentis officium sic partitur. Nec credimus quod
majus periculum in ecclesia valeat inveniri. Ex hiis
enim radicibus discessit orientalis ecclesia a matris
suæ uberibus imprudenter. Sane, reverende pater ac
domine, nos Deum habentes præ oculis dudum processimus contra Tedisium de Camilla, qui creditur
esse cleri obprobrium in partibus Anglicanis, ipsum
tanquam furem in forma canonica a Christi gregibus
expellendo. Procurantibus autem quibusdam sugges-
toribus, quorum urat Deus renes et corda, commisit
ipsum negotium pater sanctissimus summus pontifex
summarie cognoscendum, in nostri gravamen non modicum, adversario nostro notorio Gyffredo de Vezano,
qui, qualiter jura didicerit non tam in studiis quam in
scriniis revolvendis, processus sui pravo et amfractuoso
tramite indicavit ; sicut ex processu negotii per Dei
gratiam apparebit. Quia igitur favor iste, quem ex
facti ignorantia credimus processisse, redundat in dedecus delegantis ; vestræ clementiæ flexis nostri cordis
genibus supplicamus, quatenus, cum opportunum fuerit,
dominum papam rogare dignemini ut favorem homini
indigno, ut mundus credit, exhibitum dignetur in
melius commutare, nostris in hac parte favendo processibus quatenus tendunt in gloriam Jesu Christi.
Pro certo sciturus quod in grave scandalum multitudinis redundabit si processus noster in hoc negotio
totam Angliam ædificans pro homine tam obscuri

nominis irritetur. Et inde contra nos sument sæculi potestates audaciam elationis supercilium erigendi, si ab illis in causa Christi reportemus obprobrium, a quibus sperabatur obprobrii remedium processurum. Recommendamus etiam pietati vestræ procuratores nostros, supplicantes humiliter ut eisdem pium patrocinium dignemini impertiri. Custodiat Dominus incolumitatem vestram ecclesiæ suæ sanctæ per tempora longiora. Scriptum apud Aldington', iiii. id. Augusti.

CCCCLXX.

To Cardinal Jordan Orsini.

Reverendo in Christo patri ac domino Jordano, Dei gratia Sancti Eustachii diacono cardinali, suus filius devotus frater J[ohannes], permissione divina Cantuariensis ecclesiæ minister humilis, cum filiali reverentia paratam in omnibus ejus beneplacitis voluntatem. Inter angustias Cantuariensis ecclesiæ hæc est una de maximis, pater sancte, quod diuturnas vacationes assidue,[1] pro eo quod ad ejus regimen hiis temporibus meritis impares eliguntur. Durante autem vacationis tempore, reges consueverunt ad vacantes ecclesias præsentare, nec est qui audeat ab eis repellere quantumcunque inhabiles præsentatos. Per hunc autem modum, cujusdam vacationis tempore, multas optinuit ecclesias absque dispensatione qualibet, cum esset quasi laicus et in lubricitatis impudentia scandalum detestandum, Tedisius de Camilla. Processu tandem temporis, sicut male sibi conscius, ex suggestionibus plene falsis ad sanctæ memoriæ domini Johannis papæ recurrens gratiam, petiit et optinuit dispensationem, quam nunquam ei concessisset si scivisset apostolica providentia qualiter ut fur euuangelicus bona rapuit; qualiter, ut testatur infamia, ut lupus se circa oves gesserit, non

[1283.]
10 Aug.
Deprived
T. de Camilla of benefices obtained from the king during the voidance of the see. His dispensation was obtained by false pretences.
R. f. 18 b.
A. f. 127 b.

---

[1] Sic in MS.

ut pastor. A qua tandem dispensatione recessisse eum veraciter credimus per abusum. Nos igitur eum considerantes quædam de potioribus beneficiis nostri patronatus sacrilege occupare, ipsum de prudentum virorum consilio, propter excommunicationis sententiam, in qua plus quam per biennium steterat animo indurato, in forma canonica expulimus ab eisdem, quod sine damnatione animæ nostræ dimittere non potuimus, ut putamus. Ipsas etiam ecclesias secuimus[1] propter parochiarum magnitudinem rectori unico excessivam, bonorum sufficientiam, et præcipue ut, si vacationis tempore prædicto modo anormalo lupus quispiam unam partem rapiat, altera ab Esau manibus liberetur. Quia igitur hujus privationis negotium ad Dei cedit honorem et ædificationem cleri et populi, ac lupos specialiter deterrendos, nec potest sine gravi scandalo revocari; snpplicamus vestræ clementiæ, pater sancte, quatenus, cum agamus in hoc negotio ad hoc solum ut effectum habeat in curæ nostræ filiis aspersio sanguinis Jesu Christi, contra illos qui quæ sua sunt quærentes, non quæ Jesu Christi, quantum in ipsis est polluunt sanguinem testamenti, dignemini nobis et procuratoribus nostris in hiis solis quæ pro Christo agimus impendere consilium, auxilium et favorem. Custodiat Dominus incolumitatem vestram ecclesiæ suæ sanctæ per tempora longiora. Scriptum iiii. id. Augusti.

Sub ista forma scribitur aliis cardinalibus.

CCCCLXXI.
To Cardinal Gaetano.

[1283.]
10 Aug.
Declines
to allow
Camilla to
hold his
benefices

Reverendo in Christo patri ac domino Benedicto, Dei gratia Sancti Nicholai in carcere Tulliano diacono cardinali, frater J[ohannes] etc., cum omni reverentia et honore, paratam ejus beneplacitis voluntatem. Vere, amicissime domine, novimus, et id bonitati

---

[1] Wingham was divided into four parishes on 2 Aug. 1282. See No. CCCVII.

vestræ cum verecundia confitemur, quod sicut nobis in England. R. f. 19. A. f. 8.
in quibusdam vestris literis tetigistis, sollicitudini
vestræ de nobis habitæ cum effectu nondum condigne
respondimus, nec gratitudinis indicia rependimus, quod
tamen non minus cupimus quam tenemur. Præterea,
domine carissime, dixit nobis Wyntoniensis episcopus
quod placeret vobis et ad hoc opem et operam apponere
curaretis, ut factum nostrum circa ecclesias de Wyngeham
et de Terringes finaliter perseveret, dum tamen sinere-
mus dominum Tedisium ipsas suo tempore possidere.
Circa quod reverentiam vestram scire volumus de quo
etiam testem Altissimum invocamus, quod nihil est
nostræ infirmitati possibile in quo non cupiamus vestris
obtemperando beneplacitis complacere, illis solis exceptis
casibus propter facti ignorantiam vos latentibus qui
expleri non possunt sine offensa Dominicæ majestatis,
quod, clementissime domine, quia conscientiam nostram
cogere non valemus, voluntatem nostram in hoc facto
detinet alligatam. Ipsa enim testis est veritas quod
verum dicimus nec mentimur. Primo quidem, quia ex
processu nostro habito circa ecclesias supradictas, ædifi-
cata est plurimum Angliæ multitudo, succederetque
perenne scandalum, si factum salubriter mutaremus,
præsertim quia dictus Tedisius effrænatæ nimis turpitudinis et alias inhabilis in Anglia reputatur ; verumtamen quia ipse solam videtur pecuniam concupiscere,
quod probatur, quia ante privationis sententiam ecclesiam de Wyngeham obtulit cuidam magno quem novistis, pro quodam satis mediocri laico feodo commutan-
dam, fuissetque facta commutatio si nos symoniacis
contractibus voluissemus præstitisse consensum. Parati
sumus ob sollicitudinis vestræ reverentiam ei satis
probabilem pecuniæ quantitatem ab ipsarum ecclesiarum rectoribus procurare, et istud injunximus magistro
Adæ de Fylebi, cum a nobis recederet promovendum,
nec aliud facere possemus sine stimulo conscientiæ
condemnantis. Prius autem det nobis Dominus in

gratia sua mori, quam animam nostram, quam porta-
mus in manibus, taliter perditionis laqueo prosternamus.
Totius autem invocamus testimonium ecclesiæ trium-
phantis quod solo timore Dei, ex quo spirat fiducia
fortitudinis, processimus taliter contra ipsum, et ejusdem timoris stimulis conclavati aliud facere non aude-
mus, quicquid nobis immineat pro hoc negotio incom-
modi vel jacturæ. Supplicantes vobis humiliter ut
nostræ conscientiæ velitis condescendere propter Deum,
et quod juste fecimus promovere, vel prætactam viam
redimendæ vexationis utriusque partis efficaciter stabi-
lire, et cum ausu quodam adicimus obsecrantes, ne
tangat vos rumor vel favor sceleris alieni. Scriptum
iiii. id. Augusti.

CCCCLXXII.

To the Bishop of Chichester.

1283.
13 Aug.
Repeats
his order
to excom-
municate
the bailiff
of Fecamp
which the
bishop has
neglected.
R. f. 87.

Frater J[ohannes], etc., venerabili in Christo fratri
domino . . Dei gratia episcopo Cycestrensi, salutem
et sinceram in Domino caritatem. Licet vobis, ut recolimus, et etiam . . officiali vestro nuper manda-
verimus, ut . . ballivum de Fescampe, procuratorem . . abbatis et conventus Fiscanensis in Anglia,
et complices suos, quos pro sua multiplici contumacia
pariter et offensa excommunicationis sententia innodavimus, justitia exigente, per totam vestram diœcesem
excommunicatos cum sibi adhærentibus et commu-
nicantibus qualitercunque extra casum a jure per-
missum denunciari publice et sollempniter faceretis,
quia tamen nonnullos in hujusmodi executione mandati
intelleximus remissius se habere. Fraternitatem vestram in Domino requirimus et hortamur, vobis nihilominus in virtute obedientiæ, quam nobis et ecclesiæ
Cantuariensi tenemini, firmiter injungendo mandantes,
quatenus prædictam sententiam in singulis ecclesiis
vestræ diœcesis, singulis diebus Dominicis et festi-

vis, pulsatis campanis, candelis extinctis, sine inter-
missione intra missarum sollempnia per vos et per
alios publicetis. Inhibentes districtius et facientes ab
aliis inhiberi sub pœna anathematis, ne quis cum
prædicto . . ballivo seu fautoribus ipsius aliquo
genere communionis in casibus a jure non concessis
scienter communicet, aut eis præstet in hac parte consilium aut juvamen. Et quia nobis veridicis testimoniis
est perlatum, quod dictus ballivus cum quibusdam
complicibus suis in quibusdam locis vestræ diœcesis,
in elusionem ecclesiasticæ disciplinæ publicari et denunciari fecit sollemniter, adhærentes sibi et faventes
seu etiam communicantes cum eis propter hoc non
esse excommunicationis sententia innodatos, sic Christi
fideles ad suæ malignitatis et perditionis participium
excitando; vobis ut prius districte præcipiendo mandamus, quatenus omnes illos qui talia in præjudicium
ecclesiasticæ libertatis denunciarunt quoquomodo, seu
etiam publicarunt, necnon eis scienter in præmissis
adhærentes, clam vel palam, verbo vel facto, ope, consilio vel favore, cujuscunque ordinis, status vel conditionis existant, exceptis dominis rege, regina et eorum
liberis, publice et sollempniter per totam vestram
diœcesem denuncietis tanquam turbatores ecclesiasticæ
libertatis excommunicatos, et faciatis ab aliis nunciari.
Inquirentes nihilominus de eorum nominibus diligenter,
et nobis fideliter rescribentes quos reos inveneritis in
hac parte. Præterea non sine vehementi conturba-
tione cordis nos noveritis accepisse, quod dictus
ballivus per nonnulla loca vestræ diœcesis et nostræ
jurisdictionis personaliter transeundo, tanquam Dei et
ecclesiæ inimicus, in contemptum nostri fecit et facit,
cum sibi placet, coram se prophanari divina, publice et
sollempniter celebrando, seu potius prophanando, in offensam Domini Jesu Christi. Quocirca ne tantæ temeritatis præsumptio sub dissimulatione transeat impunita,
et aliis occasionem tribuat malignandi, fraternitati

vestræ committimus, et ut prius firmiter injungendo
mandamus, quatenus omnia loca illa ad quæ præfatus
ballivus taliter declinavit, vel imposterum ipsum contigerit declinare, ubi aut quorum rectoribus sive incolis
dictum ballivum cum fautoribus suis excommunicatum
esse denunciatum fuerit, et etiam publicatum, supponatis ecclesiastico interdicto donec nobis et ecclesiæ de
contemptu hujusmodi fuerit satisfactum. Taliter vos
in præmissis habentes quod præteritæ torpor negligentiæ, si quæ fuerit, executionis debitæ purgetur. Denunciantes nihilominus subditis vestris per quos præmissa similiter duxeritis exequenda, quod nisi fideliter
et viriliter se habeant in hac parte, ipsos volumus, si
sponte negligentes fuerint aut remissi, tanquam participes et fautores maleficii et criminis ballivi prædicti,
in prædictæ excommunicationis sententiam incidere
ipso facto. Quid autem in præmissis feceritis, nobis
citra festum Nativitatis Beatæ Virginis distincte et
aperte per singulos articulos vestris patentibus literis
harum seriem continentibus, fideliter intimetis. Datum
apud Aldington', idibus Augusti, anno Domini MCC.
LXXXIII., ordinationis nostræ quinto.

CCCCLXXIII.

To the Dean of Shoreham.

1283.
26 Aug.
Orders
him to ex-
communi-
cate David
de Seven-
hac, who
has pro-
cured his
release
from pri-
Frater Johannes, etc., decano de Schorham, salutem,
etc. Dudum nos David de Sevenhac, tanquam ecclesiæ
membrum putridum, suis exigentibus culpis excommunicationis sententia innodavimus, ac ejus postmodum
crescente malicia fecimus eundem communione fidelium
sequestrari. Ipsoque in excommunicationis sententia
hujusmodi pertinaciter per xl. dies et amplius perseve-
rante, nobis contra eum, tanquam ecclesiæ clavium

contemptorem, juxta regni consuetudinem approbatam son with-
sæculare brachium invocantibus, extitit postmodum fying the
idem David de mandato regio captus per aliqua tem- church.
pora carcerali custodiæ mancipatus. Nuper autem ex R. f. 201.
quorundam relatu fidedigno intelleximus, quod idem
David per se et suos, per falsi suggestiones curiam
domini regis circumvenientes, se ab hujusmodi carcere
liberari procuravit, Deo et ecclesiæ aut nobis super
hiis, pro quibus sibi fuerat excommunicationis vinculo
innodatus, minime satisfacto. Volentes igitur ipsius
perditionis filii maliciis industria quanta possumus
obviare, discretioni tuæ committimus et sub pœna
excommunicationis, quam merito formidare poteris, si
in executione præsentis mandati nostri negligentem te
exhibueris vel remissum, quatenus eundem David sic
excommunicatum publice et solemniter in singulis ecclesiis tui decanatus, singulis diebus Dominicis, solemnibus et festivis, coram clero et populo intra missarum
solemnia, pulsatis campanis, accensis candelis, per te et
per alios denuncies et facias denunciari, donec ad cor
rediens Deo et ecclesiæ, cujus libertatem læsit quamplurimum in hac parte, satisfecerit, et absolutionis
beneficium meruerit obtinere; inhibens nihilominus
publice Christi fidelibus tuæ jurisdictioni subditis universis, ne quis cum eodem excommunicato, edendo,
bibendo, colloquendo, vel alio quocunque genere communionis, nisi in casu a jure permisso, participare
præsumat, sub pœna excommunicationis antedicta.
Denuncians insuper in genere omnes et singulos ipsius
David liberationi a carcere, ut est dictum, consilium
præstantes, auxilium vel favorem, tanquam libertatis
ecclesiasticæ violatores in excommunicationis sententiam dudum in Oxoniensi concilio contra malefactores
hujusmodi promulgatam damnabiliter incidisse, dominis
rege, regina et eorum liberis dumtaxat exceptis. Qualiter autem hujusmodi mandatum nostrum fueris executus, nobis cum hoc commode fueris requisitus, ad

plenum constare facias per tuas patentes literas harum
seriem continentes. Datum apud Aldyngton, vii. kal.
Septembris.

CCCCLXXIV

To the Official of the Archdeacon of Lewes.

1283.
28 Aug.
Complaints of the conduct of the prior of Hastings.
R. f. 201 b.

Frater J[ohannes], etc., dilecto filio . . . officiali
domini archidiaconi Lewensis, salutem, gratiam et benedictionem.   Cum nos nuper diocesem Cycestrensem
visitaremus atque ad locum religiosorum virorum . .
prioris et canonicorum de Hasting' [1] accederemus, et eisdem præciperemus ut nobis nostrisque dicerent quæcunque in eorum domo, tam in capite quam in membris,
essent corrigenda, quidam tamen dictorum canonicorum, videlicet fratres Johannes de Hugham et Johannes de Bello, nostro in hac parte præcepto minime
obtemperantes, quædam correctione digna contra conscientiam suam nobis celarunt, quæ nunc ad cor redeuntes nobis referunt et revelant.   Dicunt enim in
primis quod prior non est legitimus.   Item, quod non
rite curam est assecutus.   Item, quod est insuffici-
entis litteraturæ, nec stat cum eis in ecclesia in servitio divino.   Item, dicunt quod nimis raro venit in
capitulum.   Item, quod non quiescit cum eis in dormitorio.   Item, occupat omnia bona domus, nec inde
vult reddere rationes.   Item, quod sustinet famulos
suos sæculares contra confratres suos.   Item, quod
injuste vexat homines patriæ, unde timetur dampnum
domui imminere.   Item, quod sustinet fratrem Johannem de Wepham, qui proprietarius est et negotiator,
et fuit a tempore suæ professionis, et eum talem
sciens, in suppriorem contra regulam eorum creavit;
et est similiter dictus frater J[ohannes] suscitator dis-

---

[1] The Priory of the Holy Trinity
was built on the low ground to the
west of the Castle Cliff.   Being
subject to overflowing from the sea
it was removed to Warbleton in
1413.

cordiæ inter confratres, et etiam duos confratres suos a domo effugavit inique. Item, quod prior solus cum solo garcione per totam patriam vagatur et discurrit. Item, quod non regit se nec suos per regulam eorum. Vobis igitur committimus et mandamus quatenus ad dictum locum personaliter accedentes, super hiis omnibus et aliis statum domus præfatæ et prioris contingentibus, vice et auctoritate nostra diligenter inquiratis. Et quid super præmissis inveneritis, nobis citra festum Exaltationis Sanctæ Crucis, per vestras patentes literas harum seriem continentes, fideliter rescribatis. Datum apud Aldington', v. kal. Septembris, anno ut supra.

CCCCLXXV

To the Abbot of Fècamp.

1283.
31 Aug.
Rebukes him for the action of his representatives.
R. f. 201.

Frater J[ohannes], etc., sanctæ religionis patri venerabili domino R., Dei gratia abbati monasterii Fiscanensis, salutem et sinceram in Domino caritatem. Prudentiæ vestræ literas jam recepimus vicibus iteratis, satis ut credimus perpendentes a cujus calamo consilii processerunt. Significantes vobis quod pacem cum omnibus sequi cupimus, quam ex professione pacifica cum omnibus sequi [1] didicimus, et quantum in nobis est parati sumus omni tempore custodire, et inviti gladium euuangelicum educimus, tunc dumtaxat cum dormientem sub umbra Leviathan cogimur suscitare. Illas igitur Dei injurias quas excommunicati vestri nobis et ecclesiæ nostræ in Anglia notorio scandalo intulerunt, non credimus vos latere, quamvis eorum ignorantiam prætendatis, cum ipsi vos suorum excessuum in dampnatis contumaciis et usurpato refugio vetiti examinis laudent auctorem, jam injuria multipliciter prorogata. Et quia jus commune, pacifica

---

[1] *sequi*] this word is repeated in the MS. before *cum*, and has not been erased as was doubtless intended.

possessio recensque memoria factorum a nostris prædecessoribus sunt pro nobis, si cordi vobis est errata
vestrorum in forma pacifica reformare, parati sumus
officii nostri debitum sine juris injuria temperare,
dum tamen videamus ad hoc vos diligentiam impendere, non per inanes cedulas nec puerorum scurrili
interventu. Alioquin non miremini si tantas contu-
melias, juxta quod nobis assistere dignabitur Altissimus, ulciscamur; scientes quod pro minori longe
scelere vivos infernus Choræ filios devoravit. Dirigat
vos igitur ad salutis regulas pater bone, Rex pacificus,
qui vota nostra sicut omni aperit pœnitenti, sic nul-
lius fecit justitiam tribunalis in causis ecclesiasticis
formidare. Valete in Christo et Virgine gloriosa. Datum apud Aldyngton', ultima die Augusti.

CCCCLXXVI.

To the Prior of Lewes.

1283.
2 Sept.
Asks him
to present
John de
Croyenden
to the
church of
Tillington,
Sussex.
R. f. 201 b.

Frater J[ohannes], etc., venerandæ religionis viro,
amico suo carissimo, domino Johanni, priori monasterii Latisaquen', salutem et sinceræ dilectionis augmentum. Pacem et honorem vestrum ecclesiæ vestræ,
quam intima prosequimur caritate, et post ecclesiam
nostram Cantuariensem habemus in Anglia cariorem,
affectamus, novit Altissimus, promovere sicut nacta
opportunitate volente Domino intendimus declarare.
Sane circa factum illud ecclesiæ de Tulyngton', volentes dilecto filio magistro G de Sancto Leofardo
quietem et silentium perpetuum imponere, solummodo
pro pace et tranquillitate vestra, nos juri quod nobis
in provisione ejusdem ecclesiæ hac vice competere[1]
dicitur, cedere intendentes, dilectionem vestram, de
qua plenam in Domino fiduciam reportamus, rogamus
pro alio minime rogaturi, quatenus ad præfatam ec-

---

[1] *competere*] competeret, MS.

clesiam vacantem, et ab impetitione dicti magistri G.
penitus absolutam, dilectum filium magistrum Johannem de Croyenden', clericum nostrum de consilio nostro juratum, exhibitorem præsentium, præsentare velitis juxta quod nobis facere pluries promisistis.
Scientes ipsum esse litteratam personam et bene
morigeratam, et satis habilem pro multo majori beneficio quam sit illud. Tantum igitur nostri contemplatione facere dignemini in præmissis, ut labor noster
in hac parte fructuosus existat, et nos vobis devotos
et ecclesiæ vestræ in hoc efficiatis merito vestris
utilitatibus et beneplacitis proniores. Datum apud
Aldyngton', iiii. non Septembris.

CCCCLXXVII.

To Godfrey Vicar of Headcorn.

Frater J., etc., dilecto filio Godefrido, vicario de
Edecrone, salutem, gratiam et benedictionem. Quoniam
intelleximus quod Robertus de Bradegare, rector ecclesiæ de Bydingdenne, qui nobis ex diversis causis
in magna summa pecuniæ obligatur, jam tam gravi
infirmitate detinetur, quod de ejus vita verisimiliter
desperatur, ac nonnulli, quærentes tantummodo
quæ sua sunt, bona ipsius ecclesiæ et fructus di-
lapidant et consumunt; nos volentes circa hoc salubre remedium adhibere, tibi, de cujus fidelitate confidimus et industria, curam et custodiam dicti rectoris
et ecclesiæ committimus per præsentes. Mandantes
et in virtute obedientiæ firmiter injungentes, quatenus
indilate ad locum ipsum personaliter accedens, omnem
superfluam et suspectam familiam amoveas, fructus et
proventus ecclesiæ, quos reppereris, auctoritate nostra
sequestres,. et sub arcto sequestro custodias sicut de
eis nobis volueris respondere de eisdem, dicto rectori
et familiæ suæ utili necessaria tantummodo minis-

1283.
10 Sept.
Orders
him to take
possession
of the
rectory of
Bidden-
den, as the
rector owes
Peckham
money, and
is likely to
die.

R. f. 202.

trando ; inquirens nihilominus diligenter qui prædictos
fructus consumpserint seu alienaverint. Et quos quicquam de fructibus ipsis aut bonis aliis dicti rectoris alienasse vel inutiliter distraxisse inveneris,
ad plenam restitutionem alienatorum per censuram
ecclesiasticam auctoritate nostra compellas. Quid
autem feceris et inveneris in præmissis, nobis citra
octabas Sanctæ Crucis rescribas fideliter per tuas
patentes literas harum seriem continentes. Valete.
Datum apud Lymming', iiii. id. Septembris, ordinationis nostræ anno quinto.

CCCCLXXVIII.
PRIORY OF ST MARTIN'S, DOVER.

1283.
15 Sept
Injunc-
tions con-
cerning the
receipt of
their rents,
&c.
R. f. 228 b.
A. f. 169.

Frater J[ohannes], etc., dilectis in Christo filiis
. . priori et conventui S. Martini, Dovor', salutem,
gratiam et benedictionem. Volentes paci et tranquillitati vestræ ac utilitati communi futuris temporibus providere, statuimus et irrevocabiliter ordinamus
quod omnes proventus bonorum monasterii vestri
quorumcunque, illis dumtaxat exceptis quæ sunt certis
officiis seu obedientiis antiquitus assignata, deinceps
per ballivum vestrum sæcularem et unum monachum
ad hoc specialiter per communitatem deputatum
fideliter colligantur, et ad communem bursam sive
thesaurum integre deportentur. Duo quoque monachi
vel tres ad custodiam ipsius thesauri de seniorum
conventus consilio eligantur, quorum quilibet habeat
clavem unam, sub quibus deponi debeat pecunia proveniens de bonis prædictis. Prior autem et ceteri
obedientiarii quibus pro suis officiis non sunt certi
redditus assignati, ibidem necessarias expensas pro
negotiis et utilitatibus ecclesiæ prosequendis recipiant
ab ipsis custodibus, qui de receptis et liberatis coram
senioribus de conventu teneantur annis singulis fideliter
reddere rationem. Nec alio modo liceat priori ecclesiæ

vestræ sive obedientiariis quicquid de bonis communibus recipere vel etiam occupare. Ut autem præsens ordinatio nostra perpetuæ robur optineat firmitatis, vos omnes et singulos monemus et hortamur in Domino, vobis nihilominus districtius inhibentes sub pœna excommunicationis majoris, quam in hiis scriptis ferimus in scienter et maliciose contrarium facientes, ne quis vestrum per aliam viam quam ut præmisimus audeat bona ecclesiæ vestræ quomodolibet occupare. Sciens si hoc ex certa scientia fecerit, se ipso facto præsenti sententia involutum. In cujus rei testimonium præsentem scripturam sigilli nostri fecimus impréssione muniri. Valete. Datum apud Wengeham, xvii. kal. Octobris, anno Domini MCCLXXX. tertio, ordinationis nostræ quinto.

CCCCLXXIX.

To the Dean and a Canon of Chichester.

Frater J., etc., dilectis filiis decano et Roberto de Purle, canonico ecclesiæ Cycestr', salutem, gratiam et benedictionem. Nuper nos diœcesem Cycestr' auctoritate metropolitica visitantes, invenimus Simonem de Stanbrigge, qui se pro rectore[1] ecclesiæ de Herting', ejusdem diœcesis, super incestu cum Alicia uxore domini Ricardi de Caldewelle militis, filia sua spirituali, quam contra ipsius viri sui voluntatem abduxerat,[2] et per aliqua tempora in adulterio tenuerat, ut dicebatur, multipliciter diffamatum, in ecclesiæ ac sacerdotalis ordinis scandalum, et dicti militis præjudicium non modicum et gravamen. Comparente quidem dicto Simone postmodum in curia nostra personaliter super hiis responsuro, et correctionem subituro, ad judicium evocatus famam et factum

[margin:] 1283. 17 Sept. Desires them to receive the purgation of Simon de Stanbrigge, rector of Harting, accused of the abduction of the wife of Sir R. de Caldewelle. R. f. 153.

---

[1] Sic in MS. | [2] *abduxerat*] adbuxerat, MS.

hujusmodi negavit expresse, offerens se paratum ad
arbitrium nostrum suam innocentiam in hac parte
purgaturum. De vestra igitur industria confidentes,
dicto rectori ad ipsius parcendum laboribus pariter et
expensis, purgationem super eodem crimine coram
vobis faciendam cum duodecima manu rectorum,
vicariorum, aut aliorum sacerdotum de partibus illis
nullo crimine respersorum et ipsius conversationis
notitiam habentium, duximus indicendam. Quocirca
discretioni vestræ committimus et mandamus quatenus, vocatis qui fuerint evocandi, ipsam purgationem
in ecclesia cathedrali Cycestr', die Mercurii in vigilia
apostolorum Simonis et Judæ proximo nunc ventura,
quos diem et locum dicto rectori hoc acceptanti
sponte assignavimus, vice et auctoritate nostra admittatis in forma superius annotata. Qualiter autem
hujusmodi mandatum fueritis executi, et quicquid inveneritis in præmissis, nobis ubicunque fuerimus in
civitate, diœcese vel provincia Cantuariensi sub sigillis
vestris fideliter inclusum quantocius transmittatis.
Datum apud Wengeham, xv. kal. Octobris, anno
Domini MCCLXXXIII., ordinationis nostræ quinto.

CCCCLXXX.

THE ARCHBISHOP'S PROPERTY AT LYONS.

1283.
21 Sept.
Power to
let the
houses be-
longing to
the arch-
bishopric
at Lyons,
on the
death of
the dean
who in-
habited
them.
R. f. 202 b.

Frater J[ohannes], etc., dilectis sibi in Christo
fratri . . . ministro Fratrum administrationis provinciæ Burgundiæ, et fratri . . gardiano Fratrum
Minorum Lugduni, salutem et sinceram in Domino
caritatem. Quia nuper intelleximus bonæ memoriæ
dominum Chatardum, quondam decanum majoris ecclesiæ Lugduni, amicissimum nostrum, qui domos nostras
Lugdunenses ex nostra accommodatione inhabitavit,
diem clausit extremum, caritati vestræ committimus
per præsentes ut domos nostras prædictas alicui viro

honesto ecclesiæ Lugdunensis, ac ordini beati Francisci devoto, vice et nomine nostro inhabitandas, præcario concedatis. Recepta prius per vos aut per alium devotum ordini et fidelem cautione idonea, quæ pro indemnitato nostra sufficere valeat in hac parte, quod ille, qui domos ipsas ex concessione vestra inhabitaverit, easdem reficiet, honeste custodiet, et in statu debito sustinebit. Nos autem quod per vos aut per alium devotum ordini vice nostra actum, procuratum vel concessum fuerit in præmissis, juxta formam superius annotatam, gratum habebimus et acceptum. Et si, quod avertat Deus, ille cui, ut præmittitur, domos nostras prædictas concesseritis, per se aut suos aliquid impudicum commiserit per quod contra ipsos scandalum contigerit suboriri, extunc hanc vestram concessionem quantum ad personam ipsius et suorum tenore præsentium revocamus. In cujus rei testimonium has literas patentes, sigilli nostri impressione munitas, caritati vestræ transmittimus, quoad datam vobis potestatem hujusmodi post triennium minime valituras. Datum apud Tenham, Cantuariensis diœcesis, xi. kal. Octobris, anno Domini MCC. octogesimo tertio.

CCCCLXXXI.

To Jacques, Bishop of Autun.

Venerabili in Christo patri et amico carissimo domino Jacobo, Dei gratia Eduensi episcopo, tenenti sedem Lugdunensem, eadem sede vacante, frater J[ohannes], permissione divina, etc., salutem et sinceram in Domino caritatem. Sicut interdum nacta opportunitate dominorum et amicorum nostrorum desideriis complacendi, optatæ consolationis spiritu intime recreamur, sic dolemus plurimum et animo conturbamur, quotiens eorum votis annuere non possumus ut vellemus, eo præcipue vehementius quo nobis carior est qui

1283.
21 Sept.
Had parted with his house at Lyons before receiving the bishop's letter.
R. f. 87 b.

R 4237.   P

petit. Sane caritatis vestræ litteris quas nuper recepimus nos rogastis, ut domum nostram in claustro
Lugduni, jam vacuam per mortem bonæ memoriæ
C[hatardi] decani Lugdunensis, carissimo vestro Hugoni Bruni, canonico Lugdunensi, vellemus suo perpetuo commendare. Circa quod noveritis quod antequam ad nos vestræ litteræ pervenissent, rogaverat
nos frater G[uyschardus], minister Fratrum Minorum in
Burgundia, ut dictam domum concederemus cuidam
prædictæ ecclesiæ canonico, Fratrum benefactori præcipuo, nobisque, ut scripsit, et ecclesiæ nostræ devoto.
Nos autem ipsius ministri devicti precum instantia,
concessimus ei et gardiano Lugdunensi, ut prædictam
domum nostram valeant alicui canonico vestro ibidem
prout magis expedire viderint vice nostra præcario
commendare. Quia igitur non deceret nos concessionem hujusmodi revocare ad præsens, caritatem
vestram requirimus ut in hac parte nos habeat excusatos. Scientes pro certo quod si vestræ literæ concessionem hujusmodi prævenissent, fuissent optatam
gratiam consecutæ. Valete in Christo semper et Virgine gloriosa. Datum apud Tenham, xi. kal. Octobris,
anno Domini MCCLXXXIII.

CCCCLXXXII.

To the Abbot of Clugny.

1283.   Reverendæ religionis patri præcipuo domino, et
23 Sept.
Has al-   amico in Christo carissimo, domino Yvoni, Dei gratia
ready dis- ecclesiæ Cluniacensis abbati, frater J[ohannes], per-
posed of
his house missione, etc., salutem, cum internæ caritatis et dilec-
at Lyons. tionis augmento. Felicis memoriæ domino Chatardo,
R. f. 202 b. Lugdunensis ecclesiæ decano, de medio nuper ex debito
humanæ conditionis assumpto, frater Guyschardus,
ordinis Fratrum Minorum in Burgundia minister, et

Fratrum Lugdunensium gardianus, per dies aliquot ante receptionem literarum vestrarum specialiter et litteratorie nos rogarunt, quod domum nostram Lugduni, per mortem dicti decani vacantem, domino Guydoni de Gareys, dictæ Lugdunensis ecclesiæ canonico, dictis Fratribus amicissimo et ipsorum ordini benefactori præcipuo, memoratam domum nostram inhabitandam concedere curaremus, quibus teste conscientia vices nostras in hac parte commisimus, parati preces vestras in hiis et aliis quantum cum Deo et nostra condecentia potuissemus admisisse gratanter, nisi prædictæ, ut diximus, in expeditionis gratia sub nomine præcario per biduum præcessissent, volentes vos scire quod si contingat nos exemplo prædecessorum nostrorum in regni Franciæ refrigerium declinare, sub vestris intendimus præsidiis hospitari. Diu vos conservet et dirigat Altissimus in honore. Datum apud Tenham, ix. kal. Octobris, anno Domini ut supra (MCCLXXXIII.).

CCCCLXXXIII.

To the Official of the Bishop of London.

Frater J[ohannes], etc., dilecto filio . . . officiali episcopi Londoniensis, salutem, gratiam et benedictionem. Quanta Deo ministrantibus, potissime dum divina peragunt officia, ab orthodoxæ fidei cultoribus reverentia debeatur, tam jura canonica quam civilia evidenter ostendunt, dum devotos præmiis consequi et indevotos acrimonia debita percellere nos informant. Sane cum nuper essemus in ecclesia Christi Cantuar' constituti, sub Dei timore pontificalia ornamenta nostris humeris deferentes, in consecratione venerabilis fratris nostri Roffensis episcopi officii nostri debitum executi, quidam Johannes monachus ac sacrista Westmonasteriensis, Londoniensis diœcesis, in angelum

1283. 29 Sept. Excommunication of the sacristan of Westminster for insulting behaviour to the archbishop. R. f. 202.

P 2

Sathanæ transformatus, ad horrendi facinoris audaciam se convertens, assistente et inspiciente cleri et populi multitudine copiosa, quemdam rotulum grandem et durum in faciem nostram temere violenterque projecit, facinus suum alias multiplicibus contumeliis aggravando. Quas quidem injurias tam notorias et atroces sub conniventiæ clamide dissimulare non possumus, quin ipsas persequamur debita et canonica ultione, cum non sit dubium præfatum monachum in sententiam excommunicationis majoris latam a canone contra tales, ipso facto dampnabiliter incidisse. Nos autem volentes eum in mansuetudine ad pœnitentiam excitare, vocari eum fecimus in forma canonica, ut veniret super tantis et tam notoriis excessibus satisfacturus nobis et ecclesiæ quos offendit, qui sufficienter expectatus et præconizatus sollempniter comparere contempsit. Propter quod per nostros commissarios extitit excommunicationis sententia innodatus. Quocirca vobis committimus et mandamus firmiter injungentes, quatenus prædictum monachum in tanta facinoris medicinam, in omnibus ecclesiis parochialibus Londoniensis civitatis et diœcesis, vestræ jurisdictionis, singulis diebus Dominicis et festivis intra missarum sollempnia, publice et sollempniter sic excommunicatum esse denuncietis, et faciatis per alios nunciari, donec rubore confusus ad gremium sanctæ matris ecclesiæ rediens, nobis et ecclesiæ nostræ satisfecerit de præmissis, et in forma juris absolutionis beneficium meruerit obtinere. Quid autem feceritis in præmissis, nos certificetis citra festum Omnium Sanctorum, ubicunque fuerimus in provincia nostra, per vestras patentes literas harum seriem continentes. Datum apud Thenham, iii. kal. Octobris, anno Domini MCC. octogesimo tertio, ordinationis nostræ quinto.

Consimilis litera emanavit decano de Arcubus London', ad faciendum eandem denunciationem in suo decanatu.

CCCCLXXXIV.

To Queen Eleanor.

A tres haute dame Alianor, Deu grace reyne de Engleterre, dame dIrlaunde, duchesse dAquitaine, frere Jan par la suffraunce Deu prestre de Caunterbire, saluz e oreysun de pecheur. Madame, je vus mercy mut des lettres consolatoires que vos moy enveastes vostre merci par sire Nichole de Cnovile, e de vostre bone veneysun de la Noeue forest, e pri nostre Seigneur Dieu ke graunt honeur vus duint il en ceste vie e en la pardurable. Ovekes co madame, jo vus faz a savoir ke jo, nad geres passaunt par une nostre vile pres de Dovre, qui ad nun Westclive, entendi par le cri des genz de la vile ke il sunt destrut e reint par co, ke len les ad charche de la ferme de la vile assez plus ke ele ne vaut. Pur la queu chose, si piete ne vus prent de sus, il sunt a co ke il covient ke il lessent terre e tenement, e voysent querre lur payn. Ovekes co, pur Dieu, madame, quaunt vus recevez terre ou manoir, encuru par usure de Juis, pernez vus garde ke usure est peche mortel a ceus qui funt la usure, e ceus qui les meintenent, e ceus qui part en unt, se il ne le rendent. E pur co vus di jo, ma treschere dame, de vaunt Dieu e devaunz la curt du ciel, ke vous ne poez choses issi encurrues retenir, si vous ne fetes le assez a ceus qui les unt perdues de autre taunt come eles valent plus ke la dette principal. Ou il covient ke vous rendez les choses encurues as Crestiens, qui les unt perdues, sauve a vous taunt come la dette principal amunta, kar plus ne vous pout doner li usurier. Madame, sachez ke jo maund verite loyal, e si nul vous fet autre chose entendre, il est bugre. Je ne crei pas ke vous en autre furme reteignez choses encurues, mes jo le voudreye bin savoir par vostre lettre, issi que io le puisse fere entendre a ceus qui autre

Marginal notes:
Complaint of the people of West Clive of extortion in exacting the fee-farm. Warns her against profiting by usury.
R. f. 42 b.

chose quident. Madame, Dieu vous eyt en sa garde a
tuz jurs.

Ceste lettre fu escrite a Tenham, ou je ay fet fere une
tresbele chapele pur vous eiser quaunt vous i passerez,
e verayement plus pur leise de vostre cors ke du
mien.

CCCCLXXXV.

To the Official of the Bishop of Chichester.

1283.
12 Oct.
Asks him
to find out
whether
the prior
of the
Domini-
cans at
Chichester
celebrated
mass at
Steyning
after Peck-
ham had
placed the
church
under an
interdict.
R. f. 203.

Frater J., etc., dilecto filio officiali domini Cicestrensis episcopi, salutem, gratiam et benedictionem. Licet
in certificatorio nobis misso de citando fratres Willelmum priorem ordinis Fratrum Prædicatorum Cycestr',
et Robertum laicum, nuper receperimus ac præceperi-
mus ipsos certis ex causis in singulis ecclesiis dictæ
diœcesis excommunicatos publice nunciari, ex causa
tamen rationabili volentes eisdem gratiam facere specialem, vobis mandamus firmiter injungentes quatenus
a dictis citatione et denunciatione interim desistatis,
donec a nobis aliud habueritis in mandatis. Intelleximus quod dictus prior scienter celebravit in ecclesia
de Staninges, quam nos ecclesiastico supposuimus interdicto, et quod sententias a nobis latas esse asseruit
irritas et inanes, et verbis eas coram pluribus adnul-
lavit. Quocirca verbis iterato mandamus, quatenus de
præmissis et eorum quolibet et similibus diligentius
inquirentes, nos cum omni celeritate qua poteritis
infra festum Omnium Sanctorum studeatis reddere certiores, quibus etiam modis cum eo ballivo de Fescamp'
et suis complicibus inveneritis adhærere. Valete. Datum apud Otteford, iiii. id. Octobris, anno ordinationis
nostræ quinto.

CCCCLXXXVI.

To the Bishop of Rochester.

Frater J[ohannes], etc., venerabili. fratri domino Thomæ, Dei gratia episcopo Roffensi, salutem et sinceram in Domino caritatem. Nuper ecclesiam Roffensem auctoritate metropolitica visitantes, invenimus quædam correctione digna circa personas aliquas, quas comperimus inibi multipliciter deliquisse. In primis siquidem, priorem ipsum de suspecta consumptione bonorum ecclesiæ invenimus accusatum, secundum tenorem cedulæ quam vobis sigillatam mittimus excessus hujusmodi continentem, de quibus omnibus nihil respondit rationabile requisitus. Et idcirco volumus ut ab eo rationem integram super omnibus exigatis. Et quia prior ipse, et nonnulli alii creduntur magnam habere pecuniam in deposito, eidem . . . priori et monachis ecclesiæ universis præcepimus districte, ut quicquid haberent pecuniæ apud se vel alios reconditum, infra triduum a tempore tunc factæ monitionis, thesaurariorum manibus penitus commendarent communibus utilitatibus applicandum. Alioquin in excommunicationis extunc latæ sententiam inciderent ipso facto. De hoc autem quid dictus prior et ceteri fecerint, cum omni sollicitudine inquiratis. Preterea invenimus eundem priorem suspectum, ut videbatur, haberi de inhonesta procuratione electionis bonæ memoriæ domini Johannis episcopi immediate vos in officio præcedentis, in qua procuratione multa consumpsisse mobilia, et quædam alia dicitur alienasse perpetuo, non sine scrupulo symoniæ, de quibus etiam in nullo se rationabiliter excusavit. Sunt et alia minoris ponderis tam circa ipsum quam ceteros, quæ in alia de qua præmisimus cedula continentur, quorum vobis correctionem et reformationem sicut fideli et experto socio nostro tenore præsentium committimus cum coercionis canonicæ potestate. Præcipientes vobis nihilominus, et in virtute obedientiæ firmiter injun-

1283.
24 Oct.
Concerning irregularities in the priory.
R. f. 87 b.

gentes, ut de tribus prædictis gravioribus articulis
cum omni diligentia inquiratis, de quo vestram conscientiam oneramus; certificaturi nos de inventis in
congregatione nostra proxime imminente, ut in correctione eorundem, si necesse fuerit, quod erit expediens ordinemus. Priorem autem prædictum, quem
a cura spiritualium absolvimus, sic interim stare permittimus temporalia domus necessaria directurum, ut
citra Natale Domini a prioris officio penitus absolva-
tur, et interim spiritualibus se non immisceat ullo
modo. Valete. Datum apud Mortelak', ix. kal. Novembris, anno Domini MCCLXXXIII., ordinationis nostræ
quinto.

CCCCLXXXVII.

To the Bishop of Rochester.

[1283.]   Frater J[ohannes], permissione divina Cantuariensis
[24 Oct.]
Injunc-   ecclesiæ minister humilis, totius Angliæ primas, ve-
tions for   nerabili fratri domino . . Dei gratia Roffensi episcopo,
the Priory.
R. f. 229. salutem et sinceram in Domino caritatem.   Nuper
A. f. 168 b. Roffensem ecclesiam auctoritate metropolitica visitantes,
invenimus in eadem quasdam consuetudines, vel potius
corruptelas, quæ videbantur dampnatæ proprietatis et
sacrilegii viciis aditum ministrare, sicut per quasdam
querelas ibidem intelleximus quorundam Deum timen-
tium, qui circa talium remedium nostrum consilium
pariter et auxilium implorarunt.   Nos autem communicato consilio discretorum Deum habentes præ
oculis, pietatis periculis in forma quæ sequitur per-
henne remedium duximus apponendum, sacros canones
et Beati Benedicti regulam imitantes.   Statuimus
igitur ut de consilio prioris et totius capituli tres
eligantur discreti et probatæ conversationis monachi,
qui et thesaurarii appellentur, sub tribus clavibus
totam domus pecuniam servaturi, ad quorum manus
tota ecclesiæ substancia mobilis, sive de maneriis, sive

de appropriatis ecclesiis, sive do eschaetis, sive quibuscunque aliis obventionibus communibus deducantur ; illis tantum exceptis quæ specialibus officiis ab
antiquo, ut elemosinæ, vel coquinæ, vel sacristæ, sunt
a donatoribus assignata. Et ab illis thesaurariis, tam
prior quam sibi subditi ministri, necessaria accipiant
de scitu prædictorum trium pro suis officiis et expensis. Monentes tam priorem qui pro tempore
fuerit, quam universos sibi subjectos, et in virtute
obedientiæ præcipientes eisdem, sub pœna excommunicationis, quam in hiis scriptis ferimus in contrarium
facientes, ne quis eorum, prior scilicet vel quicunque
sibi subjectus, per aliam formam audeat aliquid de
bonis ecclesiæ contrectare. Priori autem qui pro tempore fuerit liberam administrationem bonorum ecclesiæ
relinquimus, sicut retroactis habere temporibus consuevit; hiis exceptis quod sibi et officio suo necessaria
de scitu accipiat prædictorum, et de expensis suis per
se vel capellanum suum reddere teneatur, prædictis
tribus adjunctis, etiam pro majoribus sumptibus aliis
non suspectis capituli senioribus ad minus ter in anno
et pluries si oporteat, rationem. Firmas igitur monachorum hactenus observatas, quibus solebant de appropriatis ecclesiis vel maneriis ecclesiæ quæ tenebant
certas mensuras frugum vel denariorum vel quorumcunque aliorum bonorum per vices annuas cellario vel
aliis officiis exhibere, residuis suis voluntatibus reservatis, imperpetuum sub pœna prædicta lati anathematis prohibemus. Ut autem omnia tractentur secu-
rius et serventur, volumus et ordinamus ut unus sit
fidelis et idoneus sæcularis de prioris consilio et conventus, cui et aliquis probatus monachus adjungatur,
qui duo conjunctim et non divisim superintendant
bonis ecclesiæ universis, sollicite providentes qualiter
eadem bona veniant integre ad thesaurum. Quia igitur formam istam credimus communibus utilitatibus [1]

---

[1] *utilitatibus*] utilibus in A.

ecclesiæ convenire, juxta quod exemplariter didicimus
in omnibus monasteriis bene dispositis, fraternitati
vestræ committimus et mandamus, vobis nihilominus
in virtute obedientiæ firmiter injungentes, quatenus
totis viribus eam faciatis effectui demandari. Sunt et
alia quæ nullatenus dimitti poterunt incorrecta. Intelleximus enim quod hospitalitatis gratia olim in
ipsa domo, quando minus temporalibus affluebat, sole-
bat omnibus habundare. Nunc autem et hominibus
ibidem caritatis brachia sunt subtracta, et equis
annona in magna annis singulis quantitate, quæ
omnia præcipimus reparari, juxta quod bona fide
sufficiunt ecclesiæ facultates, et nisi elemosina in talibus constituta ab antiquo infra mensem a data præsentium reparetur, cum continuatione perpetua extunc
priorem, sacristam, camerarium, et ceteros omnes
sacerdotes in officiis constitutos, in hiis scriptis suspendimus a divinis. Præterea est et aliud incon-
veniens quod non potest aliqualiter tolerari, quia
videlicet populus civitatis parochialem non habet
ecclesiam, nisi ipsam basilicam cathedralem, quæ
clausis prioratus januis nocturno taliter continue ob-
seratur tempore, quod nec ad ipsam ecclesiam patet
accessus confugis, nec ægrotantibus viaticum, nec
cetera écclesiastica sacramenta, nec de die unquam
dicitur cum nota populo matutinum, nec horæ etiam
canonicæ in eadem, ut nobis fideliter est relatum
Unum ergo istorum oportet fieri necessario, vel quod
infra septa[1] monasterii fiat ecclesia parochialis, quæ
dudum fuerat inchoata, et fuit consequenter perniciose destructa, vel quod paretur omni tempore accessus ad majorem ecclesiam pro rationibus supradictis,
et quod in eadem dicatur populo matutinum, cum
ceteris horis canonicis, cum missa et solempnitate debita omni die. Cogatis etiam sacristam complere

---

[1] *septa*] scepta, A.

ecclesiam majorem continuato processu, juxta quod sufficiunt ecclesiæ facultates. Bene valete in Christo et Virgine gloriosa.

CCCCLXXXVIII.

To THE BISHOP OF ROCHESTER.

Frater J[ohannes], permissione divina Cantuariensis ecclesiæ minister humilis, totius Angliæ primas, venerabili fratri domino Thomæ, Dei gratia Roffensi episcopo, salutem et sinceram in Domino caritatem. Transeuntes nuper per monasterium de Lesnes, vestræ diœcesis, et auctoritate metropolitica visitationis officium inibi exercentes, invenimus abbatem loci ejusdem super multiplici bonorum ecclesiæ læsione notatum. Super quo præsens per nos ad rationem positus, nobis respondendo minime satisfecit, unde in remedium dilapidationis seu læsionis bonorum hujusmodi taliter ibidem duximus ordinandum. Ut, videlicet, tres fratres de ipso collegio per conventum eligantur, ad quorum manus omnia bona monasterii interiora et exteriora, illis duntaxat exceptis, quæ ab antiquo sunt certis officiis assignata, deveniant. A quibus tam abbas quam ceteri officiales domus necessarias expensas recipiant, et de expensis eisdem tribus canonicis rationem fidelem reddere teneantur Inhibemus autem sub pœna excommunicationis, quam ipso facto incurrere volumus, omnes ex certa scientia contrarium facientes, ne abbas seu quivis alius officialis, cui nihil certum est sicut præmisimus assignatum, alio modo quocunque bona ecclesiæ audeat ullatenus contrectare, ut sic omnia facta abbatis et aliorum officialium domus per dictos custodes deducantur in lucem, nihilque cedat in usus privatos, sed omnia in utilitatem communem ecclesiæ convertantur. Præterea invenimus quod canonici carnes non comedunt in refectorio communi, sed pro carnium

Margin notes: 1283. 24 Oct. Sends injunctions which he desires him to see observed by the abbey of Lesnes. R. ff. 88 and 229 b. A. f. 172.

esu ad camerulas quasdam et alia loca privata contra
disciplinæ regularis observantiam se divertunt. Circa
quod expediens esse credimus ut prædicti canonici
tribus diebus in ebdomada carnes comedant in refectorio, sicut in plerisque locis ordinis ejusdem comperimus observatum. Interdicentes omnino ne de cetero
totus conventus pro esu carnium a refectorio emittatur.
Sed si contingat eos juxta consuetudinem domus in
refectorio carnes minime comedere, et oporteat eos carnis
edulio aliquotiens[1] recreari, præcipimus ut semper duæ
partes conventus maneant in refectorio, et tertia pars
tantummodo pro recreatione hujusmodi emittatur. Nec
alio modo de cetero liceat ipsis canonicis carnes sumere,
sive in camera abbatis sive ubicunque alibi infra
domum. Ad hæc ne moniales amodo infra monasterii
claustrum pernoctare sinantur, firmiter inhibemus.
Abbatem autem ipsum in sua potestate permittimus
ordinandi domus negotia, et alia exercendi quæ officio
suo incumbunt, sed sine scitu et administratione dictorum trium canonicorum bona domus nullatenus
contrectandi. Ipsi insuper custodes bonorum hujusmodi de administratione sua teneantur conventui
respondere. Igitur fraternitati vestræ committimus, et
districte præcipiendo mandamus, quatenus præscripta
omnia faciatis a prædictis abbate et conventu inviolabiliter observari, certificaturi nos super hoc cum a
nobis fueritis requisiti. In cujus rei testimonium
præsentem paginam sigilli nostri fecimus appensione
muniri. Valete. Datum apud Mortelak', ix. kal. Novembris, anno Domini MCCLXXXIII., ordinationis nostræ
quinto.

---

[1] *aliquotiens*] omitted in the copy at fol. 229 b.

CCCCLXXXIX.

To Pope Martin IV.

Sanctissimo in Christo patri ac domino Martino, Dei gratia sacrosanctæ Romanæ ac universalis ecclesiæ summo pontifici, suorum minimus frater J[ohannes], permissione Ejusdem sacerdos Cantuariensis, cum omnimoda reverentia pedum oscula beatorum. Ex humanæ fragilitatis miseria, pater sanctissime, quam licet attenuet, plene tamen non abolet quantumcunque perfecta in hac vita monastica disciplina, contigit pluries, postquam Cantuariensem ecclesiam suscepi, licet insufficiens gubernandam, quod propter exortam in eadem ecclesia discordiam reprimendam inter priorem, junctis ei melioribus quibusdam personis ecclesiæ, et multitudinem aliorum, oportebat me dimisso visitationis ordinato progressu redire Cantuariam cum magnis laboribus et jacturis. Cujus dissensionis radicem quantum eam nosse valeo, esse noveritis, pater sancte.[1] Consueverunt siquidem monachorum quidam, retroactis temporibus, ut claustri fugerent disciplinam, in ipsius ecclesiæ maneriis quasi causa custodiæ remanentes, lasciviæ scandala suscitantes, notoriæ proprietatis loculos sacrilegii instauratos in damnationis scriniis reservare. Cujus damnationis cum fuisset eis abscisa oportunitas prudentum virorum consilio, per ordinationem quandam, cui se partes unanimiter submiserunt, priore monasterii probato coram Deo et hominibus, monacho ut creditur ordinationem ipsam viriliter exequente, quidam filii Belial correctionis lineam[2] non ferentes contra prædictum priorem novissime insurgentes, novissime quosdam mihi exhibuerunt articulos contra ipsum, quibus prior, copia sibi facta, deliberatione matura præhabita respondit dilucide, adeo ut pateret ipsos articulos ex malitia processisse, sicut mihi retulerunt jurati mei viri pru-

[margin: [1283.] 25 Oct. Concerning the lax discipline at Canterbury and charges made against him at Rome by certain monks. R. f. 19. A. f. 54 b.]

---

[1] *pater sancte*] per sequentia, A. | [2] *lineam*] limitem, A.

dentes, quibus ego detentus majoribus commisi indaginem prædictorum. Tandem monachi capituli universi,
pacis studia subeuntes, renunciarunt articulis memoratis,
nullo penitus reclamante. Et ut extingueretur in ipsis
perenniter contentionis materia, de totius capituli voluntate comburi feci eosdem articulos coram ipsis, quos
quidam reversi ad vomitum monachi fugitivi dicuntur
in sancta Romana curia renovasse, mihi insuper imponentes, quod ipsorum possessionibus et sigillo me
immisceo contra ipsorum privilegia disponendis ; quod
non aliter facio, pater sanctissime, sicut sciunt, nisi ad
tuitionem, ne videlicet monachi, de quorum habeo animabus Altissimo respondere, se et suis facultatibus
abutantur. Ordinationis vero meæ seriem libenter et
humiliter limam correctionis apostolicæ suscepturam,
et articulos memoratos sub sigilli mei testimonio misi
fratri Roberto monacho, procuratori ipsius ecclesiæ in
curia existenti, ut sanctitati vestræ cum vobis placuerit processus mei veritas elucescat. Custodiat Dominus incolumitatem vestram ecclesiæ suæ sanctæ per
tempora longiora. Scriptum viii. kal. Novembris.

CCCCXC.

To Pope Martin IV

[1283.]   Sanctissimo in Christo patri ac domino, Martino Dei
[Oct.]
Recom-   gratia sacrosanctæ Romanæ ac universalis ecclesiæ
mends to   summo pontifici, suorum minimus frater J[ohannes],
him his
cause   permissione Ejusdem Cantuariensis sacerdos, cum omni-
against   moda reverentia devota pedum oscula beatorum. Super
Camilla.
R. f. 19 b. illis, pater piissime, quæ mihi dominus A[lmaricus] de
A ff. 8 b., Monte Forti et frater Matheus, capellani vestri, mihi
54 b.
           de vestra benevolentia suis literis intimarunt, quodque
vultis mihi pro sola agente Christi gloria juris remedia non negari, vobis grates refero quantas possum,
flexis genibus cordis mei. Nihil enim desidero in causis

quas aggredior, et præcipue contra Thedisium de Camilla, nisi ut vinea pacifici quam tradidit custodibus,
prædonibus auferatur. Et ut in decretis apostolicis
procedentibus de plenitudine potestatis illæ refulgeant
regulæ Salvatoris de pastore et ovibus, de piscatore et
retibus, de servo fideli et prudente, quem familiæ suæ
præstituit Dominus gubernandæ, et quod Petro passu-
rus imposuit de fratribus confirmandis, quodque ad
ædificationem se posse omnia Doctor gentium affirmavit.
Me ipsum igitur vobis totum substratum præcordiis,
rogantemque assidue ut vos contra portas inferi decertantes, consoletur Dominus et faciat prosperari, et
negotia mea cum procuratore eorundem exhibitore præsentium sub alis vestri patrocinii remansuro, Johanne
nomine, vestræ clementiæ suppliciter et humiliter re-
commendo. Custodiat Dominus, incolumitatem vestram
ecclesiæ suæ sanctæ per tempora longiora.

CCCCXCI.

To Cardinal Benedict Gaetano.

Reverendo in Christo patri ac domino Benedicto,   1283.
Dei gratia Sancti Nicholai in carcere Tulliano dia- 26 Oct.
cono cardinali, suus frater J[ohannes], permissione ejus- Begs him
dem sacerdos Cantuariensis, subjectionem debitam cum offended
omni reverentia et honore. Licet, reverende pater, in prosecu-
quotidianis defectibus, quos parit ingenita fragilitas, tion of
conscientia nos[1] accuset, in processibus tamen judicia- R. f. 19 b.
libus non putamus aliquem posse nobis impingere, quod A. f. 55.
aliud prosequamur quam ut oves erroneas ad ovilis
Dominici accubitus revocemus. Proinde, pater piissime, nolitis de nobis aliud suspicari. Quod igitur processimus contra Tedisium de Camilla, numquam fecissemus, teste Altissimo, si sine peccati mortalis scrupulo
hoc potuissemus testimonio conscientiæ dimisisse. Sup-

---

[1] *nos*] nō in R.

plicamus ergo, pater, in Christi visceribus amplexande, quatenus affectum benevolentiæ vestræ velitis nobis restituere, si occasione memorati facti in aliquo sit offensus. Ipsum autem factum, si euuangelicis concordat regulis et canonicis, quæ ex illis habent dependere, sicut rationale ex superhumerali amore Altissimi dignemini promovere. Nihil enim quærimus nisi justitiam et ædificationem, contra quam nulla nullam accepit auctoritas potestatem. Confidimus autem de illa quam sequimur veritate, quod adhuc nobis supra experientiam pristini temporis caritatis vestræ fœdera et gratiam largietur. Hoc enim revolvimus assidue in soliloquiis cordis nostri, quod si possemus Altissimo inoffenso, magis vellemus in vestræ capellaniæ liber a curis excubiis laborare, quam in honoris altitudine severitatis divinæ aculeos quotidie innumerabiles experiri. Latorem autem præsentium Johannem, pro nostris negotiis in curia sub vestro patrocinio remansurum, clementiæ vestræ quantum possumus commendamus. Custodiat Dominus incolumitatem vestram ecclesiæ suæ sanctæ per tempora longiora. Scriptum vii. kal. Novembris.

CCCCXCII.

To his Official.

1283.
26 Oct.
Giles de Audenarde may have half the fruits of Charing church, on giving security for giving 40 marks to the repairs of the chapel.
R. f. 203 b.

Frater Johannes, etc., dilecto filio . . officiali nostro Cantuariensi, salutem, gratiam et benedictionem. Oneravit nos in tantum multiplicatis precibus dilectus noster dominus Egidius de Audenardo, quod medietatem pretii fructuum ecclesiæ de Cherring' sibi duximus concedendam, alia medietate ad refectionem capellæ nostræ de Cherring' specialiter reservata. Quare vobis mandamus quatenus recepta securitate de quadraginta marcis solvendis per ipsum ad fabricam dictæ capellæ, terminis per vos statuendis, ipsum, non obstante sequestro nostro, de residuis libere disponere permittatis. Et si cum illo qui fructus emerat componere possit, cum indemnitate vicarii quod sibi remaneant, placet nobis. Valete. Datum apud Mortelak', vii. kal. Novembris, ordinationis nostræ anno quinto.

CCCCXCIII.

To John de Perogiis, Canon of Besançon.

Frater J[ohannes], permissione divina, etc., dilecto in Christo filio magistro Johanni de Perogiis, canonico Bisuntin', salutem, gratiam et benedictionem. Noverit Ille qui cordium secreta tuetur, quod vestris fatigationibus diversis et laboribus compatimur in immensum, voluntarie labores appetentes, ut quietem vobis parare cum fiducia possemus. Sane cum parati essemus inter vos et dominum Egidium de Audenardo, clericum, ad vestri præcipue utilitatem pacem conformare perpetuam, et ipsius fœdera consolidare, quem Egidium tranquillitatem affectantem satis benignum, et ecclesiam de Cherring' cum capella de Oggertone ad nostrum arbitrium resignare volentem invenimus. Tandem post varios super diversis pacis solidæ formis tractatus habitos ad literas vestras tam clausas quam apertas, diversas pariter et adversas, considerationis intuitu convertentes, nobis ad aliquam pacem securam seu firmum arbitrium ad utriusque vestrum quietem perpetuam literarum prædictarum obtentu posse procedere non videbatur. Vestram igitur promotionem et honorem affectantes, et indemnitati vestræ præcaveri cupientes, ex corde nolentes quod ex facto nostro vel arbitrio, quod in fixo et firmo fine concludere debeat, ac inter vos et dictum dominum Egidium concordiam et quietem universaliter conformare, imposterum strui possit calumpnia vel dubitatio excitari, vos affectuose duximus interpellandum, quatenus rigori justitiæ non totaliter adhærentes, sed cum rigore æquitatem miscentes, cum ambigua dicuntur esse facta causarum,

Side note: 1283. 26 Oct. Will settle the dispute between him and Giles de Audenardo about Charing church. R. f. 203 b.

R 4237.   Q

procuratorem instructum mandatum sufficiens habentem et permanens ad compromittendum et compro-
missum pœna vallandum, ac renunciandum litibus,
causis vel controversiis inter vos et dictum Egidium
hactenus motis vel in futurum movendis, occasione
fructuum ab ecclesia prædicta de Cherringes per prædictum Egidium perceptorum, necnon expensis damno-
rum, injuriarum quas et quæ dicitis vos sustinuisse
ac etiam incurrisse ac ad homologandum[1] nostrum
arbitrium cum prolatum fuerit in hac parte, mittere
velitis. Quæ omnia et singula facere velle quatenus
in ipso est, idem Egidius quampluries coram nobis est
dilucide protestatus. Insuper vobis per præsentes
notificamus quod si vos æquitatem ac gratiam imitari
invenerimus, prædictam ecclesiam de Cherringes ad
opus vestrum et vestram promotionem quamquam ad
scandalum sive oblocutionem plurimorum intendimus
reservare. Valete. Datum apud Mortelake, vii. kal.
Novembris ordinationis nostræ anno quinto.

CCCCXCIV.
THE BISHOPRIC OF WORCESTER.

Universis sanctæ matris ecclesiæ filiis ad quorum
notitiam præsentes literæ pervenerint, frater J[ohannes],
permissione divina Cantuariensis ecclesiæ minister humilis, totius Angliæ primas, salutem et sinceram in
Domino caritatem. Literam bonæ memoriæ domini
Bonefacii prædecessoris nostri hæc inspeximus continentem :—Omnibus sanctæ matris ecclesiæ filiis ad quos
pervenerit hæc scriptura, Bonefacius, miseratione divina
archiepiscopus Cantuariensis, totius Angliæ primas
salutem in Domino sempiternam. Inter pacis et
discordiæ, tranquillitatis et dissensionis semitas, quamdiu laboramus in via positi, libenter advertimus
quam dulce sapiat in pacis pulcritudine delectari

1283.
15 Nov.
Confirma-
tion of a
composi-
tion be-
tween
archbishop
Bouiface of
Savoy and
the prior
and con-
vent of
Worcester,
concerning
their juris-
diction

---

[1] *homologandum*] omolangdum, MS.

quantumque amaritudinis afferat molesta dissensio. during a vacancy of the bishop-ric.[1]
R. f. 110 b.
A. f. 21 b. Caritatis enim quam pax nutriverat refrigerium abicit, cogitationes malas immittit, cor impellit et elevat; ex hoc lites et jurgia suboriri contingit, expensæ fiunt inutiles, lites ex litibus oriuntur, bona pauperum quæ præsertim ecclesiastici viri multo pretio deberent redimere, ut ipsis pauperibus quæ sua sunt redderent, consumuntur. Hiis igitur animum nostrum pulsantibus, eum habentes præ oculis Jesum Christum, qui ut pacem emeret sanguinem suum fudit, pacem amplecti-mur ut ad pacis vinculum verbo pariter et exemplo dissidentium animos invitemus. Eapropter cum inter nos, ecclesiæ nostræ Cantuariensis nomine, ex parte una, et religiosos viros priorem et capitulum Wy-gorniensis ecclesiæ ex altera, super jurisdictione et potestate episcopali in civitate et diœcese Wigorn', sede Wigorniensi vacante, mota fuisset materia quæstionis, et in domini legati præsentia dum esset in partibus Anglicanis [2] aliquantulum agitata, tandemque ad examen curiæ Romanæ usque perducta, non absque multis hincinde laboribus et expensis; demum, invi-tante pacis auctore Domino, mediantibus bonis viris et amatoribus unitatis, talis inter nos compositio interve-nit, videlicet quod quotienscunque et quandocunque sedem Wigorniensem vacare contigerit, prior et capi-tulum ejusdem loci, vel subprior, mortuo priore, vel extra regnum absente, quam primum commode poterunt vacationem hujusmodi domino archiepiscopo Cantuari-ensi si in Anglia fuerit, alioquin officiali curiæ Cantuari-ensis literatorie intimabunt. Et statim idem dominus archiepiscopus vel ejus officialis, sine mora et difficultate quacunque, priorem Wigorniensem qui pro tempore fuerit, vel ejusdem loci subpriorem priore mortuo vel extra regnum absente, donec prior redeat vel creetur, et postmodum illum redeuntem vel creatum priorem, irrevocabiliter et insolidum officialem suum creabit in

---

[1] Printed in Wilkins' Concilia, ii. 96. | [2] *Anglicanis*] Angliganis, R.

civitate et diœcese Wigorniensi toto tempore vacationis illius, quoad cognitionem causarum ad forum
episcopale spectantium, institutionem et destitutionem
clericorum, electionum examinationem et confirmationem ac infirmationem, earum dignitatum et beneficiorum liberam collationem, auctoritate concilii et alias
rationabiliter faciendam, custodiarum emendarum ac
proventuum perceptionem, visitationem, correctionem,
synodi convocationem et celebrationem, vicinorum episcoporum invitationem, cum canonico cautelæ studio,
censuram ecclesiasticam et omnem penitus ordinariam
jurisdictionem, imperium et potestatem episcopalem,
quæ sine præsentia episcopali poterunt exerceri, per
dictum priorem aut subpriorem, et alios quos sibi in hiis
duxerit subrogandos, auctoritate curiæ Cantuariensis
plene et integre exercendas. Quæ omnia et singula ac
ea qualitercumque contingentia dictus prior vel subprior per se et alios auctoritate prædicta, Wigorniensi
sede vacante libere exercebit. Interim autem ab initio
vacationis hujusmodi, usque ad receptionem specialis
commissionis prædictæ, dictus prior vel subprior per se
et alios quos sibi in hiis duxerit subrogandos, auctoritate curiæ Cantuariensis ex virtute præsentis compositionis ne civitas et diœcesis Wigorniensis judicis præsentia
careant, præmissa omnia et ea quæ contingere poterunt,
libere, integre et plenarie exercebit. Et proventuum ac
emolumentorum omnium, exceptis procurationibus quas
in esculentis et poculentis percipiet, tertia parte sibi pro
laboribus et expensis retenta, domino archiepiscopo
Cantuariensi qui pro tempore fuerit, administrationis
suæ per se vel per alium reddita ratione, fideliter re-
stituet duas partes. Nos igitur compositionem hujusmodi ratam et gratam habentes, eam pro nobis et
successoribus nostris imperpetuum bona fide promitti-
mus observare, et contra eam per nos vel per alium
nullo modo venire. In cujus rei testimonium et perpetuam firmitatem sigillum nostrum præsentibus est
appensum. Datum apud Thenham, die Sabbati pro-

xima post Festum S. Jacobi Apostoli, anno gratiæ
MCCLX. octavo:—Hanc igitur compositionem sicut juste
et rationabiliter facta est, tenore præsentium approbamus, ac etiam confirmamus. In cujus rei testimonium
sigillum nostrum præsentibus est appensum. Datum
apud Persoram, xvii. kal. Decembris, anno gratiæ
MCCLXXXIII.

CCCCXCV.

To Pope Martin IV.

Sanctissimo patri ac domino, Martino Dei gratia
sacrosanctæ Romanæ ac universalis ecclesiæ summo
pontifici, frater J[ohannes], permissione divina sacerdos Cantuariensis inutilis, cum omni reverentia et
honore pedum oscula beatorum. Sanctitatis vestræ
literas xii. kal. Novembris, recepi London' sub forma
inferius annotata:—Martinus episcopus servus servo-
rum Dei venerabili fratri, archiepiscopo Cantuariensi
salutem et apostolicam benedictionem. Intellecto
nuper quod carissimus in Christo filius noster rex
Angliæ illustris pecuniam decimæ in regno Angliæ
per Lugdunense concilium Terræ Sanctæ concessæ subsidio, quæ per collectores a sede apostolica deputatos,
in sacris ac tutis locis deposita sub fida jugique custodia servabatur, de locis ipsis, sigillis serisque violenter effractis, quibus loca eadem firmabantur, motu
proprio, pecuniæ præfatæ custodibus renitentibus et
invitis, totaliter amoveri et ad certum locum pro suæ
voluntatis libito, non absque magna divinæ Majestatis
offensa, multoque apostolicæ sedis contemptu ac ejusdem terræ gravi dispendio fecerat asportari, mirati
fuimus non modicum et turbati; cum sine nostra et
ipsius sedis licentia speciali, attemptare talia minime
debuisset. Unde nos præfato regi nostras sub certa
forma dirigimus literas, inter alia continentes, ut ipse

[1283.]
29 Nov.
An ac-
count of
his inter-
view with
the king
concerning
the resti-
tution of
the money
collected
for a cru-
sade.[1]

R. f. 66.
A. f. 95.

---

[1] Printed in Wilkins' Concilia, ii. 97.

diligenti meditatione considerans quantum in hoc suum
offenderit Creatorem, cujus in hac parte negotium
agitur, quantum Romanam ecclesiam perturbarit, quan-
tumve læserit- famam suam, pecuniam ipsam in locis
de quibus extitit de mandato dicti regis amota, faciat
sublata difficultate qualibet, excusationibus seu rationibus in literis regiis nobis super hoc transmissis ex-
pressis nequaquam obstantibus, quas omnino frivolas
duximus reputandas, cum integritate restitui seu
reponi, ulterius a similibus abstinendo, ac etiam ecclesiasticas aut alias quascunque personas penes quas
prædicta pecunia est deposita, vel eam deponi contigerit per apostolicam sedem, pro. terræ jam dictæ com-
modis disponendam, per se vel per alium seu alios
nullis impetendo molestiis, nullis vexationibus per-
turbando, illam in hoc efficaciam et sollicitudinem
impensurus ut debitæ restitutionis celeritas asportationis indebitæ ausum redimat et sedis prædictæ gratia,
quam libenter ad filios devotos extendimus, circa eum
non immerito augeatur. Nec ipsum latere volumus
quod quantumcunque personam ejus sinceris affecti-
bus prosequamur regioque libenter deferamus honori,
nequaquam pati poterimus, cum non sit deferendum
homini plus quam Deo, quin super hoc si opus extiterit
aliud remedium apponamus. Volumus igitur et fraternitati tuæ per apostolica scripta in virtute obedientiæ districte præcipiendo mandamus, quatenus ad
eundem regem te personaliter conferens, ipsum juxta
datam tibi a Deo prudentiam ex parte nostra diligenter
moneas et inducas, ut infra unius mensis spatium post
monitionem tuam, prædictam pecuniam in locis eisdem
juxta literarum ipsarum tenorem cum integritate restitui faciat seu reponi, aperte prædicens eidem quod,
cum tantum et tam grave dictæ Terræ Sanctæ dispendium nolumus sicuti nec debemus aliquatenus sustinere, nisi hujusmodi monitioni parere curaverit, tam
contra eum quam terram suam, prout qualitas facti

exegerit et expedire viderimus, procedemus. Et quia
hujusmodi negotium potissime insidet córdi nostro,
volumus ut de monitione tua et ipsius regis respon-
sione, ac aliis quæ super hoc egeris cum eodem, confici
facias duo publica similia instrumenta, quæ nobis
per latorem præsentium mittere non postponas, nihilominus significaturus nobis plenarie qúicquid super
præmissis duxeris faciendum; ut per te super hiis informati plenius et instructi, tutius et efficacius in hac
parte procedere valeamus. Datum apud Urbem Veterem, iii. non Julii, pontificatus nostri anno tertio :—
Huic igitur sanctitatis vestræ mandato vires et vota
subjiciens reverenter, requisito indilate rege prædicto,
repertoque in finibus Walliæ post literas vestras
eidem directas, quas ipsius intuli manibus, literas etiam
vestræ beatitudiuis mihi missas coram ipso et magna-
natibus suis tunc præsentibus, exposui vulgariter et
aperte, tandemque expositi auctoritate mandati regem
ipsum monui super tribus. Primo, ut pecuniam decimæ suis jussionibus asportatam faceret integraliter
infra mensem ad pristinæ loca custodiæ reportari,
tantæ devotionis promptitudine quæ posset asportationis
maculam expiare. Secundo, ut de cetero a talibus ausi-
bus penitus abstineret ; adjungens quod licet ipsum
apostolica clementia in carissimorum filiorum numero
complectatur, si tamen ipsum contingeret in talibus
offensionibus de cetero inveniri, nec posse eam nec
velle virgam ei correctionis subtrahere, ne parcendo
homini divinis injuriis, quas non corrigeret, assen-
tiret. Tertio, ne custodibus vel depositariis pecuniæ
memoratæ aliquid hujus occasione molestiæ vel
gravaminis irrogaret. Quibus silenter ac reverenter
auditis, tandem cum suis deliberatione præhabita, ad
sibi proposita sic respondit. Ad primum, inquiens
quoniam non fuisset necessarium pro hac causa summum pontificem nobis suas literas destinasse, nec archiepiscopum ad regiam accessisse præsentiam, cum pæne

duobus elapsis mensibus pecuniam præctictam jusseri-
mus restitui cum effectu. Ad secundum, subjungeus
quod nihil indebitum intendebat de cetero contra
ecclesiam attemptare. Ad tertium, "Miramur," asserens, "quare ad illos custodes jubemur specialiter
" innocentiam custodire, cum nostri sit propositi im-
" mobilis conceptio, sicut et debitum regiæ dignitatis,
" nullum lædere pro viribus innocentem." Demum
juxta mandati vestri beneplacitum, pater sancte, feci
fieri publica instrumenta, præcepta vestra reverenter
et diligenter sicut potui in omnibus executus. Ad
hæc noverit vestræ providentia sanctitatis quod licet
communiter fidedignis testimoniis astruatur, quod prædicta pecunia sit juxta jussionem regiam suis custo-
diis restituta; hujus tamen præcisa veritas sciri non
poterit, nisi per illos qui ipsius noverunt pondus,
numerum et mensuram. Custodiat Dominus incolumitatem vestram ecclesiæ suæ sanctæ per tempora
longiora. Scriptum penultima die Novembris.

CCCCXCVI.
TO POPE MARTIN IV.

[1283.]
29 Nov.
The former
keepers of
the money
now re-
turned,
object to
take
charge of
it, not
knowing
whether
the amount
is the same.[1]
R. f. 66 b.
A. f. 96.

Sanctissimo patri ac domino, Martino Dei gratia
sacrosanctæ Romanæ ac universalis ecclesiæ summo
pontifici, frater J[ohannes], permissione divina Cantuariensis ecclesiæ minister humilis, cum omni devotione
et reverentia pedum oscula beatorum. Licet fidedignis assertionibus intellexerim, pater sancte, pecuniam
decimæ Terræ Sanctæ subsidiis in regno Angliæ assignatæ, quæ per ministros publicos asportata fuerat, locis
suis fuisse jussione regia restitutam; ipsa tamen non
sine periculo remanere dicitur collocata, dum custodes
pristini restitutæ nesciunt quantitatem, quamvis in sac-

---

[1] Printed in Wilkins' Concilia, ii. 98.

culis et sub signaculis similibus et ejusdem molis ap-
parentia, ut sublata fuerat, afforis videatur, nec se
putant ad ejusdem custodiam ut prius fuerant, sicut
dicitur, obligatos. Hæc idcirco, pater sanctissime,
vestræ providei tiæ insinuo humiliter, ut eosdem cum
celeritate debita dignemini ad dictæ pecuniæ solli-
citam custodiam more pristino excitare. Custodiat
Dominus incolumitatem vestram ecclesiæ suæ sanctæ
per tempora longiora. Scriptum penultima die Novembris.

CCCCXCVII.

To CARDINAL MATTHEW ORSINI.

Reverendo in Christo patri domino Matheo, Sanctæ [1283.]
Mariæ in Porticu diacono cardinali, frater J[ohannes], 29 Nov.
permissione divina Cantuariensis ecclesiæ minister Hears that
Tedisius
humilis, salutem cum omni reverentia et honore. Quo- de Camilla
will find
tiens, reverende pater, nobis memoriam clementiæ defenders
vestræ cedula repræsentat vel minima literalis, respirat at Rome.
non modicum officii nostri tenera plantatio, quasi R. f. 66 b.
A. f. 132 b.
cœlitus irrigata. Duo autem recepimus inter cetera
literarum vestrarum contenta schematibus,[1] quæ petimus licere nobis cum reverentia replicare. Primum
quidem, super eo quod ecclesiam sub manibus nostris
prospere procedere vos gaudere scripsistis animo pii
patris, cum nos econtra ruinas ecclesiæ multiplicari
nostris temporibus lamentemur. Pro quibus veraciter
relevandis quos suffraganeos dedisse gratia putabatur,
quoad[2] aliquos sed non omnes refraganeos malitia
exhibet manifeste. Secundum vero, quia significastis
nobis quod Tedisius ille quem nos juste privasse credimus, justitiæ suæ, si tamen pro se habeat justitiam,
inveniet in Romana curia defensores. Sed, O reverende
pater, dignemini ad memoriam revocare, quod omnis
justitia canonica super illam fundatur euuangelicam

---

[1] *schematibus*] cematibus, MSS. | [2] *quoad*] quam ad, MSS.

regulam, "dignus est operarius cibo suo;" et quamdiu
dissipatoribus vineæ Domini cogit Romanæ celsitudinis
auctoritas, quam latent aliquotiens merita personarum,
verorum cultorum stipendia ministrare, non erit faciliter possibile in desertum sterile fecundandum suas
distendi propagines, nec locum sui tentorii dilatari. O
clementissime domine, absit hoc a sancta Romana
ecclesia, quæ omnia et sola potest, quæ ædificant
sibi subjectam familiam ne aliquando pastores cogere
videatur lupos gregibus, hircos ovibus, fures [1] apibus [2]
euuangelicis immiscere. Et licet nos simus omni tempore decreta apostolica, quantumcunque extranea videantur, cum reverentia suscepturi, scimus tamen quod
favor illi exhibitus non solum totam scandalizabit
Angliam, verum etiam alios per orbem specula-
tores ecclesiæ cum quibus nos didicimus speculari.
Hæc pro solo divino et sanctæ Romanæ ecclesiæ
honore vobis scribimus, pater sancte, et non pro in-
ordinato motu aliquo cordis nostri, quem teste conscientia ad ipsum vel alium habeamus, qui studemus et
studebimus per Christi gratiam omni tempore caritatem
cum omnibus custodire. Custodiat Dominus, etc.
Scriptum penultima die Novembris.

CCCCXCVIII.

To the Bishop of Winchester.

1283.
3 Dec.
Was
obliged to
postpone
his visita-
tion. Will
hold it on
the mor-
row of the
Epiphany.
R. f. 88.

Frater J[ohannes], etc., venerabili in Christo fratri
domino . . Dei gratia Wyntoniensi episcopo, salutem et
sinceram in Domino caritatem. Meminimus nos nuper
fraternitati vestræ nostris litteris nunciasse, quod personam vestram atque ipsam ecclesiam vestræque civitatis et diœcesis clerum et populum intendebamus
favente Domino visitare, quodque certo die in litteris
ipsis expresso proponebamus ecclesiam vestram, cessantibus legitimis impedimentis, intrare pro hujusmodi

---

[1] *fures*] drones. | [2] *apibus*] opibus, MSS.

visitationis officio inchoando, et hoc faceretis per vestram diœcesem sine moræ diffugio publicari. Verum quia postmodum superveniente mandato apostolico coacti citati[1] fuimus, dimissa visitatione prædicta ad partes alias nos transferre, sicut vos credimus non latere, non potuimus die præfixa legitimis rationibus impediti vobis in ecclesia vestra nostram præsentiam exhibere. Quocirca, ut quod salubriter provisum fuerat effectu laudabili concludatur, fraternitati vestræ notum facimus per præsentes, quod personam vestram et ecclesiam, vestræque civitatis et diœcesis clerum et populum, auctoritate metropolitica, prout alias mandavimus, visitaturi, ecclesiam vestram in crastino Epiphaniæ Domini proxime venturo intrare proponimus, et visitationem nostram circa personam vestram, quam tunc ibidem adesse volumus, Deo volente, et cessante impedimento legitimo, inchoare, extunc ad vestrum capitulum et alia loca vestræ diœcesis prout opportunitas dederit processuri, quod subditis vestris curetis patefacere sine mora, ut præmuniti se præparent visitationem nostram secundum sanctiones canonicas admissuri juxta priorum nostrarum continentiam litterarum. De die vero receptionis præsentium, et qualiter tam præsens quam aliud mandatum nostrum in hac parte fueritis executi, nobis dictis die et loco vestris patentibus literis harum et aliarum prædictarum seriem continentibus intimetis. Valete in Christo et Virgine gloriosa. Datum apud Mortelak', iii. non. Decembris, anno Domini MCCLXXXIII., ordinationis nostræ quinto.

CCCCXCIX.

To RICHARD DE NEDHAM AND ANSELM OF EASTRY.

Frater J etc., dilectis filiis magistris Ricardo de Nedham et Anselmo de Estria, ecclesiarum de North-

1283,
3 Dec.
Power to
deprive

---

[1] *coacti citati*] *coacti* is interlined. *Citati* should probably have been erased, but is not.

John prior flete et de Chedingestane rectoribus, clericis et sociis
of Ro-
chester. suis, salutem, gratiam et benedictionem. Ad proceden-
R. f. 153 b. dum contra dominum Johannem priorem ecclesiæ Roffensis, nostræ metropoliticæ visitationis Roffensis diœcesis auctoritate, et ad eundem priorem a ministerio
prioratus amovendum, juxta ipsius confessiones, et processum nostrum in hac parte habitum, vobis tenore
præsentium committimus vices nostras cum coercionis
canonicæ potestate. Quod si non ambo hiis exequendis interfueritis, alter vestrum alterius præsentia minime
expectata, vel absentia excusata, procedat nihilominus
prout justum fuerit in præmissis. Datum apud Mortelak', iii. non. Decembris, anno Domini MCCLXXXIII.,
ordinationis nostræ quinto.

D.

To his Official.

1283.   Frater J[ohannes], etc., officiali nostro, salutem, etc.
20 Dec.
Orders   Inter ceteras nostræ solicitudinis curas in illa ferventius
him to   delectamur, quæ subditos nostros telo mœroris afflictos
absolve
Robert de benignitatis ac compassionis munere consolatur et elisos
Bradegare, erigit præsidio remedii salutaris. Sane nuper didici-
rector
of Bidden- mus, quod cum Robertus de Bradegare, rector ecclesiæ
den, ex-
communi- de Bidindenn', prope Hedecron', congregationi cleri
cated for coram vobis Cantuariæ vocatus, non comparuisset per
non at-
tendance se vel per legitimum responsalem, fructus et proven-
at convo- tus ecclesiæ suæ prædictæ in pœnam contumaciæ
cation.
R. f. 61 b. sequestrastis. Dictus tamen rector hoc ignorans, ut
A. f. 154 b. asseritur, fructibus[1] postea libere utebatur. Propter
quod ipsum majoris excommunicationis vinculo innodastis. Quocirca vos rogamus pariter et hortamur,
quatenus, si est ita, sequestrum præmissa occasione

---

[1] *fructibus*] fructus in A.

interpositum penitus relaxantes, præfatum rectorem a
vinculo excommunicationis hujusmodi, quo per nos
astrictus proponitur, sine difficultate aliqua absolvatis, præsertim cum tempore congregationis prædictæ
adversa[1] valetudine notorie laboraret, et adhuc dinos-
catur tantum laborare, quod personæ suæ et rebus suis
quia eis superesse non potuit, dudum dedimus curato-
rem. Datum apud Owend', xiii. kal. Januarii, anno
ordinationis nostræ quinto.

DI.

To [GODFREY GIFFARD] BISHOP OF WORCESTER.

Episcopo Wigorniensi. Tenuit hactenus nostra fiducia, et dudum ex variis causis proculdubio sperabamus,
quod tanta fuissent inter nos concepta fœdera caritatis,
quæ nos invicem copulavit, quod nulla posset inter nos
dissensionis materia exoriri, præsertim quia cum a
visitatione recederemus vestræ diœcesis, dixistis quod
nos nunquam imposterum turbaretis. Et certe a parte
nostra nusquam hucusque, quantum possumus meminisse, crevit aliquid quod mutuæ caritatis daret obicem
vel discordiæ fomitem ministraret. Sed quia jam experimento didicimus et rei eventus hoc innuit evidenter, quod contra caritatis æstimatæ fœdera, sollicitudinis
vestræ studium in nostrorum et ecclesiæ nostræ jurium
et libertatum subversionem, non sine inobedientiæ[2] vitio
concitatur; fraternitatem vestram quanta possumus
affectione rogamus, et in Domino exhortamur, quatenus
sicut prædecessores vestri Wygornienses episcopi prædecessoribus nostris fecerunt, vos bonum sequentes
obedientiæ et pacis nobis in nostris juribus et libertatibus vobis non incognitis, quæ non minus quam nos
promovere et defensare tenemini, ex proprio juramento
respondere curetis, et integre nobis ea reddere a vestris
et vestrorum impetitionibus expedita. Circa hoc sollicite

Marginal notes:
1284.
3 Jan.
Asks for informa-tion about the com-position between him and the abbot of West-minster about Malvern priory which is said to be simoni-acal.
R. f. 88.
A. f. 63.

---

[1] *adversa*] adverse. R.	|	[2] *inobedientiæ*] obedientiæ, MSS.

cogitantes, ut gravamina ecclesiæ quæ discohærentia
fratrum aggravat omni die, per vestræ fraternitatis
auxilium minuantur, et mater nostra Cantuariensis
ecclesia sua gaudeat libertate, in quibus noster in
Domino spiritus exultabit, et vobis procul dubio a Deo
et hominibus laus et gloria parabuntur. Doleremus
enim vehementer si aliud vobis contingeret evenire.
Ad hæc quia promiseratis nobis unum misisse clericum
qui nos super compositione inter vos et abbatem
Westmonasteriensem circa factum prioratus Malverniæ
habita plenius informaret, nec aliquis vestrorum propter
hoc ad nos venerit, vos attente rogamus et hortamur
quatenus de dicta compositione, quæ symoniace facta
fuisse a multis dicitur, nostram conscientiam serenetis.
Et quoniam ita notorie in loco publico dicitur esse
facta, quod nulla potest tergiversatione celari, vos cari-
tative monemus ut compositionem ipsam, si est ita,
totaliter revocetis, imposterum a similibus abstinendo.
Pro certo tenentes quod hanc literam vobis scribimus,
non quod potentiam vestram de qua forte confiditis
timeamus, sed quia modum istum ex evangelicis didicimus fundamentis, solum in Domino confisi et nostra
justitia ac sanctorum Cantuariensis ecclesiæ meritis
patronorum. Præterea, quia prior S. Sepulchri, Warwyk',
Magister Hugo Tankard, et Adam de Avenebyr',
capellanus, suis culpis et demeritis exigentibus per
nos sive auctoritate nostra majoris excommunicationis
sententia meruerunt exigente justitia innodari, vos
rogamus, monemus pariter et hortamur, quatenus
prædictos nominatos tanquam excommunicatos vitetis, et
faciatis ab aliis vestris subditis arctius evitari. De die
autem receptionis præsentium et quid super præmissis
duxeritis faciendum, nobis citra . . . Purificationis
Beatæ Virginis proximo ventur' per vestras patentes
literas harum continentes seriem fideliter rescribatis.
Valete, etc. Datum apud Slyndon, iii. non Januarii,
anno Domini MCCLXXXIII., ordinationis nostræ quinto.

DII.

To the Prior of Southwark, Dean of Arches, and John Shoudan, Canon of St. Paul's.

Frater J[ohannes], etc., dilectis filiis . . priori ecclesiæ Beatæ Mariæ de Suwerk', decano suo de Arcubus, et domino Johanni Shoudan, canonico Sancti Pauli London', salutem, etc. Quia cognitioni tuitoriæ appellationis, ad quam nuper juxta ipsius ecclesiæ nostræ antiquam consuetudinem scripsimus, quæ vertiter seu verti [1] speratur in curia nostra Cantuariensi inter religiosos viros priorem et conventum Dunolmensis ecclesiæ appellantes, ex parte una, et dominum archiepiscopum Eboracensem partem appellatam ex altera, personaliter interesse non possumus, diversis et arduis nostræ Cantuariensis ecclesiæ negotiis implicati, idcirco vobis in ipso appellationis tuitoriæ negotio, et in principali in ejus eventum, vices nostras committimus cum coercionis canonicæ potestate. Quod si non omnes hiis exequendis interfueritis, duo vestrum ea nihilominus exequantur. Datum apud Chylbauton' ii. idus Januarii, anno Domini MCC. octogesimo tertio, ordinationis nostræ quinto.

Sub eodem tenore scribitur priori Sanctæ Trinitatis, Decano de Arcubus, et magistro Hugoni de Colingeham, canonico Sancti Pauli, London', et sub eadem data.

1284. 12 Jan. Commission to hear a case of appeal between the prior of Durham and the archbishop of York. R. f. 153 b.

DIII.

Priory of Mottesfont.

Frater Johannes, permissione divina Cantuariensis ecclesiæ minister humilis, totius Angliæ primas, dilectis filiis . . . priori et conventui de Motisfonte,

1284. 26 Jan. Injunctions for the prior of

---

[1] *verti*] vertitur, MS.

Mottesfont, Wynton' diœcesis, salutem, gratiam et benedictionem.
against whom there Nuper nobis in ecclesia vestra visitationem metropoli-
have been ticam exercentibus, quædam invenimus contra te, fili
serious complaints prior, proposita, non levi testimonio ut putamus, quæ
at the visitation. si inventa penitus vera essent, omni honore ordinis
tui redderent te indignum. Verum quia tu humiliter
R. f. 229 b.
A. f. 170 b. gratiæ nostræ statum tuum et personam penitus sub-
misisti; nos amotionis tuæ ab officio distulimus sententiam, reservata nobis ejusdem sententiæ potestate,
si aliquando in forma canonica nobis videbitur expedire, ut amoto te a prioratus officio alius subrogetur.
Interim autem dum in officio steteris permissive, observare tibi præcipimus fideliter quæ sequuntur.
Primo, ut omnem amoveas suspectam familiam, quam
tibi in conventu expressimus nominatim, nec ipsos nec
consimiles imposterum recepturus. Devites etiam omnium suspectarum muliercularum colloquia, non solum
illarum de quarum familiaritate fuerunt contra te
scandala suscitata, verum etiam omnium aliarum de
quibus valeat contra te suspicio suboriri. Et quandocunque inventus fueris suspectum cum quacunque
muliere habere colloquium, suspectum inquam vel
ratione personæ infamis vel ratione susurrii solitarii
et singularis, vel cum inhonesto· consortio, quod est
idem, vel ratione loci et temporis, extunc te haberi
volumus pro convicto et suspenso ab officio per præsentes, nisi tuam possis innocentiam certis indiciis
coram episcopo vel ejus officiali in forma canonica
indicare. Et si forsitan aliqua surreptione ab ipsis
vel altero eorum favor tibi indebitus impendatur,
volumus ut ad nos negotium deferatur. Præcipimus
etiam tibi in virtute obedientiæ, ut de cetero a
claustro non faciliter exeas, nisi pro negotiis quæ
non possunt per alium vel alios expediri. Quandocunque autem pro quacunque causa te exire contigerit, unum istorum quinque canonicorum vel plures
indeclinabiliter ducas tecum, scilicet, fratrem Ricar-

dum de Brikevile vel fratrem Willelmum de Bristoll', vel fratrem Alanum de Snaham, vel fratrem Willelmum Prisset, vel fratrem Thomam de Berton', a quibus nullo diverticulo separeris. Et quia tibi officium exterioris cellerarii jam a triennio occupasti, quod tibi imposterum firmiter inhibemus, præcipimus ut de receptis hoc triennio coram suppriore et senioribus capituli, infra quindenam a tempore receptionis præsentium, integre rationem reddere tenearis. Tibi etiam ad memoriam revocamus, quam districte tibi inhibuerimus sub pœna excommunicationis majoris, quam volebamus et volumus te incurrere, si contrarium præsumeres attemptare, reservata nobis solis potestate ab hujusmodi sententia absolvendi, ne occasione visitationis nostræ graves per te vel per alium, vel gravari procures, vel etiam permittas quemquam canonicorum seu fratrem conversum ex certa deliberatione facto vel verbo vel solatium subtrahendo. Et hanc etiam sententiam ad canonicos extendimus in casu consimili universos. Et si forte instinctu diabolico te contigerit contrarium præsumere, alicui vel aliquibus ex prædicta causa gravamina inferendo, liberum sit gravato nobis ubicunque fuerimus nullis obstantibus inhibitionibus præjudicialibus suas molestias intimare. Præterea pro certo volumus te tenere quod ad ingressum arctioris religionis te credimus obligatum. Quæ autem sequuntur, tam per te quam per successores tuos perpetuo volumus observari. Primo ut prior qui pro tempore fuerit juxta infirmitates spirituales et corporales canonicorum omnium, studeat eos sine acceptione personarum recreationibus consolari, et punire etiam delinquentes, hoc observato quod prior pro gravioribus culpis de consilio supprioris et tertii prioris et aliorum laudabilium seniorum puniat delinquentes. Negotia etiam ardua priusquam punctus expeditionis urgeat, in capitulo proponantur, ut fratres deliberare valeant super ipsis,

priusquam diffinitive in negocio concludatur. Omnes
etiam sæculares custodes maneriorum et interioribus
officiis deputandi, sed et obedientiarii interiores et
exteriores, præficiantur de consilio seniorum vel totius
collegii : quia quod omnes tangit, debet ab omnibus approbari. Ad. hoc provideatur infirmariæ serviens juratus, idoneus et securus, ne cogantur infirmi
necessitates suas extraneis indicare. Prior etiam qui
pro tempore fuerit, visitet infirmos assidue, et cum
omni misericordia provideat necessitatibus singulo-
rum, quod ei præcipimus firmiter et districte; et
omni anno juxta statutum Oxoniensis consilii, suum
mutare debet capellanum, quem maturum, discretum
habeat et honestum, et boni testimonii inter fratres.
Attendat etiam prior sollicite ut quandocunque periculum aliquod circa defectus fratrum vel statum collegii
sibi fuerit relatu verisimili revelatum, statim illud
emendare studeat de consilio discretorum, ne per
moram periculum degeneret in scandalum manifestum.
Mulieres autem coagulatrices, tam de ambitu monasterii qua.a cujuslibet manerii, penitus propellantur, et
homines hujusmodi scientes officium subrogentur. Qui
si sufficienter inveniri non valeant, liceat vetulas
accipere, sed nullam quæ juxta Pauli sententiam
annos non transierit sexaginta. Provideatur insuper
de forinseco cellerario qui bona monasterii recipiat, ut
retroactis temporibus facere consuevit. Provideatur
nihilominus per priorem cum consilio totius capituli
de duobus thesaurariis qui omnia bona monasterii
recipiant, a prædicto cellerario, et omnibus qui habent
bona ecclesiæ communia contrectare. Et prior quicquid expendit exterius vel interius de pecunia numerata a dictorum thesaurariorum recipiat manibus, non
per se, qui non habet manus suas pecunia maculare,
sed per capellanum, qui de omnibus receptis et expensis reddat ante exitum de intrinsecis, et post redi-
tum de expensis externis integre rationem ; inhibentes

priori sub pœna excommunicationis majoris, quam ipsum incurrere volumus, si contrarium præsumpserit attemptare, ne quoquomodo per viam aliam pro se vel alio interius vel exterius pecunia ecclesiæ abutatur. Ipsi etiam thesaurarii et alii obedientiarii quater in anno circa quatuor quartarum anni principia reddant coram senioribus capituli perpetuo rationem, ita quod eisdem temporibus status monasterii innotescat. Finalis autem compotus tam de grangiis quam bonis aliis monasterii quibuscunque, reddatur in fine anni, et rotulus compoti in thesaurariorum scriniis reponatur. Præterea in absentia prioris, cellerarius et subcellerarius ac ceteri obedientiarii omnia faciant de consilio supprioris, et in ejus absentia de illius consilio cui ordinis gubernaculum interim est commissum. Nec aliquis eorum in absentia prioris de monasterio exeat sine licentia præsidentis. Provideatur autem sacristæ et præcentori de necessariis per priorem, juxta quod intentio fuisse dicitur fundatoris. Et sacrista in operibus circa ecclesiam necessariis, de consilio prioris et capituli procedere teneatur. Præterea præcipimus firmiter et districte, ut in diebus anniversariorum assignatorum pro suffragiis defunctorum, fiant pietanciæ secundum intentionem ipsorum qui ad hoc suas elemosinas assignarunt. Et quotienscunque prior vel qui ejus vicem tenuerit imposterum ipsam elemosinam in usus alios absque inevitabili necessitate convertere præsumpserit, totiens jejunare in pane et aqua per obedientiam teneatur, et donec taliter jejunaverit ipsum suspendimus a divinis. Hanc autem nostræ ordinationis literam, præcipimus sub thesaurariorum clavibus custodiri, et omni mense die prima, qua prior in capitulo præsens fuerit, coram ipso et ceteris professis omnibus recitari. Valete. Datum apud Byterne, vii. kal. Februarii, anno Domini MCCLXXXIII., ordinationis nostræ sexto.

R 2

DIV.

WHERWELL ABBEY.

1284.
27 Jan.
Injunctions
for Wher-
well abbey.
R. f. 230 b.
A. f. 186.

Frater J[ohannes], permissione divina Cantuariensis ecclesiæ minister humilis, totius Angliæ primas, dilectis in Christo filiabus . . abbatissæ et conventui de Wherewelle, salutem, gratiam et benedictionem. Virginali pœniténtia nulla est Deo gratior in hac vita, quæ in sexu fragiliòri eo laudabilior esse dinoscitur, quo mirabilior est infirmitas, quæ semetipsam superans, cœlestis vitæ speciem imitatur. In quarum figuram Domino crucifixo mulieres leguntur ipsi lamentando viris absentibus firmius inhæsisse. Quia etiam, ut inpræsentiarum cernimus, invenimus virgines Deo sacratas quam viros dulcius, scdulius, firmius ut plurimum Sponsi cœlestis devotionis brachia extendere in amplexum; hujus igitur puritatis ac devotionis vestræ delicias, quasi paranimphi ipsius Domini Dei æmulatione ferventibus desideriis æmulantes, quasdam radices amaritudinis, quas inter vos nuper invenimus pullulasse, cupientes perpetuo extirpare, pauca quæ sequuntur statuta edidimus de consilio discretorum, quæ vobis transmittimus sigilli nostri testificata munimine in obedientiæ meritum perpetuo observanda. Et sicut a materiali capite totius corporis connexio et regimen derivatur, sic in te, dilecta filia abbatissa, si juxta condecentiam status tui religiosa refulserit disciplina, totum venustabit tui corpus collegii, et in vitalis unitatis dulcedine confovebit. A te igitur informanda sumentes exordium, tuam industriam requirimus et hortamur sicut desideras abbatissæ præmium a cœlesti Judice reportare, ut matrem te exhibeas tui collegii, et omnium et singularum tibi regulariter subditarum, nullam tibi imaginans esse adversariam sed filiam, quam si aliquando in malicia deprehendas, habes ipsius animum tua clementia mitigare, ut quanto est corde vel ore fragilior, tanto eam studeas instantius in melius reformare, sicut solet mater misericors infirmiores parvulos majori diligentia confovere. Omnes autem sine personarum acceptione consolari studeas, omnibus te amabilem præbeas, nihil in te appareat novercale, cavens cum omni diligentia ne unquam de parte tibi adjuncta valeas reprehendi, nec unquam aliqua societas pars abbatissæ valeat appellari. Præterea noverit abbatissa quæcunque se non esse dominam bonorum ecclesiæ, sed dispensatricis officio tantum fungi. Crudeliter igitur et sacrilege operatur quandocunque conventu inopiam patiente, et juxta domus consuetudinem in pane, potu, vel pitancia necessaria non habente, ipsa nimis inverecunde in camera sua sibi facit lauta convivia præparari. Quod imperpetuum condemnantes, tibi, dilecta filia abbatissa, districte præcipimus et omnibus te in officio perpetuo secuturis, ut quandocunque conventus defectum patitur notabilem in præmissis, vel aliquo præmissorum, tu ostensura maternæ compassionis viscera, omnibus diebus talibus in conventu comedere tenearis, et interim nulla mensa in camera tua pro domesticis vel extraneis erigatur, sed omnes hospites hujusmodi temporibus in aula extrinseca recreentur. Quod si infirmitas manifesta tali tempore ad communem dietam te faciat impotentem; durante infirmitate cum una socia vel duabus poteris in tua camera manducare, omnibus aliis tunc exclusis. Tempore vero quo sana fueris, et nulla conventum molestat inopia, facias et faciant aliæ in futurum in casu consimili quod condecet abbatissam. Et quandocunque non vacabit tibi completorio interesse, statim dicto completorio in conventu, monialis quæ choro præfuit, assumptis duabus secum de honestioribus dominabus, annunciet abbatissæ completorium esse dictum. Et extunc omnes in camera sua cesset potatio et omnes exeant sæculares sive domestici sive hospites, etiam si religiosi fuerint, et statim dicat completorium abbatissa, ut valeat cum

conventu nocturnis vigiliis interesse, dum tamen infirmitate corporis non fuerit impedita. Et quia secundum regulam majora negotia habent de conventus
consilio gubernari, statuimus ut de cetero nulĺus fiat
bonorum ecclesiæ senescallus nisi de consilio et assensu
conventus, vel saltem majoris et sanioris partis, si forte
non omnes in unum velint aut valeant consentire.
Minores autem ballivi vel ministri ecclesiæ de seniórum
recipiantur consilio dominarum, quas ad minus volumus vocari duodecim, quæ tam de vita, conscientia ac
zelo puritatis, sed et industria habeant laudabile testimonium in conventu. Et quia hæc est forma regulæ,
districte præcipimus ut nunquam audeat abbatissa quæcunque imposterum in forma alia de re notabili ordinare. Et dicimus rem notabilem, provisionem de bajulis maneriorum, et obedientiis interioribus punitionem
delinquentium, alienationem quamcunque bonorum in
donis vel exenniis, vel modis aliis quibuscunque, emissionem etiam monialium et associationem exeuntium,
attemptationem litium et negotiorum ecclesiæ quorumcunque. Vos autem omnes hortamur in Domino servare sollicite silentii disciplinam. Et ut omnis suspicio sustollatur imposterum, ordinamus ut quæcunque
monialis cum quocunque homine locutura, præter
casum confessionis, secum semper habeat duas socias
colloquium audituras, ut vel ædificentur verbis utilibus
si tractentur, vel verba mala impediant, ne corrumpant
mala eloquia bonos mores. Ut autem claustri vestri
tranquillitas melius solito imposterum observetur, præcipimus sub pœna suspensionis ab ingressu ecclesiæ,
quam ferimus in contrarium facientes, postquam hæc
nostra ordinatio fuerit publicata, ne quis sæcularis
vel religiosus ingredi permittatur claustrum, vel interiores officinas, nisi pro manifesta et inevitabili causa,
ut est infirmitas corporalis, pro qua intrare liceat confessori, vel medico vel propinquo, sed semper cum
secura et laudabili comitiva. Ita tamen quod in

claustro vel capitulo vel interioribus officinis, nullus
monialis vel mulieris sanæ confessionem audiat sub
pœna superius annotata. Sanam autem dicimus omnem
illam quæ potest commode sine vitæ periculo ecclesiam vel locutorium introire. Confessiones autem
audiantur regulariter, non in diverticulo aliquo vel
loco abscondito, sed patulo et omnibus exposito, ubi
liber sit omnium transitus et aspectus. Nec aliquo
casu liceat alicui homini post solis occasum, nisi evidens vitæ periculum sit in causa, adhibitis societate
loco et tempore opportunis, nec ante finitum capitulum in mane, claustri ambitum introire. Nec sæculari
homini vel religioso liceat in camera alicujus monialis
comedere vel bibere, sub pœna excommunicationis
majoris, quam ferimus in scienter contrarium facientes.
Ad omnium insuper notitiam volumus pervenire, quod
nos dudum de consilio suffraganeorum nostrorum excommunicavimus, statuto de hoc edito, omnes monialium corruptores, reservata solis diœcesanis locorum
talium potestate hujusmodi incestuosos et sacrilegos
absolvendi. Sed quia vos irreprehensibiles manere
volumus re et fama, omnes utriusque sexus personas
suspectas, quas vobis nuper in capitulo nominavimus,
juxta quod nobis in visitationis scrutinio fuerat intimatum, præcipimus indilate a vestris liminibus amoveri, et imposterum nulla mulier vobiscum morari sinatur nisi de licentia vestri episcopi speciali, illis
tantum exceptis, qui derelicto sæculo vobiscum propo-
nunt perpetuo remanere. Induendæ autem virgines
et velandæ, ante completum quinquennium nullatenus
admittantur, nec puer masculus permittatur cum monialibus educari. Superflua autem et inutilis ac
suspecta familia per . . . officialem, cui in hoc committimus vices nostras, penitus expellatur. Et quando·
cunque præsens ordinatio nostra in toto vel in parte
aliqua fuerit violata, nisi episcopus interpellatus, vel
ejus officialis, sufficiens remedium apposuerit indilate,

liceat cuicunque de collegio vestro, nulla obstante inhibitione contraria, illud nobis ubicunque fuerimus
literis intimare. Iterum ob Dei reverentiam et ecclesiæ honestatem perpetuo inhibemus ne mercatores
sedere in ecclesia cum suis mercibus permittantur.
Hanc autem ordinationem nostram, quam volumus in
priorissæ et suppriorissæ quæ pro tempore fuerint custodia remanere, præcipimus, omni mense in prima ejus
ebdomada primo capitulo recitari. Præterea nulla
litera sigillo communi signetur nisi in capitulo, et hoc
de totius conventus vel majoris partis consilio et assensu, et prius examinata per aliquos fideles juratos
ecclesiæ et prudentes. Et siquis inveniatur serviens
masculus aut femina, qui amaris responsionibus consueverit monialem aliquam vel aliquas molestare, nisi
se monitione præmissa sufficienter corrigat in futurum,
illico expellatur. Cetera insuper hic non scripta, quæ in
capitulo expressimus et in hac scriptura scienter præ-
termittimus, volumus in suo robore permanere. Et in
horum omnium testimonium sigillum nostrum appendi
jussimus tenore præsentium literarum. Valete semper
in Christo et Virgine gloriosa. Datum apud Tichefeud',
sexto kal. Februarii, anno Domini MCC. octogesimo
tertio, ordinationis nostræ sexto.

Iste sequens codicillus fuit supradictæ ordinationi,
etiam sub sigillo domini annexus.

DV.

WHERWELL ABBEY.

1284.
[27 Jan.]
Appoint-
ment of J.
de Ver as Quia te, dilecta filia abbatissa, quæ a nobis benedictionis munus gratuito recepisti, invenimus tuo sensu
plurimum habundasse, tibi coadjutricem assignavimus,

dominam J . . [1] de Ver, cui commisimus officium _{coadjutress} priorissæ, præcipientes tibi sub pœna suspensionis ab _{to the abbess.} officio, in quam te incidere volumus si nostris in hac R. f. 231. parte jussionibus præsumpseris contraire, ne quicquam A. f. 187. ad regimen conventus pertinens vel dispensationem bonorum exterius vel interius audeas attemptare, sine ipsius consilio et assensu. Vobis autem præcipimus omnibus ipsius collegii filiabus, ut vestram revereamini plus solito abbatissam, a murmurationibus et detractionibus taliter abstinentes, ut mater vestra, quæ pro omnibus est sollicita, non gravetur. Vobis insuper abbatissæ et toti conventui districte præcipimus sub pœna excommunicationis majoris, quam incurrere volumus ex certa deliberatione contrarium facientes, ne aliqua inquirat de persona se vel aliam accusantis, et ne aliqua de hujusmodi requisita, vel non requisita, de accusatione facta in visitatione nostra metropolitica se excuset; et ne, si forsan accusantis persona casu aliquo innotescat, vel suspicione aliqua cogitetur, malum aliquod ei verbi vel facti quomodolibet inferatur, vel inferri per alium vel aliam procuretur. Absolutionem autem ab hac sententia, in quam incident in hoc casu triplici contrarium facientes, nobis et nostro ad hoc specialiter deputando commissario tenore præsentium reservamus.

DVI.

To R. DE HENGEHAM, JUSTICE.

Frater J[ohannes], etc., dilecto filio domino R. de [1284.] Hengeham, justiciario domini regis, salutem, gratiam _{31 Jan. Concern-} et benedictionem. Facti ignorantia fallit peritissimos, _{ing the} quod in præsenti negotio tam ex parte vestra quam _{testament of the late} nostra veraciter experimur. Vos enim præstitisse sa- _{bishop of Rochester.}

— R. f. 204.

[1] J. in A. ; Blank in R.

cramentum corporale de fideli inventario faciendo et
administratione etiam fideli, cum ratiocinio conse-
quente, nunquam scivimus, donec hoc nobis extitit
per vestras literas intimatum. Per magistrum etiam
H. le Affeyte et Henricum de Elham intelleximus firmiter, multis audientibus, quod vos nunquam intende-
batis per vos ipsos aliquid facere circa dispensationem
testamenti sæpius memorati. Nos autem hoc intellecto
et verbis eorum fidem plenariam adhibentes, audivimus
a magistro H. quod non intendebat se cum prædicto
H. de Elham executionis officio immiscere, pro eo quod
prædicti Henrici coexecutoris vestri se fidei committere non audebat. Intellecto igitur per eosdem vos
executionem testamenti prædicti, quantum ad personæ
nostræ sollicitudinem, penitus rejecisse, et ignorantes
omnino vos ipsi negotio nostram sollicitudinem mis-
cuisse, nullo modo vos aliter absolvimus nisi quod de
vestra in hac parte administratione penitus desperan-
tes, cogitavimus quod potuimus sine juris injuria bonis periclitantibus remedium adhibere. Demum in
præsentia dictorum H. procuratoris vestri et H. de
Elham de ipsorum consilio et assensu, et juxta etiam
æstimationem fructuum terræ nascentium, per eosdem
in medio propositam, venditæ fuerunt fruges electo
Roffensi, quæ jam albescentes excussionis dispendium
minabantur, nisi festinum falcis remedium advenisset.
De quorum fructuum pretio allocatis illis quæ juxta
consuetudinem ecclesiæ successuro episcopo debebantur,
cc. libræ sterlingorum defuncto episcopo debitæ in
superstitis ærario remanserunt, vestris paratæ manibus,
cum pro executionis officio eas duxeritis requirendas.
Tandem ingeminatis assertionibus intellecto per prædictos H. et H., ut testibus omni exceptione majoribus,
poterimus declarare, quod vos nolebatis vos aliter
negotio immiscere. Intellecto insuper quod magister
Henricus horrebat communionem H[enrici] alterius, ut
suspectam, alterum sibi adjunximus vice nostra . . ,

rectorem scilicet ecclesiæ de Suthfelete, virum coram
Deo et hominibus approbatum. Et de hoc literas
nostras patentes dedimus dicto magistro H., ut ipse
scilicet cum prædicto rectore executionis intenderet
pietati, reliquo H. de Elham satis ut videbatur con-
tento, dimissa implicatione testamenti ad propria re-
meare. Prædicto igitur magistro H. cum suis et sui
collegæ literis recedente, cum per plures ebdomadas
eum putassemus agere bona fide, tandem invenimus
quod ipse nec collegæ suo literas nostras ostenderat,
nec negotio aliqualiter intenderat, sed nostram et defuncti pariter fiduciam deluserat, . . Dunolmensis
electi vocatione ut dicitur excitatus. Hæc est facti
veritas, carissime, quantum meminisse possumus coram
Deo. Quia igitur vos nunquam absolvimus ab hoc
officio sicut nec potuimus justicia inoffensa, quod insuper administrare cepistis et per vos ipsos parati
fuistis exequi, cujus nobis alii non veridici contrarium
affirmarunt; vestram exoramus in Domino caritatem
quatenus velitis per aliquem procuratorem idoneum
vel procuratores idoneos circa executionem prædictam
perficere quod cepistis, caventes ne alicui executori
bonæ memoriæ domini W. de Mertone hujusmodi procuratorium delegetis, quia ipsos in majori parte inter
Sampsonis vulpeculas esse credimus computandos. Et
nos faciemus vobis tam de prædictis cc. libris quam
ceteris bonis armentariis et quibuscunque residuis
plenarie responderi. Attendentes, si placet, quod potuistis a principio re integra officium respicere quod
modo non potestis aliquatenus inchoatum. Nec est
aliquis in regno Angliæ qui hoc facere valeat ita bene.
Et nos officii nostri debite vobis et vestris procuratoribus parati sumus assistere pro viribus, ut valemus.
Mittatis autem procuratoribus vestris factum inventa-
rium per [1] quos ad hoc duxeritis assignandos, facta nobis prius inde copia et etiam testamenti, quia aliter, ut

---

[1] *per*] omitted in MS.

scitis, nulli licet in testamento hujusmodi ministrare. Quid super hiis facere decreveritis, nobis per literas vestras patentes rescribatis per præsentium portitorem. Et amore Domini Jesu Christi vos non exhibeatis difficilem in hac parte. Valete. Datum apud Slyndon', ii. kal. Febr.

DVII.

ROMSEY ABBEY.

Injunctions appointing coadjutrices for the abbess.

A. f. 231.

R. f. 187 b.

Frater J[ohannes], permissione divina, Cantuariensis ecclesiæ minister humilis, totius Angliæ primas, dilectis in Christo filiabus . . abbatissæ et conventui de Romeseyhe, salutem, gratiam et benedictionem. Nuper apud vos metropoliticæ visitationis officium exercentes, invenimus inter vos quandam cordium inquietudinem, quæ ex defectibus tuis suscitata communiter dicebatur, dilecta filia abbatissa. Nos tamen personæ tuæ quantum secundum Deum possumus deferre volentes, in dissensionis remedium quæ sequuntur statuimus de consilio discretorum, quæ firmiter præcipimus observari. In primis nosse volumus tuam prudentiam, te non esse dominam bonorum communium, sed tantummodo dispensatricem et matrem tui collegii, juxta quod sonat interpretatio nominis abbatissæ. Volumus igitur ut dimissa de cetero omni amaritudine novercali, studeas filiarum tuarum in te corda attrahere, defectus earum materno more castigans, nullam tibi imaginans inimicam, et religionis omnimodæ in jejuniis et vigiliis te religionis speculum eis præbens, et ut magistram sequaris regulam ut teneris. Tibi districte præcipimus ut omnia majora domus negotia tractare studeas cum conventu. Majora autem negotia omnia illa dicimus, ex quibus posset notabile dispendium in temporalibus vel spiritualibus imminere, inter quæ provisionem de senescallo volumus contineri; præcipientes pro pace collegii, ut H. de Chalfhunte, quem tu contra volun-

tatem conventus diu in senescalli officio tenuisti, nec
de prædicto nec de alio monasterii bajulatu se de
cetero aliquatenus intromittat. Idem etiam de Johanne
le Prïkiere districte præcipimus et mandamus. Sed
uterque eorum, reddita sui officii ratione coram magistro Philippo officiali, cui in hoc committimus vices
nostras, sibi alibi prospiciat remansuro. Præterea omnia
minora ecclesiæ negotia tractes juxta regulam cum
duodecim ad minus senioribus dominabus. Et quia
multum usa fuisse diceris motu propriæ voluntatis,
tibi tres coadjutrices adjungimus laudabilis testimonii,
dominas scilicet Margeriam de Verdun, Philippam de
Stokes, Johannam de Rovedoune, sine quarum consilio et assensu nihil ad regimen conventus in temporalibus vel spiritualibus pertinens, audeas attemptare. Et quandocunque in re notabili scienter contrarium feceris, extunc ab administrationis officio noveris
te suspensam. Et dicimus rem notabilem, provisionem
de bajulis maneriorum, et obedientiis interioribus, punitionem delinquentium, alienationem quamcunque bonorum in donis vel exenniis, vel modis aliis quibuscumque, emissionem etiam monialium et associationem
exeuntium, attemptationem litium, et negotiorum ecclesiæ quorumcunque. Et si aliquam prædictarum
trium infirmari contigerit vel abesse, loco illarum
accipias vel dominam Leticiam de Montegomery vel
dominam Johannam Flemeng vel dominam Agnetem
de Lidyerd, vocatis in tractatibus aliis juxta numcrum
prænotatum. Quandocunque autem te pro negotiis
ecclesiæ exire contigerit, semper prædictas tres dominas
quas tibi coadjutrices in regimine monasterii tam intus
quam extra adjunximus, ducas tecum. Et si aliquando
causa solatii exiveris, tecum habeas semper duas. Ita
tamen quod sine tribus de expediendis negotiis te
nullatenus intromittas. Et quia temporibus retroactis
conventus totus propter inconsiderationem tuam maxi-
mam dicitur inopiam pertulisse, te in camera tua splen-

dide convivante, præcipimus ut quandocunque deerit
conventui panis vel potus, vel pitancia necessaria, tu
sicut mater condolens filiabus, comedas in conventu, et
nulli diebus talibus liceat in tua camera manducare;
sed omnes hospites cujuscunque conditionis existant,
sæculares scilicet vel religiosi, in aula communi comedant, et non intra. Aliis etiam temporibus quantum
tua patitur fragilitas, sequaris collegium, præcipue in
matutinis et capitulo, quæ habes de singulis animabus,
prout tuo competit officio, in tremendo judicio respondere. Caveas ergo ne ipsas tuis moribus scandalizes.
Camera vero tua tanta polleat honestate, ut nulla eam
frequentet persona suspecta. Non sit ibi simia, non
canum numerositas, nec ultra duas ancillas teneas sæculares. Roberto autem Waleraund, propter flagitiorum
suorum enormitatem notoriam quæ commisit, inhibemus sub pœna excommunicationis majoris, quam in
ipsum ferimus in hiis scriptis, si contrarium præsumpserit attemptare, ne unquam· de cetero septa monasterii
vel in ecclesiam vel in domum vel extra domum infra
monasterii januas audeat introire. Et si contrarium
fecerit diabolo instigante, dum ibi fuerit, inhibemus ne
vel campana pulsetur vel celebretur missa, vel cum
cantu horarum officium peragatur. Sub eadem etiam
excommunicationis pœna, inhibemus eidem ne scienter
aliquod introeat ecclesiæ manerium vel locum alium,
in quo aliqua ipsius monasterii fuerit monialis. Volentes ad ejus et omnium sacrilegorum notitiam pervenire
quod nos de consilio et assensu· suffraganeorum nostrorum excommunicavimus in statuto de hoc edito omnes
monialium corruptores, reservata solis diœcesanis potestate hujusmodi sacrilegos absolvendi. Vobis autem
præcipimus omnibus ipsius collegii filiabus, ut vestram revereamini plus solito abbatissam; a murmurationibus et detractionibus taliter abstinentes, ut
mater vestra quæ pro omnibus est sollicita non gravetur. Vobis insuper abbatissæ et toti conventui dis-

tricte præcipimus sub pœna excommunicationis majoris, quam incurrere volumus ex certa deliberatione contrarium facientes, ne aliqua inquirat de persona se vel aliam accusantis, et ne aliqua de hujusmodi requisita, vel non requisita, de accusatione facta in visitatione nostra metropolitica se excuset, et ne si forsitan accusantis persona casu innotescat, vel suspicione aliqua cogitetur, malum aliquod ei verbi vel facti quomodolibet inferatur vel inferri per alium vel aliam procuretur. Absolutionem autem ab hac sententia, in quam incident in hoc casu triplici contrarium facientes, nobis et nostro ad hoc specialiter deputando commissario tenore præsentium reservamus. Si vero, quod absit, contingat hanc nostram ordinationem in toto vel in parte minime observari, liceat prædictis coadjutricibus vel aliis de conventu propter hoc ad officialem Wyntoniensem, quem executorem præmissorum vice nostra constituimus, vel ipsi episcopo, specialem nuncium vel literas destinare. Quod si in executione facienda circa præscriptorum observantiam negligentes fuerint aut remissi, ad nos extunc negotium perducatur. Istius autem literæ custodiam tribus prædictis coadjutricibus committimus, ut eam faciant omni mense semel in capitulo recitari.

DVIII.

ROMSEY ABBEY.

Frater [Johannes], permissione divina Cantuariensis ecclesiæ minister humilis, totius Angliæ primas, dilectis in Christo filiabus abbatissæ et conventui de Romeseyhe, salutem, gratiam et benedictionem. In horto lilii sponsus libenter pascitur, et in legendis liliis specialiter præ ceteris floribus delectatur. Necesse est igitur hortum istum quasi paradisum Domini cherubica industria et flammeo gladio sagacis et asperæ con-

Injunctions.

R. f. 231 b.
A. f. 188 b.

cludere munimine disciplinæ, ne serpenti pateat in ipsum introitus, vel alicui seminario corruptelæ, quo sponsi deliciæ ad displicentiam vel minorem complacentiam deducantur. Hoc lilium esse credimus virginalis munditiæ totum cœleste et angelicum ornamentum, quod occasione quorundam in visitatione nostra metropolitica nuper in forma canonica repertorum, volumus in perpetuum concludere, compendioso munimine statutorum. In primis igitur ordinamus, ut abbatissa quæ pro tempore fuerit, honestam sibi eligat comitivam, et mutet socias omni anno, ita quod multis testimoniis suæ honestatis veritas innotescat, et semper memoriter teneat se matrem esse collegii, et non minus teneri omnibus et singulis consolandis, quam sæcularis mater tenetur carnalibus filiabus. Semper igitur sit sollicita sine acceptione personarum omnium in se affectus sinceros attrahere, et sic se communiter salva honestate omnibus exhibere, ut nullo modo notabilis sit de parte. Recogitet insuper sedule se non esse bonorum communium dominam, sed dispensatricis officio tantum fungi. Absit igitur a qualibet abbatissa laute vivere, et tunc præcipue quando conventus inopia prægravatur. Quotienscunque enim conventum contigerit pane vel potu, vel pitancia necessaria indigere, ostendat se abbatissa sicut matrem filiabus veraciter condolere ; et omnibus diebus talibus, nisi evidentis forsitan causa morbi, abbatissa comedat in conventu, et mensa cameræ suæ hujusmodi temporibus totaliter sit suspensa. Hospites autem, si qui fuerint, in aula communi diebus hujusmodi recreentur. Nec faciat abbatissa senescallum vel ballivos alios seu interiores obedientiarias sine consilio capituli, vel secundum formam regulæ dominarum in suis casibus seniorum, in omnibus negotiis et agendis juxta regulæ magisterium, non proprio sensu, non impetu, sed prudenti communicato consilio processura. Et quandocunque non vacabit abbatissæ completorio interesse, statim dicto completorio in

conventu monialis quæ choro præfuit assumptis duabus
secum de honestioribus dominabus, annunciet abbatissæ
completorium esse dictum et extunc omnis in camera
sua cesset potatio et omnes exeant sæculares sive
domestici, sive hospites, etiam si religiosi fuerint, et
statim dicat completorium abbatissa, ut valeat cum
conventu nocturnis vigiliis interesse, dum tamen infirmitate corporis non fuit impedita. Et in camera
sua ultra duas ancillas non habeat sæculares. Moniales quotienscunque sanæ fuerint, nusquam comedant
nisi in refectorio, vel camera abbatissæ. Inhibemus
insuper ne aliquis masculus intret cameras monialium,
excepto casu infirmitatis, si contingat aliquam in
camera infirmari. Ad quam nulli liceat accedere nisi
vel confessori vel medico vel carnaliter propinquo, et
hoc cum tali et tam honesta comitiva, de qua nec
malum nec mali suspicio valeat exoriri. Omnibus vero
aliis et istis etiam in forma aliæ ipsarum camerarum
inhibemus ingressum sub pœna excommunicationis
majoris, quam ferimus in omnes ex certa scientia hujus nostræ ordinationis voluntarios transgressores. Ad
omnium etiam notitiam volumus pervenire, quod nos
dudum de consilio suffraganeorum nostrorum excommunicavimus statuto de hoc edito, omnes monialium
corruptores, reservata solis diœcesanis locorum talium
potestate hujusmodi incestuosos et sacrilegos absolvendi. Ut autem claustri tranquillitas melius observetur, ordinamus ut semper sint quatuor scrutatrices, quæ
tanquam suspectas expellant a claustri ambitu omnes
cujuscunque conditionis existant, volentes ibi moniales
curiose respicere, vel cum eisdem garrulas attemptare.
Et si quis monitus ab aliqua quatuor prædictarum vel
alia quacunque collegii non illico recesserit, ipsum ab
ingressu ecclesiæ suspendimus per præsentes. Si quæ
vero monialis in claustro cum quocunque homine silentium fregerit, in primo sequenti prandio præcipimus ut
ei pitancia subtrahatur. Nec alicui moniali liceat col-

loquia cum quocunque homine protelare, nisi vel in
locutorio vel in latere ecclesiæ versus claustrum. Et
ut omnis suspicio sustollatur imposterum, ordinamus ut
quæcunque monialis cum quocunque homine locutura
præter casum confessionis, secum habeat duas socias
colloquium audituras ut vel ædificentur verbis utilibus
si tractentur, vel verba mala impediant ne corrumpant
mala eloquia bonos mores. Si quæ autem monialis
videatur frequenter cum aliquo homine colloquia co-
pulare, in quo exempla non refulgeant sanctitatis,
tanquam suspecta merito reprimatur, et hujusmodi
collocutor confusibiliter a finibus monasterii propellatur.
Confessiones etiam audiantur in ecclesia vel ante majus
altare, vel in ejusdem latere versus claustrum. Ad
hæc nulla monialis exire permittatur nisi cum secura
et matura per omnia comitiva, nec aliqua morari
alicubi ultra triduum cum sæcularibus hominibus permittatur. Superstitionem vero quæ in Natali Domini
et Ascensione Ejusdem fieri consuevit, perpetuo condem-
namus, nec aliqua mulier de cetero perhendinare intra
septa monasterii sinatur absque diœcesani licentia speciali, illis dumtaxat exceptis quæ intendunt derelicto
sæculo Domino perhenniter famulari. Unde nolumus
ut ibi remaneat aliqua mulier conjugata. Præterea
intelleximus quod tam abbatissa quam ceteræ non-
nullæ, cum exeunt spatiatum, redeuntes intrant domos
in villa laicorum et etiam clericorum, comedentes et
bibentes etiam cum eisdem. Et quia talem cibum vel
potum nec necessitas præcipit, cum vestrum monasterium sit in promptu, nec honestas patitur, cum per
talia posset via criminibus aperiri, præcipimus vobis
ne eundo vel redeundo domum aliquam in villa de
Romeseia ingredi præsumatis, nec comedere nec bibere
in eisdem. Et quæcunque contrarium fecerit, eam per
annum ab ingressu monasterii suspendimus per præsentes. Inhibentes etiam sub pœna suspensionis ab
ingressu ecclesiæ, quam in hiis scriptis ferimus in

contrarium facientes, ne aliquis clericus vel laicus vel
mulier quæcunque villæ prædictæ alicui moniali cibum
vel potum tribuat extra septa monasterii supradicti.
Hæc pauca, dilectæ filiæ, si volueritis pro bono obedientiæ et ob Dei reverentiam conservare, servabunt
vobis famam et conscientiam illibatas, quod vobis concedat gratia Salvatoris. Valete. Datum.

DIX.

To Rob. Burnell Bishop of Bath.

Venerabili in Christo fratri, domino R. Dei gratia
Bathoniensi et Wellensi episcopo, frater J[ohannes],
etc. De vestra benevolentia, quam circa nos continue
experimur, plene confisi, ad vos semper in nostris necessitatibus recurrimus auxilii vestri solatium petituri.
Cum itaque, sicut nostis, teneremur nuper domino regi
in mille marcis sterlingorum et jam de quingentis marcis sit satisfactum eidem, sicut magister W. de Luda
plene novit, quoniam mercatores Lucani pecuniam receperunt, sitque nobis terminus Paschæ proximo venturi
ad satisfaciendum de residuis quingentis marcis per
dominum regem assignatus, caritatem vestram attentis
precibus exoramus quatenus, cum nullo modo sine gravi
incommodo nostro et inutili distractione bonorum nostrorum possemus ante festum Omnium Sanctorum proximum de pecunia residua prædicta satisfacere ad plenum,
velitis nobis usque festum prædictum Omnium Sanctorum pro solutione hujusmodi inducias procurare. Tunc
enim speramus firmiter posse satisfacere, ad quod ante
non sufficimus, præcipue si debeamus interim Walliam
visitare, quod firmiter opinamur. Et si gratiam prædictam nobis non possitis sine domini regis conscientia
procurare, significetis hoc nobis si placet. Rescribentes nihilominus quantum scire potestis de progressu et itinere suo, et ad quas partes declinare

s 2

[1284.]
1 Feb.
Asks him
to procure
a respite
for the
payment
of a debt
to the king
which he
cannot
now pay
in conse-
quence of
his ap-
proaching
journey to
Wales.

R. f. 88 b.
A. f. 63 b.

proponat, et nos propter hoc mittemus ad eum nuncium specialem. Ad hæc valde mirati fuimus et
quam plures alii qualiter permisistis literas exire de
cancellaria vestra ad dissaisiandum nos contra Magnam Cartam custodia prioratus nostri Dovor'. Verum
tamen de revocatione mandati hujusmodi, quod surrep-
titie obtentum fuisse credimus, vobis plenas gratiarum
exsolvimus actiones. Valete in Christo, etc. Datum
apud Slyndon', kal. Feb.

DX.

SOUTHWICK PRIORY.

1284.
4 Feb.
Injunc-
tions, de-
priving
Andrew,
late prior,
of a se-
parate
chamber
and other
indul-
gences.
R. f. 232 b.
A. f. 172 b.
Frater J[ohannes], permissione divina Cantuariensis
ecclesiæ minister humilis, totius Angliæ primas, dilectis
filiis priori et conventui de Suwyk', salutem, gratiam
et benedictionem. Nuper ecclesiam vestram jure metropolitico visitantes, invenimus eam in spiritualibus
turbatam et in temporalibus plurimum desolatam, cujus
desolationis occasionem non modicam Andream quondam
priorem vestrum comperimus præstitisse. Nos igitur,
tranquillitati vestræ et saluti suæ providere sollicite
cupientes, præsentibus ordinamus ut ipse a camera illa,
quam suspectis latibulis circumdedit, perpetuo sit ex-
clusus, et tam ipsam cameram quam aulam sibi con-
junctam, priori qui pro tempore fuerit pro camera perhenniter assignamus. Volentes ut idem Andreas de
cetero jaceat in dormitorio et comedat in refectorio
sicut alius canonicus, speciale diverticulum pro mensa
sua nunquam de cetero habiturus; cum quo si juxta
quod meruit ageretur, subjiciendus esset rigidiori proculdubio disciplinæ, cujus nobis reservavimus in vestro
capitulo potestatem et præsentibus reservamus, si
ordinationi nostræ fuerit inobediens in futurum, sicut
ipsum prius comperimus extitisse, utpote qui libertatem sibi concessam totam converterat in fomentum

suæ carnis, diabolo instigante. Ut igitur carnis suæ
infectio et similium cautius excludatur, ordinamus ut
in tribus tantum locis, scilicet refectorio, camera
prioris et in infirmitorio, liceat vobis et cuilibet vestrum dum domi estis, cibum sumere corporalem. Et
quotiens dictus Andreas alibi comedere præsumpserit,
totiens eum suspendimus ab ingressu ecclesiæ, donec
pro refectione qualibet hujusmodi diebus totidem jejunaverit in pane et aqua, nulla eidem alicujus
inferioris nostri licentia in contrarium valitura.
Portam autem suspectam quam idem Andreas fieri
dicitur procurasse, quæ quidem ducit ab horto con-
juncto cameræ memoratæ ad exteriorem curiam, præcipimus calce et lapidibus obstrui, sicut in capitulo
mandavimus et mandamus. Quod si neglectum fuerit
hactenus, vobis, prior et supprior, ingressum ecclesiæ
interdicimus, et esum carnium et piscium omnium
donec ipsa porta in prædicta forma fuerit obse-
rata. Assignationem autem factam dicto Andreæ in
esculentis et poculentis et pecunia numerata, quam
ipse convertit nepharie in abusum, totaliter revocamus.
Præcepimus autem eidem Andreæ in capitulo existentes, sub pœna excommunicationis majoris, quam in
ipsum tulimus, si nobis inobediens remaneret, quatenus
infra triduum quod ei pro trina monitione assignavimus, omnia restitueret sine fraude priori et conventui,
quæcumque habebat in deposito interius vel exterius
sub cujuscunque custodia reservata, quam sententiam
præsentibus confirmamus. Item, sub eadem pœna
præcepimus eidem ne occasione accusationis suæ
factæ in capitulo, seu arctationis suæ per nos factæ,
malum aliquod vel gravamen fieri procuraret vel
sponte fieri permitteret conventui vel personæ ipsius
collegii cuicunque : quam sententiam etiam præsentibus confirmamus. Item, præcepimus eidem Andreæ
sub pœna superius annotata, ut omni industria qua
poterit, absque fraude nitatur extrahere a manibus

Walteri de Valle literam obligatoriam conventus quam
ei seductorie fieri procuravit, de annonæ immode-
rantia, quam idem Walterus præsens et absens recipit omni die. Et ipsam sententiam præsentibus
confirmamus, et eandem extendimus ad omnes suæ
fraudis complices in hac parte. Item, sub pœna carceris eidem præcepimus ne exiret a claustri lateribus
et interioribus officinis, donec complete compotum red-
didisset, coram nostris in capitulo assignatis, quod ei
præcepimus alias jure diœcesano, Wyntoniensem diœcesem visitantes, quod ipse neglexit penitus sicut inobediens, donec ipsum visitatione metropolitica depre-
hendimus malignari. Et quia contra ordinationem
nostram communitatem conventus certis temporibus
sequi contempsit, præcipimus ut quandocunque sine
causa legitima et absque prioris licentia speciali, qui
eam concedendi non nisi ex causa canonica habeat
potestatem, de matutino conventus defuerit, sedeat
in refectorio novissimus in ordine et dimidia pitancia
sit contentus. A domo autem nunquam exeat sine
prioris licentia speciali, sine etiam comitiva honesta
et secura, quæ nullo modo credatur sibi favorem
noxium præstitura. Et si vel ipse Andreas vel aliquis propter ipsum seditionem aut turbationem sus-
citaverit in conventu, per episcopum vel officialem
ejus ejiciatur de ecclesia indilate, simpliciter vel ad
tempus. Et si ipsi in hoc exequendo extiterint negligentes, liceat cuicunque canonico nulla obstante inhibitione contraria, id nobis sine moræ dispendio
literis intimare. Et si prædictus Andreas vel tempore
præfixo compotum non reddiderit, dum tamen nostri
præsentes fuerint assignati, vel si inventus fuerit de-
fraudator, carceri mancipetur in eodem per annum
integrum remansurus; reservata nobis nihilominus, ut
supra tetigimus, potestate, si nostris jussionibus fuerit
inobediens, ipsum arbitrarie pro loco et tempore pu-
niendi. Præterea invenimus vos pæne omnes et sin-

gulos multum deficere et excedere in silentii disciplina. In cujus remedium statuimus, ut qui in choro specialiter vel in claustro silentium fregerit notabiliter, proclametur in capitulo et ei pro prima vice in refectione prima pitancia subtrahatur. In secunda, potus quilibet præter aquam, in tertia simul ambo. Et dicimus fractionem notabilem, quando aliquis contra leges silentii loquitur ad spatium De Profundis vel breviores multiplicat fractiones. Prior autem et supprior soli habeant licentiam absolvendi ab omni specie incontinentiæ, si, quod absit, alicui vestrum evenerit aliquid hujusmodi, diabolo instigante ; et etiam a proprietatis scelere et conspirationis contra canonicum aliquem vel prælatum. Valete. Datum apud Slyndone, ii. non. Februarii, anno Domini MCCLXXXIII., ordinationis nostræ sexto. De duobus autem conversis quos deliquisse comperimus, quod in capitulo ordinavimus immobiliter observetur.

DXI.

THE BISHOP OF LONDON TO PECKHAM.

Reverendo in Christo patri, domino J[ohanni], Dei gratia Cantuariensi archiepiscopo, totius Angliæ primati, R[icardus], ejusdem miseratione divina Londoniensis ecclesiæ minister humilis, salutem in salutis Auctore, cum reverentia et obedientia tam debita quam devota. A vestra sancta et sincera conscientia emanare non credimus, ut cuiquam subditorum irrogetur injuria, cum statum vestrum divina providerit dispositio ad refugium oppressorum. Verum, sicut nuper intelleximus, Henricum de Stokes rectorem ecclesiæ de Wetirefelld', nostræ diœcesis, super pluralitate beneficiorum in nostra jurisdictione per decanum de.

1284.
5 Feb.
Complains of his taking the case of the rector of Waterfield out of the bishop's court.[1]

R. f. 88 b.
A. f. 64.

---

[1] Printed in Wilkins' Concilia, ii. 98.

Arcubus, ad quem in aliena jurisdictione sic citare non pertinet ex officio, ad vestrum evocari fecistis examen, de quo miramur non modicum; præcipue cum subditus suffraganei nisi in certis casibus metropolitano non subsit, quorum nullus ad præsens vobis ut æstimamus occurrit, quatenus ex forma citationis sibi factæ conjici poterit, vel ex tenore articuli quem sub sigillo vestro vidimus contineri. Quia igitur tam evidentem ecclesiæ nostræ et nostræ jurisdictionis usurpationem sine gravi præjudicio ecclesiæ, cui astringimur, et absque proprio sustinere periculo non valemus, sanctam paternitatem vestram totis exoramus visceribus, quatenus ut deinceps desistatur a talibus jubere velitis. Alioquin defensioni ecclesiæ nostræ, cui sumus in emissa coram vobis professione astricti, non poterimus sicut nec debemus deesse. Sed appellationi et provocationi per nos ex causa præmissa interpositis quando citatio supradicta nobis innotuit si, quod absit, oporteat, curabimus, licet inviti, pro viribus inhærere. Super præmissis vestræ paternitati placeat nobis per latorem præsentium vestrum beneplacitum remandare. Conservet Altissimus prosperitatem vestram per tempora longiora. Datum apud Clacton', nonis Februarii, anno Domini MCCLXXXIII.

DXII.

TO HIS OFFICIAL.

1284.
8 Feb.
Orders him to warn rectors and vicars to provide for the poor during the famine.
R. f. 205.

Frater J[ohannes], etc., dilecto filio magistro Gilberto, officiali nostro Cantuariensi, salutem, gratiam, et benedictionem. Ex utriusque pagina testamenti, quorum regulæ omnibus aliis sicut sol sideribus præponuntur, patet lucide quod pastores ovium Christi tenentur eis in spiritualibus et temporalibus providere, juxta quod sufficiunt dispensationi eorum creditæ facultates. Greges enim, ut ait Ezechiel, cœlestis gloriæ contemplator,

a pastoribus debent pasci, et Salvator ipse trinæ passionis misterium Petro in persona ecclesiæ commendavit, et prædicator egregius Doctor gentium thesauri-
zare debere parentes filiis docuit ex decreto. Nos
igitur, ex parte una extremæ necessitatis inopiam in
populo contemplantes, nec minorem in pastoribus no-
minalibus considerantes, in considerationem omnimodam
et neglectum damnabilem eorundem, qui vere quæ sua
sunt, et non quæ Jesu Christi quærere dinoscuntur,
cupientes ut possumus ipsorum negligentiæ damnabili
stimulos euuangelicos apponere ut tenemur, discretioni
vestræ districte injungimus, vos in tremendo judicio
coram Christi facie appellantes, si in hac parte negligentes fueritis aut remissi, quatenus omnes rectores et
vicarios nostræ jurisdictionis vestris litteris compellatis
subditis suis in hujusmodi exitialis[1] famis tempore,
juxta suarum sufficientiam facultatum, providere juxta
quod tam euuangelicæ quam eis subalternatæ regulæ
canonicæ diffiniunt evidenter, cujus vobis cohercionis
plenam tenore præsentium concedimus facultatem. Illis tantum cohercioni nostræ in talibus reservatis qui
nostro assistere lateri dinoscuntur.   Et licet quibusdam
dederimus licentiam in scolis ad tempus persistere, vel
alibi piis causis, semper tamen hoc inconcussum manere
voluimus fundamentum, ut videlicet ecclesiæ eorundem
debitis obsequiis minime fraudarentur.   Inter obsequia
autem illa de primis esse novimus quibus vice non
solum spirituali sed et corporali prospicitur subditorum.
Si quos autem inveneritis distractione fructuum neces-
sitatem commissi sibi populi prævenisse, quos nos vero
Dei judicio fures esse credimus et latrones, volumus
et mandamus ut omnibus quibus potestis modis coher-
cione canonica sequestrando, prout patiuntur jura, ubi
dilapidatio est impromptu, et modis aliis licitis, eorum
fraudulenciis obvietis.   Quid autem circa hoc feceritis

---

[1] *exitialis*] exticialis, MS.

et inveneritis, nobis citra Dominicam Passionis per vestras literas intimetis harum seriem continentes, volentes vos scire quod vestram in hoc negotio conscientiam et diligentiam in tremendo judicio convenimus. Datum apud Suth Malling', vi. id. Februarii, ut supra.

DXIII.

TO THE BISHOP OF LONDON.

1284.
10 Feb.
An answer
to No. DXI.
Defends
his con-
duct.[1]
R. f. 89.
A. f. 64.

Frater J[ohannes], permissione divina Cantuariensis ecclesiæ minister humilis, totius Angliæ primas, venerabili fratri domino R[icardo], Dei gratia episcopo Londoniensi, salutem et sinceram in Domino caritatem. Licet generaliter sit gloria innocentiæ Christianæ sicut nulli malum pro malo rependere, sic nec protervienti in talione amaritudinis respondere; vendicat tamen sibi hoc præcellenter proprium professio prælatorum qui ex superhumeralis sibi incumbentibus misteriis, sciunt se subditorum suorum imbecillitates omnium teneri, verbo et exemplo ad æquitatis tramitem pro viribus revocare. Proinde, frater carissime, licet inspecta vestra minaci et præjudiciali pagina noster paulisper stupuerit animus, a gratitudine vestra talia stipendia non expectans, tamen remansit nobis ut credimus ad vos illibata affectio caritatis non obstante quod paulo ante nullis præmissis reverentiæ aut sinceri amoris indiciis, nos fecistis ad tribunal regium evocari. Sane duo per nos vobis fuisse illata gravamina causamini. Primo, quia Henricum de Stokes super pluralitate beneficiorum ad nostrum examen fecimus evocari. Secundo, quia ipsum per decanum de Arcubus citari fecimus, adjungentes quod subditus suffraganei metropolitano non subest, nisi in certis casibus definitis, quasi velitis jura Cantuariensis ecclesiæ,

---

[1] Printed in Wilkins' Concilia, ii. 98.

quæ tueri et defensare jurastis, ad simplicis metropolitani limites coarctare. Ad quod licet sine reavu per-
jurii conari minime valeatis, speramus tamen in Dei
adjutorio et sanctorum Cantuariensis ecclesiæ meritis
confidentes, quod nunquam ad hoc quocunque molimine
pertingetis, quantumcunque stipati illorum auxiliis
qui aliquotiens conveniunt adversus Dominum et pau-
perem Christum Ejus. Demum, frater carissime, sicut
fatemini subesse suffraganeorum subditos metropolitani
judicio in certis casibus, sic velitis ad memoriam revocare antiquam et approbatam consuetudinem illis
casibus non excludi. Placeat ergo vobis ob Dei reverentiam et ecclesiæ matris vestræ prius consuetudines
agnoscere, quibus gavisa est Cantuariensis ecclesia
usque modo, partim in jure scriptas, partim a docto-
ribus autenticis notatas, partim pacifice obtentas,
provinciæ longo usu, quam in eas injuriæ gladium
exeratis. Attendentes sollicite circa prædictum Henricum ne jus nobis vestra negligentia adquisitum
aliqualiter infringatis, nec decani de Arcubus processibus consuetis parare obicem præsumatis. Pro certo
scituri quod nos jura nostræ ecclesiæ intendimus contra
omne genus hominum, prout poterimus, constanti animo
defensare. Et ne ignorantiam consuetudinum nostrarum possitis prætendere in velamen injuriæ inchoatæ;
ecce pro pace vestra, quam sequi et prosequi cupimus
puro corde, dicti negotii prosecutionem suspendimus
usque ad primam congregationem nostram, ut interim
de liberis consuetudinibus ecclesiæ nostræ possitis in-
strui, si velitis. Ad hæc, frater carissime, attendatis
quod cum ecclesia Anglicana de die in diem enormius
solito publicis oppressionibus conculcetur, hoc a vobis
et nonnullis ceteris suffraganeis nostris consilium et
auxilium reportamus, quod dum procedere totis viribus
optamus, ad ecclesiam defensandam, vestris injustis,
salva reverentia vestra, quæstionibus impedimur; nec
hoc est insolitum, a tempore Anselmi Cantuariensis

archiepiscopi per Thomam medium usque modo. De
quo vos coram majestate Altissimi convenimus nisi ad
potiora remedia imposterum laboretis. Valete in
Christo et Virgine gloriosa. Datum apud Suthmalling, iiii. id. Feb., anno Domini MCCLXXXIII., ordinationis nostræ vi.

DXIV.

To the Bishop of Coventry and Lichfield.

[1284.]
For the
restitution
of the
church of
Patting-
ham for-
cibly de-
tained
from the
rector.
R. f. 89.

Frater J[ohannes], etc., venerabili fratri domino
R[ogero], Dei gratia Conventrensi et Lichfeldensi episcopo, salutem et fraternam in Domino caritatem.
Querelam dilecti filii magistri Philippi, rectoris ecclesiæ
de Patyngeham, vestræ diœcesis, nuper recepimus continentem, quod cum ipse dudum eandem ecclesiam
fuisset canonice assecutus, ac eam per non modica
tempora possedisset pacifice et quiete, nonnulli tamen
iniquitatis filii, suæ salutis immemores, se in eandem
ecclesiam vi et armis hostiliter intruserunt, bona dicti
rectoris ibidem inventa ausu nefario occupando, ac sic
sacrilegium committendo, propter quod dubium non
est omnes malefactores hujusmodi in sententiam excommunicationis majoris contra invasores seu occupa-
tores et intrusos hujusmodi latam dampnabiliter incidisse. Quocirca fraternitati vestræ committimus et
in virtute sanctæ obedientiæ firmiter injungendo mandamus, quatenus omnes hujusmodi malefactores in
genere per vos vel per alios moneatis et efficaciter
inducatis, ut ab hujusmodi facto dampnabili quod
temere præsumpserunt penitus desistentes, ecclesiam
ipsam dicto rectori in pace dimittant, et eundem rectorem eadem ecclesia et bonis suis inibi inventis gaudere permittant, ablata celeri reformatione integre
restituant, et de transgressione hujusmodi Deo et ecclesiæ ac sibi satisfaciant competenter. Alioquin om-

nes hujusmodi intrusos, auctores et fautores eorundem,
necnon et omnes eisdem in hujusmodi facinore, opem,
operam, auxilium, consilium, scienter præstantes seu
favorem, clam vel palam, cujuscunque conditionis, ordinis, dignitatis aut status existant, dominis rege et
regina ac eorum liberis tantummodo exceptis, in dictam excommunicationis sententiam incidisse et excommunicatos esse publice et sollempniter in singulis
ecclesiis Conventrensis et Lichfeldensis civitatum et
diœcesis intra missarum sollempnia coram clero et
populo, pulsatis campanis, candelis extinctis, denuncietis vel faciatis denunciari singulis diebus Dominicis
et festivis. Si quos autem reos et in hujusmodi facinore pertinaces inveneritis et rebelles, eandem ecclesiam cum suis capellis quamdiu ibidem perstiterint
supponatis ecclesiastico interdicto. Inhibentes nihilominus ne quis ibidem divina celebrare audeat, seu
aliquo modo ecclesiasticum ministerium interim exercere, nisi in casibus quos in hac parte excipiunt canonicæ sanctiones.

DXV.

To the Bishop of St. Asaph.

Frater J[ohannes], etc., venerabili fratri domino [1284.]
A[niano], Dei gratia ᴜpiscopo Assavensi, salutem et 16 Feb.
sinceram in Domino caritatem. Pro certo vos tenere the date of
volumus, quod hac æstate proxime instanti Walliam tion.
visitare proposuimus, sicut alias fecissemus, nisi fuisset R. f. 89 b.
illa seditio Walliæ procurata, sed ante Penthecosten
illuc non credimus advenire, et quoniam multa possunt
interim impedimenta contingere, et in Dei voluntate
consistit perficere quod optamus, vos certiorare non
possumus quo die vestram intrabimus ecclesiam, vel
quando debeatis nobis ibidem vestram præsentiam exhibere. Sed adveniente tempore satis eritis per nostras litteras canonice præmuniti, quando oporteat vos

nobis occurrere, et quo die velimus apud vos visitationem nostram metropoliticam inchoare, sicut hoc
idem consuevimus hucusque ceteris confratribus nostris
suas visitaturi diœceses, nostris litteris intimare. Quod
autem debeatis nos pro reconciliandis ecclesiis vestræ
diœcesis prævenire, expedire non credimus quod ibidem ante adventum nostrum vestram præsentiam publicetis. Expedit autem quod post Pascha scribatis
nobis, ubi debeatis tunc temporis inveniri. Valete.
Datum apud Suthmalling, xiiii. kal. Martii.

DXVI.

To Cardinal Hugh of Evesham.

[1284.]
23 Feb.
Has not
proceeded
against the
monks of
Malvern
for the im-
prisonment
of Wm.
their late
prior.
R. f. 20.
A. f. 55 b.

Reverendo in Christo patri ac domino Hugoni, Dei
gratia titulo S. Laurentii in Lucina presbytero cardinali, frater J[ohannes], etc., salutem, etc. Novit sapientiæ vestræ perspicacia et hoc ipsum experientia
contestatur, qualiter mentes præsidentium illorum, dumtaxat quos amor Christi exagitat, exurunt scandala
filiorum. Augentur vero uredinis angustiæ in immensum, cum prævalente malitia præcluditur via remedio
scandalorum. Sane, reverende pater, immane scandalum quod ex Majoris Malverniæ latibulis suos dinoscitur fœtores sulphureos per totam Angliam dilatasse,
qualiter sit inverecunde obrutum, non extinctum, procu-
rante flebilis memoriæ ultimo Westmonasteriensi abbate,
quem post contractum transactionis illicitæ mors sus-
tulisse dicitur improvisa. Qualiter etiam, recepto uno
manerio, tam prædictus abbas quam sui complices
monachi demoniaci, excommunicati proculdubio pro
injusta et crudelissima incarceratione fratris Willelmi
de Wykewane, quondam prioris loci ejusdem, et quorundam aliorum pro eo, quod diœcesano loci voluerunt ut
consueverant obedire, idem diœcesanus omnia justifi-
caverit quæ per ipsum et suos prius extiterant, exigente justitia ut credimus, condemnata, tædet nos mente

revolvere, pudet scribere, et manus laboriosas plurimum
in alienas flammas mittere formidamus. Captio vero
seditiosa prædicti prioris ac sibi adhærentium præcessit adventum nostrum in Wygorniensem diœcesem
visitandam, in Coventrensi etiam diœcesi Salopiæ perpetrata, propter quod ad illius facinoris indaginem non
processimus illa vice. Et cum tandem ipsius processus
Wygorniensis episcopi contra intrusores per dictum
abbatem ac complices suos in prioratum Malverniæ
fuisset per nos, maturitate debita, confirmatus, et con-
firmatio per Cantuariensem provinciam divulgata et
anathematis sententia multipliciter aggravata, dictus
episcopus de omnibus prædictis composuit et contrac-
tus cum excommunicatis hujusmodi fœderavit, nobis
spretis et penitus inconsultis. Pro certissimo igitur
tenemus electionem apud Westmonasterium celebratam
illius electi qui ad curiam proficiscitur confirmandus,
ab excommunicatis pluribus processisse, quorum unus
Adam nomine, præbens electo ut dicitur ad curiam
commeatum, per nos ob alias causas est excommunicationis vinculo innodatus, prout novit dominus J. de
Bekynkeham, noster in curia procurator. Utinam autem attendere dignetur sancta Romana ecclesia qualiter
in damnationis suæ materiam concessa sibi libertate
utinam non in periculum eximentium abutantur. Didicit enim Dyonisius [1] a Paulo, Paulus vero in cœlo tertio,

---

[1] The passage referred to is in
the "De Ecclesiastica Hierarchia"
of Dionysius the Areopagite, Cap.
VI. § 3, which begins as follows :
" Ἡ δὲ τῶν τελουμένων ἁπασῶν
" ὑψηλοτέρα τάξις ἡ τῶν μοναχῶν
" ἐστιν ἱερὰ διακόσμησις."
This is explained by Corderius,
who, though he wrote in the 17th
century, no doubt preserved the
traditional interpretation of the
Church, as meaning only superiority
to catechumens, energumens, public
penitents, and laymen, not to
deacons, priests, or bishops.
  The works attributed to Dionysius
were probably composed about the
fifth century and teem with ana-
chronisms both in thought, being
Neo-Platonic, and in matter, of
which this passage is an instance.
The real Dionysius was judge at
Paul's trial, afterwards bishop of
Athens, and died in 95 A.D.

omnem monachum esse non solum episcopo, non solum
presbytero, sed etiam diacono supponendum, sed hæc
sunt de verbis illis forsitan de quibus non licet homini
loqui, pro eo quod aliud cernitur ordinatum. Si quid
autem velitis sive de hac materia vel alia quacumque
per nos fieri, scribatis nobis vestram cum fiducia voluntatem, qui parati sumus vobis in omnibus tanquam devotus filius obedire. Custodiat Dominus, etc.
Scriptum vii. kal. Marcii.

DXVII.

To the Bishop of London.

1284.
24 Feb.
Remon-
strates
with him
for at-
tempting
to infringe
the liberties
of Canter-
bury.
Has never
received
his request
about the
son of W.
Mortemer.[1]
R. f. 89 b.
A. f. 64 b.

Frater J[ohannes], etc., R[icardo] Londoniensi episcopo, etc. Benignitatis vestræ literas nobis ut credimus in caritatis spiritu destinatas plene recepimus
exultantes; vos scire volentes quod sic intendimus
juxta gratiam nobis datam, Altissimo eo juvante, gratum impendere famulatum, quod nec contra vos nec
quemcunque alium rancoris aut indignationis cujuscunque spiritum sinemus in simplicitatis nostræ pectore remanere; qui vigili sollicitudine studemus omnes
sine ulla offensione prout nobis est possibile in caritatis regulis confovere. Verumtamen admirari cogimur vehementer, qualiter et qua conscientia vos et
quidam alii coepiscopi suffraganei nostri, jura et
libertates ecclesiæ nostræ Cantuariensis matris vestræ,
ut vobis alias scripsimus, de quo nihil nobis penitus
rescripsistis, nitimini restringere, ut nobis jura simplicis metropolitani tantummodo relinquatis, quasi caput
honoratius membrorum deroget dignitati; cum certum
vobis esse debeat quod tam ex jure scripto quam

---

[1] Partly printed in Wilkins' Concilia, ii. 99.

super jus idem fundata abolim consuetudine diutius obtenta, et a vestris prædecessoribus approbata, nos et prædecessores nostri in vestros et aliorum subditos jurisdictionem immediatam in multis casibus et articulis exercuerimus et exercuerint libere et in pace. Et si jura nostra et libertates hujusmodi sint vobis, sicut non credimus, incognita, potestis sicut alias vobis scripsimus, ab illis inquirere quos non latent; ut sic ecclesiam nostram in suis juribus et libertatibus, quibus semper usa est, dimittatis a vestris et aliorum impetitionibus expeditam. Minas autem de quibus in nostris aliis fecimus literis mentionem, alias non diximus, nisi provocationes et appellationes vestras, quæ nobis minantur per vos lites et jurgia præparari, quod utique, si aliud possit fieri, minime affectamus. De hoc autem quod dicitis vos rogasse magistrum H. Lovel, seneschallum nostrum, ut de facto illius wardæ, filii quondam W. de Mortuomari, quam vendicatis, et super qua nos impetitis, vobis fieri faceret justitiam, vel saltem apud nos differri negotium procuraret ; noveritis quod nunquam nobis de hujusmodi rogatu vestro seu voluntate nobis mentio facta fuit, propter quod nihil vobis inde potuimus respondere. Cum autem contra voluntatem vestram per vestros in dicto negotio contra nos sicut scribitis, in curia domini regis fuerit impetratum, petimus ut omnes illos nobis velitis habere suspectos, qui tam proni fuerunt inter nos et vos dissensionis materiam suscitare. Ceterum fraternitatem vestram attente requirimus et in Domino exhortamur, quatenus jura ecclesiæ nostræ et libertates sicut prædecessores vestri fecerunt prædecessoribus nostris nobis dimittatis in pace ; non credentes nos contra vos aliquatenus commoveri, quos patriæ vicinitas, ecclesiarum connexio et antiqua familiaritas aliasque ratio multiplex adeo debet caritatis vinculo fœderare, ut nulla debeat inter nos dissensionis materia suboriri. In fine subjungimus quod si sciretis, quam parum cupimus, quin potius quanto cordis pondere abhorremus vobiscum habere vel minimum scrupulum turbativum, libenter nos permitteretis in internæ tranquillitatis silentio cum sponsa illa tranquillius dormitare, quam adjurantibus cœlicis paranymphis per capras cervosque camporum prohibentium a sacri somni deliciis excitare. Valete, etc. Datum apud Maghefeld,' vi. kal. Martii, anno Domini MCCLXXXIII., ordinationis domini sexto.

DXVIII.

To his Official.

1284.
28 Feb.
Concerning his conduct in the court of Arches, of which the bishop of Bath and Wells has complained.
R. f. 205 b.
Magistro G. officiali suo Cantuariensi gratiam et benedictionem. Literas venerabilis fratris nostri domini R[oberti] Bathon' et Wellen' episcopi recepimus, continentes sibi suggestum fuisse nos mandasse Johanni et Ricardo de Westgate in causa appellationis suæ debere justitiam debitam secundum solitum cursum causarum de Arcubus denegari. Quod utique nullatenus faceremus. Sed quia videbatur tunc consilio nostro quod non erat eis tuitio juxta curiæ nostræ consuetudinem concedenda, ideo vobis scripsimus illud idem, quia quando datur sententia pro matrimonio, non datur tuitio. Cum igitur nolumus alicui injuriam irrogare, volumus ut non obstante aliquo mandato nostro vobis directo, dictis appellantibus juxta curiæ nostræ consuetudinem faciatis justitiæ complementum; scientes quod non credimus vos debere tueri appellantes contra nostros commissarios generales. Valete. Datum apud Maghefeld', iii. kal. Marcii, anno ut supra (MCCLXXXIII.).

DXIX.

To the Bishop of Tusculum.

Reverendo in Christo patri et domino Ordonio, Dei gratia, episcopo Tusculano, frater J[ohannes], etc., salutem, cum omni reverentia et honore. Verissime prædixit prophetarum eximius, pater pie, quia " qui descendunt mare in navibus facientes operationem in aquis multis, vident mirabilia in profundo." [1] Hoc Dei in nobis, reverende pater, quotidianis amaritudinum fluctibus experimur, qui de tranquillissimo portu sapientiæ, nescimus quo Dei judicio utinam non irati, vobis id ex magna parte agentibus, in navem inproportionalem nostris viribus descendimus gubernandam. Et licet nobis transitus per scopulos circa positos pluries sit molestus, faciliter tamen omnia pateremur, si Petri nobis gubernaculum non deesset, nec tamen de Petro conquerimur, sed de uno quem adjunxit sibi remigem, qui per omnem modum partem nostri navigii subvertere nititur in profundum. Surgat ille qui ventis et mari imperat ut cito sileant fluctus ejus. Movere autem eum dicitur caro et sanguis, moverunt etiam ut fertur duæ pelves aureæ plenæ florenis. Quod si verum existat, est procul dubio lamentandum quia impossibile est tali prævalente remige illud in supracœlestes aquas tendens remigium temporaliter prosperari, juxta illud Treneticum, "vidit gentes ingressas " sanctuarium tuum de quibus præceperas ne intrarent " in ecclesiam tuam." [2] Et quia nondum sufficimus prædicti remigis impetus et malivolentiam extinguere, antidotis quæ dicitur expectare, cujus insufficientiæ Altissimus novit causam, gratiæ vestræ expertis desideriis supplicamus, quatenus imbecillitatem nostram in hac parte dignemini consolari, dirigendo dominum J. procuratorem nostrum in tramite veritatis sicut ipsum ad vos venientem gratiosissime recepistis.

[1284.]
1 March.
Complains that the pope is influenced by money. Is going with the king to Wales.

R. f. 20.
A. f. 51 b.

---

[1] Psalm cvii., 23. In the Vulgate, cvi. | [2] Lamentations, i. 10.

T 2

Ceterum sicut nobis videtur esse vestris dignum ob-
tutibus in foliis Melchisedec, libenter ea in forma quam
alias vobis scripsimus curabimus destinare. Præterea
noveritis quod vita comite et sanitate oportebit nos
cum domino rege Walliam peragrare, circa populum
illum divulsum et dilaceratum non sine multis gravaminibus occupandos. Custodiat Dominus, etc. Scriptum
prima die Martii.

DXX.

To John of Winchester, late Prior of Boxgrave.

1284.
2 March.
As he has
obeyed his
orders,
allows him
to return
to Box-
grave.

R. f. 205 b.

Frater J., etc., fratri Johanni de Wynton', quondam
priori de Boxgrave, salutem, gratiam et benedictionem.
Quia de meritis tuis exigentibus extra domum tuam
ad tempus stetisti prout ordinavimus, et cetera per
nos tibi injuncta hactenus ut recepimus humiliter
peregisti, volumus et tibi tenore præsentium litterarum mandamus, quatenus ad domum tuam de Boxgrave prædictam redeas, secundum ordinationem nostram super hoc officiali domini Cycestrensis episcopi
directam, quam tibi et dicto conventui auctoritate
nostra exponet, ibidem imposterum moraturus. Inhibentes tibi sub pœna excommunicationis, quam in te
ferimus si contrarium præsumpseris attemptare, nec
septa monasterii de Boxgrave intres, aut aliquem
locum vicinum antequam cum officiali domini Cycestrensis episcopi habueris colloquium personale.

Item, sub pœna prædicta tibi præcipimus ut ad locum aliquem in quo deliquisti antea, aut alium suspectum alias, non declines, ubi de te possit exoriri sinistra
suspicio coram hominibus aut etiam coram Deo.
Datum apud Maghefeld', vi. non. Martii, anno ut
supra (MCCLXXXIII.).

DXXI.

To the Official of the Bishop of Chichester.

Frater J[ohannes] dilecto filio . . officiali domini Cycestrensis episcopi salutem, gratiam et benedictionem. Cum nuper fratrem Johannem de Wynton', quondam priorem de Boxgrave, suis meritis exigentibus a domo sua prædicta ad tempus amoverimus, et apud monasterium de Bello interim moram trahere fecerimus, donec circa statum ipsius aliud duxerimus ordinandum, ipsum pro eo quod mora sua dictæ domui de Bello extitit onerosa, ac etiam propter alias certas causas a prædicto loco revocavimus, et eidem mandavimus quod ad domum suam de Boxgrave redeat, secundum ordinationem nostram infrascriptam inibi moraturus. In primis siquidem volumus ac etiam ordinamus quod idem frater Johannes septa monasterii de Boxgrave non exeat infra annum proximo nunc sequentem. Secundo vero quod ipse cum muliere aliqua durante unius anni, scilicet prædicti, termino non loquatur. Mandantes vobis et firmiter injungentes quatenus præmissa . . priori et conventui de Boxgrave et prædicto fratri . . Johanni distincte et aperte notificetis, et faciatis ea per omnia auctoritate nostra plenarie observari. Inhibemus etiam ei sub pœna carceris, ne loquatur cum muliere aliqua infra annum, et uno anno revoluto, nunquam nisi duobus monachis audientibus omnia quæ mulieri dixerit cuicunque. Circa præmissa taliter vos habentes ut quid inde feceritis, nos certificare fideliter valeatis, cum per nos fueritis requisiti. Datum apud Magefeld', vi. non. Martii, anno ut supra.

1284. 2 March. Has ordered the prior of Boxgrave, whom he sent to Battle, to return. R. f. 205 b.

DXXII.

To A. DE KYLEKENNI.

1284.
7 March.
Concern-
ing the
assignment
of money
by the late
bishop of
Ely for
marriage
portions.
R. f. 205 b.

Frater J[ohannes], etc., dilecto filio magistro A. de Kylekenni salutem, gratiam et benedictionem. De maritagio mulieris latricis præsentium multum placet nobis, cui dicitis per executores testamenti bonæ memoriæ domini W[illelmi] Elyensis episcopi c. marcas sterlingorum assignatas virtute illius verbi quod scribitur in testamento, de relinquenda non modica pecuniæ quantitate pauperibus mulierculis maritandis. Verum quia nescimus quot aliæ mulieres sunt imposterum pro casu hujusmodi pecuniam exacturæ, nec scimus si pecunia residui testamenti quæ nunquam, sicut debuit, ad manus nostras plene pervenit, sufficiat ad satisfaciendum petitioni hujus mulieris et aliarum forsitan in futurum, quidam quoque miles de comitatu Norhampton' exigit de eadem pecunia c. libras, non possumus ad præsens dictæ mulieri de aliqua pecunia satisfacere donec visum fuerit et discussum, quot et quibus, quid et quantum debeat de dicta pecunia erogari, et si sufficere possit quod recepimus ad satisfaciendum omnibus pecuniam exacturis. Nec hoc dicimus quin nos parati simus pro loco et tempore isti mulieri et aliis etiam satisfacere, ut tenemur, sed ut prospiciatur indempnitati ecclesiæ nostræ. Præterea provideatis sollicite quod habeamus acquietancias illorum quibus satisfactum existit, quas nondum habuimus et debuimus habuisse, cum simus de omnibus onerati et vobis sint omnia allocata. Valete. Datum apud Otteford', non. Martii, ordinationis nostræ anno vi.

DXXIIJ.

To Edward I.

Excellentissimo principi ac domino Edwardo, Dei gratia Regi Angliæ, domino Hyberniæ, duci Aquitaniæ, frater J. permissione divina Cantuariensis ecclesiæ [minister] humilis, totius Angliæ primas, salutem cum omni reverentia et honore. Sæpe regiæ scripsimus majestati qualiter Ballivi municipii Novi Castri [super] Tynam nostris tenentibus sunt infesti, exigendo ab eis theloneum, muragium et alias exactiones indebitas, a quibus per cartas et concessiones [pro]genitorum vestrorum, quas etiam nobis vestri gratia confirmastis, per totum regnum vestrum penitus sunt exempti, qui etiam hujusmodi libertate sub vestræ benevolentiæ patrocinio usque ad hæc tempora sunt gavisi. Sed jam, sicut intelleximus, per dominum Willelmum de Brumpton', justiciarium vestrum', præceptum existit ut a tenentibus nostris de Preston', videlicet, Johanne Beneyt et sociis suis, qui partes illas Novi Castri pro mercimoniis suis exercent, contributiones hujus-modi de [novo] exigantur, et ipsi propter hoc distrin-gantur, donec warantum suum ostendant, per quod a præstationibus prædictis debeant esse liberi et exempti. Cum igitur aliud warantum minime habeamus quam libertates et concessiones progenitorum vestrorum, ut prædiximus, super hoc factas, clementiæ regiæ humi-liter supplicamus quatenus pro honore ecclesiæ Dei et vestro jubere dignemini et vestris dare litteris in mandatis, ut tenentes nostri et ecclesiæ nostræ in prædictis partibus ita sint a prædictis exactionibus liberi et quieti, sicut sunt in aliis partibus regni ves-tri, liberalitatis vestræ gratia concedente. Custodiat Dominus excellentiam regiam per tempore longiora. Datum apud Otteford, Non. Martii.

[1284.]
7 March.
Complains of the exaction of toll from his tenants at Newcastle.

Chancery File 37.
11 & 12 Edw. I.
P.R.O.

DXXIV.

To his Official and the Dean of Arches.

1294.
9 March.
Orders
them to
suspend
advocates
and proc-
tors who
produce in
their courts
letters of
prohibition
from the
royal
chancery.[1]

R. f. 206.
A. f. 29 b.

Frater J[ohannes], etc., officiali curiæ Cantuariensis et decano de Arcubus London', salutem, etc. Quotienscunque de libertatibus, juribus et honoribus ecclesiæ Christi Cantuariensis, ad cujus regimen divina dispensatio misericorditer nos vocavit, nobis tristia seu minus prospera nunciantur, eo profundius nos stimulant amatissime nostri cordis continuæ punctiones,[2] quo sollicitudo pastoralis officii, quod nostris humeris incumbit, se læsum sentiens machinationibus callidis perversorum, pro læsionis hujusmodi remedio, oportet edere aliquando statuta pœnalia necessario contra tales, ne sub umbra nostræ conniventiæ per insultus malivolorum[3] successivos crescente paulatim malitia, dicta ecclesia in se seu suis membris nostris, quod absit, temporibus inhonestius deformetur. Sane pervenit nuper ad aures nostras quod consistorium nostrum in ecclesia beatæ Mariæ de Arcubus London' existens, quod quadam peculiari affectione eo magis diligimus, quod comprovinciales Cantuariensis ecclesiæ potentiis præsidentium frequenter oppressi, ad illud tanquam ad fontem justitiæ undique confugiunt ut inde hauriant[4] congruam contra suas molestias medicinam, novo adinventionis commento, per advocatos et procuratores ejusdem consistorii, in causarum et negotiorum processibus deturpatur adeo deformiter hiis diebus, quod supereminens ecclesiæ Cantuariensis primatia dolebit in brevi se nobilitate tanti consistorii per ingratos quos alit famulos totaliter detruncari, nisi festinum remedium contra pestem hujusmodi citius adjiciat, ut resurgat. Cum enim advocati seu procuratores injustas dicti consistorii

---

[1] Printed in Wilkins' Concilia, ii. 100.

[2] *punctiones*] compunctiones, A.

[3] *malivolorum*] malinorum, A.

[4] *hauriant*] haureant, A.

causas in suæ defensionis fidem se prospiciunt profana
conscientia suscepisse, metuentes se sententialiter suc-
cumbere in eisdem, procurant per suos clientulos a
cancellaria Christianissimi regis nostri, vobis vel uni
vestrum et parti suam justitiam prosequenti, literas
prohibitorias porrigi, et ulterius attachiamenta fieri et
vos ad placitandum in curia domini regis trahi; licet
series prohibitionis exhibitæ causam non tangat quæ
coram vobis judicialiter agitatur. Unde, quamquam
dicta domini regis cancellaria juste concedat literas
quæ petuntur, impetrantes tamen justa regalis curiæ
liberalitate injustissime ac nequiter in nostra curia abu-
tuntur, et abusores hujusmodi adversarios suos se sic
convincere infeliciter gloriantur, et a sua causa cadere
compellitur contra justitiam justus actor, nec non et
consistorium nostrum, quod a quocumque gravatos
consuevit soliditate suæ fortitudinis, mediante justitia,
relevare, causis ab eo callide sic subtractis, luctuose
dimittitur desolatum, et ad illud confugere cupientes,
oppressiones suas eo tolerabilius non absque molestia
patiuntur, quod vetitum examen in nostro consistorio,
diebus istis exuberat tam abunde. Nos igitur advertentes quod prohibitiones hujusmodi, licet a curia
Christianissimi regis nostri juste proculdubio, ut diximus, concedantur; advocati tamen et procuratores
curiæ nostræ ipsas pervertunt improvide per suas
astutias in fallacias logicales, ipsas sophistice in casibus prohibitis et a prohibitionibus hujusmodi dissonis
et diversis ausu nefario porrigentes; per quod non
tam turbatur quam opprimitur libertas ecclesiæ nostræ, qua a tempore cujus memoria non existit, hactenus est gavisa; vobis vel alteri vestrum quem præsentem esse contigerit committimus et mandamus,
quatenus advocatos et procuratores in causis seu negotiis in quibus prohibitiones proferuntur, quæ, ut
præmittitur, illorum non congruit qualitati, quod per
vestram indaginem statim volumus diffiniri, extunc

per mensem continuum a nostro consistorio suspendatis,
et nisi interim a sententia excommunicationis, in quam
ad læsionem libertatis ecclesiasticæ non est dubium
ipsos damnabiliter incidisse, in forma juris fuerint abso-
luti, etiam post spatium temporis prænotati ad officium
ibidem postulandi seu procurandi nullatenus admittantur, donec eorum communio admitti poterit inter catho-
licos sine culpa. Nos enim ipsos in præmissis magis
reos quam suos clientulos non immerito judicamus, qui
cum possent in causis et negotiis suæ fidei commissis
hujusmodi pestem per suam industriam penitus extirpare, non tam tolerant quam procurant, jurisdictionem
nostræ curiæ quotidiano conamine multifarie mutilari,
per defensiones sæcularis potentiæ sacris canonibus
non mediocriter inimicas. Præmissa decrevimus et
mandamus, futuris temporibus ter in anno in pleno
consistorio de Arcubus London', solemniter ac publice
recitari, ne ignorantia eorundem cavillose composita
excusationem prætendere valeat, picturis mendacibus
sophistice colorandum. Datum apud Otteford', vii. id.
Martii, anno Domini MCCLXXXIII., ordinationis nostræ
sexto.

DXXV.

LICENSE TO STUDY.

Frater J[ohannes], etc., dilecto, etc., J., rectori ecclesiæ de D., Cicestrensis diœcesis, salutem, etc. Ad
instantiam dilecti nostri religiosi viri fratris Milonis
abbatis Verdolacensis, per quem de persona tua laudabile testimonium recepimus, ut in scientia possis recipere incrementum, tibi quantum in nobis est tenore
præsentium concedimus ut per triennium a festo Sancti
Michaelis proxime sequenti studio theologiæ vel decretorum libere vacare possis, dum tamen dicta ecclesia

tua debitis non defraudetur obsequiis, ac in sacris
consistas ordinibus juxta canonicas sanctiones. Datum,
etc.

DXXVI.

To the Earl of Gloucester.

Domino comiti Gloucestr' :—

A sun trecher amy, saluz e la beneyzoun Deu. Sire,
sachet ke vos bayllifs furent devaunt nous le Mardy
de la secunde symayne de Quarame a Otteforde, e
quaunt nous lur deimes ke nus volium treyter de
nos grevaunces soloum les articles ke nus wus envey-
ames auntan de suz nostre sel, e de vos grevaunces
ausy, il nus respundirent ke il ne aveyent nul comaundement de wus a parler fors ke de vos grevaunces, e nus lur deymes ke nus avyouns entendu
ke vostre volente estoyt ke la peys se preyst entyere-
ment de une part e de autre. Pur la queu chose
esteyent recordez les articles de une part e de autre
devaunt nus, e veymes ben e entendimes ke la des-
corde de vos bayliff e des nos surt de ceo, ke il ne
entendent pas la composicioun en une manere kar ele
est oscure en plusurs poynz. Pur ceo, sire, si ceste
chose deit estre mise a fyn il covent ke wus e nus
aprochouns ensemble, e vostre conseyl e le nostre par
tens taunt cum nus sumes en Kent ou enviroun Lundres, ou nus serrum trovez, sicum nus quiduns ferme-
ment, deske a un moys de Pasches. Ovekes ceo, sire,
sachez ke pur akun poynz qui pount estre aspleytes
saunz wous, nous avouns mis jour a vos bayliff pur
respundre a eus de ces poynz le quart jour de la
simeyne de Pasches, ceo e le Merkedy, a Wyngeham. Mes nule chose graunte e notable ne purra
estre espleytte saunz vostre presence. Pur la queu
chose nous wus priouns ke wus vostre volente nus en

[1284.]
9 March.
Desires to
settle the
complaints
of their
respective
bailiffs.
R. f. 206.

maundez par le portur de ceste lettres. Ovekes ceo,
sire, pur ceo ke nus dotouns ke wus eyez perdeu les
articles de nos grevaunces, les queus nus wus envey-
ames auntan, nous les wus enveyouns par le portur
de cestes lettres desuz nostre seel. E nous requerouns
ke vous pensez de mettre i conseil, auxi cum vous
volez ke les vos seyent cheviz, kar peis nest nule si
ele ne est entyere. Creouns certeynement ke vostre
entente est e vostre volente ke ele seyt acomplye per-
durablement. Sire, Dieus vous eit en sa garde a tus
jours.

Ceste lettre fu donee le noevime jour de Marz a
Otteford'.

DXXVII.

To the Bishop of Chichester.

1284.
13 March.
Asks him
to ascer-
tain whe-
ther a clerk
condemned
to death at
Guildford
was really
ordained.
R. f. 89 b.

Frater J[ohannes], etc., venerabili in Christo fratri
domino S[tephano], Dei gratia episcopo Cycestrensi,
salutem et sinceram in Domino caritatem. Intelleximus non sine cordis amaritudine vehementi, quod cum
nuper quidam clericus de vestra diœcese oriundus,
filius quondam Walteri de Hertefeud, ut dicitur, fuisset pro crimine furti captus et apud Geldeford', Wyntoniensis diœcesis, diutius in carcere detentus, nullus
erat ex parte ecclesiæ qui clericum ipsum ecclesiæ
nomine requireret seu peteret eripi a judicio sæculari,
quamquam idem clericus publice et constanter se esse
clericum allegaret. Quare nullo instante ad liberationem ipsius, nec clericali privilegio deferente, ultimo
tandem mortis supplicio in opprobrium cleri et ecclesiæ Anglicanæ contemptum ac præjudicium extitit
condempnatus. Nos itaque nolentes, sicut nec possumus, tantæ præsumptionis audaciam in cleri universalis ignominiam attemptatam, sub conniventia pertransire, fraternitatem vestram attente requirimus et

hortamur in Domino, vobis nihilominus firmiter injungendo mandantes, quatenus tam per registrum vestrum quam per vias alias per vos et per alios sollicite
inquiratis, si prætactus clericus fuit a vobis aliquo
tempore ordinatus vel alio quocunque episcopo quod
sciatis. Et quicquid circa hoc inveneritis, una cum
nomine clerici ejusdem, nobis citra Dominicam in
Ramis Palmarum fideliter et aperte rescribatis per
vestras patentes literas harum seriem continentes, ut
super hiis certiorati per vos vel ex officii nostri debito
per nos vel per Wyntoniensem episcopum ad hujusmodi
ignominiosi sceleris condignam animadversionem procedere valeamus. Valete. Datum apud Otteford', iii.
id. Martii, anno Domini MCCLXXXIII., ordinationis
nostræ sexto.

DXXVIII.

To Cardinal Geoffroi D'Alatri.

Reverendo in Christo patri ac domino Gottefredo, [1284.]
Dei gratia Sancti Georgii ad Velum Aureum diacono 18 March.
cardinali, frater J[ohannes], etc., cum filiali reverentia Aliottus,
paratam ejus beneplacitis voluntatem. Pro certo ves- canon of
tram paternitatem hoc a nobis volumus expectare, quod and Paul,
multum affectamus vestræ benevolentiæ complacere, to appear
et ea quæ cordi vestro noverimus insidere quantum se- and show
cundum voluntatem et gratiam Jesu Christi possumus, his title to
perficere reverenter. Sane dominationis vestræ testi- church.
monium super vita et conversatione ac etiam conti- R. f. 20 b.
nentia status domini Aliotti canonici Sanctorum Johannis et Pauli in Urbe, capellani vestri obsequiis
vestris sicut scribitis insistentis, recepimus, per quod
intelleximus ipsum in habitu clericali et tonsura ac
etiam sacris ordinibus constitutum, et obtentu bonæ
memoriæ domini R., diacono cardinali, ecclesiam de
Boxle, nostræ diœcesis, fuisse adeptum. Verum, quia

nuper cum nobis fuisset ad eandem ecclesiam, tanquam
vacantem, quidam alius præsentatus, per inquisitionem
super hoc factam invenimus nullum ad præfatam ecclesiam a tempore dicti domini cardinalis fuisse præ-
sentatum, vel etiam in ejusdem possessionem aliquo
modo inductum, ac per hoc creditur et constanter
nobis suggeritur ex adverso dictum Aliottum suppositum et in ovile per ostium minime introisse. Nec
potest nobis constare per procuratores ipsius in Anglia
sive per literas sive alia documenta legitima, de titulo
suo in ipsa ecclesia vel qualiter et a quo tempore eam
adeptus fuerit. Clementiam vestram attentis precibus
exoramus quatenus placeat vestræ benivolentiæ quod
dictus capellanus vester personaliter nostro conspectui se
præsentet, ostensurus nobis jus quod habet in ecclesia
memorata. Pro certo scituri quod in jure suo, si quod
habet, gratiose et benivole prosequi volumus et fovere.
Vel saltem mittat nobis instrumenta sua et literas per
quæ nobis legitime constare possit de ingressu suo
canonico in ecclesiam sæpedictam. Custodiat Deus,
etc. Scriptum apud Otteford', xv. kal. Aprilis.

DXXIX.

To the Bishop of Præneste.

[1284.]   Reverendo in Christo patri ac domino Jeronimo,
29 March. Dei gratia episcopo Prænestino, frater J[ohannes], etc.,
Asks him
to favour salutem cum omni reverentia et honore. Sanctitatem
his proctor vestram et pietatis affectum ad filios veraciter profec-
in the case
of Camilla isse credimus, cum honore innocentiæ illius et spe-
and of the cialis affectionis ad modicitatem nostram edocti præ-
abbot of
Faver-   sagiis, quas in vobis certitudinaliter didicimus, cum
sham.   ambo, licet dispariter, militaremus Altissimo in ex-
R. f. 66 b.
A. f. 14. cubiis paupertatis. Unde et gravamina cordis nostri
et perplexitates insolubiles vobis dudum scripsissemus
cum fiducia alicujus remedii obtinendi, nisi nos rumor

quidam, qui nostris ante biennium insonuit auribus,
retraxisset, quo videlicet asserebatur pro certo vos esse
in legationem Alemannicam destinandum. Verumtamen, quia rumor ille nondum fuit effectui demandatus,
paternæ clementiæ parturientis spiritu quod siluimus
aperimus. In primis veritate conscientiæ protestantes,
quod si præsensissemus amaritudinis aculeos, quos quotidie experimur, nunquam apostolicis jussionibus in
hac parte fragilitatis nostræ humeros curvassemus.
Quotidie siquidem terebrat cor nostrum passio Sancti
Thomæ, cujus causam quotidie cernimus in ecclesiasticis injuriis renovari. Et cum circa nos remedium
nesciamus, a sancta Romana ecclesia remedium expec-
tantes, inde magis amaritudinis malleos ex ejusdem
ecclesiæ lateribus experimur, dum nullum ad illam
planctum possumus mittere secretius, qui non illico
auctus mendaciis in suspectis auribus publicandus in
Angliam revertatur, ut quasi sit insanabilis plaga ista.
Supplicando nihilominus humiliter et instando, semper
processimus, et plus defecimus quam profecimus in
hunc diem. Sed est præ ceteris plaga dura, quod
cum ipsa tanquam mater omnium consueverit omnes
filios pietatis et justitiæ uberibus consolari ; nobis in
ea justitia denegatur, circa factum præcipue Tedisii
de Camilla, in cujus favorem tradita est causa nostra
contra prædictum Tedisium, Giffredo de Vezano, multum impari tanto negotio, summarie cognoscenda.
Demum cum esset ab eo sicut suspecto judice, propter
excessus varios appellatum, summus pontifex causam
appellationum nostrarum commisit, iterato summarie
pertractandam, et hoc agente domino Benedicto, qui
quasi novercali impetu nobis publice se opponit, læ-
dens falsis opprobriis famam nostram, et veris injuriis
justitiam nostram causæ, de quo summo pastori conquerimur, lamentantes plus dedecentiam sanctæ Romanæ curiæ, quæ solet omnibus se præbere speculum
honestatis, quam nostra incommoda, quæ speramus
esse auctore Deo in spiritualia commoda convertenda.

In hiis autem, pater piissime, vestrum consilium, solatium et auxilium imploramus, supplicantes humiliter
ut priscæ caritatis indicia nobis dignemini renovare,
dominum Johannem procuratorem nostrum in curia
existentem admittentes favorabiliter, et ipsum ad Dei
honorem [1] misericorditer dirigentes. Causam etiam abbatis de Fevresham, quem solum habemus nobis immediate subjectum, vestræ clementiæ ut possumus
commendamus. In quo etiam speciali gravamine at-
terimur in curia, dum prætactus dominus Giffredus
nititur eum a nostra jurisdictione et subjectione eri-
pere, ratione cujusdam census annui quo dicit monasterium ipsum Romanæ curiæ obligari, qui quidem
abbas cum propter hoc a dicto Giffredo sedem apostolicam appellaverit, quod valde durum est et grave,
non invenit qui petitionem suam domino papæ legat.
Custodiat Dominus incolumitatem vestram, etc. Scriptum apud Tenham, iiii. kal. Aprilis.

DXXX.

To the Bishop of Tusculum.

1284.
A letter
comparing
abuses in
the church
to the
seven vials
mentioned
in the
Apoca-
lypse.
R. f. 67.
A. f. 97.

Ad Tusculanum : — Fatiscentes alas in volatum
contemplationis interdum erigo, et nunc in hierar-
chiam supracœlestem, nunc cœlestem juxta sanctorum
regulas oculos figo aliquotiens lippientes, et demum in
subcœlestis hierarchiæ speciem imbecilles radios in-
clino. In cujus apice sanctæ Romanæ ecclesiæ celsi-
tudinem admirans cum tristitia ad memoriam, illa
iræ Dei tempora revoco, quando juxta apostolum fiet
discessio ab eadem. Causas autem illius futuræ sedi-
tionis sacra videntur eloquia prænotare. Primo quidem, Ezechielis occurrit oraculum ad pastores Israel
sic dicentis : " Cum austeritate imperabatis eis et cum
" potentia, et dispersus est grex meus, eo quod non

---

[1] *honorem*] this word is repeated in R.

" esset pastor."[1] Imperiorum igitur austeritas forsitan tunc temporis reproborum animos commovebit. Sic Roboam aggravare se velle profitens sui jugum pacifici genitoris, decem tribus perdidit una die. Scio unum hominem qui nunquam didicit legem unam, qui tanti rigoris habet mandata, ut non obstantibus realibus privilegiis, sed cassatis, pro tribus obolis neglectis, possit ad libitum suum archiepiscopos et episcopos excommunicationis sententia innodare; et frequenter emanant talia idiotas extollentia, et statum supra modum vilipendentia prælatorum. Secundo, simile adjicit eidem sententia Salvatoris dicentis: " Alienum " non sequuntur, sed fugiunt ab eo, quia non noverunt " vocem alienorum."[2] Obsecro, mi domine, qui sunt alieni, nisi qui quærunt quæ sua sunt, non quæ Jesu Christi. Eveniet igitur temporibus iræ Dei ut propter beneficiorum et bonorum aliorum exactionem, quæ alienis a Christo in forma præmissa aliquotiens sunt collata, vel tunc forsitan conferentur armatis sublimibus munimentis, ut dicere valeant illud propheticum Samuelis : "Nunc dabis, alioquin tollam vi."[3] Discedat forsitan multitudo, juxta id quod sequitur Samuelis : "Ecce dies veniunt et præcidam brachium " tuum, etc."[4] Et licet hodie, Deo gratias, non multiplicentur hujusmodi alieni, dolendum est tamen si per sedem apostolicam hujusmodi defensentur. Nec enim sufficit idola non erigere, nisi erecta etiam deleantur, cum pii reges effeminatos de terra tulerint et sordes prius erectorum deleverint idolorum. Est enim tertium quod enervat animos prælatorum. Cum enim ad correctiones et reformationes cleri et populi se extendunt, appellationis quærunt subterfugium, malignantes a ficto gravamine, impetrantes a sede aposto-

---

[1] Ezekiel xxxiiii. v. 4. The reading in the Vulgate is " dis- " persæ sunt oves meæ."
R 4237.

[2] John x., 5.
[3] 1 Sam. ii. 16.
[4] 1 Sam. ii. 31.

U

lica ad illos quos suis noverunt esse pastoribus amplius indevotos, qui in revocandis pastorum judiciis
gloriantur, et sic pastoralis curæ judex efficitur fur
vel lupus. Cernentes igitur pastores pii sic sibi
curam auferri e manibus et quasi dimidiari, libenter
curæ cederent si liceret. Vera enim mater magis
vellet juxta Salomonis judicium prolem suam alterius
dari manibus, quam eam cernere in propriis oculis
jugulari. Quartum futuræ discessionis præsagium et
curæ irreticio pastoralis, quæ est socia præcedentis,
est litium intricatio immortalis. Scio procul dubio
plura a pluribus deseri incorrecta, quin potius infinita,
desperatione finis debiti assequendi, ne etiam consumantur circa reprobos bona quæ omnibus non sufficiunt pauperibus eroganda. Quintum, præparatorium
ad prædictum infortunium esse credo, quotidianam
coarctationem potentiæ prælatorum, quia frequenter
pro unius delicto pontificis jugum imponitur toti
mundo. Obsecro, domine, ad memoriam revocetis
quam breve sit Deuteronomium, quam breve sit Evan-
lium, quantæque sint ambages aliorum jurium, quotque
volumina sint doctorum. Certe audeo dicere quod
impossibile sit mentem humanam utriusque generis
apices habere excellenti sufficientia in sui pectoris
potestate. Sextum, præparatorium ad hoc ipsum est
legum abjectio vel vilipensio evangelicarum. Cum
enim juxta doctrinam sanctorum officium pontificis
consistat in doctrina præcipue verbi Dei, unde et ordo
pontificum dicitur a sanctis patribus ordo prædicatorum, tamen in electionibus celebrandis vel dignitati-
bus conferendis nulla fit mentio de officio prædicandi,
et dum in hac parte non quæritur quid dicant evangelia, sed potius quid garriat glosa ordinaria, mandata
Dei propter traditiones hominum irritantur. Hinc
studium sapientiæ per orbem deseritur, et passim
curritur ad scientias lucrativas et per immoderantias
subversivas, præscribente sententia Salvatoris, quia si

sal evanuerit ad nihilum valet ultra, nisi ut mittatur
foras et ab hominibus conculcetur. Septimum esse
puto translationem sacerdotii a spiritu in carnem, a
Melchisedech in Aaron ordine lamentabiliter commutato,
quæ aliquando plus erat infesta ecclesiis quando ædi-
ficabatur Syon in sanguinibus, quam sit modo, sit Con-
ditor omnium benedictus. Et forsitan temporibus iræ
Dei pestis hujusmodi reviviscet, et translato sacerdotio
in fæces hujusmodi, si evenerit, quod avertat Altissimus, lex obedientiæ forsitan transferetur. Obsecro, mi
domine, velitis animo cogitare, an forsitan istæ sint
septem phialæ plenæ iracundiæ et plagæ novissimæ
de quibus Apocalypsis facit suæ modo caliginis mentionem. Et licet ea quæ divinitus sunt præmissa,
procul dubio sunt ventura, minus tamen feriunt jacula, dum per industriam subtrahuntur scandala oculis
pusillorum. Licet enim quæ procedunt a sancta
Romana ecclesia sint sancta procul dubio et honesta,
quippe quæ a Spiritu Christi Domini gubernatur,
pro quo impossibile est ipsam errare in jure, ut ore
profiteor puro corde, tamen oculi infirmi a lumine
pluries vulnerantur, et dum mater incaute parvuli
oculos exponit radio laterali, strabo efficitur impro-
vise.

DXXXI.

To CARDINAL GERVAIS GIANCOLET DE CLINCHAMP.

Reverendo in Christo patri ac domino Gervasio, [1284.]
Dei gratia tituli Sancti Martini presbytero cardinali, 29 March.
frater J[ohannes], etc., salutem cum omni reverentia et Asks his
assistance
honore. Scimus, reverende domine, et experientialiter against an
cognoscimus omni die verissimam esse illam senten- enemy at
Rome.
tiam doctoris egregii Augustini, "nihil esse in hac R. f. 67 b.
" vita et maxime in hoc tempore difficilius, laborosius,
" periculosius episcopi aut presbyteri aut diaconi officio,
" sed apud Deum nihil beatius, si eo modo milite-

" tur quo noster jubet Imperator."[1] Sed omnia quæ nos tangunt essent nobis facilia, si dignaretur nos sancta Romana ecclesia juxta maternorum jura viscerum consolari. Sicut enim filii tenentur divinæ legis imperio patrem illum sanctissimum et matrem illam piissimam in omnibus honorare, sic certe condecet econverso reverentissimorum illorum parentum clementiam ad fovendos filios misericorditer inclinari. E contra vero intelleximus quandam insignem illius ecclesiæ personam in nos frequenter novercales impetus exercere, et quædam in nostri præjudicium asserere non clandestine, sed in loco præ ceteris sub cœlo partibus reverendo, in præsentia scilicet summi pontificis, et sacri vestri collegii et alibi, quæ salva sua reverentia novit superbenedicta Trinitas esse falsa. Cujus nomen exprimimus quia satis exprimit se ipsum, qui et a summo pontifice duas cognitiones summarias impetravit in processuum nostrorum, quæ Deo auctore prudentum virorum consilio fecimus, dedecus et gravamen. Quocirca clementiæ vestræ humiliter supplicamus, ut cum vestræ prudentiæ fuerit opportunum, velitis nobis in nostra justitia assistere propter Deum, nec juvari petimus nisi in illis in quibus adhæremus evangelicæ veritati, cujus veritatis nostræ testem Auctorem evangelii invocamus. Custodiat Dominus incolumitatem vestram ecclesiæ suæ sanctæ per tempora longiora. Scriptum iiii. kal. Aprilis.

Item, forma consimili emanarunt duæ literæ directæ dominis Anchero tituli Sanctæ Praxedis, et Giffrido tituli Sanctæ Susannæ, presbyteris cardinalibus.

---

[1] Augustini Epistolæ, cl. i. ep. 21.

DXXXII.

To the Bishop of Winchester.

Frater J[ohannes], etc., episcopo Wyntoniensi, salutem, etc. Intellecto nuper quod quidam clericus, Johannes de Knelle nomine, de Cycestrensi diœcese oriundus, pro crimine furti captus et incarceratus apud Geldeford' vestræ diœcesis, debuerat judicio laicorum extremo mortis supplicio condemnari, pro eo quod non erat qui ipsum ecclesiæ nomine requireret, quamquam clericus appareret et constanter se esse clericum allegaret; nos super hoc certiorari volentes scripsimus domino episcopo Cycestrensi, ut ipse hujusmodi facti inquirens sollicite veritatem, nobis suis patentibus litteris fideliter intimaret, si prædictus clericus fuisset ab eo seu quocunque alio episcopo ordinatus; et qualiter in opprobrium cleri et contemptum ecclesiæ tam ignominiosæ morti fuit addictus. Qui quidem episcopus nobis per suas literas rescripsit quod dictus Johannes de Knelle extiterit a domino Assavensi episcopo in accolitum ordinatus, quem dum adhuc apud Lewes esset in carcere detentus, requiri fecerat tanquam clericum per decanum suum Lewensem, cui ad hoc, ut dicit, specialiter commiserat vices suas. Sed cum idem clericus, non obstante hujusmodi requisitione, postmodum mitteretur apud Geldeford' carceri mancipandus, et ad ipsum episcopum non pertineret dictum clericum requirere in diœcese aliena, ut tamen ipsum existere clericum omnibus appareret, et nullus se posset ignorantia excusare ; testimoniales literas de suis ordinibus concessit et fieri fecit eidem. Verum quidam ecclesiæ inimici in ipsius clerici necem ut dicitur machinantes, diem ad liberationem carceris ejusdem a justiciariis assignatum maliciose prævenientes, eundem Johannem, non obstante quod se clericum esse docebat, cum nullus esset qui ipsum ex

1284.
29 March.
Asks him to inquire concerning the execution of John de Knelle, a clerk, at Guildford.
R. f. 9C.

parte vestra requireret, mortis procurarunt adjudi-
cari supplicio et suspendi, in contemptum privilegii
clericalis. Quia vero tanti præsumptionem facinoris,
quod totam Dei ecclesiam scandalizat, non decet nec
expedit sub dissimulatione transcurrere, fraternitatem
vestram monemus et hortamur in Domino, vobis nihilominus in virtute obedientiæ firmiter injungendo
mandantes, quatenus tale remedium circa prædicta
studeatis apponere. Sic quos in hac parte reos inveneritis, animadversione condigna plectentes, quod ad
Dei laudem cedat et gloriam, honorque personæ vestræ apud Deum et homines exinde merito augeatur,
ac aliis subtrahatur in posterum audacia talia perpetrandi. Faciatis autem diligenter inquiri an prædictus Johannes se esse clericum allegaret vel quoquomodo doceret, an etiam aliquis ipsum ecclesiæ
peteret liberari, vel si vestri fuerint in hac parte,
sicut dicitur negligentes, et aliis circumstantiis omnibus tangentibus istud factum, quod vestrum decet
officium viriliter exequendo, ut cum vobiscum, quod
erit in brevi, volente Domino, colloquium habuerimus,
possitis nos inde consolabiliter recreare. Valete in
Christo et Virgine gloriosa. Datum apud Tenham,
iiii. kal. Aprilis, anno Domini MCCLXXXIV., ordinationis nostræ sexto.

DXXXIII.

TO THE BISHOP OF DURHAM.

1284.
31 March.
Complains
of the
unlawful
demand of
dues from
his tenants
by the
officers of
Newcastle,

Frater J[ohannes], etc., venerabili fratri episcopo
Dunelmensi, salutem, etc. Cum notorium sit regni
Angliæ incolis, nobis et ecclesiæ nostræ Cantuariensi,
per concessiones regum Angliæ ab apostolica sede
confirmatas indultum, ac etiam a tempore cujus non
extat memoria obtentum esse pacifice, nostros et ecclesiæ nostræ Cantuariensis tenentes quoscunque a

præstationibus thelonei, muragii, pedagii, et aliis exac- and the
tionibus communibus quibuscunque per dictum regnum their
esse liberos et immunes, omnesque contravenientes goods.
tanquam nostræ ecclesiæ libertatum violatores majoris R. f. 90.
excommunicationis sententiam contra præsumptores
hujusmodi promulgatam incidere ipso facto ; intelleximus quod Henricus Scot, Robertus de Meteford,
Rogerus le Rede, Rogerus Peytevyn, Petrus Sampson,
Thomas Page, Gilebertus de Pampeden', Ricardus le
Lystere, Johannes le Lystere, et Robertus atte Tol-
bothe, ballivi et burgenses municipii Novi Castri
super Tynam, a Johanne Beneyt, Germano de Ponte
de Prestone, et aliis dictæ ecclesiæ nostræ tenentibus
theloneum, pedagium, et muragium, pro diversis mercimoniis suis in villa Novi Castri prædicta indebite
extorquere nitentes, ipsorum tenentium nostrorum bona
propter hoc arestarunt, et requisiti eadem sibi reddere
ut dicitur contradicunt, in nostræ ecclesiæ libertatum
præjudicium, ipsorum malefactorum animarum periculum, et dictorum tenentium dampnum non modicum
et gravamen.   Propter quod, si est ita, dubium non existit malefactores ipsos tanquam dictæ ecclesiæ nostræ Cantuariensis jurium et libertatum violatores, in
dictam excommunicationis sententiam dampnabiliter
incidisse.   Quocirca fraternitatem vestram mutuæ vi-
cissitudinis obtentu requirimus et rogamus, quatenus
dictos Henricum, etc., subditos vestros, monere et
inducere curetis diligentia qua potestis, ut ipsorum
tenentium nostrorum bona, quæ indebite detinent
occupata, eisdem indilate restituant, et a simili facto
præsumptuoso abstineant in futurum.   Valete in
Christo et Virgine gloriosa.   Datum apud Tenham, ii.
kal. Aprilis, anno octogesimo quarto, ordinationis
nostræ sexto.

DXXXIV.

To the Bishop of Chichester.

1284.
31 March.
Excommunication of those guilty of Knelle's death.
Refers to a grant of the king about such cases.
R. f. 90.

Frater J[ohannes], etc., episcopo Cycestrensi, salutem, etc. Per literas certificatorias de facto quondam Johannis de Knelle, clerici, nuper in opprobrium cleri ultimo mortis supplicio condempnati, quas nobis vestra direxit fraternitas, super quo vestræ devotionis promptitudinem multum in Domino commendamus, pridem intelleximus quod, dum adhuc idem clericus esset apud Lewes vestræ diœcesis carcerali custodiæ mancipatus, vos ipsum ecclesiæ nomine per decanum vestrum Lewensem, cui ad hoc commiseratis specialiter vices vestras, tanquam clericum petivistis vestræ custodiæ liberari. Sed ballivi loci ipsius in quorum custodia detinebatur clericus antedictus, ipsum sic requisitum reddere noluerunt, excusantes se hoc non posse facere sine mandato regio speciali. Unde postmodum clerico privilegio minime deferentes, apud Geldeford', Wyntoniensis diœcesis, eundem clericum transmiserunt. Ubi tandem improbitate quorundam inimicorum Dei agente, laicorum judicio ignominiosæ morti fuit addictus. Nos autem fraternitati vestræ notum facimus per præsentes, quod dudum in quodam parliamento London' dominus rex nobis et fratribus nostris et coepiscopis procurantibus hoc ore suo concessit, quod quandocunque, sive ante judicium sive post, clericus incarceratus occasione quacunque petatur, statim reddatur ordinario postulanti, sistendus tamen per eum sæculari judicio cum hoc sibi denunciatum fuerit, si ante datum judicium ecclesiæ fuerit liberatus.[1] Quocirca fraternitatem vestram attente requirimus et hortamur in Domino, officii vestri debitum in hac parte excitantes, ut omnes illos qui maliciose prædicti Johannis clerici auctoritate vestra requisiti, liberationem

---

[1] Statutes of Westminster, Cap II. passed in 1275. (Statutes of the Realm, vol. i., p. 28.)

distulerunt seu differri procurarunt, quique ad hoc consilium et auxilium impenderunt clam vel palam, ut sic tam ignominiosæ mortis supplicio traderetur, tanquam turbatores et violatores ecclesiasticæ libertatis, publice et sollempniter per totum archidiaconatum Lewensem et alia loca vestræ diœcesis, ubi expedire videritis, faciatis excommunicatos sine moræ diffugio nunciari. Inquirentes sollicite de nominibus eorundem, et quos in hac parte reos seu culpabiles inveneritis de vestra diœcese, sic studeatis animadversione condigna punire, ut ad honorem Dei et ecclesiæ cedat, in quorum scandalum et contemptum dictum facinus perpetratum existit. Ipsis quam aliis talia faciendi in posterum audacia subtrahatur, ut exinde vobis honor et gloria apud Deum et homines augeantur. Cum autem vobis vacaverit, rescribatis nobis si placet qualiter præmissa fueritis executi. Nos enim parati sumus assistere vobis si necesse fuerit in hac parte Valete, etc. Datum apud Tenham, ii. kal. Aprilis, anno LXXXIIII., ordinationis nostræ sexto.

DXXXV.

To Geoffrey de Scapeya.

Frater Johannes, etc., religioso viro fratri Galfrido de Scapeya, domini papæ primario, salutem et sinceram in Domino caritatem. Quia bonarum mentium est ibi culpam agnoscere ubi culpa non est, dilectus nobis in Christo magister Stephanus de S. Georgio, camerarius venerabilis patris domini H[ugonis] Dei gratia tituli Sancti Laurentii in Lucyna presbyteri cardinalis, per Angliam nuper transitum faciens, audito quod nos propter diversa genera culparum in clerum nostræ jurisdictioni subjectum, quasdam excommunicationis sententias in genere debuimus protulisse, nobis humiliter supplicavit, ut prudentiæ vestræ ipsius absolutionem committere curaremus ; licet

1284.
1 April.
Empowers him to grant absolution to Stephen de S. Georgio, chamberlain of cardinal Hugh of of Eve- sham, if he has incurred ex- communication.
R. f. 154.

ignoret, ut asserit, se in aliquam sententiarum hujusmodi incidisse. Nos autem de vestræ circumspectionis
industria confidentes, quantum in nobis est, et nostra
in hac parte commissio extra limites provinciæ nostræ
sufficit et valere potest, vobis committimus per præsentes, ut eidem Stephano de assensu loci diœcesani
vel superioris nostri ab omni hujusmodi excommunicationis sententia, si quam fortassis incurrit, in forma
canonica vice nostra absolutionis gratiam impendatis.
Valete, etc. Datum apud Tenham, kal. Aprilis, anno
Domini MCC. octogesimo quarto.

DXXXVI.

To the Prioress of Catesby.

[1284.]
12 April.
Repeats
his order
to her to
admit the
daughter
of Robert
de Caynes.
R. f. 206 b.
Frater J[ohannes], etc., priorissæ et conventui de
Catcby, salutem, etc. Literas vestras nuper nobis
missas recepimus, errorem ut prima facie videbatur
non modicum continentes, pro eo maxime quod nos
cum instantia exorastis ut permitteremus vos quandam
in sororem vestram recipere aliam et non illam pro
qua vobis sæpius direximus preces nostras, et vos
demum domicellam hujusmodi contemplatione nostri
et ecclesiæ nostræ Cantuariensis admittere, nobis per
vestras literas promisistis. Propter quod de vestra
inconstantia et excusatione frivola quam prætenditis
in hac parte plurimum admiramur. Quocirca vos
rogamus, monemus districtius et hortamur, quatenus
dilectam nobis in Christo . . filiam domini Roberti
de Caynes in sororem vestræ domus, prout vobis alias
scripsimus, exclusis omnibus fictis excusationibus admittatis, non præsumentes de cetero vos in talibus
per colorem pluralitatis aliquem excusare, ne oporteat
nos per censuram ecclesiasticam insolentiam vestram
corrigere, et contra vos arctius procedere, quod nollemus. Datum apud Wyngham, ii. idus Aprilis.

DXXXVII.

To Edward I.

Excellentissimo principi, etc. Quia volente Domino juxta officii nostri debitum intendimus partes Walliæ visitare, serenitati regiæ supplicamus quatenus de vestræ bonitatis clementia liceat venerabili fratri nostro domino episcopo Assavensi, nobis, cum ad ecclesiam suam venerimus, suam exhibere præsentiam, præsertim cum ab ipso debeat visitatio nostra incipi, et de persona sua vel factis nihil possimus inquirere modo debito vel etiam divinare, nisi ipso præsentialiter inibi existente, nec aliquid ipsum tangere credimus propter quod debeat a progressu nostræ visitationis excludi. Præterea, super eo quod scripsistis nuper de liberatione apostatarum quæ de vestro mandato London' detinentur, noverit excellentia regia quod, licet in civilibus criminibus quæ solum ad judices sæculares pertinent, purgatio hujusmodi juxta regni consuetudinem locum habeat, salva tamen reverentia vestra, non est ita in criminibus quorum cognitio ad ecclesiam pertinere dinoscitur, et præcipue in crimine hæresis, quod omne aliud iniquitate sua transcendit. Quantumcunque enim hujusmodi criminibus irretiti, alias se purgaverint et iterato de eadem contra eos suspicio oriatur, semper debent ecclesiastici judices ad cognitionem facti hujusmodi et correctionem procedere, quotiens animarum saluti viderint expedire. Supplicamus igitur regiæ majestati ut apostatas ipsas quæ crimine hæresis detinentur, non permittatis quacunque suggestione perfida liberari, donec de facti veritate in forma debita cognoscatur, et de hoc per Dei gratiam cito vobiscum tractabimus oraculo vivæ vocis. Datum apud Wengeham, xiiii. kal. Maii.

[1284.]
18 April.
Asks that
the bishop
of St.
Asaph may
meet him
in Wales,
and that
apostates
imprisoned
in London
may not be
liberated.
R. f. 43.

DXXXVIII.

PRIORY OF THE HOLY SEPULCHRE, CANTERBURY.

1284.
20 April.
Injunc-
tions.

R. f. 233.
A. f. 188 A.

Frater J[ohannes], etc., dilectis in Christo filiabus, priorissæ et conventui Sancti Sepulcri Cantuar', salutem, gratiam et benedictionem   Referentibus nobis clericis nostris, quos nuper ad vos transmisimus visitandas, quædam inter vos accepimus corrigenda, quæ pro vestræ honestatis observantia concludere volumus compendioso robore statutorum.   In primis igitur ordinamus, ut priorissa quæ pro tempore fuerit, sollicita sit et vigil sine acceptione personarum omnium in se filiarum affectus sinceros attrahere, et sic se communiter salva honestate omnibus et singulis exhibere, ut nullo modo notabilis sit de parte, vel magis inveniatur uni quam alteri adhærere.   Si quæ vero monialis inter vos rixosa et acerba, suisque sororibus intolerabilis de consuetudine habeatur, præcipimus eam a communione conventus juxta formam regulæ separari, et tamdiu in aliquo loco solitario detineri, ita quod interim nullus vel nulla secum habeat colloquium vel accessum, donec ad humilitatis spiritum reducta, se exhibeat omnibus amabilem et devotam.   Cessent igitur apud vos rixæ, jurgia et asperitates verborum, quæ honestatis monasticæ splendorem maculant et deformant.   Pro hujusmodi autem contumeliosis ut præmittitur separandis, assignamus domum illam obscuram sub dormitorio, si aliam ad hoc competentiorem minime habeatis, inhibentes sub pœna excommunicationis, quam ferimus in hiis scriptis in omnes ex certa deliberatione contrarium facientes, ne sæcularis quicunque dictam domum obscuram, sive fuerit ibi monialis sive non, de cetero pro quacunque causa audeat introire.   Domum etiam novam, in qua tam religiosi quam etiam sæculares solebant pro habendis cum monialibus et aliis mulieribus colloquiis convenire, omnino interdicimus sub

pœna suspensionis ab ingressu ecclesiæ, quam incurrere
volumus ipso facto contrarium facientes, ne hujusmodi
colloquia vel tractatus in dicta domo de cetero teneantur, districtius inhibentes. Vos autem omnes hortamur
in Domino servare sollicite silentii disciplinam. Et ut
omnis suspicio imposterum sustollatur, ordinamus ut
quæcunque monialis cum quocunque homine locutura
præter casum confessionis, ad locutorium commune accedat, associatis sibi semper duabus sociis ad minus,
quæ colloquium simul audiant ut vel ædificentur verbis utilibus si tractentur, vel impediant verba mala.
Nec colloquia hujusmodi nimis pertrahi aliquatenus
permittantur. Ne insuper refectorium vestrum a
sæcularibus frequentetur vel claustrum, sub pœna suspensionis prædictæ firmiter inhibemus. Nec aliquo casu
liceat alicui homini[1] sæculari vel religioso post solis
occasum, nisi evidens vitæ periculum sit in casu, et
tunc adhibitis societate loco et tempore opportunis,
claustri vestri ambitum introire vel inibi remanere.
Ad hæc, quia vos irreprehensibiles manere volumus re
et fama, sub pœna suspensionis prædictæ latæ, vobis
omnibus et singulis inhibemus ne aliqua vestrum sine
secura et honesta comitiva villam intrare præsumat,
vel ad quemcunque locum religiosorum vel alium
accedere sub colore confitendi, nisi alium quam illum
ad quem accedit non habeat confessorem. Nullum
quoque potum aut cibum ibidem sumat, moram non
protrahat, sed statim expedita causa accessus hujusmodi, quam honestam esse volumus et priorissæ vel
ipsius locum tenenti, ante exitum hujusmodi notam
fieri et exponi, redeat indilate. Omnem insuper suspectam et inhonestam familiam, mulieres et servientes
inutiles, a vestris liminibus præcipimus amoveri, et
nullam inposterum mulierem inter vos recipi moraturam, nisi de nostra licentia speciali. Ut autem hæc

---

[1] *homini*] homine, R.

ordinatio nostra per vos imposterum firmius observetur, præcipimus eam omni mense semel, videlicet primo die mensis intrantis, in capitulo vestro publice recitari. Valete, in Christo et Virgine gloriosa. Datum apud Shaltwod', xii. kal. Maii, anno Domini MCC. octogesimo quarto, ordinationis nostræ sexto.

DXXXIX.

To Martin his Commissary.

1284.
20 April.
Desires him to convey his injunctions to the nunnery of the Holy Sepulchre, Canterbury, and to appoint co-adjutrices for the prioress.
R. f. 233.
A. f. 188
A. b.

Frater J[ohannes], etc., dilecto filio magistro M[artino], commissario Cantuariensi, salutem, gratiam et benedictionem. Discretioni tuæ committimus et mandamus quatenus personaliter accedens ad monasterium Sancti Sepulcri, Cantuariæ, cum ordinatione nostra, quam priorissæ et monialibus loci ejusdem transmittimus, eandem eis diligenter exponas, faciens ipsam in omnibus observari. Et quia per inconsiderationem et negligentiam priorissæ, bona domus multum consumpta esse dicuntur, volumus ut eidem adjungas duas coadjutrices, videlicet, dominam Saram et aliam de honestioribus et sapientioribus dominabus; sed neutra earum sit Benedicta, quæ totum collegium dicitur multum suis contumeliis offendisse. Vicarium insuper de Wikham ex parte nostra sollicite interpelles, ut magisterium dictæ domus suscipiat, et curam bonorum gerat, vel saltem interdum domum ipsam suis consiliis dirigat et reformet. Purgationem etiam Isabellæ de Scorue, quæ de celerario ecclesiæ diffamatur, recipias, et eidem ac aliis monialibus accessum ad ecclesiam nostram prædictam, nisi in casu licito et honesto, omnimode interdicas. Inhibens nihilominus ex parte nostra celerario prædicto in præsentia sui prioris, sub pœna excommunicationis, quam in ipsum ferimus, si contrarium præsumpserit attemptare, ne de cetero prædicti monasterii ambitum aliquatenus introeat, vel ad dictam monialem alicubi accessum habeat, de quo valeat contra eum suspicio exoriri. Volumus autem ut prior suus de dicta moniali purgationem ipsius recipiat, te præsente. Inhibeas insuper districtius ex parte nostra monialibus prædictis ne ad ecclesiam nostram prædictam ex quacunque causa suspectos accessus habeant, vel ibidem moram suspectam trahant, sub pœna suspensionis ab ingressu ecclesiæ, quam ipsas incurrere volumus si contrarium quoquo modo præsumpserint attemptare. Datum apud Saltwode, xii. kal. Maii, anno supradicto.

DXL.

To the Prior of Bilsington.

Frater J[ohannes], etc., priori et conventui de Belsynton',[1] Cantuariensis diœcesis, salutem, gratiam et benedictionem. Ad nostram notitiam fama laborante pervenit, quod vos ad dilapidationem honorum vestrorum, tam in boscis quam aliis, quæ ad sustentationem vestram et vestræ ecclesiæ evidenter constat non sufficere, vos redditis nimis pronos. Cum igitur ex debito pastoralis officii simplicitati vestræ consulere, ac indemnitati teneamur pro viribus providere, ne prætextu inconsiderationis hujusmodi divinus apud vos cultus diminutionis dispendio successive succumbat, vobis singulis et omnibus sub pœna canonica tenore præsentium inhibemus, ne quid de bosco vestro vel aliis audeatis nobis inconsultis, qui tam ad fabricam ecclesiæ vestræ, quam alia pietatis opera vobis incumbentia oculos considerationis erigimus, sub permutationis, donationis, venditionis seu alio aliquo alienationis titulo in quempiam transferatis. Alioquin, si vos timor

*1284.
26 April.
Forbids him to cut his woods, &c., without permission.
R. f. 206 b.*

---

[1] Bilsington, a priory of Austin canons, near Romney, in Kent, was founded by John Mansell, provost of Beverley, in 1253. The king was patron. (Dugdale's Monasticon, vi., 492.)

pœnæ canonicæ non revocet ab inceptis, domino qui
patronus vester esse dinoscitur, denunciare proponimus
quod in hac parte remedium correctionis apponat.
Valete. Datum apud Aldynton,' vi. kal. Maii, ordinationis nostræ anno vi.

DXLI.

HAMO DE OXEBURG'.

1284.
2 May.
Appoint-
ment as
perpetual
vicar of
Moulton.
R. f. 55.
A. f. 153 b.

Universis, etc. Nolentes animas nobis subjectas
debitis defraudari obsequiis, sed earum in quantum
possumus, prout tenemur, saluti prospicere cupientes,
ne cura animarum in parochia de Multone, Norwy-
censis diœcesis, quæ de nostra exempta jurisdictione
existit, aliquatenus negligatur; attendentes etiam dilectum filium Aymonem de Gaysell, ecclesiæ de Multona
rectorem, variis et probabilibus causis impeditum, quominus circa curam animarum in eadem ecclesia sibi
commissarum valeat vigilare; nos in eadem ecclesia
dilectum filium Hamonem de Oxeburg', presbyterum,
perpetuum vicarium de consensu dicti rectoris duximus ordinandum. Et ne de ejus portione aliqua litis
materia seu dissensio oriatur[1] in futurum, super eadem
ordinavimus in forma subscripta :—Videlicet, quod
dictus vicarius percipiet suo perpetuo omnes obventiones et oblationes altaris ac etiam mortuaria a decedentibus quibuscunque in dicta parochia; insuper
omnes decimas lactis, casei, lanæ, vitulorum et agno-
rum, lini et cannabis, ac alias minutas decimas in
dicta parochia undecunque provenientes et a quibuscunque. Idemque vicarius solvet præfato rectori vel
suo certo procuratori quolibet anno in festo Nativitatis Beati Johannis Baptistæ quadraginta solidos, et

---

[1] *oriatur*] ceratur in A.

supportabit omnia onera ordinaria dictæ ecclesiæ incumbentia. Rector vero percipiet omnes majores decimas, blada, scilicet, fabas, pisa et fenum ad dictam ecclesiam spectantes, et onera extraordinaria supportabit. Quam quidem ordinationem Stephanus dictus Burguyllon, procurator dicti Aymonis legitime constitutus, nomine domini sui coram nobis comparens, et dictus Hamo vicarius pro se personaliter comparens, approbantes ipsam tactis sacrosanctis evangeliis jurarunt se observaturos in futurum. Nos autem ad perpetuam rei memoriam super ordinatione præmissa has nostras literas patentes fieri fecimus sigilli nostri munimine roboratas. Datum apud Maydenestan', vi. non. Maii, anno supradicto [MCC. octogesimo quarto, ordinationis dómini sexto].

DXLII.

To Cardinal Hugh of Evesham.

Reverendo in Christo patri, domino H[ugoni] Dei gratia tituli S. Laurentii in Lucina presbytero cardinali, confrater Johannes, etc., salutem cum omnimoda promptitudine reverentiæ, obsequii et honoris. Pro quodam Willelmo de Cheltham presbytero, paternitatis vestræ literas nedum deprecatorias, verum etiam exhortatorias recepimus non est diu, ut justitiæ complementum fieri faceremus eidem super quadam submissione quam rectorem ecclesiæ de Bykeneure, Cicestrensis diœcesis, nobis fecisse falso asseruit, sicut novit J. de Bekyngeham noster in curia procurator. Quamquam super hoc aliquando nobis verba facta fuerint super ecclesia memorata, ad quam per priorem de Lewes, ipsius patronum, de facto idem presbyter extitit præsentatus, nulla eidem priori denunciatione facta per nos, qui tunc temporis in dicta diœcese visitationis

[marginal notes:] [1284.] 7 May. Concerning a priest accused of necromancy, who has spread evil reports of Peckham at Rome. R. f. 67 b. A. f. 31 A.

R 4237. X

metropoliticæ officio fungebamur, aut alias per loci diœcesanum, cujus tunc in casu proposito ibidem sicut in aliis alibi in consimili, locorum ordinariorum conscientias super juris discussione a bono conscientiæ exorbitare, certisque dubia nolentes præponere, duximus onerandas. Verum objecto dicto capellano, prout fama accepimus, laborante execrabili crimine nigromantico, licet tunc non probato, durante visitatione nostra prædicta nec de vacatione dictæ ecclesiæ in forma juris aliquatenus docto, nec per præsentiam declarato; si in dicto præsentationis negotio supersedendum duxerimus, vestra paternitas, pensatis si placet hujusmodi, non miretur, cum legitima nobis tunc non apparuerit occasio ulterius procedendi. Ceterum quia idem capellanus a veritate declinans, in curia summi pontificis quædam sinistra, vos forsan non latentia, de nobis prædicasse refertur, sicut accepimus relatione fideli, licet ea nobis noluerit innata vobis benignitas nunciare, cauteriatam non habentes conscientiam, aliquatenus quod sciamus sibi in hiis quæ sunt favoris et gratiæ, currente suo marte justitia minus proni volumus inveniri; contra quod paternitatem vestram requirimus non rogare, cum in aliis omnibus et singulis congruentibus, vobis honori vestro aut vestris quæ nostræ possibilitati subfuerint gratanter simus, esseque velimus nostro perpetuo obtemperare parati. Ad hæc de benivolentia quam ad dilectum clericum nostrum Stephanum Passemer occasione antiquæ notitiæ vestra gerit reverenda paternitas, prout ex vestris literis evidenter elici potuit, ad grates vobis assurgimus et gratias speciales, rogantes ex corde, quatenus super eo quod juxta mandatum vestrum idem clericus senio jam et imbecillitate confractus ad vos ita festinanter nequivit accedere, ipsum habere dignemini excusatum, conceptum erga eum favoris et gratiæ spiritum ex bonitate si placet continuantes solita, cum ad umbram

alarum vestrarum ipsum contigerit declinare. Diu
vos dirigat et conservet Altissimus in salutis prosperi-
tate et honoris augmento. Datum apud Otteford,
nonis Maii.

DXLIII.

To John de Perogiis, Canon of Besançon.

Frater J., etc., magistro Johanni de Perog', canonico
Bysont', salutem, etc. Ne exorta et agitata jamdiu,
non sine personarum, expensarum et laborum discri-
mine, contentionis materia super ecclesia de Cherring'
inter vos ex una parte et Egidium de Aden[ardo]
clericum ex altera, diutius sub pacis expectatione
duraret, animarumque cura prædictæ ecclesiæ sub in-
certo pastore amodo vacillaret, auditis et intellectis
tam ex parte vestra per Gwillelmum de Longa Villa,
clericum et procuratorem vestrum, juxta virtutem sui
procuratorii, quam per dictum Egidium personaliter
propositis coram nobis, affectantes ex cordis intimo
fata dubia declinare causarum, subditorumque nostrorum providere quieti, submissionem utriusque partis
admisimus, assensu mutuo concurrente, super fructibus ipsius ecclesiæ a dicto Egidio perceptis, necnon
litibus hincinde motis, expensis et interesse per
utrumque vestrum factis ac injuriis uni ab altero
illatis occasione fructuum eorundem, intendentes, pacis
Auctore volente, omnimoda sopita discordia, inter vos
et ipsum pacem perpetuam reformare. Vos igitur
gressus vestros ad nos, recepturi gratiam quam vobis
de ipsa ecclesia per dictum Egidium in manibus
nostris libere resignata facere proponimus, quamtocius
visis præsentibus dirigatis; non attendentes nos
gratiam hujusmodi vobis velle facere antequam ad
nos personaliter duxeritis declinandum. Propter quam

1284.
8 May
Desires
him to
come to
him, as
Giles de
Audenarde
has re-
signed the
church of
Charing.
R. f. 207.

x 2

etiam multarum et gravium personarum detractiones et obloquia novimus nos passuros. Datum apud Otteford', viii. die Maii, anno ordinationis nostræ sexto.

DXLIV.

To Ordonius Bishop of Tusculum.

Reverendo in Christo patri ac domino Ordonio, Dei gratia episcopo Tusculano, frater J[ohannes], permissione Ejusdem Cantuariensis ecclesiæ minister, etc., salutem, etc. Noverit paternitas vestra quod est quidam benivolus noster in curia qui non cessat de nobis mendacia seminare, asserens sicut accepimus, et affirmans quod nos, tempore vacationis ecclesiæ Wyntoniensis, debebamus vobis quosdam defectus de domino R. Bathoniensi et Wellensi episcopo, tunc in Wyntoniensem episcopum postulato, scripsisse, et præcipue de pluralitate beneficiorum quam habuerat, super qua dispensatione apostolica indigebat. Propter quod non potuit negotium in curia prosperari, immo, sicut dicit, per nos omnino debuit impediri, assumens, ut asserit, auctoritatem et testimonium dicti sui ex literis quas paternitati vestræ super hoc dicimur direxisse. Dicit insuper quod quædam sinistra debebamus similiter de domino rege Angliæ etiam paternitati vestræ eodem tempore nostris literis nunciasse. Et quia talia verba non minus honorem vestrum quam famam nostram deformant, nosque in hac parte simus teste conscientia sine culpa, de quo etiam vestrum testimonium invocamus, reverendam paternitatem vestram devota precum instantia exoramus, quatenus qui nostram in hiis innocentiam cognovistis, delatoris prædicti detractionem improbam dignemini compescere, ut de talibus imposterum obmutescat. Nomen illius vobis dicere novit Johannes de Bekyngham, noster in curia procurator, qui si aliquo modo subterfugiat, noveritis quod magister Henricus de Grandissono talia de nobis

[1284.]
9 May.
Desires him to contradict reports spread by Henry de Grandison about letters written by Peckham concerning the bishop of Bath and the king.

R. f. 68.
A. f. 96 b.

dicitur prædicasse.   Hanc autem nostram scripturam
rogamus velitis destruere mox inspectam, quoniam si
perpenderet dictus Henricus nos talia vobis scripsisse,
non cessaret ea in nostri præjudicium publicare.   Custodiat Dominus incolumitatem vestram ecclesiæ suæ
sanctæ per tempora longiora.   Scriptum vii. id. Maii.

DXLV.

To Peter Blaunc.

Frater J[ohannes], etc., dilecto filio magistro Petro
Blaunc, rectori ecclesiarum de Wrotham et de Lymmyng', salutem, etc.   Nuper transitum facientes per
ecclesias vestras prædictas, invenimus in eisdem animarum curam omnino negligi, quatenus ad vestrum
spectat officium, parochianos pauperes per defectum
boni dispensatoris fame affligi, et ut expediamur bre-
vibus, omni temporali et spirituali solatio defraudari.
Quare magistro Poncio procuratori nostro injunximus
pro relevanda parochianorum inopia, quos tam temporaliter quam spiritualiter tenemini recreare, ut[1] distribui
faceret inter pauperes parochianos de Lymmyng' usque
ad centum solidos sterlingorum, et tantundem apud
Wrotham similiter faciat assignari, quia tanta hiis
diebus fames invaluit quod vix est eorum aliquis qui
de proprio habeat unde vivat.   Nec, sicut accepimus,
toto tempore quo ipsas ecclesias tenuistis, fuit aliquis
qui nomine vestro parochianis illis in suis necessitatibus subveniret.   Ex quo proculdubio Altissimum offendistis, cui etiam nos displicere credimus, eo quod
tanto tempore talia permisimus sub dissimulationis
umbra transire.   Expedit igitur honori vestro et animarum saluti credimus fructuosum, ut nacta opportu-

*1284.
18 May.
Finding his
parishes
uncared
for, has
ordered
alms to be
given to
the poor.
Remarks
about the
will of
archbishop
Boniface.
R. f. 210 b.*

---

1 *ut*] omitted in MS.

nitate veniatis in brevi per dies aliquos visitare curas
vestro regimini commendatas, et nobiscum super variis
colloquium habituri, ut quæ hactenus per vestrorum
imperitiam omissa sunt, vestra præsentia suppleantur.
Ad hoc satis novit discretio vestra in quo statu receperimus ædificia maneriorum archiepiscopatus, quæ
tempore bonæ memoriæ domini B[onifacii] prædecessoris nostri in parte notabili sunt confusa; ob cujus
neglectum ultra duo milia marcarum nos noveritis
expendisse. Pro quibus tamen ædificiis reparandis de
bonis testamenti dicti domini B[onifacii] nobis de aliquibus vestri gratia subvenistis, quorum juxta promissionem vestram residuum fiducialiter expectamus.
Sed quod proponimus volente Domino apud Otteford
novam capellam lapideam honestam erigere, quia in-
decens est quod pro tam solempni aula, quæ ibi existit, non est nisi capella lignea satis vilis, quam certe
expedivisset dicto prædecessori nostro suo tempore
innovasse, ne videretur plus cogitare de honoranda
mensa hominis quam Domini Salvatoris, vos rogamus
quatenus de residuo bonorum dicti testamenti, quod
ad vestræ dispensationis arbitrium devolutum esse
dinoscitur, adhuc velitis nobis pro dicta capella suc-
currere construenda, per quod animam defuncti procul
dubio nostræ recommendationis diligentia credimus
relevandam, et vobis coram Deo et hominibus augebi-
tis gloriam et honorem, nosque exinde et pro loco et
tempore vobis intendimus sensibiliter ut secundum
Deum poterimus esse grati. Præterea sollicite cogitetis
de pecunia testamenti inter pauperes tenentes maneriorum archiepiscopatus distribuenda, quod jam a longo
tempore est omissum, non sine magno animæ vestræ
periculo ut putamus. Scribimus autem hæc omnia
domino Ambianensi ut ad præmissa vos effectualiter
excitet adimplenda. Quid autem super hiis omnibus
facere decreveratis, nobis fideliter rescribatis per præsentium portitorem. Datum apud Mortelak', xv. kal.
Junii.

DXLVI.

PRIORY OF ST. MARY'S, SOUTHWARK.

Frater J[ohannes], etc., priori et conventui beatæ
Mariæ de Suwerk', Wyntoniensis diœcesis, salutem, [1284.]
gratiam et benedictionem. Visitantibus nobis nuper Ordi-
jure metropolitico per clericos nostros vos et vestrum nances.
monasterium, ut est moris, quædam ibidem inventa R. f. 238 b.
correctionis et reformationis limam requirentia corrigenda et correcta præsentibus censuimus inserenda,
quæ in virtute obedientiæ volumus inviolabiliter imposterum observari, et semel in mense, ne quis vestrum ipsorum possit prætendere ignorantiam, inter
vos in capitulo sub præsentium serie recitari. In primis, ut alter alterius testis esse possit observantiæ
regularis honestatis et vitæ, præcipimus quod nullus
canonicorum sine concanonico vel converso maturo et
honesto præcipue civitatem London' vel ejus subur-
bium aut villam de Suwerk' intret qualicunque de
causa, nec inibi bibat aut comedat nisi inter personas
graves et grandes, proceres videlicet aut prælatos.
Silentium vero præsertim in ecclesia, choro, claustro,
et refectorio melius solito custodiri volumus et mandamus, ne laxata nimis loquendi licentia vestrum aliquem præcipitet in reatum. Item, cum per te, fili
supprior, non tantum religionis honestas sed etiam
caritatis vinculum, sine qua est impossibile Deo pla-
cere, specialiter deceat confoveri, volumus et districte
præcipimus quod omnimoda personarum acceptione
rejecta, excessus fratrum juxta delicti qualitatem cum
mansuetudine debita, præcipue in tui prioris absentia,
corrigas et reformes. Ad hæc, ut proprietatis execrabile vitium nullum vestrum per devia religionis et
vestræ professionis abducat, ordinamus et volumus
quod omnis pecunia de bonis vestris undecunque proveniens, ad manus duorum quos ex vobis duxeritis
eligendos perveniat, et liberetur eisdem, qui coram
priore et senioribus capituli bis vel ter in anno ple-

num reddant ratiocinium de receptis. Per quos etiam tam prior quam alii quos pro negotiis domus vestræ exire contigerit, necessariis recipiant in expensis. De quibus per capellanum prioris in reditu suo, et etiam alios prædictos cum domi redierint, reddi præcipimus rationem coram priore, quotiens præsens fuerit, vel ipso absente coram suppriore, aliisque quatuor vel quinque ad minus, ut isto correctionis seu reformationis ordine observato, de statu domus vestræ saltem in temporalibus vobis omnibus et singulis liqueat evidenter. Si quis vero inter vos dicto detestabili proprietatis crimine infectus fuerit clam vel palam, cum ex hoc in jam latam per nos excommunicationis sententiam contra religiosos proprietarios inciderit, ipsum sub obtestatione[1] salutis suæ et in obedientiæ virtute monemus, quod a periculo dictæ sententiæ se liberans sine mora, quicquid de bonis dicti monasterii vel aliunde ex quacunque causa apud eum fuerit vel alios ejus nomine vel mandato, tibi, fili prior, infra triduum a tempore receptionis præsentium plenarie liberet et ostendat, alioquin ipsa maneat excommunicationis sententia innodatus. Valete. Datum apud Mortelak', xii. kal. Jun., anno, etc.

DXLVII.

To Southwark Priory.

Removes the cellarer and chamberlain and sacristan. One brother must not be both almoner and infirmarer.

R. f. 238 b.
A. f. 182 b.

Item dictis priori et conventui, salutem, etc. Declinantes nuper ad vos quidam nostri clerici, auctoritate nostra metropolitica vobis visitationis officium nostro nomine impensuri, quædam ibidem invenerunt correctionem requirentia personalem, quæ in subscripta forma censuimus corrigenda. In primis, ut quantum in nobis est vestra dispendia declinemus, fratrem Hugonem de Chaucumbe, per quem in officio celerariæ ex vestra inconsideratione diutius existentem, monas-

---

[1] *obtestatione*] obtestationis MSS.

terium vestrum damnificatum invenimus in plerisque, ab officio absolvimus antedicto. Monentes et sub pœna excommunicationis, qua eum exnunc innodari, si huic nostræ monitioni parere contempserit, injungentes eidem quod bona quæcumque dicti monasterii penes eum, alium vel alios ejus mandato vel nomine existentia, infra octo dies a tempore receptionis præsentium, tibi, fili prior, restituere non omittat, completumque reddat compotum citra festum Sanctæ Trinitatis de universis bonis et singulis domus vestræ, quæ ad manus ejus devenerunt, a tempore quo dicto celerariæ officio fungebatur. Item, fratrem Willelmum de Cristeshale elemosinariæ et firmariæ[1] tenentem officia, ne neutrum bene peragat dum ad utrumque festinat, ab eorum altero prout. vobis videbitur consultius absolvimus, et absolutum præcipimus amoveri, sibique in dicto officio sic dimisso, de communi consensu vestro, quem in obedientiariorum institutionibus et destitutionibus requiri volumus, circumspectum et idoneum subrogari. Item, fratris Stephani camerarii et sacristæ vestri insufficientiam et corporis impotentiam attendentes, ab officio camerariæ absolvimus; cui talem præcipimus subrogari, qui fratrum necessitatibus obsequiosus existens, ipse mansuete respondeat, gratanter et benigne subveniat, quatenus sufficere poterunt bona ipsius officio assignata. Valete. Datum ut supra.

DXLVIII.

To the Archdeacon of Oxford.

Frater J[ohannes], etc., dilecto filio archidiacono Oxon' vel ejus officiali, salutem, etc. Cum nuper per municipium Oxon' transitum faceremus, ex re-

1284.
27 May.
Orders him
to proceed

---

[1] *firmariæ*] This is probably either a short form of *infirmariæ* or a mere error in spelling. Ducange explains *firmaria* as either a prison, or "locus forte in monasteriis ubi " firmarii excipiuntur," but I am inclined to think that infirmary must be the meaning here.

against those who have taken the property of the late Sir Sampson Folyot from Oseney abbey.
R. f. 207 b.

latu intelleximus fidedigno quod quidam iniquitatis filii, suæ salutis immemores, quædam bona domini Sampsonis Folyot militis defuncti, in sacra æde monasterii de Oseneye per ipsum defunctum dum viveret reposita, furtive ceperunt et a sacra domo prædicta rapaciter asportarunt, immunitatem ecclesiasticam dampnabiliter violando, et sententiam excommunicationis ipso facto incurrendo, per dominum Ottobonum quondam legatum in Anglia in omnes malefactores hujusmodi promulgatam. Quocirca vobis mandamus firmiter injungentes, quatenus prædictos malefactores omnes et singulos per tres dies sollemnes in singulis ecclesiis archidiaconatus prædicti, publice et solemniter intra missarum solemnia excommunicatos esse denuncietis, et faciatis per alios nunciari, donec beneficium absolutionis in forma juris meruerint obtinere, inquirentes de nominibus dictorum malefactorum cum omni diligentia et effectu. Et si quos tales inveneritis in hac parte, contra eos in forma canonica procedatis, ipsos per censuram ecclesiasticam, ut justum fuerit, percellendo. Datum apud Lange Ychynton', vi. kal. Jun., anno Domini MCC. octogesimo quarto, ordinationis nostræ sexto.

DXLIX.

To the Bishop of Rochester.

1284.
1 June.
Complains of his not having performed his ordinance concerning Coleshill church.
R. f. 90 b.

Frater J[ohannes], etc., episcopo Roffensi, salutem. Licet dudum in Coventrensi et Lichfeldensi diœcese metropoliticæ visitationis officium exercentes, ordinationem perpetuæ vicariæ in ecclesia de Coleshull' vobis commiserimus faciendam, nuper tamen per eandem ecclesiam transitum facientes, invenimus quod vos prædictam ordinationem, quam pro parte incepistis, complere plus debito distulistis. Quocirca vobis iterato committimus et firmiter injungendo mandamus, quatenus citra festum Sancti Petri ad Vincula proximo venturum, prædictam ordinationem vicariæ juxta commissionem vobis factam alias compleatis, quia nihil factum esse videtur, quamdiu superest aliquid ad agendum. Alioquin nos ex tunc manus nostras circa hoc in vestri negligentiam apponemus. Quid autem in hac parte feceritis, infra mensem a festo prædicto nobis, ubicunque tunc fuerimus in provincia nostra, rescribatis per vestras patentes literas ordinationis vestræ . et præsentium seriem continentes. Valete. Datum Lichefeld', kalendis Junii, ordinationis nostræ anno sexto.

DL.

To the Bishop of Coventry and Lichfield.

Frater J[ohannes], etc., episcopo Lichfeldensi, salutem, etc. Dudum in vestra diœcese visitationis officium exercentes, invenimus dominum Ricardum de Leghton', militem, uxorem suam maritali affectione minime pertractare. Nos autem propter hoc coram nobis convenientes eundem, sub certa pœna mandavimus et injunximus ei, ut prædictam uxorem suam ex tunc secum teneret et maritali affectione tractaret, eidem tanquam uxori suæ fideliter adhærendo. Ad quod etiam se juramento proprio nihilominus obligavit. Verum, cum idem miles postmodum sub maritalis affectionis debito vellet eam ad se recolligere a lege conjugii, et benivole confovere, ipsa ab eo propria se temeritate divertens, prout ipso milite nobis insinuante nuper et etiam fidedignorum testimonio intelleximus, nunc Stafford', nunc apud Penkryz ac aliis locis a vestra jurisdictione exemptis, moram trahit continue, viro suo cohabitare recusans et ecclesiasticam censuram contempnens. Vos insuper, sicut accepimus, hoc audito, zelo justitiæ et pietatis accensi, volentes ejusdem militis providere saluti, nuper moneri fecistis

[1284.]
7 June.
Understands that the wife of Sir R. de Leghton refuses to return to him.
R. f. 90 b.

eundem ut sæpedictæ uxori suæ cohabitaret, et ipsam
secum sub conjugali affectione teneret. Et quia mandatum vestrum hujusmodi ad effectum debitum hactenus non perduxit, vos ipsum excommunicationis sententia innodastis. Cum igitur dictus miles, sicut pro
certo intelleximus, hucusque pro possibilitate sua la-
boraverit ut uxorem suam ad se reduceret, et adhuc
laboret etiam, sicut dicit, nec sit in culpa quare non
cohabitat vel cohabitavit eidem, fraternitatem vestram
hortamur attente, quatenus nullus puniri debeat sine
culpa, si ex hac causa solum dictum militem excommunicationis sententia involvistis, nec alias deliquerit,
propter quod ipsum oporteat sic ligari, ipsam sententiam revocetis, et eidem absolutionis gratiam impendatis. Et nos, si oportet, vos juvare curabimus ut
dicta mulier ad virum suum redire cogatur, quæ in
contemptum jurisdictionis ordinariæ in locis propha-
natis recondita immemor salutis propriæ subterfugit.
Valete. Datum apud Album Monasterium, vii. id.
Junii, etc.

DLI.
To the Bishop of Worcester.

[1284.]
7 June.
Thanks for
his many
presents.
R. f. 91.
A. f. 96 b.

Episcopo Wigorniensi. Frequenter nimis vestræ sus-
cipimus memorialia caritatis, sed cum verecundia
novit Deus, verbum illud Jeronimi ad memoriam
revocantes, "Nunquam petentes raro accipiamus inviti.
" Nescio enim quo pacto te viliorem judicat ille cujus
" munera recepisti."[1] Hæc Jeronimi. Quibus non

---

[1] A citation from memory of the
following passage : "Numquam
" petentes, raro accipiamus rogati.
" Beatius enim est magis dare quam
" accipere. Nescio quo enim modo
" etiam ipse qui deprecatur ut tri-
" buat; quum acceperis, viliorem
" te judicat; et mirum in modum
" si eum rogantem contempseris,
" plus te posterius veneratur."
Hieronymi Epist., xxxiv.

obstantibus vestra crebrius recepimus exennia, quam
alicujus mortalium quod sciamus, et ob hoc ne respuendo
exhibita offenderemus vestræ liberalitatis animum, vel
ad alicujus suspicionis stimulum traheremus. Rogamus
igitur, ut de cetero sufficiat sibi caritas radicata, ne
cogatis nos minora vel majora hortatu Jeronimi repellere destinata. Novimus hominem cujus procul sit a
nobis in hac parte ambitus et affectus, qui nullo modo
jocale quinque solidorum admitteret, qui tamen non
respueret mille marcas. Audistis ut credimus de viro
qui oblatam marcam abominatus est ut insipidam,
donec auri adjectio ei præstitit condimentum, ut de-
votissime glutiretur, quia anima calida quasi ignis
ardens est,[1] ut aiunt Eloquia, et ignis numquam dicit
"Sufficit," ut alibi scribitur in eisdem.[2] Hoc autem humiliter obsecramus ut nos in magna cordis angustia
constitutos velitis Altissimi clementiæ commendare.
Pro certo scientes quod in frixorio domini, licet temuerer,[3] concrememur sicut ille qui prava quæ viderit
corrigere satagit, et dum nequit[4] tolerat et gemit, ut
exponit Sanctus Augustinus illud psalmigraphicum.
" Zelus domus tuæ comedit me,"[5] Johannis Evangelio
recitatum. O quotiens corde revolvimus qua infelici-
tate nostra, licet compulsi auctoritate apostolica, a sua-
vibus aquis Syloe recessimus, quæ vadunt cum silentio,
et in fluctus feros et amarissimos impegimus quos ex-
periuntur incrementis continuis istius incolæ regionis.
Conservet Dominus, etc. Datum apud Album Monasterium, vii. idus Junii.

---

[1] Ecclus. xxiii. 22.
[2] Prov. xxx. 16.
[3] *temuerer*] Sic in MS.
[4] *nequit*] nequid, MSS.
[5] "Quis comeditur zelo domus
" Dei? Qui omnia quæ forte ibi
" videt perversa, satagit corrigi,
" cupit emendari, non quiescit ; si
" emendare non potest, tolerat,
" gemit." S. Augustini, in Johannis Evang., cap. 2, tractatus x. § 9.

DLII.

To Edward I.

[1284.]
11 June.
Advice
concerning
the ecclesi-
astical con-
dition of
Wales.
Asks him
to permit
the bishop
of St.
Asaph to
return to
his dio-
cese.[1]

R. f. 207 b.

Excellentissimo principi ac domino E[dwardo], etc., frater J[ohannes], etc., salutem, cum omni reverentia et honore. Pietas propositi regii quo intenditis ecclesiis providere et earum dispendia relevare, poterit fieri sine scrupulo et cum tranquillitate omnimoda regalis conscientiæ in futurum, si dignemini procedere in hunc modum. Ut videlicet duos viros probatos de ordine Fratrum Prædicatorum, et duos de ordine Minorum, et unum vel duos clericos sæculares, qui ab omni munere didicerint excutere manus suas, de fratrum electione . . prioris ac ministri, quos penes vos habetis, conscientias onerantes, per singulas ecclesias et desolata loca sacra alia destinetis, inquisituros per juramenta parochianorum ac vicinorum de dispendio, auctoribus et ipsorum etiam quantitate. Impossibile est enim quod istorum sciatur veritas, nisi per illos qui ipsa fide didicerint oculata. Hæc idcirco scribimus regiæ majestati, quia nos, licet de hac materia cœperimus inquirere, nostra tamen in hoc negotio parum prodest, quia loca desolata per nos et nostros non sufficimus circuire, et plures invenimus nimis forte favorabiles propriis lucris suis. Noveritis insuper, clementissime domine, quod populus ille quem vidimus in hiis partibus periit ex defectu regiminis et doctrinæ. Et si liceat nobis sublimitatem vestram humilibus exhortationibus inclinare, scribimus vobis in verbo veridico sacerdotis, quod nisi permiseritis . . episcopum Assavensem superintendere gregi suo, saltem donec retroactorum suorum processuum veritas declaretur, cotidie corruet populus in pejora, dum subtrahitur ei solitus cultus Dei, pro eo quod non est qui reconciliet ecclesias prophanatas nec simplices

---

[1] Printed in Wilkins' Concilia, ii. 103.

illos dirigat in salutem. Obsecramus igitur, clementissime domine, vincat vos clementia in hac parte, quos benignitatis titulus in adversarios pœnitentes præ ceteris mundi principibus hactenus decoravit. Nec tamen, Deo teste, adhuc aliquo testimonio fidedigno potuimus invenire, exactissime perscrutantes, prædictum episcopum unquam fuisse honoris vestri excellentiæ adversatum. In hiis autem et in aliis jubeat regalis dominatio nobis per latorem præsentium sua beneplacita nunciari. Datum apud Rothel[an], iii. id. Junii.

DLIII.

THE GOSPELS OF ST. ASAPH.

Frater J[ohannes], universis tam clericis quam laicis per Coventrensem et Lich', Herefordensem ac Walliæ diœceses constitutis, salutem et pacem in Domino sempiternam. Librum seu textum Evangeliorum de ecclesia Assavensi vulgo "*Eueggultheu*" appellatum, qui, ut didicimus, in magna veneratione habetur in partibus Walliæ et Marchiæ apud omnes, et propter causas varias a quibusdam clericis præfatæ ecclesiæ quandoque per patriam tanquam sanctuarium honorifice circumfertur, universitati vestræ una cum personis textum hujusmodi deferentibus recommendandum duximus per præsentes, rogantes quatenus ob reverentiam Christi, qui Evangeliorum est auctor, clericos memoratos cum textu prædicto per vos transitum facientes, in eundo, morando et redeundo securitatis[2] et pacis beneficio permittatis gaudere. Datum Rodelann', xviii. kal. Julii, anno Domini MCCLXXX. quarto.

1284.
14 June.
Letter of recommendation for clerks bearing the gospels of St. Asaph through the country.[1]
R. f. 208.

---

[1] Printed in Wilkins' Concilia, ii. 104, where the date is given as " xiv. cal. Junii."

[2] *securitatis*] securatis MS.

DLIV.

To Edward I.

A treshonurable prince e seignur Edward Deu grace, etc. Sire, tut soye jo par desus les eveskes de ma province en causes e en plez, nepurkant, sire, en lur office jo ne ay poer forske en cas certeins pur lur defaute ou par lur volente expresse, sicome sievent vos sages clers. E pur co, sire tut soye jo prest quaunt est de moy a dedier la place pur les moignies de Cisteaus a Meynan, nepurkaunt jo ne le poreye pas fere saunz plein assentement del eveske e de sun chapitre, e de la persone du lu, les queus ove assez des autres unt mut graunt horreur del aprochement des avaunt dit moignies. Kar tute soyent il prodes hommes, si Dieu plest, nepurkaunt il sunt les plus durs veysins que prelaz e persones puissent avoyr. Kar la ou il mettent le pie, il de-struent viles, tolent dimes et forcloent par lur privi-leges tut le poer de prelacyun, e especiaument en cest cas se sent le clerge del evesche de Seint Assaph greve, pur co ke il ihunt quatre abbayes blaunches, e si ceste i est plauntee, il en averunt cyng, e le eveske de Bangor ne ke une. Pur la queu chose, sire, il me semble ke il plereyt plus a Dieu ke vous meissez vostre abbaye aucune part en le evesche de Bangor, nomeement pur co ke il unt en cele evesche en Eng-leseye e ailliurs la greigneur partie de lur biens. Ovekes, sire, sachez ke le eveske de Seint Assaph en demaunda conseil a sun chapitre, e le chapitre ne se veut assentir a ceste chose en nule maniere, sicome il nous dist e mut des autres, eins volent plus tost apeler contre li ke ceste chose se prenge. E pur co, sire, e pur autres choses e reysuns ceste chose ne peut estre fete taunt ke jo eye parle a vous. E pur Dieu, sire, ne vous ennuit pas, eins piete vous

prenge de eus qui sunt grevez en mut de autre
manieres. E sachez, sire, ke jo vous maund ces
choses saunz fentise e saunz duplicite. E croy ke
vous frez graunt aumone si vous vostre bon purpos
chaungez en meillur. Sire, Dieus vous eyt en sa
garde.

Ceste lettre fu escrite a Rothelan le Mecredi apres
la Seint Barnabe.

DLV.

To the Archdeacon of Derby.

Frater J[ohannes], permissione divina Cantuariensis
ecclesiæ minister humilis, totius Angliæ primas, dilecto
filio magistro Elyæ archidiacono Derbiæ, coadjutori
domini Conventr' et Lich' episcopo, salutem, gratiam
et benedictionem. Res detestabilis supra modum, res
utique lamentabilis, nuper asseveratione fidedigna nobis innotuit, quod videlicet clerus Cestriæ in enorme
scandalum totius cleri et populi quoddam insolentiæ
flagitium perpetravit, prout nobis evidentius apparere
poterit in cedula quam vobis mittimus præsentibus
interclusa. Quod proculdubio non potuit accidisse
nisi per eorum negligentiam qui habent mores et
actus subditorum suorum corrigere et sollicitudine
vigili reformare. Cum itaque de vestræ circumspectionis industria ac honestatis zelo in hac parte specialiter confidamus, meritoque de ipsis immediatis præla-
tis corruptionem et negligentiam opinemur, discretioni
vestræ committimus et mandamus, vobis nihilominus
in virtute obedientiæ firmiter injungentes, quatenus
sublato dilationis tædio ad locum ipsum personaliter
accedentes, de nominibus flagitiosorum hujusmodi diligenter ac fideliter inquiratis, quos in hac parte reos
inveneritis sic animadversione debita percellentes, quod

1284.
16 June.
Orders
him, as
coadjutor
of the
bishop of
Coventry
and Lich-
field, to
proceed
against the
clergy of
Chester
for certain
crimes.
R. f. 208.

eorum condigna satisfactio aliis horrorem incutiat, talia de cetero præsumenda. Si quos autem culpabiles inveneritis, qui jurisdictioni vestræ ratione domicilii minime sint subjecti, citetis eosdem peremptorie, quod certa die ipsis a vobis præfigenda compareant coram nobis, ubicumque tunc in provincia nostra fuerimus, pœnam et pœnitentiam pro tantæ enormitatis excessibus recepturi. De die autem receptionis præsentium et citatione prædicta, necnon quicquid feceritis in præmissis, nobis citra octabas Translationis Sancti Thomæ Martiris, ubicunque in nostra provincia fuerimus, rescribatis per vestras patentes literas harum seriem continentes. Datum Rotholani, xvi. kal. Julii, ordinationis nostræ anno sexto.

Illud vero quod ad injuriam Fratrum Minorum pertinet, correctioni nostræ specialiter duximus reservandum.

DLVI

To the Bishop of Lincoln.

1284.
19 June.
Concerning the innocence of R. de Peghtone, accused of incontinence in a convent.
R. f. 91.
A. f. 135.

Frater J[ohannes], etc., venerabili in Christo fratri, domino O[livero], Dei gratia Lincolniensi episcopo, salutem et sinceram in Domino caritatem. Ita credendum testimoniis arbitramur, quod si quando veritatis evidentia testium assertionibus refragetur, cedat fides testibus adhibita fidei oculatæ. Sane dudum zelo Dei accensi vobis meminimus nos dixisse, fuisse nobis fidedigna asseveratione suggestum, cui suggestioni pro suggerentis merito credebamus firmiter adhærendum, quod in quodam cœnobio, vestræ curæ divinitus commendato, quidam R. de Peghtone nomine incestum commiserat detestandum, propter quod videbatur nobis iter ejusdem R. ad ipsum cœnobium esse perpetuo sepiendum. Verumtamen quia intelleximus ejusdem prælato probatissimo W. nomine celsioris sophiæ didasculo referente, quod præmisso exacto scrutinio ipsum R. repererat innocentem, quodque nomen æquivocum nephas ei impulit ab alio perpetratum, quodque vestra fraternitas visitans idem cœnobium et de prædicto R. inquirens sollicite, præmissa censura canonica, nihil de ipso noxium potuit invenire, significamus vestræ providentiæ circumspectæ, quod si est ita, in multum desideramus ut tam in illo cœnobio quam alibi utamini ipsius R. ministerio, sicut prius fieri consuevit. Absit enim a nobis velle aliqualiter impedire, ne possit ad utilitatem ecclesiæ ministrare secundum gratiam sibi datam, et ad hoc idem vos curaremus precibus inclinare, nisi sciremus hiis temporibus muliebres animos minus horrere juramenti injurias et vinculum anathematis, quam verecundiam sceleris revelati, præsertim ubi inobedientiæ concepto proposito pertinacia familiari consilio supervenit. Nec hoc scribimus quasi prædictæ maculæ obnoxiis tale aliquid imponamus, sed quia hujusmodi piaculi experientia nostrum facit [1] adeo animum vacillare, ut frequenter in claustris sentiamus argumenta fidei canonicæ peccare, in materia et in forma. Valete in Christo et Virgine gloriosa. Datum in Snaudon', xiii. kal. Julii, ordinationis nostræ anno sexto.

DLVII.

To the Bishop of St. Asaph.

Frater J[ohannes], etc., venerabili in Christo fratri domino A[niano], Dei gratia Assavensi episcopo, salutem et sinceram in Domino caritatem. Super reconciliatione vestra et pace domini regis obtinenda, una cum domino Bathoniensi, institimus apud regem cum tanta solicitudine ut vix cum eo de alio negotio loqueremur. Sed ut vellemus non potuimus ipsum

Advises him to conciliate the king by consenting to a monastery being built at Meynan.

R. f. 91.
A. f. 50.

---

[1] *facit*] faqeat in A.

Y 2

negotium expedire, sicut idem episcopus vobis poterit alias, cum secum habueritis colloquium, plenius intimare. Illud autem a regis benivolentia vos credimus plurimum elongasse, quod constructioni novi monasterii apud Meynan non penitus assensistis. Ut igitur animum domini regis in vestræ reconciliationis gratiam facilius inclinetis, consulimus, si vobis videbitur expedire, ut de consensu vestro de dicto monasterio construendo nobis vestras patentes literas transmittatis, significantes nihilominus literis vestris de damnis quæ vobis et ecclesiæ vestræ, necnon rectori ejusdem loci exinde contingent, quos ad idem cum omni diligentia inducatis, sicut vultis ipsam ecclesiam hiis temporibus prosperari. Scribatis autem dilucide et aperte sine alicujus velaminis fictione. Per hoc enim speramus, volente Domino, quod gratiam et pacem quam quæritis facilius adquiretis,[1] et tanto facilius [2] quanto libentius regiis beneplacitis annueritis in hac parte, pro certo scientes quod, sicut intelleximus, sedes apostolica supra omnes mundi principes ipsum speciali favore prosequitur in præsenti, quod in brevi lucidius, ut audivimus, apparebit. Ad hæc quanto affectu possumus vos rogamus ut nobis mittatis secundum formam cedulæ præsentibus interclusæ, literas vestras patentes. Quod licet nos ex nostro facere possemus officio, quia tamen optamus vos regiæ benivolentiæ proximare, rogamus ut eidem super hoc vestras literas concedatis quas ipsi credimus placituras, cum tamen ipsum non noverimus hujusmodi litteris indigere. Præterea mirari non debetis si nos manum apposuimus ad corrigendum illud quod vos decem et septem annis seu toto prælationis vestræ tempore neglexistis, de ecclesia videlicet parochiali cujus tertiam partem monachi Stratæ Marcellæ injuste post tempora prædecessoris vestri

---

[1] A stops here. | [2] *facilius*] falius, R.

tenuisse noscuntur. Cujus tertiæ partis dimidium vicario assignavimus ad suam vicariam augmentandam, reliquam vero medietatem vestro reliquimus arbitrio ordinandam, in quo non credimus nos vobis in aliquo derogasse. Valete, etc. Datum Bangor'.

DLVIII.
To Edward I.

Excellentissimo principi ac domino Edwardo, Dei gratia regi Angliæ, domino Hiberniæ et duci Aquitaniæ, frater J[ohannes], permissione divina Cantuariensis ecclesiæ minister humilis, totius Angliæ primas, salutem illam, quam verum tribuit salutare cum omni reverentia et honore. Quamvis nuper contra Gwalensium indomitam proterviam coegerit publica necessitas innocentiam cordis vestri vexilla erigere et agones victoriosi certaminis attemptare; quia tamen juxta præliantium eventus varios plurima sunt commissa, quæ præter vestri jussiones imperii læsisse videntur in rerum dispendiis et personarum gravaminibus ecclesiasticam plurimum libertatem ; vos ad ea quæ Dei sunt paratum gerentes animum, voluistis ut nos, qui in spiritualibus habemus majestati regiæ famulari, provideremus sollicite ne in hac parte quisquam remaneat conscientiæ vestræ scrupulus in futurum ex illis, quæ præter intentionem vestram ut plurimum in prædicti progressu prælii contigerunt. Quia igitur veritatem quærit regia celsitudo, nec decet gradum nostrum vobis palpando suggerere falsitatem, in primis dominationi vestræ scribimus quod in hiis factis quæ contra legem Altissimi perpetrantur, intentio boni, licet reatum attenuet, damnationis tamen periculum non excludit, sicut nec est immunis a scelere,[2] qui

1284.
25 June.
Concerning the destruction of churches and similar crimes committed during the Welsh war.[1]

R. f. 43 b.
A. f. 50.

---

1 Printed in Wilkins' Concilia, ii. 101.
2 *scelere*] celere, R.

furatur ut eleemosynam largiatur, nec recte incedit qui
ad finem intentum callem eligit tortuosum. Secundo
adjicimus, quod licet contra vel præter voluntatem vestram expressam et etiam ratihabitionem multæ fuerint
injuriæ ecclesiis et ecclesiasticis personis ac innocenti-
bus aliis irrogatæ; non tamen potest se majestas regia
excusare in hiis quæ sub dissimulationis vestræ pallio
provenerunt. Quoniam, si a principio gwerræ severitatis regiæ terroribus fuissent malefactores hujusmodi
pœnalibus judiciis refrænati, non accidissent ex parte
maxima ecclesiarum gravamina quæ postea sunt secuta.
Obligatur igitur in talibus vestra dominatio ex favore.
Favere enim dicitur qui cum possit et cui ex officio
incumbit, manifeste imminenti facinori desunt obviare.
Tertio, quia per partes Walliæ visitationis freti officio
transeuntes, personas ecclesiasticas et monasticas audivimus conquerentes de ecclesiis et sacris ædibus spoliatis
et pariter concrematis; laicos etiam de rebus suis ab
ecclesiis et cimiteriis, in quibus reconditæ fuerant,
sacrilege asportatis ; ipsorum querelis cupientes satisfacere, de assensu conquerentium ordinamus, ut de
assensu regio personæ eligantur testimonio fidedignæ,
quæ per loca omnia Walliæ circueant desolata; et
vocatis qui fuerint evocandi, inquirant cum omni
diligentia per juratos et fidedignos de hujusmodi
malefactis et personis illorum qui talia perpetrarunt. Et si compertum fuerit, quod bona ecclesiasticis
officiis deputata, utpote libri, calices, campanæ, vasa
quæcunque, vestimenta vel ornamenta quælibet de ecclesiis sublata fuerint ; vel alias undecunque ad integram restitutionem eorundem, et ad interesse super
injuriis, raptores hujusmodi, si personæ notæ fuerint,
et solvendi habeant potestatem per censuram ecclesiasticam ; et si illa non sufficiat, per severitatem regiam
compellantur. Quod si personarum notitia non valeat
indagari, vel notæ non sufficiant satisfacere de prædictis, credimus majestatem regiam pro ratione præ-

tacta ad satisfactionem hujusmodi obligari. Ita tamen quod raptores ad solutionem impotentes, sicut excommunicati, gravi pœna canonica procellantur. Clericos vero, qui contra jura regiæ majestatis arma hostiliter detulerunt, vel alios ad hujusmodi injurias excitarunt, cujusquam gradus fuerint aut honoris, cum hoc fuerit in forma canonica declaratum per suos ordinarios compelli præcipimus, ut tam sufficienter satisfaciant regiæ majestati, ne nos ad hoc manus cogamur extendere duriores. Si vero clericis hujusmodi nihil habentibus, nisi de bonis ecclesiasticis, quicquam ablatum fuerit de eisdem, restituendum illud credimus ecclesiæ, non materiali fabricæ sed congregationibus pauperum fidelium, quibus præsunt, per superiorum vel bonorum virorum industriam[1] ad hoc specialiter electorum; et restitutionem faciant spoliatores, si sufficiunt et noti fuerunt, et hiis deficientibus per clementiam regiam esse credimus providendum. Ceteris autem personis ecclesiasticis et religiosis, quæ nullatenus ope vel opera, consilio vel favore, majestati et paci regiæ derogarunt, de damnis et interesse fiat satisfactio plenaria in forma superius annotata. Laicarum vero tres fuerunt in hiis partibus differentiæ personarum. Quædam enim fuerunt, licet paucæ, penitus innocentes; et istis debet in forma prædicta fieri plenarie restitutio spoliatis. Aliæ vero fuerunt clam vel palam regiis juribus adversantes; et istis, cum legitime constiterit de eisdem, nullam esse restitutionem credimus faciendam, etiam si bona ipsorum fuerint auctoritate regia in ecclesiis occupata. Quia propter inimicitiarum nephas jus rerum hujusmodi quod habuerant perdiderunt. Pro violentia tamen illata ecclesiæ si quæ fuerit in forma debita satisfiat.[2]

---

[1] *industriam*] industria, MS.

[2] The passage from *ipsorum querelis* to *satisfiat* is omitted in A. and the following inserted in its place:—"Et hic sequitur clausa "ut fiant inquisitores, si rex vo- "luerit consentire, et restituantur "ablata; et quod alii ignoti cen-

Fuerunt insuper tertii generis personæ, quæ metu ty-
rannidis pristinæ honori regio restiterunt, et in istis
cum de animi innocentia constiterit, revelandis, regalis se ut putamus misericordia declarabit. In occu-
patione autem bonorum seu clericalium seu laicalium,
triplex circumstantia excusat vel partialiter vel totaliter occupantes, verbi gratia, si manifesta necessitate coacti, manus ad hujusmodi extenderunt, sive in
ecclesiis sive extra. In tali enim necessitate omnia
creduntur esse principis rem publicam defensantis,
dum tamen modum teneat occupando. Item, si propter
hoc occupentur bona hujusmodi, ut ipsorum possessoribus invalidis conserventur. Item, si idcirco occupentur ne ad manus hostium casu aliquo deducantur.
De incendiis autem ecclesiarum et sacrarum ædium religiosorum vel sæcularium clericorum seu etiam laicorum,
idem intelligimus, quod de rebus eorundem superius est
notatum ; hoc excepto quod ecclesiarum et sacrarum
ædium consumptiones et incendia, nullo obstante delicto
hominis, sunt restitutione debita plenarie compensanda.
Incendiarios autem illos qui ex certa malitia ecclesias
incenderunt, vel ausu illicito ædes alias ex quibus
accensis ignis consumens hæsit ecclesiis, postquam
nominatim per ecclesiam sententia canonis contra
personas earum fuerit publicata, dumtaxat absolutione
apostolica credimus indigere. Et licet nullum noverimus hujusmodi scelere irretitum, tamen non nocet, si
apostolica clementia imploretur, ut si qui sic denunciati
occurrerint, possint per locorum ordinarios absolvi ex
gratia speciali. Ad absolvendum vero illos qui in
casu illicito clericos interfecerunt vel læserunt enormiter, non consuevit apostolica auctoritas alicui absenti

---

" sura ecclesiastica procellantur, et
" quod ordinarii ad executionem
" hujusmodi censurarum, etc., ne
" ad hoc manus cogatur extendere
" duriores. Sed qui fuerunt clam
" vel palam regiis juribus adver-
" santes, istis nulla fiat restitutio,

" licet in ecclesiis occupata, quia
" propter inimicitiarum nefas, jus
" rerum hujusmodi quod habuerant
" perdiderunt; tamen satisfiat pro
" violentia facta ecclesiæ." Some
passages further on are also
shortened in a similar fashion.

concedere potestatem. Et quia illi qui hujusmodi incendia perpetrarunt, ad gremium sanctæ matris ecclesiæ pro absolutionis gratia confugerunt, non decet
prælatos ad denunciationem excommunicationis vel
alia gravamina procedere contra eos, præsertim quia
pietas vestra pro ipsis satisfacere est parata modo
superius annotato. Licet autem nulla lex civilis vel
canonica vos videatur aliquatenus obligare ad faciendum pro damnis ecclesiis vel ecclesiasticis personis
per Lewelinum quondam principem Walliæ irrogatis,
quamvis ad dominium vestrum non hereditario sed
jure regio pervenerint bona sua; quia tamen Imperatori
summo, qui essentialiter est Dominus, omnes suæ ser-
viunt creaturæ, decere credimus majestatem vestram,
quæ a summo Rege regni terreni obtinet bajulatum, de
bonis ejus vestræ dispensationi creditis honoris sui resarcire injurias per dispensatorem vel verius dissipatorem
pristinum perpetratas. Hæc, illustrissime principum,
vobis scribimus sine præjudicio sententiæ melioris, sigilli
munimine roborata. De loco autem Aberconeweye, seu
dedicatione episcopali, seu sepultura Christianorum
corporum religioso effectu, et consimilibus juxta canonicas sanctiones idem sentimus quod vobis per prudentes alios est consultum. Valeat et vigeat regia
celsitudo ad divini nominis gloriam quam diu cœli
sidera rotabuntur.

Datum Bangor' in crastino Nativitatis S. Johannis
Beati Baptistæ, anno Domini MCCLXXXIV., ordinationis
nostræ sexto.

DLIX.

To the Prior of the Dominican Friars at Rhudd-
lan and others.

Frater J[ohannes], etc., dilectis in Christo filiis priori
Fratrum Prædicatorum Rothelan', gardiano Fratrum
Minorum de Lammeis,[1] et magistro Radulpho de

1284.
25 June.
Desires
them to

---

[1] Llanfais near Beaumaris.

send to the
king and
himself in-
formation
concerning
churches
which have
been in-
jured.
R. f. 154 b.

Brocton', clerico, salutem, gratiam et benedictionem. Quia juxta clamorem qui venit ad nos, dum nuper in Assavensi et Bangorensi diœcesibus visitationis fungeremur officio, super damnis et injuriis illatis ecclesiis, non valemus pro cognoscenda super hoc veritate personaliter ad loca singula declinare; de vestræ fidelitatis puritate fidei plenitudinem obtinentes, vobis in hac parte tenore præsentium committimus vices nostras, cum coercionis canonicæ potestate, ut per loca singula sic gravata de hujusmodi damnis et injuriis sollicite perscrutantes, domino regi et nobis quam citius fieri poterit, omnem veritatem quam circa hoc inveneritis, fideliter intimetis. In cujus rei testimonium præsentes literas sigilli nostri fecimus appensione muniri, post festum Omnium Sanctorum proximo sequens minime valituras. Datum Bangor', vii. kal Julii, anno Domini MCC. octogesimo quarto, ordinationis nostræ sexto.

DLX.

To Edward I.

1284.
26 June.
Asks him
to repeat
his order
to the
mayor of
Newcastle
not to
exact
murage,
&c., from
the arch-
bishop's
tenants.
R. f. 44.
A. f. 130.

Excellentissimo principi, etc., salutem cum omni reverentia et honore. Ex progenitorum vestrorum munificentia et liberalitatis etiam vestræ gratia nobis concessa, fuerunt hactenus ecclesiæ nostræ tenentes per totum regnum vestrum a præstationibus muragii, thelonei et aliarum exactionum hujusmodi liberi et immunes. Unde nuper vestri gratia majori et ballivis vestris Novi Castri super Tynam, qui tenentes nostros et ecclesiæ nostræ super exactionibus hujusmodi molestant indebite, ad instantiam nostram vestris dedistis literis in mandatis, ut attachiationes super hoc factas remitterent, et amodo præfatos homines et tenentes nostros pristina gaudere permitterent libertate. Verum præfati major et ballivi, non obstantibus literis vestris prædictis, ipsos nituntur ad solutionem præstationum hujusmodi compellere, nolentes ut dicitur a talibus exactionibus desistere, donec constet ipsis per cartam regiam de hujusmodi libertate. Quia igitur durum esset nobis munimenta ecclesiæ nostræ super juribus et libertatibus suis hucusque pacifice obtentis singulis petentibus exhibere, magnificentiæ regiæ humiliter supplicamus, quatenus de solita vestræ clementiæ gratia sic prædictis majori et ballivis pro hac causa dignetur scribere cum effectu, quod memorati tenentes nostri a præstationibus exactionum hujusmodi liberi dimittantur, et sanctæ Cantuariensis ecclesiæ libertates sub nostræ ditionis imperio se gaudeant prosperari continue. Nos quoque ex hoc sanctorum meritis ejusdem ecclesiæ patronorum vos teneamur specialius commendáre, præsertim quia nihil pro nobis in hac parte quærimus, nisi tantum pauperum vestrorum atque nostrorum solatium antiquitus consuetum. Valeat et vigeat excellentia regia per tempora longiora. Datum Bangor', vi. kal Julii, anno Domini MCCLXXXIV.

DLXI.

To THE BISHOP OF ST. ASAPH'S.

Frater J[ohannes], permissione divina Cantuariensis ecclesiæ minister humilis, totiùs Angliæ primas, venerabili fratri domino A., Dei gratia episcopo Assavensi, salutem et sinceram in Domino caritatem. Salvatoris pietatem ad memoriam revocantes, qui inconsideratæ civitatis Jerusalem materialis quondam pericula deploravit, pro eo quod visitationis suæ gratiam effectualiter non agnoscens, exterminari meruit et everti; gregi vestro, quem visitantes nihil aliud intendimus nisi dominicæ visitationis effectum in ipsum nostræ servitutis officio propagare, compatimur vehementer et affligit mentem nostram misericordiæ cruciatus, pro eo quod ipse miseriam satis propriam non agnoscens ad suorum gravaminum quærenda remedia modo debito

1284.
28 June.
Orders him to enforce the wearing of the usual clerical dress in his diocese, and the statutes of Otto and Ottobon against married priests, &c., and to exhort the Welsh to unity with

the English.[1]
R. f. 233 b.
A. f. 173.

non assurgit. Sed armis quærens resurgere gens inermis, inde potius dejicitur et subvertitur coram Deo et sæculo universo, unde supra vires suas in magnis nititur ambulare. Viam igitur veræ sibi non vanæ conquirendæ gloriæ paraturi a cleri sanctuario decrevimus inchoandum, ordinantes ut de cetero clerici vestræ diœcesis in habitu et ornatu, gestu et affatu, ceteris per orbem clericis se conforment, ut unius cum aliis appareant honestatis. Et ut nec minor sobrietas nec temporis in potando fœda consumptio, nec coma prolixior, nec strictior corona, nec locutionis impetus, nec linguæ literalis inopia, nec radiatæ clamidis aut vestis insolentia, nec capitis aut pedum vel tibiarum nuditas ipsos signaculo vel nota derisibili faciat ab aliis discrepare. Sacerdotes insuper gerant de cetero capas clausas. Et si qui clericorum vel sacerdotum in hiis appareant reprehensibiles in futurum, nisi per decanos vel archidiaconale officium vel officiales modo debito corrigantur, vos eos puniatis graviter et negligentes gravius correctores. Alioquin Judex districtissimus nostræ sollicitudinis laborem et ecclesiæ in hac parte dispendia in tremendo judicio a vobis exiget, ut putamus. Et quia incontinentiæ vitium clerum vestrum ab antiquo maculasse dinoscitur enormiter ultra modum, quod est negligentiæ prælatorum evidens argumentum ; vobis in virtute obedientiæ districte præcipimus, quatenus statuta canonica ad animum revocantes, quæ vos jurasse novimus servaturos, incontinentes clericos beneficiatos de cetero puniatis secundum statuta sanctissima dominorum Othonis et Ottoboni, sedis apostolicæ legatorum ; ut videlicet quicunque ultra mensem tenuisse repertus fuerit concubinam, nisi ex tunc monitus penitus abstineat in futurum, nec habitam nec aliam ulterius

---

[1] Printed in Wilkins' Concilia, ii. 104.

[2] Marginal note,—Ordinatio in ecclesiis Assavensi et Bangorensi.

recepturus, ipso facto omni ecclesiastico beneficio sit
privatus; nihilominus si post monitionem se correxerit,
pro præteritis arbitrarie puniendus. Clericos autem
nondum beneficium ecclesiasticum assecutos, ab hujusmodi beneficiis repellatis, donec tam probatæ fuerint
castitatis, ut pristinæ in eis turpitudinis infamia sit
extincta. Et tam hujusmodi clericos quam laicos incontinentiæ vitio laborantes in forma canonica puniatis, non imponentes eis pœnam juxta suæ desideria
voluntatis, sed illam potius imponentes, scilicet pecuniariam vel corporalem, quam eos certo experimento
perpendere poteritis amplius abhorrere. Horas autem
canonicas beneficiati, et missam ordinariam sacerdotes
curam animarum habentes, cum cantu et reverentia
debita celebrent omni die, quando impedimentum canonicum non obsistit. Et quotiens in hoc extiterint
negligentes, vel pœna corporali, vel pœna pecuniaria,
si magis eam timeant, puniantur, et pecunia sic collecta per pauperes parochiæ penitus erogetur. Corporis
vero Dominici sacramentum cum reverentia debita
conservetur, prout statutum est in ultimo concilio de
Lameth', et reverenter cum tintinnabulo prævio, et
accenso cereo vel candela, ad ægrotos in cuppa vel
decenti pyxide in manibus sacerdotalibus solemniter
cum omni diligentia deportetur. Præterea cultum Dei
et ecclesiastica officia, eruditionem juniorum in gram-
matica disciplina, informationem laicorum in fide et
moribus, ex magna parte in vestra diœcesi credimus
defecisse, quia divisa sunt bona ecclesiarum per exiles
adeo portiones, ut nec portionarii valeant residere nec
habeant vicarii unde possint onera parochialia subpor-
tare, nimirum juxta Salvatoris sententiam "omne reg-
"num in seipso divisum desolabitur."[1] Ubicunque
igitur ecclesiæ per divisiones hujusmodi debitis obsequiis defraudantur, et cura vel perit vel manifeste
læditur animarum; ipsas divisiones tanquam evangelio

---

[1] Luke xi. 17.

et juri contrarias, quantumcunque factæ fuerint ab antiquo, ipsis qui hujusmodi sectiones obtinent, cedentibus aut decedentibus decernimus perpetuo abolendas; in eisdem ecclesiis per vestram prudentiam provideri jubentes, ut ubicunque rectores non faciunt continuam residentiam personalem, ecclesiarum vicariis provideatur de idonea portione, qua possint parochialia onera et hospitalitatis gratiam sustinere, et cultum Dei in ecclesiis condigna ministrorum assistentia celebrare. Et quicunque vos maliciose in hac parte præsumpserit impedire, formidandæ maledictioni divinæ se noverit subjacere. Decimas autem bonorum dotalium, sicut ab antiquo præstitæ fuerunt, et mortuaria in vestibus et aliis approbamus. Ita tamen quod conjuges ratione conjugii ad alias præstandas de novo decimas non cogantur. Decanos vero rurales vel officiales locales nolumus[1] a rectoribus et vicariis procurari, nisi forte ab eisdem pro necessitate ' aliqua invitentur. Nec officialem episcopi, ubi eodem anno episcopus fuerit procuratus, vel etiam procurandus, nec officialem archidiaconi, ubi eodem anno archidiaconus fuerit procuratus, vel ordinarie procurandus, nisi forte ex speciali causa a rectore fuerit invitatus. Si quis autem decanus vel officialis metu vel concussione hujusmodi procurationem extorserit, ab officio sit suspensus donec duplum rectori vel vicario restituerit sic gravato. Et quia Assavensis ecclesia cathedralis est toti diœcesi posita in exemplum, sacris canonibus adhærentes statuimus, ut domus decani et canonicorum quamcitius id fieri poterit, prope et circa ecclesiam construantur. Et ut canonici in claustri ambitu et ecclesiæ capas et almucia deferant canonicæ honestatis, juxta quod in ecclesiis aliis cathedralibus per provinciam fieri consuevit. Ipsa etiam

---

[1] *nolumus*] this word in R. is more like *volumus*, which also is printed by Wilkins, but the sense of the passage appears to require the negative.

ecclesia officietur celebritate condigna, tam in missa quam horis canonicis omni die. Libertatem autem quam in temporibus dominii retroacti vestra habere ecclesia consuevit, sicut ex vestro tenemini juramento, supplicando si oportet super hoc humiliter et instanter regiæ majestati, et constanter satellitibus eandem libertatem infringentibus in forma canonica resistendo, tutamini toto posse. Et si secus feceritis, non pastoris gloriam sed mercenarii ignominiam in hac parte dicemini promereri. Quia vero Salvator per passionem a discipulis recessurus, eis recommendavit præ ceteris studium unitatis, obsecramus per misericordiam Jesu Christi, ut ad unitatis studium cum dominio et populo Anglicano velitis per vos et alios vestros subditos informare; ne rancore contra eos in cordibus reservato, in se provocent iram Dei, et frustra conentur ad impossibile, ad obtentum scilicet regni Angliæ supervacue aspirantes. Attendentes quod si illustris rex Angliæ cum sua prole, cum omnibus Angliæ magnatibus, quod avertat Altissimus, decessisset, succederent eis hereditario jure reges plurimi majores mundi et magnates per orbem alii, et hiis deficientibus Romana ecclesia, crucis si oporteret exercitu invocato, contra quos vires Walliæ nihil possent. Quiescat igitur de cetero rancor inutilis, et pacis studio pro vita corporis et animæ et successionis suæ perseverantia sint intenti. Sitque in eis cum Anglicis cor unum et anima una, ut nulla inter eos extraneitas nominetur, sed pereat nomen extraneorum per familiare consortium caritatis. Præterea dolentes intelleximus quod populus vester nimis sompniis et fantasticis visionibus est intentus, Bruti sequens vestigia, qui de Trojano opprobrio veniens fugitivus, perpetrato scelere [1] idolatriæ, per Dianæ vel diaboli potius susurrum, recepto consilio sompniando, insulam Britannicam introivit, quæ prius habi-

---

[1] *scelere*] celere, R.

tata a gente Germanica Albyon dicebatur. De quorum genere Saxones esse creduntur. Ipsum igitur populum vestrum totis viribus doceatis, ut spretis sompniis et auguriis adhæreant evangeliis, et non de Trojanis devictis et fugatis, sed de invicta cruce Domini nostri Jesu Christi de cetero glorientur, qui in suo sanguine omne genus hominum fecit unum. Præterea est et malum aliud ex superbia ducens originem, otium scilicet corporale, quod populum vestrum maculat supra modum, quod quidem est fomentum omnium vitiorum. Quia igitur duplex est vita salvandorum, activa scilicet et contemplativa, quarum neutra est otiosa, omnes utriusque sexus vobis subditos informetis, ut omni die studeant aliquo exercitii genere liciti redimere panem suum. Præsertim quia Dominus Adæ pro tota sua posteritate laborem imposuit post peccatum. Et Paulus etiam dicit, "Si quis non vult operari, non manducet."[1] Vita igitur est latronum et non Christianorum panem comedere otiosum. Vitam igitur otiosam contumaciter agentibus nisi moniti resipiscant, subtrahi præcipimus ecclesiastica sacramenta, et in morte ecclesiasticam sepulturam, nisi signis probabilibus se ostenderint pœnitentes. Et quia populus vester salutari doctrina indiget supra modum, et sicut populus sic sacerdos, quia tam illiteratos sacerdotes et clericos nusquam meminimus nos vidisse; non sine magno mœrore cordis audivimus quod Fratres Prædicatores et Minores, apud quos pæne solos in hiis partibus doctrina residet veritatis, non recipiuntur nec procurantur a rectoribus et sacerdotibus, cum prædicantes circueunt verbum Dei. Quocirca vobis districte præcipimus quatenus in hac parte, secundum quod cautum est in concilio apud Lamethe ultimo celebrato, cogatis clerum vobis subjectum per censuram ecclesiasticam, si oportet, ipsos

---

[1] 2 Thess. iii. 10.

recipere verbi Dei gratia venientes. Certum est enim ipsos non esse pastores ovium, sed lupos potius, qui, cum docere populum nesciant, non procurant ipsum populum edoceri per viros sanctos ad hoc per mundum a summo pontifice destinatos. Cum autem iidem fratres circueunt pro elemosina postulanda, qui sine provisione vivere non possunt in hiis partibus ut deceret, illi prius recipiantur cum effectu qui prius veniunt elemosinam petituri, qui tanquam gemelli sponsæ hinuli et ubera ad eundem finem lactandos, scilicet ecclesiæ parvulos, pariter sunt vocati. Hanc igitur informationis nostræ paginam rogamus et obsecramus, vobis nihilominus in virtute obedientiæ firmiter injungentes, ut faciatis annis singulis in synodis publicari, et per archidiaconale officium in decanatibus et nihilominus in parochiis omnibus, et per vos cum hujusmodi parochias visitatis; de quo vestram conscientiam in tremendo judicio oneramus. Et quid inde feceritis nos [1] in proxima congregatione fratrum curetis reddere certiores. Datum Bangor', iiii. kal. Julii, anno Domini MCC. octogesimo quarto, ordinationis nostræ sexto.

Consimilis litera emanavit domino episcopo Bangor' apud Tewyn, sub data v. non. Julii anno eodem.

---

[1] *nos*] non in A.

APPENDICES.

APPENDIX I.

~~~~~~~~~~

I.

Sancto patri et domino reverendo si libet Johanni, Dei
gratia Cantuariensi archiepiscopo, totius Angliæ primati,
Godfridus permissione divina Wygorniensis ecclesiæ minister
humilis, salutem, et se tanquam ad vota sui præcipui præ-
ceptoris reverenter paratum, cum subjectione devota. Super
eo quod ad nostri instantiam pro electo monasterii Majoris
Malverne, nostræ diœceseos, quem cum quibusdam monachis
in sua comitiva existentibus, abbas monasterii Westmonasteriensis non absque sui gravi periculo, nostri etiam ac ecclesiæ nostræ Wygorniensis præjudicio et offensa notoria, capi
fecit et carcerali custodiæ mancipari, contra canonicas sanctiones ; nuper compatientes eisdem, ipsi abbati vestras literas
direxistis ; tanti patris clementiæ, quamquam ad id sufficere
minime valeamus, gratiarum impendimus multiplices actiones.
Verum an . . . . abbas ipse vobis rescripserit suum
nuntium, ignoramus, et scimus constanter quod quoad eorum
liberationem, nihil egit omnino, sed eos detinet severius, ut
dicitur, in carcere sic detrusos ; prout lator præsentium vobis
poterit apertius exprimere oraculo vivæ vocis, cui si libet
in hiis et aliis quæ vestræ sanctitati nostro nomine expri-
menda duxerit, adhibere dignemini plenam fidem. Ad hæc
indubitanter vos scimus esse memores, qualiter auctoritate
vestra ecclesiam de Campeden nostro contulimus capellano,
cujus collocatio per vos approbata extitit subsequenter. Sed
idem capellanus effectu et proposito penitus est frustratus,
præ domini Eadmundi de Mortuo Mari potentia, qui ipsam
ecclesiam de facto huc usque possedit. Ob quod vestræ
paternitati supplicamus attente, quatenus præfatum Eadmundum nunc obtinentem hereditatem paternam, si placet,
velitis inducere et rogare, ut dictam ecclesiam præfato pres-

1282.
10 Nov.
The abbot
of West-
minster
detains the
prior elect
of Mal-
vern in
prison.
Asks the
archbishop
to desire
Edm. Mor-
temer not
to interfere
with
Campden
church.
Giffard's
Register,
f. 162.

bytero dimittat libere et in pace, ac eum non inquietet de
cetero super ea, ut sic factum subsequens culpam præcedentem si quæ fuerit facilius relevet, et suæ sanet salubrius
conscientiæ læsionem. Datum apud Bredon, iv. id. Novembris. Anno ut supra.

II.

VISITATION OF WORCESTER.

1283.
Feb.
Giffard's
Register,
f. 154.

Memorandum, quod in crastino Purificationis Beatæ Virginis millesimo ducentesimo octogesimo secundo, dominus
Johannes Dei gratia Cantuariensis archiepiscopus visitavit
dominum episcopum Wygorniensem, et procuratus fuit eodem
die tantum sumptibus ipsius Wygorniensis, sed jacuit in
prioratu. Die vero Jovis archiepiscopus visitavit monachos,
die Veneris visitavit moniales de Wyston.[1] Die autem Sabbati adivit Majorem Malvern' et prædicavit ibidem in capella ; qua peracta, cum petierit in forma debita ab eis ad
visitationem admitti, surrexerunt magistri R. dictus Barret,
et R. de Vasto Prato, procuratores abbatis Westmonasteriensis, allegando asserentes ipsum prioratum Majoris Malverne
ita privilegiatum, quod nec dictus archiepiscopus, nec episcopus Wygorniensis jurisdictionem aliquam habere debuerat
in eodem, offerentes se paratos congruis loco et tempore
hoc docere. Archiepiscopo super hoc deliberante ac consu-
lente, præfixit eis diem ad exhibendum et proponendum privilegia sua, si quæ optinuerint, ubicunque fuerit in diœcese
Wygorniensi, coram eo videlicet in crastino Sanctarum Perpetuæ et Felicitatis, recepturi ulterius quid dictaverit ordo
juris. Die vero Martis sequente proximo stetit idem archiepiscopus cum domino episcopo in mensa apud Hertlebure.

---

[1] Whiston, or Whytestane, near
Worcester, a small house of Cistercian nuns, founded by Walter Can-
telupe, bp. of Worcester, in 1255.

III.

VISITATION OF WORCESTER.

Memorandum, anno gratiæ millesimo ducentesimo octo- *Giffard's*
gesimo secundo, in crastino Purificationis Beatæ Mariæ Vir- *Register,*
ginis, primo incepit frater Johannes permissione divina *f. 175. b.*
Cantuariensis archiepiscopus, totius Angliæ primas, visitare
episcopum Wygorniensem in sua ecclesia cathedrali, et per-
visitavit totam diœcesem in vigilia Annunciationis Dominicæ
proximo sequenti. De cujus visitatione tam clerus quam
populus dictum archiepiscopum laudabiliter commendarunt.

IV.

ELEANOR, QUEEN DOWAGER, TO EDWARD I.

Alianor par la grace de Dieu, reine d'Engleterre, a nostre *1283.*
trescher fiz Edeward par cele meisme grace rei d'Engleterre, *26 Feb.*
saluz et nostre benescon. Nos avoms entendu par lercevesqe *Asks him*
de Canturbir' et ausint par levesqe de Wyrecestr' qi le *to procure*
nus unt mande par leur lettres, qe labbe de Wemoster a *Wyke-*
pris un moygne de la Grant Mauverne, qui ad a non Willame *wane's*
de Wykewane, por ce qil fu eleu de estre prior de meisme *Royal*
le leu, si la envoie a Londres, et illokes la mis en dure *Letter,*
prison, et li et deus moygnes ove li, dunt lun est mort en *1923.*
prison, sicom nus avoms entendu. E por ce qe celi Wil- *R.O.*
lame est nevou le cardinal,[1] nus voudrioms volenters eider a
sa deliverance, si nus seusoms ou pussoms. E por ce qe
nus ne savoms autre eide fors de vos, nos vus prioms,
tresduz fiz, qe vos por lamor de nus sa deliverance voillez
procurer. Tant en facez, beau fiz, que il sente qe nostre
priere le vaille. A Deu vos comandoms. Donees a Marleb'
le xxvi. jour de Fevere.

---

[1] This must be Hugh of Evesham, the only English cardinal at that time.

V.

PECKHAM TO HIS OFFICIAL.

1283.
10 March.
Revokes
the case of
the bishop
of Worces-
ter and the
abbot of
Westmin-
ster to his
own con-
sideration.
Giffard's
Register,
171, b.

Frater Johannes, etc., dilectis in Christo filiis officiali suo vel decano Beatæ Mariæ de Arcubus, Lond', ipsius commissario, salutem, gratiam et benedictionem. Venerabilę fratre nostro episcopo Wygorniensi recepimus referente quod . . abbas Westmonasteriensis prioratum Majoris Malverne sibi asserens pleno jure subjectum, ipsum suam diœcesem nuper visitantem in eodem prioratu visitationis officium exercere irreverenter impedivit, et tam priorem quam monachos ipsius prioratus a subjectione et obedientia ipsius episcopi subtrahere nititur, licet ipse et prædecessores sui, visitationem et alia jura episcopalia inibi exercuerunt a tempore cujus memoria non existit. Verum ad roborandam facti sui perniciem ad papam et tuitionem nostræ curiæ idem abbas se appellasse confingens, eundem episcopum ad proximum diem juridicum post Dominicam qua cantatur " Lætare Jerusalem," super hiis procuravit citari, quod compareat coram vobis vel vestro commissario prædicto in ecclesia Beatæ Mariæ de Arcubus, Lond', facturus et recepturus in dicto tuitionis negotio quod justitia suadebit. Nos igitur prædictum tuitionis negotium volentes coram nobis certis ex causis tractari, vobis et utrique vestrorum mandamus quatenus receptis testibus quos utraque pars super hiis duxerit producendos, totum ipsius tuitionis negotium cum clausis attestationibus, et toto processu absque moræ dispendio, ad nostrum remittatis examen, certum diem coram nobis ubicunque tunc in nostra provincia fuerimus partibus præfigentes. Quid autem super hiis feceritis, nos dictis die et loco per literas vestras patentes, etc. Datum Cirencestre, vi. id Martii, anno Domini millesimo ducentesimo octogesimo secundo.

VI.

BISHOP OF WORCESTER TO PECKHAM.

1283.
23 March.
An account
of the
treatment

Sancto patri et domino reverendo, domino Johanni Dei gratia Cantuariensi archiepiscopo, totius Angliæ primati, Godfridus permissione divina minister ecclesiæ Wygorniensis, salutem et cum omni inclinatione devota subjectionem, reve-

rentiam et honorem. Mandatum vestrum recepimus inhæc
verba :—Frater Johannes permissione divina Cantuariensis
ecclesiæ minister humilis, totius Angliæ primas, venerabili
in Christo fratri domino Godfrido Dei gratia Wygorniensi
episcopo, salutem et sinceram in Domino caritatem. Nuper
in progressu nostræ visitationis in vestra diœcese, intelleximus, fama publica referente, quod abbas Westmonasteriensis
quendam monachum, vestrum subditum, capi fecit, et diris
vinculis alligatum deduci extra jurisdictionem vestram usque
Westmonasterium, ubi adhuc eundem contra censuram ecclesiasticam in contemptum ecclesiasticæ libertatis detinet carcerali custodiæ mancipatum. Quod si ita est, non est dubium
ipsum abbatem in excommunicationis sententiam incidisse.
Et quia tantæ præsumptionem nequitiæ sub conniventia
pertransire nequimus, fraternitatem vestram in Domino requirimus et hortamur, vobis nihilominus in virtute obedientiæ firmiter injungendo mandantes, quatenus hujus facti
plenam et expressam veritatem, quantum inde scire poteritis,
nobis quam citius fieri poterit, rescribatis fideliter, per vestras patentes literas harum seriem continentes. Valete semper in Christo et Virgine gloriosa. Datum Cyrencestr', xi.
kal. Aprilis, anno Domini millesimo ducentesimo octogesimo
secundo, ordinationis nostræ anno quinto.

Huic igitur mandato vestro volentes obsecundare reverenter,
ut decet, veritatem quam super facto, de quo facit ipsius
mandati vestri series mentionem, quam per clericos et laicos,
religiosos et etiam sæculares invenimus, de qua nobis et
aliis similiter notorie satis constat, vestræ sanctæ paternitati
duximus explanandam. Nobis siquidem in prioratu Majoris
Malvern' in crastino Beati Matthei apostoli præterito proximo
visitationis officium exercentibus, fratre Willelmo de Ledebury,
tunc dictæ domus priore, ex certis justis et legitimis causis
in ipso actu visitationis deposito, servato juris ordine undecunque, ac suppriori et aliis de conventu tributa licentia
per nos eligendi alium canonice in priorem, supprior ipse
ac ceteri de conventu omnes et singuli fratrem Willelmum
de Wikewane, tunc priorem de Avecote, Covent' et Lich'
diœcesis, suum confratrem, omni contradictionis obstaculo
cessante, in suum concorditer elegerunt priorem. Qui quidem electus electioni de se factæ præbens assensum, cum
quibusdam aliis commonachis dictæ domus ad nos accessit,
modum electionis hujusmodi nobis dilucide manifestans et

asserens inter cetera se velle . . . abbatem Westmonasteriensem ex certis causis adire, extunc reversurus celeriter ad
nos pro sua confirmatione secundum sanctiones canonicas
obtinenda, ipso abbate Westmonasteriensi tunc apud Salopiam
existente. Ad quem cum ipse accessisset electus, idem abbas
veluti ei vehementer applaudens, eundem electum, Ricardum
de Mathine, Ricardum de Burlingham, et Robertum dictum
Wyther confratres suos sequentes eum, ibidem retinebat in
mensa; familia sua, equis et phaleris interim in quodam
loco satis vicino dimissis. Qui quidem abbas res electi prædicti, equos et cetera bona ad locum quo ipse abbas moram
traxerat, præcepit seu procuravit adduci; qua præsumptione
contra prædictum abbatem, ut præmittitur, operante, electus
præfatus caute volens recedere, ut graviora pericula evitaret,
ab ipso abbate commeatum recepit, et sic vix domum illam
egressus, ab ipsius abbatis familiaribus in porta exitus, cujus
annulum tenebat in manu, detentus existit, et per violentiam
redire coactus: et illico electus ipse cum suis commonachis
memoratis custodibus traditus per abbatem prædictum ac
alios suos complices, in totius sanctæ religionis contemptum,
ac quoad humanitatem quamcunque perniciosum exemplum, et
ministrorum Christi scandalum manifestum, nec non ecclesiarum Cantuariensis et Wygorniensis præjudicium non modicum
et gravamen, in diversis curribus, tanquam famosi latrones, diris
vinculis alligati, veritatis via et semita misericordiæ desertis
penitus, ponebantur. Sicque, quod dolentes referimus, inde
ad Westmonasterium prædictis curribus quibusdam fraudis et
dissimulationis velaminibus coopertis, non absque gravi præjudicio libertatis ecclesiasticæ, clam quasi nocturnis temporibus,
ducebantur. In quo quidem loco dictus electus, Ricardus de
Mathine, et Ricardus de Burlyngham hucusque manserunt,
et adhuc remanent seorsum et separatim divisi, ut ipsorum
augeantur angores, diræ carcerali custodiæ mancipati, prædicto fratre Roberto Wyther præ nimii doloris angustia jam
viam universæ carnis ingresso. Et dictus abbas Westmonasteriensis tam per dominum nostrum regem Angliæ
secundum leges communes ipsius regni, quam per nos pro
jure nostræ ecclesiæ Wygorniensis, nostræ jurisdictionis etiam
ac pietatis intuitu, ad liberationem dictorum electi et fratrum, qui nostri subditi dinoscuntur, faciendam, multotiens
in forma juris monitus et inductus, spiritu rebellionis quoad
utrumque hominem in eo forsan vigente, prædictos miseros

solito severius detinet, et jubet arctius cruciari ; præmissa-
que omnia et singula per totam nostram diœcesem necnon
per Cantuariensem provinciam pro maxima parte notoria et
publica undique reputantur. In cujus rei testimonium
vestræ sanctæ paternitati transmittimus, secundum vestri
mandati prædicti exigentiam, literas has patentes. Datum
apud Widind', x. kal. Aprilis MCCLXXXII.

VII.

BISHOP OF WORCESTER TO PECKHAM.

Sancto patri et domino reverendo, domino Johanni Dei
gratia archiepiscopo Cantuariensi, totius Angliæ primati,
Godfridus miseratione Divina minister ecclesiæ Wygorniensis
devotam obedientiam et reverentiam debitam cum honore.
Quia dominus rex nobis præcepit quod apud Montegomery
personaliter accedamus ad eum, cum quo certa negotia habemus tractanda, quæ non possunt nisi cum speciali ejus
gratia expediri, prout ab exhibitore præsentium, si placuerit,
plene poteritis intelligere, congregationi Londini faciendæ
non valemus personaliter interesse, de. quo novit Altissimus,
in immensum gravamen. Propter quod humiliter depreca-
mus, quatenus nostram absentiam necessariam habere dignemini excusatam. Super agendis vero, ut ecclesia ferventio-
res et securiores suos principales habeat defensores, magistris
Willelmo Pikerel et Ricardo de Vyenne, nostris clericis spiritualibus et procuratoribus, dedimus potestatem ad jurandum
in animam nostram et obligandum nos et bona ad nos
qualitercumque spectantia, sicut ordinandum duxeritis, et
sicut alii gradus similis facient et decreverint faciendum.
Sed et nos ad partes vobis viciniores cum de domino rege
fuerimus expediti, iter arripiemus indies veniendi, et tunc
præsentialiter prompti erimus ad prætacta. Cordi etenim
nobis est, et nostræ animæ intimum, quod ad relevationem
ecclesiæ provisio firma procedat, quæ securitate omni qua
poterit roboretur. Nobis igitur quæ vestræ complacuerint
sanctitati velitis injungere confidenter. Valeat vestra sancta
paternitas semper in Domino Jesu Christo. Datum ut
supra.

[1283.]
[21 April.]
Excuses
himself for
not coming
to the con-
vocation
at London,
as the king
has sent
for him.
Giffard's
Register,
f. 178.

VIII.

PECKHAM TO THE BISHOP OF WORCESTER.

1283.
30 April.
Confirmation of the sentence of his commissaries refusing an appeal to the abbot of Westminster.

Giffard's Register, f. 190. b.

Frater Johannes permissione divina Cantuariensis archiepiscopus, totius Angliæ primas, venerabili fratri, domino . . . Dei gratia Wygorniensi episcopo, salutem, et fraternæ caritatis in Domino continuum incrementum. Nuper nostri commissarii in tuitoriæ appellationis negotio, moto primo in curia nostra apud Arcubus[1] London', ac postmodo coram nobis ipsum negotium ad examen nostrum specialiter revocarunt, inter abbatem Westmonasteriensem a vobis ex certo gravamine appellantem, ut dicitur, ex parte una, et vos appellantem ex altera, rite procedentes: eidem abbati tanquam suam appellationem minime prosequenti, beneficium tuitionis secundum curiæ nostræ Cantuariensis consuetudinem approbatam denegarunt, justitia exigente, prout in actis super hoc confectis plenius continetur. Nos autem quod per eosdem commissarios actum est in hac parte ratum habentes et firmum, fraternitati vestræ mandamus, quatenus hujus appellatione seu inhibitione quacunque vobis a curia Cantuariensi hactenus facta non obstante; quod ex officio vestro vobis incumbit, faciatis et exequamini in præmissis. Datum apud Otteford, ii. kal. Maii, anno Domini millesimo ducentesimo octogesimo tertio, ordinationis nostræ quinto.

IX.

PECKHAM TO THE BISHOP OF WORCESTER.

1283.
17 June.
Empowers him to place Malvern Priory under an interdict.

Giffard's Register, f. 184.

Frater Johannes permissione divina Cantuariensis ecclesiæ minister humilis, totius Angliæ primas, venerabili fratri domino Godfrido Dei gratia Wygorniensi episcopo, salutem et sinceram in Domino caritatem. Licet dudum fratrem W. de Ledebury, etc. (As in No. ccccxl. as far as "operam "impendimus salutarem.") Quocirca fraternitati vestræ committimus, et in virtute obedientiæ tenore præsentium districtius injungendo mandamus, quatenus a denunciationibus, inhibitionibus et coercionibus aliis, quæ in priori mandato nostro continentur expressius, secundum ipsius mandati se-

---

[1] Sic.

riem faciendam minime desistentes ; sed vice et auctoritate
nostra rigore quo poteritis aggravantes easdem, monasterium
ipsum interdicto ecclesiastico per nos suppositum locis et
temporibus, quibus expedire videritis, in singulis ecclesiis
vestræ diœcesis, consistoriis etiam et capitulis per archidiaconos seu officiales eorum celebrandis ubicumque, ac aliis
locis publicis et solemnibus faciatis coram cleri et populi
multitudine nunciari. Pensiones etiam si quæ a quibuscumque personis in vestra diœcese existentibus, monasterio suo
prædicto seu ipsis ipsius monasterii nomine census annui
vel firmæ prætextu quomodolibet debeantur, portionesque
fructuum seu decimarum, quas in parochiis alienis posse percipere se prætendunt, quocumque titulo vel colore, nec non
fructus et obventiones quascumque ecclesiarum parochialium,
siquæ priori et conventui monasterii supradicti in usus proprios fuerint assignatæ, faciatis sub arto sequestro et tuta
custodia conservari ; ne religiosi ipsi, seu alii ipsorum nomine
ad eas aliquatenus manus apponant, donec tam absolutionis
beneficium, quam sequestri hujusmodi relaxationem per nos
in forma juris meruerint obtinere. Ad hæc Alexandrum
Theke, Johannem Gauge, Johannem Ters, Robertum de Baldenhale, Johannem Hollebrit, Galfridum de la Berwe, Milo-
nem de Malvern presbyterum, Johannem le Bedel, Hugonem
Cocum, Willelmum Pride, Ricardum Garsaunt, Robertum
filium presbyteri de Baldenhale, Johannem fratrem suum, Johannem Doules, Rogerum clericum, Robertum de la Bruwere,
Johannem le Moner, Walterum de la Pole, Willelmum et
Stephanum filios ipsius Walteri, Ricardum Gaugy, Johannem
Polle de Baldenhale, Walterum le Brut, Johannem de
Chaddesleg, Glouc', Henricum de Loke, ballivum de Wiston,
Willelmum de Penbroke de Stanleg Regis, Johannem de
Colethrop, Johannem de Ledebury, ballivum manerii de Langneya, Alexandrum de Elemor, Adam de Ledebury, Johannem
de Erlyngham, cartarium, Rogerum Aylmond, et Willelmum
Capellanum Beatæ Virginis de Langneya, quos tam ex communionis quam contumaciæ suæ vitio excommunicationis sententia esse constat notorie involutos, sic excommunicatos nominatim in singulis ecclesiis existentibus sub vestro districtu
per singulos dies Dominicos et festivos faciatis publice inter
missarum solemnia nunciari, ipsos nihilominus citari peremptorie facientes, quod proximo die juridico post festum
Beatæ Margaretæ Virginis ubicumque tunc fuerimus in

nostra provincia, compareant coram nobis super hiis et aliis
objiciendis eisdem, responsuri, facturi et recepturi super
præmissis et ea tangentibus quod justitia suadebit. Ad quos
quidem diem et locum religiosos præfatos similiter peremptorie faciatis citari, quod compareant proposituri et ostensuri
præcise quo jure pensiones et portiones hujusmodi hactenus
percepisse, ac ecclesias ipsas possedisse seu tenuisse noscuntur, vel in præsentiarum se posse percipere possidereve
prætendunt easdem, et responsuri similiter quare hujusmodi
ecclesias parochiales, quas in usus proprios se asserunt obtinere, non debeamus pronunciare seu detinere de jure
vacantes, eisque ex officii debito de personis idoneis providere. Qualiter autem mandatum præsens quoad omnia et
singula quæ continentur in eo, et quas pensiones, portiones
et ecclesias sibi qualitercunque debitas seu assignatas prætendunt, distincte et aperte sub expressione locorum, nos
dictis die et loco vestris patentibus literis harum tenorem
habentibus reddatis apertius certiores. Datum apud Bell',
xv. kal. Julii, anno Domini MCCLXXXIII., ordinationis nostræ
quinto.

X.

Bishop of Salisbury to Peckham.

1283.
13 July.
Has se-
questrated
certain
tithes
in his dio-
cese be-
longing to
Malvern
priory.

Giffard's
Register,
f. 186. b.

Reverendo in Christo patri Johanni divina providentia
Cantuariensi archiepiscopo, totius Angliæ primati, R[obertus]
permissione Ejusdem Sar' ecclesiæ minister humilis, salutem et obedientiam tam debitam quam devotam, cum reverentia et honore. Mandatum vestrum die Jovis in crastino
translationis Beati Thomæ Martyris apud Romesbury hora
vesperarum recepimus sub verbis infrascriptis :—Frater Johannes, etc., ut supra.[1] Nos vero mandatis vestris obtemperantes
prout decet reverenter, decano nostro Sar' quod in ecclesia
nostra Sar' et aliis locis sibi subditis, et archidiaconis ecclesiæ nostræ omnibus, quod singuli per suos archidiaconatus
mandatum hujus cum diligentia exequantur, mandavimus
sine mora. Ceterum religiosi ipsi quasdam decimas de

---

[1] No. ccccxl.

dominico domini de la Sterte in parochia de Archesfonte
æstimatione circiter quadraginta solidorum percipiunt, super
quarum titulo ante mandatum vestrum receptum citati
fuerunt coram nobis, et adhuc super hoc pendet quæstio,
ecclesiam vero aut pensiones, seu portiones alias præter decimas istas in nostra diœcese non obtinent. Quas statim
mandavimus sequestrari, pro eo quod eis taliter excommunicatis ipsas contingere non licet. Semper in Domino valeatis.
Datum apud Romesbure, iii. id. Julii, anno gratiæ MCCLXXXIII.

XI.

PECKHAM TO THE BISHOP OF WORCESTER.

Frater Johannes permissione divina Cantuariensis ecclesiæ
minister humilis, totius Angliæ primas, venerabili fratri
domino Godfrido Dei gratia Wygorniensi episcopo, salutem
et sinceram in Domino caritatem. Licet pacis et concordiæ
fœdera, amputato jurgiorum discidio et litium amfractibus
circumscriptis, prompto favore et jugis mentis nostræ studiis
prosequi affectemus ; tamen ea divinitus abhorremus, quæ
pro pace hominis transitoria, eam quæ ad Deum est, peri-
munt pacem veram. Sane per ora loquentium immo potius
obloquentium fidedignis relatibus divulgato rumore vix cre-
dibili, didiscimus admirantes, quod vos jurisdictionem quæ
vobis in priorem et conventum monasterii Majoris Malvern
a jure communi attribuitur exercenda, et ad nos et ad successores nostros Wygorniensis ecclesiæ sede vacante dinoscitur pertinere, certis possessionibus temporalium rerum vobis
hac occasione concessis, transactionis seu compositionis interveniente remedio penitus remisistis; quod non absque juris
injuria, nostræque Cantuariensis ecclesiæ libertatis elusione ;
ac etiam propriæ professionis qua corporali præstito juramento astringi dinoscimini, ecclesiæ memoratæ contemptu
potuistis aliquatenus attemptare. Quocirca fraternitatem vestram puro desiderio requirimus et rogamus, quatenus juxta
sibi datam a Deo prudentiam exactissima diligentia vel ex-
acta cogitet et decernat, quid in præmissis liceat secundum
æquitatem, quid expediat secundum utilitatem, et tertio, quid
deceat secundum canonicam honestatem ; ne præfata compo-

1283.
15 Nov.
Blames
him for
accepting
the compo-
sition with
Malvern
priory,
which is
simoniacal
and inju-
rious to
the rights
of the see
of Canter-
bury.
Giffard's
Register,
f. 194 a.

sitio, nobis et ecclesia nostra spretis, celebrata et exorbitantis consilii funiculo ut dicitur colligata, velut juri dissona utpote simonyaca, et nostri juris prima facie præjudicio vallata, in irritum valeat revocari; præsertim cum juxta civiles et canonicas sanctiones, quod omnes tangit, ab omnibus merito debeat approbari. Quid autem circa præmissa egeritis vel facere intendatis, nobis vestris literis sigilli vestri munimine roboratis sine frustratorio excusationis diffugio ac prolixioris moræ dispendio rescribatis. Valete in Christo et Virgine gloriosa. Datum apud Persore, xvii. kal. Decembris, anno ordinationis nostræ quinto.

XII.

BISHOP OF WORCESTER TO PECKHAM.

[1283.] [Nov.] Denies the charges in the previous letter.

Giffard's Register, f. 203. a.

Reverendissimo domino suo ac patri, domino Johanni Dei gratia Cantuariensi archiepiscopo, totius Angliæ primati, God-fridus permissione Ejusdem minister ecclesiæ Wygorniensis, salutem et reverentiam cum subjectione debita tanto patri. Paternitatis vestræ reverendissimæ susceptis apicibus et in-spectis earundem tenore, concepimus quædam de nobis con-scientiæ nostræ dissona non minus aliis quam vobis suggesta fuisse pariter et notata. Super quibus per aliquem de nos-tris, vestrum animum et opinionem serenare curabimus tem-pestivius, quo valebimus dante Deo; ita quod ne symoniacæ pravitatis macula nobis aliqualiter impingi poterit in hac parte, seu quod in cujusquam præjudicium per nos quicquam fuerit attemptatum. Valeat vestra reverenda paternitas ec-clesiæ suæ sanctæ [per] tempora diutina. Datum apud Alvech, etc.[1]

---

[1] These documents are printed in Thomas's Antiquitates Prioratus Majoris Malverniæ, pp. 31, 64, 66, 80, 83, 95, 101, 119, 130, 155, and 157.

APPENDIX II.

CCCLXXI.

To MAUD LUNGESPEYE.

Friar John, by the permission of God, archbishop of Canterbury, primate of all England, to the lady of great worth,
Maud Lungespeye, greeting, and the blessing of Jesus Christ.
My lady, your prayer agrees with pity and reason. But know
that Llewellyn, who was prince of Wales, cannot be absolved
unless he showed signs of repentance at his death to amend
and leave his follies. Therefore if this is certain that he was
repentant at his death, and ready as far as was in his power to
make amends [1] to Holy Church, and this is proved before us,
we will do what is right about it, for otherwise, without doing
wrong, he cannot be absolved. Therefore we approve that you
and his other friends should labour about this, that some of
those who were at his death should come in time before us and
show the signs aforesaid, for in any other manner we can do
nothing.

1282.
Dec.

CCCLXXII.

To EDWARD I.

To my lord the King. To his very dear lord Edward, by
the grace of God king of England, lord of Ireland, duke of
Aquitaine, friar John, by the permission of God, archbishop of
Canterbury, primate of all England, greeting in great reverence.
Sire, know that those who were at the death of Llewellyn found
in the most secret part of his body some small things which
we have seen. Among the other things there was a treason-

1282.
17 Dec.

---

[1] La asez.

R 4237.   A A

able letter disguised by false names. And that you may be warned, we send a copy of the letter to the bishop of Bath; and the letter itself Edmund de Mortemer has, with Llewellyn's privy seal, and these things you may have at your pleasure. And this we send to warn you, and not that any one should be troubled for it. And we pray you that no one may suffer death or mutilation in consequence of our information, and that what we send you may be secret. Besides this, sire, know that lady Maud Lungespeye prayed us by letter to absolve Llewellyn, that he might be buried in consecrated ground, and we sent word to her that we would do nothing if it could not be proved that he showed signs of true repentance before his death. And Edmund de Mortemer said to me that he had heard from his servants who were at the death that he asked for the priest before his death, but without sure certainty we will do nothing. Besides this, sire, know that the very day that he was killed, a white monk sang mass to him, and my lord Roger de Mortemer has the vestments. Besides this, sire, we request you to take pity on clerks, that you will suffer no one to kill them nor do them bodily injury. And know, sire, God protect you from evil, if you do not prevent it to your power, you fall into the sentence, for to suffer what one can prevent is the same as consent. And, therefore, sire, we pray you that it may please you that the clerks who are in Snowdon may go thence and seek[1] better things with their property in France or elsewhere. For because we believe that Snowdon will be yours, if it happen that in conquering or afterwards, harm is done to clerks, God will accuse you of it, and your good renown will be blemished, and we shall be considered a coward. And of these things, sire, if it please you, send us your pleasure, for we will give thereto what counsel we can, either by going thither or by some other way. And know, sire, if you do not fulfil our prayer, you will put us in sadness, which we shall never leave in this mortal life. Sire, God keep you, and all that belongs to you.

This letter was written at Pembridge, Thursday after St. Lucy's day.

---

[1] *Querelur*, to disputé, but is perhaps an error for *querer*.

ELEANOR, QUEEN DOWAGER, TO EDWARD I.

Eleanor, by the grace of God, queen of England, to our very dear son Edward, by the same grace king of England, greeting and our blessing. We have heard from the archbishop of Canterbury, and also from the bishop of Worcester, who have informed us thereof by their letters, that the abbot of Westminster has taken a monk of Great Malvern, named William de Wykewane, because he was elected to be prior of the same place. He has sent him to London, and placed him there in close prison, both himself and two monks with him, of whom one is dead in prison, as we have heard. And because that this William is nephew of the cardinal, we would willingly help in his deliverance, if we knew how or could. And because we know no other help but you, we pray you, sweet son, to procure his deliverance for the love of us. Do so much in the matter, dear son, that he may know that our prayer has been effectual. We commend you to God. Given at Marlborough the 26th day of February.

1283.
26 Feb.

CCCCV.

TO EDWARD I.

To the very noble prince and lord Edward, by the grace of God king of England, lord of Ireland, duke of Aquitaine, friar John, by the permission of God priest of Canterbury, primate of all England, greeting and blessing and good fortune as great and good as we can and know how to pray for. Sire, we pray you that you will inform us of your estate, which God keep and maintain, for we desire to know and hear your good prosperity with all our heart. Besides this, sire, know that we have caused the clergy to be summoned now twice, without the notification that we made to them at Northampton, that they should be before us at London three weeks after Easter. For which thing many of them speak much to our detraction and defame us, and accuse us of troubling them too much to do your pleasure, and that we have cheated them of the fifteenth which they have given, for they acknowledge no allegiance to

1283.
20 March.

the exactions of the lay court, and notwithstanding this we will omit nothing in doing our duty and our power loyally at the foresaid assembly. And know, sire, that we are not vexed by anything as much as by prohibitions, when they come against the law of the land by false suggestions, in such cases you do not wish them to be observed, for by this are many goods taken away, in consequence of the poverty of those who sue, and the power of their enemies, and all those who do thus are excommunicated *ipso facto*. For God's sake, sire, and for our Lady and for the love of St. Thomas, cause this wrong to be removed speedily. For we say to you before God that you cannot maintain it without mortal sin, from which God keep you, and amend those who procure it. Besides this, sire, we have heard that he who was constable of the Tower of London, and the others who dragged the fugitives out of St. Paul's church in London and killed them, are in your service in Wales, for which thing we require you to order them to be removed from your service until this misdeed is redressed according to the forms of holy church ; for know, sire, that the affair cannot stop here in any way. Sire, the good faith towards God and holy church that you had once in your mouth, be pleased to show in deed in these matters, and you will feel the grace of our Lord. Besides this, sire, for God's sake think that your . . . .[1] the most beautiful of your life before God and before the world. Sire, God keep you long in prosperity to his honour and yours, and to the profit of your soul, and of your kingdom.

This letter was written the 20th day of March.

CCCCXVII.

To Edward I.

[1283.]
[15 April.]
To the very high lord Edward, by the grace of God king of England, lord of Ireland, duke of Aquitaine, friar John, by the permission of God priest of Canterbury, primate of all England, greeting and devout prayers. Sire, when we approached Canterbury our people told us strange enough news, that the people

---

[1] *Pensez ke vostre lit vous tout le plus beau de vostre vie.* I am unable to translate or meand this passage.

of the country by your command had taken goods from our own manors, which thing was never touched or granted at Northampton, and is in prejudice of our franchise. For which thing, sire, we request you that you will command your officers not to trouble us in this manner, especially as we had in our purpose to serve and honour you in another manner, which would be more profitable to you and without prejudice to us. But we acknowledge indeed that we granted that our people should help you, but that we should have your letters patent that it should not turn to our prejudice hereafter. And, sire, what we beg for ourselves, we request for our church, to which we are bound as to ourselves. Therefore, sire, we request you, for God's sake, to order the assessors of the thirtieth and the sheriff of Kent not to trouble us in that manner, and we believe that if you do it, it will be to the honour of God and of you, and you will know this by the result. Sire, God have you in his keeping This letter was written at Canterbury on Maundy Thursday.

And, sire, what we request you to write to the assessors and the sheriff of Kent, we request you for Sussex, Surrey, and Middlesex in which we have lands. Sire, [we commend you] to God that he may keep you.

CCCCXXIII.

To Edward I.

To the very honourable prince and lord Edward, by the grace of God king of England, lord of Ireland, duke of Aquitaine, friar John, by the permission of God, priest of Canterbury, primate of all England, greeting in great reverence. Sire, all reason commands, and holy scripture wills that your requests should be commands to us as far as we can according to God; and we believe that your requests are according to God in every thing, in cases in which you have been shown the truth. But where false suggestions have been made to you, you may be deceived like us. This is the case with the priory of St. Oswald's Gloucester, of which we excommunicated lately the prior and the seniors of the place, because they did not receive us at the visitation, and you prayed us to revoke the sentence. Of which thing, sire, we give you to know that this prior and his canons are the strongest enemies that are in England in all delegated causes, to our, that is your, sire, church of Canterbury. For which thing we do not

[1283.]
13 May.

wish, saving your reverence, to revoke the aforesaid sentence, except by form of law. Nor do we think that you would for a robber(?) confound your principal chamber. Besides this, sire, know that as your chapels are exempt by exemption, granted as they say by reason of your royalty, when they are alienated from your hand and given to others, they return to their first nature of subjection to prelates and lose their exemption. And if your clerks give you to understand anything else they deceive you, God amend them. Besides this, sire, because James de Espaigne is under age, and not legitimate, as is said, and can have no right in holy church, and because a resignation of a church made on condition turns to simony, we pray you, for the honour of God and yourself, that concerning the church of Crundale you will not suffer anything to be done in your name contrary to the laws of holy church, for that you cannot suffer without tarnishing the honour of Christendom and yourself. And these things we tell you in the loyalty which we have sworn to you. Besides this, sire, we make you other requests by our very dear brother, the bishop of Bath, and we pray that you will hear him about them, for the honour of God and yourself, which we desire more than ours, as God knows. Very dear lord, God maintain your life well and long to His honour, to the profit of your soul, and the profit of your realm.

This letter was written the thirteenth day of May, at New Place, near Guildford.

CCCCXXVIII.

To Edward I.

[1283.]
23 May.

To the very high prince and lord Edward, by the grace of God king of England, lord of Ireland, duke of Aquitaine, friar John, by the permission of God priest of Canterbury, primate of all England, greeting in great reverence. Sire, the king Solomon said, that " Mercy and truth preserve the king, and " clemency, that is pity, upholds his throne."[1] For which thing we are grieved and sad when harsh and cruel command-

---

[1] Prov. xx., 28.

ments come from your court. For as long as God maintains your throne we are safe, with the souls which we have in keeping. But we are sorely astonished at the severities which, as we have heard, you have commanded against the bishop of Winchester, which surpass the good deeds of your ancestors, and arise, as they say, from one thing, which touches us, the church of Crundale, which was given according to the franchise of St. Thomas to one of our chaplains. In which church great disorder has been done and great despite to God, against the laws which Jesus Christ delivered to St. Peter by his blessed mouth. For which thing, sire, we supplicate your majesty that for the mercy of God you will suffer that in these things, mercy and truth may preserve the king, and turn your heart; and that you will have pity on our dear brother the bishop of Winchester, and on his bishopric, and on our chaplain the parson of Crundale, according to God and reason. And we cannot believe that the severities aforesaid come from you, from whom we have seen and heard so many goodnesses, so many humilities, so many mercies, which we have preached to all the world. And therefore, sire, we pray you, for God's sake, that you will cause these things to be amended. And if you do not, know certainly that God will be angry, by his customs which he has written and kept since the beginning of the world. Sire, for God's sake, let pity overcome you, keep holy church in the state in which your ancestors have kept it, by amendment, for the love of my lord St. Thomas, to whom we commend your body and soul. Sire, for God's sake, do not suffer to be taken for liars those who have valued so much your good faith and your good will. Sire, God have you in his keeping.

This letter was written the Sunday before the Ascension.

CCCCXXIX.

To Queen Eleanor.

To the very high lady Eleanor, by grace of God queen of England, lady of Ireland, duchess of Aquitaine, friar John, by the permission of God priest of Canterbury, primate of all England, greeting in great reverence. Madam, the saints teach us that women are naturally more pitiful and more devout than men, and therefore, says the scripture, "Ubi non

[1283.]
23 May.

" est mulier ingemiscit egens."[1] And because God has given you greater honour than to others of your lordship, it is right that your pity should surpass the pity of all men and women in your lordship. Wherefore we request you, for God's sake and our Lady's, that you will incline the heart of our lord the king, towards our dear brother, the bishop of Winchester. And know, madam, that the severities which are done to him, the church of Rome will take as done to itself, and that will not be good, as the times go now. Madam, we require you, for God's sake, that you will do so much in this matter, that those who say that you cause the king to use severity, may see and know the contrary. And so we are certain that God will be angry with all those who in this affair do not justify themselves. Madam, for God's sake, let pity overcome you, and our Lord keep you, body and soul, for ever. This letter was written the Sunday before the Ascension.

CCCCXXXIX.

To EDWARD I.

1283.
17 June.

To the very high prince and lord Edward, by the grace of God king of England, lord of Ireland, and duke of Aquitaine, friar John, by the permission of God priest of Canterbury, primate of all England, greeting in great reverence. Sire, we pray you to remember that we said to you once while speaking before many people, that we would rather die than provoke you much against reason. For which saying we have often been blamed, and we have never repented of it, that we know. And therefore, very dear sire, do not believe that we in any way will do anything to displease your lordship. Of which, sire, we give you to know that falsehoods have been told to you about Master Bonet. For never, by reason of your chapel of Bridgenorth, have we vexed either him or another, nor do we desire to vex by name any man in your service. And concerning this chapel and others, we will defend your franchises according to our power against all persons in good faith, as far as we can know and understand them. But, sire, we

---

[1] Ecclus., xxxvi., 27. In the English Bible the verse is translated "He that hath no wife will "wander up and down mourning," not exactly the sense in which Peckham quotes it.

caused to be sequestrated the fruits of Aldington church because he (the parson) holds damnably two benefices, the archdeaconry of Limoges and the deanery of Bridgenorth, without dispensation, and with them the church of Aldington, which thing he cannot do nor we suffer it without acting against God and against our salvation; and he has often promised us that he would show us his dispensation, and every time he has deceived us. And then lately by his will and by his assent we appointed him St. Margaret's Day for him to come and show his privilege, and if he shows it to be sufficient, we will allow him to enjoy it in peace, and if he deceives us, we pray you, dear lord, to suffer us to do our office; and concerning that and other things to send us your pleasure, which we are as ready to accomplish as we were when you sent us at your expense and on your horses to pope John. Besides this, sire, we give you to know that in visiting the chapter of Chichester, we heard for certain, from a judge delegate, who desired us to denounce Ralph de Fremingeham as excommunicated, that he is still under the same sentence, for which you formerly removed him from your service. Sire, God have you in His keeping and all whom you love.

This letter was written at Buxle,[1] the 17th day of June.

CCCCLXXXIV.

To Queen Eleanor.

To the very high lady Eleanor, by the grace of God queen of England, lady of Ireland, duchess of Aquitaine, friar John, by the permission of God priest of Canterbury, greeting, and the prayers of a sinner. My lady, I thank you much for the consolatory letters which you kindly sent me by Sir Nicholas de Knovile, and for your good venison from the New Forest, and I pray our Lord God to give you great honour in this life and the eternal. Besides this, my lady, I give you to know that, lately passing by our town, near Dover, which is called Westcliffe, I heard by the complaint of the people of the town that they are destroyed and oppressed because more is demanded of them for the farm of the town than it amounts to. For which thing, if pity does not take hold of you, they are at that point that it is better for them to leave lands and tenements,

[1283.] [Sept.]

---

[1] This is Bexhill, near Hastings.

R 4237. B B

and go to beg their bread. Besides this, for God's sake, my lady, when you receive land or manor acquired by usury of Jews, take heed that usury is a mortal sin to those who take the usury and those who support it, and those who have a share of it, if they do not return it. And therefore I say to you, my very dear lady, before God and before the court of heaven, that you cannot retain things thus acquired, if you do not make amends to those who have lost them, in another way, as much as they are worth more than the principal debt. You must therefore return the things acquired to the Christians who have lost them, saving to yourself as much as the principal debt amounts to, for more the usurer cannot give you. My lady, know that I am telling you the lawful truth, and if any one gives you to understand anything else he is a heretic. I do not believe that you retain in any other manner things thus acquired, but I would wish to know it by your letter, so that I can make it known to those who think otherwise. My lady, God have you in his keeping always.

This letter was written at Tenham, where I have had made a very beautiful chapel to solace you when you pass this way, and truly more for the ease of your body than of mine.

DXXVI.

To the Earl of Gloucester.

[1284.]
9 March.

To his very dear friend, greeting and the blessing of God. Sire, know that your bailiffs were before us on Tuesday in the second week of Lent, at Otford, and when we said to them that we wished to treat of our grievances according to the articles which we sent to you last year under our seal, and of your grievances also, they answered us that they had no commandment from you to speak except of your grievances, and we said to them that we had heard that your will was that peace should be made entirely on both sides. Wherefore the articles on both sides were recorded before us, and we saw and heard that the discord between your bailiffs and ours arises from the fact that they do not understand the composition in the same manner, for it is obscure in several points. Therefore, sire, if this affair is to be ended, it is fitting that you and we should meet together, and your council and ours, while we are in Kent or near London, where we shall be found as we think certainly until a month after Easter. Besides this, sire, know that for several points which can be settled without you, we have fixed a day for your bailiff to answer these points, on the fourth day of Easter week, that is Wednesday, at Wingham. But nothing great or notable can be settled without your presence. Wherefore we pray you to send us your wish by the bearer of these letters. Besides, sire, because we fear that you may have lost the articles of our grievances which we sent you last year, we send them to you by the bearer of these letters under our seal. And we request you to think of giving attention thereto, as you wish that your [bailiffs] may be satisfied, for peace is nothing unless it is entire. We believe certainly that your intent is, and your wish that it should be settled permanently. Sire, God have you in his keeping for ever.

This letter was written the ninth day of March at Otteford.

DLIV.

To EDWARD I.

To the very honourable prince and lord Edward, by the grace of God, etc. Sire, although I am over the bishops of my province in causes and in pleas, notwithstanding, sire, in their office I have no power except in certain cases by their default or by their express wish, as your learned clerks know. And therefore, sire, although I am ready, as far as is in me, to dedicate the place for the Cistercian monks at Meynan, yet I could not do it without full assent of the bishop and of his chapter, and of the parson of the place, who, with plenty of other people, have a very great horror of the approach of the foresaid monks. For though they may be good men, if God please, still they are the hardest neighbours that prelates and parsons could have. For where they plant their foot, they destroy towns, take away tithes, and curtail by their privileges all the power of prelacy. And especially in this case, the clergy of the bishopric of St. Asaph consider themselves aggrieved, because there are four white abbeys there, and if this is planted, there there will be five, and the bishop of Bangor has not one. Wherefore, sire, it appears to me that it would please God more if you placed your abbey somewhere in the bishopric of

[1284.]
14 June.

Bangor, especially because they have in that bishopric, in Anglesey, and elsewhere, the greater part of their property. Besides, sire, know that the bishop of St. Asaph asked advice of his chapter, and the chapter would not agree to this thing in any manner, as he said to us and many others, but would rather appeal against him than this thing take place. And therefore sire, and for other things and reasons, this thing cannot be done until I have spoken to you. And for God's sake, sire, let it not vex you, but rather let pity take hold of you for those who are grieved in many other manners. And know, sire, that I tell you these things without dissimulation and without duplicity. And know that you will do great alms if you change your good purpose for a better. Sire, God have you in his keeping.

This letter was written at Rhuddlan the Wednesday after St. Barnabas Day.

LONDON: Printed by EYRE and SPOTTISWOODE,
Printers to the Queen's most Excellent Majesty.
For Her Majesty's Stationery Office.
[14024.—750.—1/84.]

CATALOGUE

OF

RECORD PUBLICATIONS

ON SALE

BY

Messrs. Longmans & Co., and Messrs. Trübner & Co., London;
Messrs. James Parker & Co., Oxford and London;
Messrs. Macmillan & Co., Cambridge and London;
Messrs. A. & C. Black, and Messrs. Douglas and Foulis,
Edinburgh;
and Messrs. A. Thom & Co., Dublin.

CONTENTS.

ENGLAND.

CALENDARS OF STATE PAPERS, &c.

[IMPERIAL 8vo., cloth. *Price 15s.* each Volume or Part.]

As far back as the year 1800, a Committee of the House of Commons recommended that Indexes and Calendars should be made to the Public Records, and thirty-six years afterwards another Committee of the House of Commons reiterated that recommendation in more forcible words; but it was not until the incorporation of the State Paper Office with the Public Record Office that the Master of the Rolls found himself in a position to take the necessary steps for carrying out the wishes of the House of Commons.

On 7 December 1855, he stated to the Lords of the Treasury that although " the Records, State Papers, and Documents in his charge constitute the most " complete and perfect series of their kind in the civilized world," and although " they are of the greatest value in a historical and constitutional point of view, " yet they are comparatively useless to the public, from the want of proper " Calendars and Indexes." Acting upon the recommendations of the Committees of the House of Commons above referred to, he suggested to the Lords of the Treasury that to effect the object he had in view it would be necessary for him to employ a few Persons fully qualified to perform the work which he contemplated.

Their Lordships assented to the necessity of having Calendars prepared and printed, and empowered the Master of the Rolls to take such steps as might be necessary for this purpose.

The following Works have been already published under the direction of the Master of the Rolls:—

CALENDARIUM GENEALOGICUM; for the Reigns of Henry III. and Edward I. *Edited by* CHARLES ROBERTS, Esq., Secretary of the Public Record Office. 2 Vols. 1865.

> This is a work of great value for elucidating the early history of our nobility and landed gentry.

CALENDAR OF STATE PAPERS, DOMESTIC SERIES, OF THE REIGNS OF EDWARD VI., MARY, ELIZABETH, and JAMES I., preserved in Her Majesty's Public Record Office. *Edited by* ROBERT LEMON, Esq., F.S.A. (Vols. I. and II.), *and by* MARY ANNE EVERETT GREEN, (Vols. III.-XII.). 1856-1872.

Vol. I.—1547-1580.	Vol. VII.—Addenda, 1566-1579.
Vol. II.—1581-1590.	Vol. VIII.—1603-1610.
Vol. III.—1591-1594.	Vol. IX.—1611-1618.
Vol. IV.—1595-1597.	Vol. X.—1619-1623.
Vol. V.—1598-1601.	Vol. XI.—1623-1625, with Addenda,
Vol. VI.—1601-1603, with	1603-1625.
Addenda, 1547-1565.	Vol. XII.--Addenda, 1580-.1625

> These Calendars render accessible to investigation a large and important mass of historical materials. The Northern Rebellion of 1566-67; the plots of the Catholic fugitives in the Low Countries; numerous designs against Queen Elizabeth and in favour of a Catholic succession; the Gunpowder-plot; the rise and fall of Somerset; the Overbury murder; the disgrace of Sir Edward

Coke; the rise of the Duke of Buckingham, &c.; and numerous other subjects, few of which have been previously known.

CALENDAR OF STATE PAPERS, DOMESTIC SERIES, OF THE REIGN OF CHARLES I., preserved in Her Majesty's Public Record Office. *Edited by* JOHN BRUCE, Esq., F.S.A., (Vols. I.–XII.); *by* JOHN BRUCE, Esq., F.S.A., and WILLIAM DOUGLAS HAMILTON, Esq., F.S.A., (Vol. XIII.); and *by* WILLIAM DOUGLAS HAMILTON, Esq., F.S.A., (Vols. XIV.–XVII.). 1858–1882.

Vol. I.— 1625-1626.	Vol. X.—1636-1637.
Vol. II.—1627-1628.	Vol. XI.—1637.
Vol. III.—1628-1629.	Vol. XII.—1637-1638.
Vol. IV.—1629-1631.	Vol. XIII.—1638-1639.
Vol. V.—1631-1633.	Vol. XIV.—1639.
Vol. VI.—1633-1634.	Vol. XV.—1639-1640.
Vol. VII.—1634-1635.	Vol. XVI.—1640.
Vol. VIII.—1635.	Vol. XVII.—1640-1641.
Vol. IX.—1635-1636.	

This Calendar presents notices of a large number of original documents of great value to all inquirers relative to the history of the period to which it refers, many hitherto unknown.

CALENDAR OF STATE PAPERS, DOMESTIC SERIES, DURING THE COMMONWEALTH, preserved in Her Majesty's Public Record Office. *Edited by* MARY ANNE EVERETT GREEN. 1875–1883.

Vol. I.—1649-1650.	Vol. VI.—1653-1654.
Vol. II.—1650.	Vol. VII.—1654.
Vol. III.—1651.	Vol. VIII.—1655.
Vol. IV.—1651-1652.	Vol. IX.—1655-1656.
Vol. V.—1652-1653.	Vol. X.—1656-1657.

This Calendar is in continuation of those during the reigns from Edward VI. to Charles I., and contains a mass of new information.

CALENDAR OF STATE PAPERS, DOMESTIC SERIES, OF THE REIGN OF CHARLES II., preserved in Her Majesty's Public Record Office. *Edited by* MARY ANN EVERETT GREEN. 1860–1866.

Vol. I.—1660-1661.	Vol. V.—1665-1666.
Vol. II.—1661-1662.	Vol. VI.—1666-1667.
Vol. III.—1663-1664.	Vol. VII.—1667.
Vol. IV.—1664-1665.	

Seven volumes of this Calendar, between 1660 and 1667, have been published.

CALENDAR OF HOME OFFICE PAPERS OF THE REIGN OF GEORGE III., preserved in Her Majesty's Public Record Office. Vols. I. and II. *Edited by* JOSEPH REDINGTON, Esq., 1878–1879. Vol. III. *Edited by* RICHARD ARTHUR ROBERTS, Esq., Barrister-at-Law. 1881.

Vol. I.—1760 (25 Oct.)–1765.	Vol. III.—1770-1772.
Vol. II.—1766-1769.	

These are the first three volumes of the modern series of Domestic Papers, commencing with the accession of George III.

CALENDAR OF STATE PAPERS relating to SCOTLAND, preserved in Her Majesty's Public Record Office. *Edited by* MARKHAM JOHN THORPE, Esq., of St. Edmund Hall, Oxford. 1858.

Vol. I., the Scottish Series, of the Reigns of Henry VIII., Edward VI., Mary, and Elizabeth, 1509-1589.

Vol. II., the Scottish Series, of the Reign of Elizabeth, 1589-1603; an Appendix to the Scottish Series, 1543-1592; and the State Papers relating to Mary Queen of Scots.

These volumes relate to Scotland, between 1509 and 1603. In the second volume are Papers relating to Mary Queen of Scots during her Detention in England, 1568-1587.

CALENDAR OF DOCUMENTS relating to IRELAND, in Her Majesty's Public Record Office, London. *Edited by* HENRY SAVAGE SWEETMAN, Esq., B.A., Trinity College, Dublin, Barrister-at-Law (Ireland). 1875-1881.

Vol. I.—1171-1251.   Vol. III.—1285-1292.
Vol. II.—1252-1284.   Vol. IV.—1293-1301.

These volumes contain a Calendar of documents relating to Ireland, to be continued to the end of the reign of Henry VII.

CALENDAR OF STATE PAPERS relating to IRELAND, OF THE REIGNS OF HENRY VIII., EDWARD VI., MARY, AND ELIZABETH, preserved in Her Majesty's Public Record Office. *Edited by* HANS CLAUDE HAMILTON, Esq., F.S.A. 1860-1877.

Vol. I.—1509-1573.   Vol. III.—1586-1588.
Vol. II.—1574-1585.

The above have been published under the editorship of Mr. H. C. Hamilton.

CALENDAR OF STATE PAPERS relating to IRELAND, OF THE REIGN OF JAMES I., preserved in Her Majesty's Public Record Office, and elsewhere. *Edited by* the Rev. C. W. RUSSELL, D.D., and JOHN P. PRENDERGAST, Esq., Barrister-at-Law. 1872-1880.

Vol. I.—1603-1606.   Vol. IV.—1611-1614.
Vol. II.—1606-1608.   Vol. V.—1615-1625.
Vol. III.—1608-1610.

This series is in continuation of the Irish State Papers commencing with the reign of Henry VIII.; but, for the reign of James I., the Papers are not confined to those in the Public Record Office, London.

CALENDAR OF STATE PAPERS, COLONIAL SERIES, preserved in Her Majesty's Public Record Office, and elsewhere. *Edited by* W. NOEL SAINSBURY, Esq. 1860-1880.

Vol. I.—America and West Indies, 1574-1660.
Vol. II.—East Indies, China, and Japan, 1513-1616.
Vol. III.—East Indies, China, and Japan, 1617-1621.
Vol. IV.—East Indies, China, and Japan, 1622-1624.
Vol. V.—America and West Indies, 1661-1668.

These volumes include an analysis of early Colonial Papers in the Public Record Office, the India Office, and the British Museum.

CALENDAR OF LETTERS AND PAPERS, FOREIGN AND DOMESTIC, OF THE REIGN OF HENRY VIII., preserved in Her Majesty's Public Record Office, the British Museum, &c. *Edited by* J. S. BREWER, M.A., Professor of English Literature, King's College, London (Vols. I.-IV.); and *by* JAMES GAIRDNER, Esq., (Vols. V., VI., and VII.) 1862-1883.

Vol. I.—1509-1514.   Vol. IV., Part 1.—1524-1526.
Vol. II. (in Two Parts)—1515-   Vol. IV., Part 2.—1526-1528.
    1518.   Vol. IV., Part 3.—1529-1530.
Vol. III.(in Two Parts)—1519-   Vol. V.—1531-1532.
    1523.   Vol. VI.—1533.
Vol. IV.—Introduction.   Vol. VII.—1534.

These volumes contain summaries of all State Papers and Correspondence relating to the reign of Henry VIII., in the Public Record Office, of those formerly in the State Paper Office, in the British Museum, the Libraries of Oxford and Cambridge, and other Public Libraries; and of all letters that have appeared in print in the works of Burnet, Strype, and others. Whatever authentic original material exists in England relative to the religious, political, parliamentary, or social history of the country during the reign of Henry VIII., whether despatches of ambassadors, or proceedings of the army, navy, treasury, or ordnance, or records of Parliament, appointments of officers, grants from the Crown, &c., will be found calendared in these volumes.

CALENDAR OF STATE PAPERS, FOREIGN SERIES, OF THE REIGN OF EDWARD VI., preserved in Her Majesty's Public Record Office. 1547-1553. *Edited by* W. B. TURNBULL, Esq., of Lincoln's Inn, Barrister-at-Law, &c. 1861.

CALENDAR OF STATE PAPERS, FOREIGN SERIES, OF THE REIGN OF MARY, preserved in Her Majesty's Public Record Office. 1553-1558. *Edited by* W. B.TURNBULL, Esq., of Lincoln's Inn, Barrister-at-Law, &c. 1861.

The two preceding volumes exhibit the negotiations of the English ambassadors with the courts of the Emperor Charles V. of Germany, of Henry II. of France, and of Philip II. of Spain. The affairs of several of the minor continental states also find various incidental illustrations of much interest. The Papers descriptive of the circumstances which attended the loss of Calais merit a special notice ; while the progress of the wars in the north of France, into which England was dragged by her union with Spain, is narrated at some length. These volumes treat only of the relations of England with foreign powers.

CALENDAR OF STATE PAPERS, FOREIGN SERIES, OF THE REIGN OF ELIZABETH, preserved in Her Majesty's Public Record Office, &c. *Edited by* the Rev. JOSEPH STEVENSON, M.A., of ,University College; Durham, (Vols. I.-VII.), and ALLAN JAMES CROSBY, Esq., M.A., Barrister-at-Law, (Vols. VIII.-XI.) 1863-1880.

Vol. I.—1558-1559	Vol. VII.—1564-1565.
Vol. II.—1559-1560.	Vol. VIII.—1566-1568.
Vol. III.—1560-1561.	Vol. IX.—1569-1571.
Vol. IV.—1561-1562.	Vol. X.—1572-1574.
Vol. V.—1562.	Vol. XI.—1575-1577.
Vol. VI.—1563.	

These volumes contain a Calendar of the Foreign Correspondence during the early portion of the reign of Elizabeth. They illustrate not only the external but also the domestic affairs of Foreign Countries during that period.

CALENDAR OF TREASURY PAPERS, preserved in Her Majesty's Public Record Office. *Edited by* JOSEPH REDINGTON, Esq. 1868-1883.

Vol. I.—1557-1696.	Vol. IV.—1708-1714.
Vol. II.—1697-1702.	Vol. V.—1714-1719.
Vol. III.—1702-1707.	

The above Papers connected with the affairs of the Treasury comprise petitions, reports, and other documents relating to services rendered to the State, grants of money and pensions, appointments to offices, remissions of fines and duties, &c. They illustrate civil and military events, finance, the administration in Ireland and the Colonies, &c., and afford information nowhere else recorded.

CALENDAR OF THE CAREW PAPERS, preserved in the Lambeth Library. *Edited by* J. S. BREWER, M.A., Professor of English Literature, King's College, London; and WILLIAM BULLEN, Esq. 1867-1873.

Vol. I.—1515-1574.	Vol. V.—Book of Howth ; Miscel-
Vol. II.—1575-1588.	laneous.
Vol. III.—1589-1600.	Vol. VI.—1603-1624.
Vol. IV.—1601-1603.	

The Carew Papers relating to Ireland, in the Lambeth Library, are unique and of great importance to all students of Irish history.

CALENDAR OF LETTERS, DESPATCHES, AND STATE PAPERS, relating to the Negotiations between England and Spain, preserved in the Archives at Simancas, and elsewhere. *Edited by* G. A. BERGENROTH. 1862-1868.

Vol. I.—Hen. VII.—1485-1509.
Vol. II.—Hen. VIII.—1509-1525.
Supplement to Vol. I. and Vol. II.

Mr. Bergenroth was engaged in compiling a Calendar of the Papers relating to England preserved in the archives of Simancas in Spain, and the corresponding portion removed from Simancas to Paris. Mr. Bergenroth also visited Madrid, and examined the Papers there, bearing on the reign of Henry VIII. The first volume contains the Spanish Papers of the reign of Henry VII. ; the second volume, those of the first portion of the reign of Henry VIII. The Supplement contains new information relating to the private life of Queen Katharine of England ; and to the projected marriage of Henry VII. with Queen Juana, widow of King Philip of Castile, and mother of the Emperor Charles V.

CALENDAR OF LETTERS, DESPATCHES, AND STATE PAPERS, relating to the Negotiations between England and Spain, preserved in the Archives at Simancas, and elsewhere. *Edited by* DON PASCUAL DE GAYANGOS. 1873–1883.

> Vol. III., Part 1.—Hen. VIII.—1525–1526.
> Vol. III., Part 2.—Hen. VIII.—1527–1529.
> Vol. IV., Part 1.—Hen. VIII.—1529–1530.
> Vol. IV., Part 2.—Hen. VIII.—1531–1533.
> Vol. IV., Part 2.—*continued.*—Hen. VIII.—1531–1533.

Upon the death of Mr. Bergenroth, Don Pascual de Gayangos was appointed to continue the Calendar of the Spanish State Papers. He has pursued a similar plan to that of his predecessor, but has been able to add much valuable matter from Brussels and Vienna, with which Mr. Bergenroth was unacquainted.

CALENDAR OF STATE PAPERS AND MANUSCRIPTS, relating to ENGLISH AFFAIRS, preserved in the Archives of Venice, &c. *Edited by* RAWDON BROWN, Esq. 1864–1882.

> Vol. I.—1202–1509.   Vol. V.—1534–1554.
> Vol. II.—1509–1519.   Vol. VI., Part I.—1555–1556.
> Vol. III.—1520–1526.   Vol. VI., Part II.—1556–1557.
> Vol. IV.—1527–1533.

Mr. Rawdon Brown's researches have brought to light a number of valuable documents relating to various periods of English history ; his contributions to historical literature are of the most interesting and important character.

SYLLABUS, IN ENGLISH, OF RYMER'S FŒDERA. *By* Sir THOMAS DUFFUS HARDY, D.C.L., Deputy Keeper of the Public Records. Vol. I.—Will. I-Edw. III.; 1066–1377. Vol. II.—Ric. II.-Chas. II. ; 1377–1654. 1869–1873.

The "Fœdera," or "Rymer's Fœdera," is a collection of miscellaneous documents illustrative of the History of Great Britain and Ireland, from the Norman Conquest to the reign of Charles II. Several editions of the "Fœdera" have been published, and the present Syllabus was undertaken to make the contents of this great National Work more generally known.

REPORT OF THE DEPUTY KEEPER OF THE PUBLIC RECORDS AND THE REV. J. S. BREWER TO THE MASTER OF THE ROLLS, upon the Carte and Carew Papers in the Bodleian and Lambeth Libraries. 1864. *Price 2s. 6d.*

REPORT OF THE DEPUTY KEEPER OF THE PUBLIC RECORDS TO THE MASTER OF THE ROLLS, upon the Documents in the Archives and Public Libraries of Venice. 1866. *Price 2s. 6d.*

8

In the Press.

SYLLABUS, IN ENGLISH OF RYMER'S FŒDERA. *By* Sir THOMAS DUFFUS HARDY, D.C.L., Deputy Keeper of the Public Records. Vol. III.—Appendix and Index.

CALENDAR OF STATE PAPERS relating to IRELAND, OF THE REIGN OF ELIZABETH, preserved in Her Majesty's Public Record Office. *Edited by* HANS CLAUDE HAMILTON, Esq., F.S.A. Vol. IV.—1588–1590.

CALENDAR OF STATE PAPERS AND MANUSCRIPTS, relating to ENGLISH AFFAIRS, preserved in the Archives of Venice, &c. *Edited by* RAWDON BROWN, Esq. Vol. VI., Part III.—1557–1558.

CALENDAR OF DOCUMENTS relating to IRELAND, preserved in Her Majesty's Public Record Office, London. *Edited by* HENRY SAVAGE SWEETMAN, Esq., B.A., Trinity College, Dublin, Barrister-at-Law (Ireland). Vol. V.—1302–1307.

CALENDAR OF STATE PAPERS, DOMESTIC SERIES, OF THE REIGN OF CHARLES I., preserved in Her Majesty's Public Record Office. *Edited by* WILLIAM DOUGLAS HAMILTON, Esq., F.S.A. Vol. XVIII.—1641–1643.

CALENDAR OF LETTERS, DESPATCHES, AND STATE PAPERS, relating to the Negotiations between England and Spain, preserved in the Archives at Simancas, and elsewhere. *Edited by* DON PASCUAL DE GAYANGOS. Vol. V., Part I.—1534–1536.

CALENDAR OF STATE PAPERS, COLONIAL SERIES, preserved in Her Majesty's Public Record Office, and elsewhere. *Edited by* W. NOEL SAINSBURY, Esq. Vol. VI. —East Indies, 1625–1629.

CALENDAR OF HOME OFFICE PAPERS OF THE REIGN OF GEORGE III., preserved in Her Majesty's Public Record Office. *Edited by* RICHARD ARTHUR ROBERTS, Esq., Barrister-at-Law. Vol. IV.—1773, &c.

In Progress.

CALENDAR OF STATE PAPERS, COLONIAL SERIES, preserved in Her Majesty's Public Record Office, and elsewhere. *Edited by* W. NOEL SAINSBURY, Esq. Vol. VII.—America and West Indies, 1669, &c.

CALENDAR OF STATE PAPERS, FOREIGN SERIES, OF THE REIGN OF ELIZABETH, preserved in Her Majesty's Public Record Office. Vol. XII.—1577.

CALENDAR OF LETTERS AND PAPERS, FOREIGN AND DOMESTIC, OF THE REIGN OF HENRY VIII., preserved in Her Majesty's Public Record Office, the British Museum, &c. *Edited by* JAMES GAIRDNER, Esq. Vol. VIII.—1535, &c.

CALENDAR OF TREASURY PAPERS, preserved in Her Majesty's Public Record Office. *Edited by* JOSEPH REDINGTON, Esq. Vol. VI.—1720, &c.

CALENDAR OF STATE PAPERS, DOMESTIC SERIES, DURING THE COMMONWEALTH, preserved in Her Majesty's Public Record Office. *Edited by* MARY ANNE EVERETT GREEN. Vol. XI.—1657, &c.

THE CHRONICLES AND MEMORIALS OF GREAT BRITAIN AND IRELAND DURING THE MIDDLE AGES.

[ROYAL 8vo. half-bound. *Price* 10*s.* each Volume or Part.]

On 25 July 1822, the House of Commons presented an address to the Crown, stating that the editions of the works of our ancient historians were inconvenient and defective; that many of their writings still remained in manuscript, and, in some cases, in a single copy only. They added, "that an uniform and con-
" venient edition of the whole, published under His Majesty's royal sanction,
" would be an undertaking honourable to His Majesty's reign, and conducive to
" the advancement of historical and constitutional knowledge; that the House
" therefore humbly besought His Majesty, that He would be graciously pleased
" to give such directions as His Majesty, in His wisdom, might think fit, for
" the publication of a complete edition of the ancient historians of this realm,
" and assured His Majesty that whatever expense might be necessary for this
" purpose would be made good."
The Master of the Rolls, being very desirous that effect should be given to the resolution of the House of Commons, submitted to Her Majesty's Treasury in 1857 a plan for the publication of the ancient chronicles and memorials of the United Kingdom, and it was adopted accordingly. In selecting these works, it was considered right, in the first instance, to give preference to those of which the manuscripts were unique, or the materials of which would help to fill up blanks in English history for which no satisfactory and authentic information hitherto existed in any accessible form. One great object the Master of the Rolls had in view was to form a *corpus historicum* within reasonable limits, and which should be as complete as possible. In a subject of so vast a range, it was important that the historical student should be able to select such volumes as conformed with his own peculiar tastes and studies, and not be put to the expense of purchasing the whole collection; an inconvenience inseparable from any other plan than that which has been in this instance adopted.
Of the Chronicles and Memorials, the following volumes have been published. They embrace the period from the earliest time of British history down to the end of the reign of Henry VII.

1. THE CHRONICLE OF ENGLAND, by JOHN CAPGRAVE. *Edited by* the Rev. F. C. HINGESTON, M.A., of Exeter College, Oxford. 1858.

> Capgrave was prior of Lynn, in Norfolk, and provincial of the order of the Friars Hermits of England shortly before the year 1464. His Chronicle extends from the creation of the world to the year 1417. As a record of the language spoken in Norfolk (being written in English), it is of considerable value.

2. CHRONICON MONASTERII DE ABINGDON. Vols. I. and II. *Edited by* the Rev. JOSEPH STEVENSON, M.A. of University College, Durham, and Vicar of Leighton Buzzard. 1858.

> This Chronicle traces the history of the great Benedictine monastery of Abingdon in Berkshire, from its foundation by King Ina of Wessex, to the reign of Richard I., shortly after which period the present narrative was drawn up by an inmate of the establishment. The author had access to the title-deeds of the house; and incorporates into his history various charters of the Saxon kings, of great importance as illustrating not only the history of the locality but that of the kingdom. The work is printed for the first time.

3. LIVES OF EDWARD THE CONFESSOR. I.—La Estoire de Seint Aedward le Rei. II.—Vita Beati Edvardi Regis et Confessoris. III.—Vita Æduuardi Regis qui apud Westmonasterium requiescit. *Edited by* HENRY RICHARDS LUARD, M A., Fellow and Assistant Tutor of Trinity College, Cambridge. 1858.

> The first is a poem in Norman French, containing 4,686 lines, addressed to Alianor, Queen of Henry III., probably written in 1245, on the restoration of the church of Westminster. Nothing is known of the author. The second is an anonymous poem, containing 536 lines, written between 1440 and 1450, by command of Henry VI., to whom it is dedicated. It does not throw any new light on the reign of Edward the Confessor, but is valuable as a specimen of the Latin poetry of the time. The third, also by an anonymous author, was apparently written for Queen Edith, between 1066 and 1074, during the pressure of the suffering brought on the Saxons by the Norman conquest. It notices many facts not found in other writers, and some which differ considerably from the usual accounts.

4. MONUMENTA FRANCISCANA. Vol. I.—Thomas de Eccleston de Adventu Fratrum Minorum in Angliam. Adæ de Marisco Epistolæ. Registrum Fratrum Minorum Londoniæ. *Edited by* J. S. BREWER, M.A., Professor of English Literature, King's College, London. Vol. II.—De Adventu Minorum; re-edited, with additions. Chronicle of the Grey Friars. The ancient English version of the Rule of St. Francis. Abbreviatio Statutorum, 1451, &c. *Edited by* RICHARD HOWLETT, Esq., of the Middle Temple, Barrister-at-Law. 1858, 1882.

> The first volume contains original materials for the history of the settlement of the order of Saint Francis in England, the letters of Adam de Marisco, and other papers connected with the foundation and diffusion of this great body. It was the aim of the editor to collect whatever historical information could be found in this country, towards illustrating a period of the national history for which only scanty materials exist. None of these have been before printed. The second volume contains materials found, since the first volume was published, among the MSS. of Sir Charles Isham, and in various libraries.

5. FASCICULI ZIZANIORUM MAGISTRI JOHANNIS WYCLIF CUM TRITICO. Ascribed to THOMAS NETTER, of WALDEN, Provincial of the Carmelite Order in England, and Confessor to King Henry the Fifth. *Edited by* the Rev. W. W. SHIRLEY, M.A., Tutor and late Fellow of Wadham College, Oxford. 1858.

> This work derives its principal value from being the only contemporaneous account of the rise of the Lollards. When written the disputes of the school, men had been extended to the field of theology, and they appear both in the writings of Wycliff and in those of his adversaries. Wycliff's little bundles of tares are not less metaphysical than theological, and the conflict between Nominalists and Realists rages side by side with the conflict between the different interpreters of Scripture. The work gives a good idea of the controversies at the end of the 14th and the beginning of the 15th centuries.

6. THE BUIK OF THE CRONICLIS OF SCOTLAND; or, A Metrical Version of the History of Hector Boece; by WILLIAM STEWART. Vols. I., II., and III. *Edited by* W. B. TURNBULL, Esq., of Lincoln's Inn, Barrister-at-Law. 1858.

> This is a metrical translation of a Latin Prose Chronicle, written in the first half of the 16th century. The narrative begins with the earliest legends and ends with the death of James I. of Scotland, and the " evil ending of the traitors that slew him." Strict accuracy of statement is not to be looked for; but the stories of the colonization of Spain, Ireland, and Scotland are interesting if not true; and the chronicle reflects the manners, sentiments, and character of the age in which it was composed. The peculiarities of the Scottish dialect are well illustrated in this version, and the student of language will find ample materials for comparison with the English dialects of the same period, and with modern lowland Scotch.

7. JOHANNIS CAPGRAVE LIBER DE ILLUSTRIBUS HENRICIS. *Edited by* the Rev. F. C. HINGESTON, M.A., of Exeter College, Oxford. 1858.

> This work is dedicated to Henry VI. of England, who appears to have been, in the author's estimation, the greatest of all the Henries. It is divided into three parts, each having a separate dedication. The first part relates only to the history of the Empire, from the election of Henry I., the Fowler, to the end of the reign of the Emperor Henry VI. The second part is devoted to English history, from the accession of Henry I. in 1100, to 1446, which was the twenty-fourth year of the reign of Henry VI. The third part contains the lives of illustrious men who have borne the name of Henry in various parts of the world. Capgrave was born in 1393, in the reign of Richard II., and lived during the Wars of the Roses, for which period his work is of some value.

8. HISTORIA MONASTERII S. AUGUSTINI CANTUARIENSIS, by THOMAS OF ELMHAM, formerly Monk and Treasurer of that Foundation. *Edited by* CHARLES HARDWICK, M.A., Fellow of St. Catharine's Hall, and Christian Advocate in the University of Cambridge. 1858.

> This history extends from the arrival of St. Augustine in Kent until 1191. Prefixed is a chronology as far as 1418, which shows in outline what was to have been the character of the work when completed. The only copy known is in the possession of Trinity Hall, Cambridge. The author was connected with Norfolk, and most probably with Elmham, whence he derived his name.

9. EULOGIUM (HISTORIARUM SIVE TEMPORIS): Chronicon ab Orbe condito usque ad Annum Domini 1366; a Monacho quodam Malmesbiriensi exaratum. Vols. I., II., and III. *Edited by* F. S. HAYDON, Esq., B.A. 1858–1863.

> This is a Latin Chronicle extending from the Creation to the latter part of the reign of Edward III., and written by a monk of the Abbey of Malmesbury, in Wiltshire, about the year 1367. A continuation, carrying the history of England down to the year 1413, was added in the former half of the fifteenth century by an author whose name is not known. The original Chronicle is divided into five books, and contains a history of the world generally, but more especially of England to the year 1366. The continuation extends the history down to the coronation of Henry V. The Eulogium itself is chiefly valuable as containing a history, by a contemporary, of the period between 1356 and 1366. The notices of events appear to have been written very soon after their occurrence. Among other interesting matter, the Chronicle contains a diary of the Poitiers campaign, evidently furnished by some person who accompanied the army of the Black Prince. The continuation of the Chronicle is also the work of a contemporary, and gives a very interesting account of the reigns of Richard II. and Henry IV. It is believed to be the earliest authority for the statement that the latter monarch died in the Jerusalem Chamber at Westminster.

10. MEMORIALS OF HENRY THE SEVENTH: Bernardi Andreæ Tholosatis Vita Regis Henrici Septimi; necnon alia quædam ad eundem Regem spectantia. *Edited by* JAMES GAIRDNER, Esq. 1858.

> The contents of this volume are—(1) a life of Henry VII., by his poet laureate and historiographer, Bernard André, of Toulouse, with some compositions in verse, of which he is supposed to have been the author; (2) the journals of Roger Machado during certain embassies on which he was sent by Henry VII. to Spain and Brittany, the first of which had reference to the marriage of the King's son, Arthur, with Catharine of Arragon; (3) two curious reports by envoys sent to Spain in the year 1505 touching the succession to the Crown of Castile, and a project of marriage between Henry VII. and the Queen of Naples; and (4) an account of Philip of Castile's reception in England in 1506. Other documents of interest in connexion with the period are given in an appendix.

11. MEMORIALS OF HENRY THE FIFTH. I.—Vita Henrici Quinti, Roberto Redmanno auctore. II.—Versus Rhythmici in laudem Regis Henrici Quinti. III.—Elmhami Liber Metricus de Henrico V. *Edited by* CHARLES A. COLE, Esq. 1858.

> This volume contains three treatises which more or less illustrate the history of the reign of Henry V., viz.: A Life by Robert Redman ; a Metrical Chronicle by Thomas Elmham, prior of Lenton, a contemporary author ; Versus Rhythmici,

written apparently by a monk of Westminster Abbey, who was also a contemporary of Henry V. These works are printed for the first time.

12. MUNIMENTA GILDHALLÆ LONDONIENSIS; Liber Albus, Liber Custumarum, et
Liber Horn, in archivis Gildhallæ asservati. Vol. I., Liber Albus. Vol. II.
(in Two Parts), Liber Custumarum. Vol. III., Translation of the Anglo-
Norman Passages in Liber Albus, Glossaries, Appendices, and Index. *Edited
by* HENRY THOMAS RILEY, Esq., M.A., Barrister-at-Law. 1859-1862.

The manuscript of the *Liber Albus*, compiled by John Carpenter, Common
Clerk of the City of London in the year 1419, a large folio volume, is preserved in the Record Room of the City of London. It gives an account of
the laws, regulations, and institutions of that City in the 12th, 13th, 14th,
and early part of the 15th centuries. The *Liber Custumarum* was compiled
probably by various hands in the early part of the 14th century during the
reign of Edward II. The manuscript, a folio volume, is also preserved in
the Record Room of the City of London, though some portion in its original
state, borrowed from the City in the reign of Queen Elizabeth and never
returned, forms part of the Cottonian MS. Claudius D. II. in the British
Museum. It also gives an account of the laws, regulations, and institutions
of the City of London in the 12th, 13th, and early part of the 14th centuries.

13. CHRONICA JOHANNIS DE OXENEDES. *Edited by* Sir HENRY ELLIS, K.H. 1859.

Although this Chronicle tells of the arrival of Hengist and Horsa in England
in 449, yet it substantially begins with the reign of King Alfred, and comes
down to 1292, where it ends abruptly. The history is particularly valuable
for notices of events in the eastern portions of the kingdom, not to be
elsewhere obtained. Some curious facts are mentioned relative to the floods in
that part of England, which are confirmed in the Friesland Chronicle of
Anthony Heinrich, pastor of the Island of Mohr.

14. A COLLECTION OF POLITICAL POEMS AND SONGS RELATING TO ENGLISH HISTORY,
FROM THE ACCESSION OF EDWARD III. TO THE REIGN OF HENRY VIII. Vols. I.
and II. *Edited by* THOMAS WRIGHT, Esq., M.A. 1859-1861.

These Poems are perhaps the most interesting of all the historical writings of
the period, though they cannot be relied on for accuracy of statement. They
are various in character; some are upon religious subjects, some may be called
satires, and some give no more than a court scandal; but as a whole they present a very fair picture of society, and of the relations of the different classes
to one another. The period comprised is in itself interesting, and brings us,
through the decline of the feudal system, to the beginning of our modern
history. The songs in old English are of considerable value to the philologist.

15. The "OPUS TERTIUM," "OPUS MINUS," &c., of ROGER BACON. *Edited by* J. S.
BREWER, M.A., Professor of English Literature, King's College, London.
1859.

This is the celebrated treatise—never before printed—so frequently referred
to by the great philosopher in his works. It contains the fullest details we
possess of the life and labours of Roger Bacon : also a fragment by the same
author, supposed to be unique, the "*Compendium Studii Theologiæ.*"

16. BARTHOLOMÆI DE COTTON, MONACHI NORWICENSIS, HISTORIA ANGLICANA; 449-
1298: necnon ejusdem Liber de Archiepiscopis et Episcopis Angliæ. *Edited
by* HENRY RICHARDS LUARD, M.A., Fellow and Assistant Tutor of Trinity
College, Cambridge. 1859.

The author, a monk of Norwich, has here given us a Chronicle of England
from the arrival of the Saxons in 449 to the year 1298, in or about which year
it appears that he died. The latter portion of this history (the whole of the
reign of Edward I. more especially) is of great value, as the writer was contemporary with the events which he records. An Appendix contains several
illustrative documents connected with the previous narrative.

17. BRUT Y TYWYSOGION ; or, The Chronicle of the Princes of Wales. *Edited by*
the Rev. JOHN WILLIAMS AB ITHEL, M.A. 1860.

This work, also known as "The Chronicle of the Princes of Wales," has
been attributed to Caradoc of Llancarvan, who flourished about the middle of

the twelfth century. It is written in the ancient Welsh language, begins with the abdication and death of Caedwala at Rome, in the year 681, and continues the history down to the subjugation of Wales by Edward I., about the year 1282.

18. A COLLECTION OF ROYAL AND HISTORICAL LETTERS DURING THE REIGN OF HENRY IV. 1399–1404. *Edited by* the Rev. F. C. HINGESTON, M.A., of Exeter College, Oxford. 1860.

This volume, like all the others in the series containing a miscellaneous selection of letters, is valuable on account of the light it throws upon biographical history, and the familiar view it presents of characters, manners, and events. The period requires much elucidation; to which it will materially contribute.

19. THE REPRESSOR OF OVER MUCH BLAMING OF THE CLERGY. By REGINALD PECOCK, sometime Bishop of Chichester. Vols. I. and II. *Edited by* CHURCHILL BABINGTON, B.D., Fellow of St. John's College, Cambridge. 1860.

The " Repressor" may be considered the earliest piece of good theological disquisition of which our English prose literature can boast. The author was born about the end of the fourteenth century, consecrated Bishop of St. Asaph in the year 1444, and translated to the see of Chichester in 1450. While Bishop of St. Asaph, he zealously defended his brother prelates from the attacks of those who censured the bishops for their neglect of duty. He maintained that it was no part of a bishop's functions to appear in the pulpit, and that his time might be more profitably spent, and his dignity better maintained, in the performance of works of a higher character. Among those who thought differently were the Lollards, and against their general doctrines the " Repressor" is directed. Pecock took up a position midway between that of the Roman Church and that of the modern Anglican Church; but his work is interesting chiefly because it gives a full account of the views of the Lollards and of the arguments by which they were supported, and because it assists us to ascertain the state of feeling which ultimately led to the Reformation. Apart from religious matters, the light thrown upon contemporaneous history is very small, but the " Repressor" has great value for the philologist, as it tells us what were the characteristics of the language in use among the cultivated Englishmen of the fifteenth century. Pecock, though an opponent of the Lollards, showed a certain spirit of toleration, for which he received, towards the end of his life, the usual mediæval reward—persecution.

20. ANNALES CAMBRIÆ. *Edited by* the Rev. JOHN WILLIAMS AB ITHEL, M.A. 1860.

These annals, which are in Latin, commence in 447, and come down to 1288. The earlier portion appears to be taken from an Irish Chronicle, used by Tigernach, and by the compiler of the Annals of Ulster. During its first century it contains scarcely anything relating to Britain, the earliest direct concurrence with English history is relative to the mission of Augustine. Its notices throughout, though brief, are valuable. The annals were probably written at St. Davids, by Blegewryd, Archdeacon of Llandaff, the most learned man in his day in all Cymru.

21. THE WORKS OF GIRALDUS CAMBRENSIS. Vols. I., II., III., and IV. *Edited by* J. S. BREWER, M.A., Professor of English Literature, King's College, London. Vols. V., VI., and VII. *Edited by* the Rev. JAMES F. DIMOCK, M.A., Rector of Barnburgh, Yorkshire. 1861–1877.

These volumes contain the historical works of Gerald du Barry, who lived in the reigns of Henry II., Richard I., and John, and attempted to re-establish the independence of Wales by restoring the see of St. Davids to its ancient primacy. His works are of a very miscellaneous nature, both in prose and verse, and are remarkable chiefly for the racy and original anecdotes which they contain relating to contemporaries. He is the only Welsh writer of any importance who has contributed so much to the mediæval literature of this country, or assumed, in consequence of his nationality, so free and independent a tone. His frequent travels in Italy, in France, in Ireland, and in Wales, gave him opportunities for observation which did not generally fall to the lot of mediæval writers in the twelfth and thirteenth centuries, and of these observations Giraldus has made due use. Only extracts from these treatises have been printed before, and almost all of them are taken from unique manuscripts.

The Topographia Hibernica (in Vol. V.) is the result of Giraldus' two visits to Ireland. The first in 1183, the second in 1185-6, when he accompanied Prince John into that country. Curious as this treatise is, Mr. Dimock is of opinion that it ought not to be accepted as sober truthful history, for Giraldus himself states that truth was not his main object, and that he compiled the work for the purpose of sounding the praises of Henry the Second. Elsewhere, how - ever, he declares that he had stated nothing in the Topographia of the truth of which he was not well assured, either by his own eyesight or by the testimony, with all diligence elicited, of the most trustworthy and authentic men in the country ; that though he did not put just the same full faith in their reports as in what he had himself seen, yet, as they only related what they had themselves seen, he could not but believe such credible witnesses. A very interesting portion of this treatise is devoted to the animals of Ireland. It shows that he was a very accurate and acute observer, and his descriptions are given in a way that a scientific naturalist of the present day could hardly improve upon. The Expug-natio Hibernica was written about 1188 and may be regarded rather as a great epic than a sober relation of acts occurring in his own days. No one can peruse it without coming to the conclusion that it is rather a poetical fiction than a prosaic truthful history. Vol. VI. contains the Itinerarium Kambriæ et Descriptio Kambriæ: and Vol. VII., the lives of S. Remigius and S. Hugh.

22. LETTERS AND PAPERS ILLUSTRATIVE OF THE WARS OF THE ENGLISH IN FRANCE DURING THE REIGN OF HENRY THE SIXTH, KING OF ENGLAND. Vol. I., and Vol. II. (in Two Parts). *Edited by* the Rev. JOSEPH STEVENSON, M.A., of University College, Durham, and Vicar of Leighton Buzzard. 1861-1864.

These letters and papers are derived chiefly from originals or contemporary copies extant in the Bibliothèque Impériale, and the Depôt des Archives, in Paris. They illustrate the policy adopted by John Duke of Bedford and his successors during their government of Normandy, and other provinces of France acquired by Henry V. Here may be traced, step by step, the gradual declension of the English power, until we are prepared for its final overthrow.

23. THE ANGLO-SAXON CHRONICLE, ACCORDING TO THE SEVERAL ORIGINAL AUTHO-RITIES. Vol. I., Original Texts. Vol. II., Translation. *Edited and trans-lated by* BENJAMIN THORPE, Esq., Member of the Royal Academy of Sciences at Munich, and of the Society of Netherlandish Literature at Leyden. 1861.

This Chronicle, extending from the earliest history of Britain to 1154, is justly the boast of England; no other nation can produce any history, written in its own vernacular, at all approaching it, in antiquity, truthful-ness, or extent, the historical books of the Bible alone excepted. There are at present six independent manuscripts of the Saxon Chronicle, ending in different years, and written in different parts of the country. In this edition, the text of each manuscript is printed in columns on the same page, so that the student may see at a glance the various changes which occur in orthography, whether arising from locality or age.

24. LETTERS AND PAPERS ILLUSTRATIVE OF THE REIGNS OF RICHARD III. AND HENRY VII. Vols. I. and II. *Edited by* JAMES GAIRDNER, Esq. 1861-1863.

The Papers are derived from MSS. in the Public Record Office, the British Museum, and other repositories. The period to which they refer is unusually destitute of chronicles and other sources of historical information, so that the light obtained from them is of special importance. The principal contents of the volumes are some diplomatic Papers of Richard III.; correspondence between Henry VII. and Ferdinand and Isabella of Spain; documents relating to Edmund de la Pole, Earl of Suffolk ; and a portion of the correspondence of James IV. of Scotland.

25. LETTERS OF BISHOP GROSSETESTE, illustrative of the Social Condition of his Time. *Edited by* HENRY RICHARDS LUARD, M.A., Fellow and Assistant Tutor of Trinity College, Cambridge. 1861.

The Letters of Robert Grosseteste (131 in number) are here collected from various sources, and a large portion of them is printed for the first time. They range in date from about 1210 to 1253, and relate to various matters connected not only with the political history of England during the reign of Henry III., but with its ecclesiastical condition. They refer especially to the diocese of Lincoln, of which Grosseteste was bishop.

26. DESCRIPTIVE CATALOGUE OF MANUSCRIPTS RELATING TO THE HISTORY OF GREAT BRITAIN AND IRELAND. Vol. I. (in Two Parts); Anterior to the Norman Invasion. Vol. II.; 1066-1200. Vol. III.; 1200-1327. *By* Sir THOMAS DUFFUS HARDY, D.C.L., Deputy Keeper of the Public Records. 1862-1871.

The object of this work is to publish notices of all known sources of British history, both printed and unprinted, in one continued sequence. The materials, when historical (as distinguished from biographical), are arranged under the year in which the latest event is recorded in the chronicle or history, and not under the period in which its author, real or supposed, flourished. Biographies are enumerated under the year in which the person commemorated died, and not under the year in which the life was written. This arrangement has two advantages; the materials for any given period may be seen at a glance; and if the reader knows the time when an author wrote, and the number of years that had elapsed between the date of the events and the time the writer flourished, he will generally be enabled to form a fair estimate of the comparative value of the narrative itself. A brief analysis of each work has been added when deserving it, in which the original portions are distinguished from those which are mere compilations. When possible, the sources are indicated from which compilations have been derived. A biographical sketch of the author of each piece has been added, and a brief notice of such British authors as have written on historical subjects.

27. ROYAL AND OTHER HISTORICAL LETTERS ILLUSTRATIVE OF THE REIGN OF HENRY III. Vol. I., 1216-1235. Vol. II., 1236-1272. *Selected and edited by* the Rev. W. W. SHIRLEY, D.D., Regius Professor in Ecclesiastical History, and Canon of Christ Church, Oxford. 1862-1866.

The letters contained in these volumes are derived chiefly from the ancient correspondence formerly in the Tower of London, and now in the Public Record Office. They illustrate the political history of England during the growth of its liberties, and throw considerable light upon the personal history of Simon de Montfort. The affairs of France form the subject of many of them, especially in regard to the province of Gascony. The entire collection consists of nearly 700 documents, the greater portion of which is printed for the first time.

28. CHRONICA MONASTERII S. ALBANI.—1. THOMÆ WALSINGHAM HISTORIA ANGLICANA; Vol. I., 1272-1381 : Vol. II., 1381-1422. 2. WILLELMI RISHANGER CHRONICA ET ANNALES, 1259-1307. 3. JOHANNIS DE TROKELOWE ET HENRICI DE BLANEFORDE CHRONICA ET ANNALES, 1259-1296; 1307-1324; 1392-1406. 4. GESTA ABBATUM MONASTERII S. ALBANI, A THOMA WALSINGHAM, REGNANTE RICARDO SECUNDO, EJUSDEM ECCLESIÆ PRÆCENTORE, COMPILATA; Vol. I., 793-1290 : Vol. II., 1290-1349: Vol. III., 1349-1411. 5. JOHANNIS AMUNDESHAM, MONACHI MONASTERII S. ALBANI, UT VIDETUR, ANNALES; Vols. I. and II. 6. REGISTRA QUORUNDAM ABBATUM MONASTERII S. ALBANI, QUI SÆCULO XV^{mo} FLORUERE; Vol. I., REGISTRUM ABBATIÆ JOHANNIS WHETHAMSTEDE, ABBATIS MONASTERII SANCTI ALBANI, ITERUM SUSCEPTÆ; ROBERTO BLAKENEY, CAPELLANO, QUONDAM ADSCRIPTUM: Vol. II., REGISTRA JOHANNIS WHETHAMSTEDE, WILLELMI ALBON, ET WILLELMI WALINGFORDE, ABBATUM MONASTERII SANCTI ALBANI, CUM APPENDICE, CONTINENTE QUASDAM EPISTOLAS, A JOHANNE WHETHAMSTEDE CONSCRIPTAS. 7. YPODIGMA NEUSTRIÆ A THOMA, WALSINGHAM, QUONDAM MONACHO MONASTERII S. ALBANI, CONSCRIPTUM. *Edited by* HENRY THOMAS RILEY, Esq., M.A., Cambridge and Oxford; and of the Inner Temple, Barrister-at-Law. 1863-1876.

In the 1st two volumes is a History of England, from the death of Henry III. to the death of Henry V., by Thomas Walsingham, Precentor of St. Albans, from MS. VII. in the Arundel Collection in the College of Arms, London, a manuscript of the fifteenth century, collated with MS. 13 E. IX. in the King's Library in the British Museum, and MS. VII. in the Parker Collection of Manuscripts at Corpus Christi College, Cambridge.

In the 3rd volume is a Chronicle of English History, attributed to William Rishanger, who lived in the reign of Edward I., from the Cotton. MS. Faustina B. IX. in the British Museum, collated with MS. 14 C. VII. (fols. 219-231) in the King's Library, British Museum, and the Cotton MS. Claudius E. III., fols. 306-331: an account of transactions attending the award of the kingdom of Scotland to John Balliol, 1291-1292, from MS. Cotton. Claudius D. VI., also attributed to William Rishanger, but on no sufficient ground: a short Chronicle of English History, 1292 to 1300, by an unknown hand, from MS. Cotton. Claudius D. VI. : a short Chronicle Willelmi Rishanger Gesta Edwardi Primi, Regis Angliæ, from MS. 14 C. I. in the Royal Library, and MS. Cotton. Claudius D. VI., with Annales Regum Angliæ, probably by the same hand: and fragments of three Chronicles of English History, 1285 to 1307.

In the 4th volume is a Chronicle of English History, 1259 to 1296, from MS. Cotton. Claudius D. VI. : Annals of Edward II., 1307 to 1323, by John de Trokelowe, a monk of St. Albans, and a continuation of Trokelowe's Annals, 1323, 1324, by Henry de Blaneforde, both from MS. Cotton. Claudius D. VI. : a full Chronicle of English History, 1392 to 1406, from MS. VII. in the Library of Corpus Christi College, Cambridge; and an account of the Benefactors of St. Albans, written in the early part of the 15th century from MS. VI. in the same Library.

The 5th, 6th, and 7th volumes contain a history of the Abbots of St. Albans, 793 to 1411, mainly compiled by Thomas Walsingham, from MS. Cotton. Claudius E. IV., in the British Museum : with a Continuation, from the closing pages of Parker MS. VII., in the Library of Corpus Christi College, Cambridge.

The 8th and 9th volumes, in continuation of the Annals, contain a Chronicle, probably by John Amundesham, a monk of St. Albans.

The 10th and 11th volumes relate especially to the acts and proceedings of Abbots Whethamstede, Albon, and Wallingford, and may be considered as a memorial of the chief historical and domestic events during those periods.

The 12th volume contains a compendious History of England to the reign of Henry V., and of Normandy in early times, also by Thomas Walsingham, and dedicated to Henry V. The compiler has often substituted other authorities in place of those consulted in the preparation of his larger work.

29. CHRONICON ABBATIÆ EVESHAMENSIS, AUCTORIBUS DOMINICO PRIORE EVE-SHAMIÆ ET THOMA DE MARLEBERGE ABBATE, A FUNDATIONE AD ANNUM 1213, UNA CUM CONTINUATIONE AD ANNUM 1418. *Edited by* the Rev. W. D. MACRAY, Bodleian Library, Oxford. 1863.

The Chronicle of Evesham illustrates the history of that important monastery from its foundation by Egwin, about 690, to the year 1418. Its chief feature is an autobiography, which makes us acquainted with the inner daily life of a great abbey, such as but rarely has been recorded. Interspersed are many notices of general, personal, and local history which will be read with much interest. This work exists in a single MS., and is for the first time printed.

30. RICARDI DE CIRENCESTRIA SPECULUM HISTORIALE DE GESTIS REGUM ANGLIÆ. Vol. I., 447-871. Vol. II., 872-1066. *Edited by* JOHN E. B. MAYOR, M.A., Fellow of St. John's College, Cambridge. 1863-1869.

The compiler, Richard of Cirencester, was a monk of Westminster, 1355-1400. In 1391 he obtained a licence to make a pilgrimage to Rome. His history, in four books, extends from 447 to 1066. He announces his intention of continuing it, but there is no evidence that he completed any more This chronicle gives many charters in favour of Westminster Abbey, and a very full account of the lives and miracles of the saints, especially of Edward the Con-fessor, whose reign occupies the fourth book. A treatise on the Coronation, by William of Sudbury, a monk of Westminster, fills book iii. c. 3. It was on this author that C. J. Bertram fathered his forgery, *De Situ Brittaniæ*, in 1747.

31. YEAR BOOKS OF THE REIGN OF EDWARD THE FIRST. Years 20-21, 21-22, 30-31, 32-33, and 33-35. *Edited and translated by* ALFRED JOHN HORWOOD, Esq., of the Middle Temple, Barrister-at-Law. YEAR BOOKS, 11-12 Edward III. *Edited and translated by* ALFRED JOHN HORWOOD, Esq., of the Middle

Temple, Barrister-at-Law; *continued by* LUKE OWEN PIKE, Esq., M.A., of Lincoln's Inn, Barrister-at-Law. 1863–1883.

> The volumes known as the "Year Books" contain reports in Norman-French of cases argued and decided in the Courts of Common Law. They may be considered to a great extent as the "lex non scripta" of England, and been held in the highest veneration by the ancient sages of the law, and received by them as the repositories of the first recorded judgments and dicta of the great legal luminaries of past ages. They are also worthy of attention on account of the historical information and the notices of public and private persons which they contain, as well as the light which they throw on ancient manners and customs.

32. NARRATIVES OF THE EXPULSION OF THE ENGLISH FROM NORMANDY 1449–1450. —Robertus Blondelli de Reductione Normanniæ: Le Recouvrement de Normendie, par Berry, Hérault du Roy: Conferences between the Ambassadors of France and England. *Edited, from MSS. in the Imperial Library at Paris, by* the Rev. JOSEPH STEVENSON, M.A., of University College, Durham. 1863.

> This volume contains the narrative of an eye-witness who details with considerable power and minuteness the circumstances which attended the final expulsion of the English from Normandy in 1450. Commencing with the infringement of the truce by the capture of Fougères, and ending with the battle of Formigny and the embarkation of the Duke of Somerset. The period embraced is less than two years.

33. HISTORIA ET CARTULARIUM MONASTERII S. PETRI GLOUCESTRIÆ. Vols. I., II., and III. *Edited by* W. H. HART, Esq., F.S.A., Membre correspondant de la Société des Antiquaires de Normandie. 1863–1867.

> This work consists of two parts, the History and the Cartulary of the Monastery of St. Peter, Gloucester. The history furnishes an account of the monastery from its foundation, in the year 681, to the early part of the reign of Richard II. together with a calendar of donations and benefactions. It treats principally of the affairs of the monastery, but occasionally matters of general history are introduced. Its authorship has generally been assigned to Walter Froucester, the twentieth abbot, but without any foundation.

34. ALEXANDRI NECKAM DE NATURIS RERUM LIBRI DUO; with NECKAM'S POEM, DE LAUDIBUS DIVINÆ SAPIENTIÆ. *Edited by* THOMAS WRIGHT, Esq., M.A. 1863.

> Neckam was a man who devoted himself to science, such as it was in the twelfth century. In the "De Naturis Rerum" are to be found what may be called the rudiments of many sciences mixed up with much error and ignorance. Neckam was not thought infallible, even by his contemporaries, for Roger Bacon remarks of him, "this Alexander in many things wrote what was true and useful; " but he neither can nor ought by just title to be reckoned among authorities." Neckam, however, had sufficient independence of thought to differ from some of the schoolmen who in his time considered themselves the only judges of literature. He had his own views in morals, and in giving us a glimpse of them, as well as of his other opinions, he throws much light upon the manners, customs, and general tone of thought prevalent in the twelfth century. The poem entitled "De Laudibus Divinæ Sapientiæ" appears to be a metrical paraphrase or abridgment of the "De Naturis Rerum." It is written in the elegiac metre, and though there are many lines which violate classical rules, it is, as a whole, above the ordinary standard of mediæval Latin.

35. LEECHDOMS, WORTCUNNING, AND STARCRAFT OF EARLY ENGLAND; being a Collection of Documents illustrating the History of Science in this Country before the Norman Conquest. Vols. I., II., and III. *Collected and edited by* the Rev. T. OSWALD COCKAYNE, M.A., of St. John's College, Cambridge. 1864–1866.

> This work illustrates not only the history of science, but the history of superstition. In addition to the information bearing directly upon the medical skill and medical faith of the times, there are many passages which incidentally throw light upon the general mode of life and ordinary diet. The volumes are interesting

not only in their scientific, but also in their social aspect. The manuscripts from which they have been printed are valuable to the Anglo-Saxon scholar for the illustrations they afford of Anglo-Saxon orthography.

36. ANNALES MONASTICI. Vol. I.:—Annales de Margan, 1066-1232; Annales de Theokesberia, 1066-1263; Annales de Burton, 1004-1263. Vol. II.:— Annales Monasterii de Wintonia, 519-1277; Annales Monasterii de Waverleia, 1-1291. Vol. III.:—Annales Prioratus de Dunstaplia, 1-1297. Annales Monasterii de Bermundeseia, 1042-1432. Vol. IV.:—Annales Monasterii de Oseneia, 1016-1347; Chronicon vulgo dictum Chronicon Thomæ Wykes, 1066-1289; Annales Prioratus de Wigornia, 1-1377. Vol. V.:—Index and Glossary. *Edited by* HENRY RICHARDS LUARD, M.A., Fellow and Assistant Tutor of Trinity College, and Registrary of the University, Cambridge. 1864-1869.

> The present collection of Monastic Annals embraces all the more important chronicles compiled in religious houses in England during the thirteenth century. These distinct works are ten in number. The extreme period which they embrace ranges from the year 1 to 1432, although they refer more especially to the reigns of John, Henry III., and Edward I. Some of these narratives have already appeared in print, but others are printed for the first time.

37. MAGNA VITA S. HUGONIS EPISCOPI LINCOLNIENSIS. From MSS. in the Bodleian Library, Oxford, and the Imperial Library, Paris. *Edited by* the Rev. JAMES F. DIMOCK, M.A., Rector of Barnburgh, Yorkshire. 1864.

> This work contains a number of very curious and interesting incidents, and being the work of a contemporary, is very valuable, not only as a truthful biography of a celebrated ecclesiastic, but as the work of a man, who, from personal knowledge, gives notices of passing events, as well as of individuals who were then taking active part in public affairs. The author, in all probability, was Adam Abbot of Evesham. He was domestic chaplain and private confessor of Bishop Hugh, and in these capacities was admitted to the closest intimacy. Bishop Hugh was Prior of Witham for 11 years before he became Bishop of Lincoln. His consecration took place on the 21st September 1186; he died on the 16th of November 1200; and was canonized in 1220.

38. CHRONICLES AND MEMORIALS OF THE REIGN OF RICHARD THE FIRST. Vol. I.:— ITINERARIUM PEREGRINORUM ET GESTA REGIS RICARDI. Vol. II.:—EPISTOLÆ CANTUARIENSES; the Letters of the Prior and Convent of Christ Church, Canterbury; 1187 to 1199. *Edited by* WILLIAM STUBBS, M.A., Vicar of Navestock, Essex, and Lambeth Librarian. 1864-1865.

> The authorship of the Chronicle in Vol. I., hitherto ascribed to Geoffrey Vinesauf, is now more correctly ascribed to Richard, Canon of the Holy Trinity of London. The narrative extends from 1187 to 1199; but its chief interest consists in the minute and authentic narrative which it furnishes of the exploits of Richard I., from his departure from England in December 1189 to his death in 1199. The author states in his prologue that he was an eye-witness of much that he records; and various incidental circumstances which occur in the course of the narrative confirm this assertion.
>
> The letters in Vol. II., written between 1187 and 1199, are of value as furnishing authentic materials for the history of the ecclesiastical condition of England during the reign of Richard I. They had their origin in a dispute which arose from the attempts of Baldwin and Hubert, archbishops of Canterbury, to found a college of secular canons, a project which gave great umbrage to the monks of Canterbury, who saw in it a design to supplant them in their function of metropolitan chapter. These letters are printed, for the first time, from a MS. belonging to the archiepiscopal library at Lambeth.

39. RECUEIL DES CRONIQUES ET ANCHIENNES ISTORIES DE LA GRANT BRETAIGNE A PRESENT NOMME ENGLETERRE, par JEHAN DE WAURIN. Vol. I. Albina to 688. Vol. II., 1399-1422. Vol. III., 1422-1431. *Edited by* WILLIAM HARDY, Esq., F.S.A. 1864-1879

40. A COLLECTION OF THE CHRONICLES AND ANCIENT HISTORIES OF GREAT BRITAIN. NOW CALLED ENGLAND, by JOHN DE WAVRIN. Albina to 688. (Translation

of the preceding Vol. I.) *Edited and translated by* WILLIAM HARDY, Esq., F.S.A. 1864.

This curious chronicle extends from the fabulous period of history down to the return of Edward IV. to England in the year 1471 after the second deposition of Henry VI. The manuscript from which the text of the work is taken is pre-served in the Imperial Library at Paris, and is believed to be the only complete and nearly contemporary copy in existence. The work, as originally bound, was comprised in six volumes, since rebound in morocco in 12 volumes, folio maximo, vellum, and is illustrated with exquisite miniatures, vignettes, and initial letters. It was written towards the end of the fifteenth century, having been expressly executed for Louis de Bruges, Seigneur de la Gruthuyse and Earl of Winchester, from whose cabinet it passed into the library of Louis XII. at Blois.

41. POLYCHRONICON RANULPHI HIGDEN, with Trevisa's Translation. Vols. I. and II. *Edited by* CHURCHILL BABINGTON, B.D., Senior Fellow of St. John's College, Cambridge. Vols. III., IV., V., VI., VII., and VIII. *Edited by* the Rev. JOSEPH RAWSON LUMBY, D.D., Norrisian Professor of Divinity, Vicar of St. Edward's, Fellow of St. Catharine's College, and late Fellow of Magdalene College, Cambridge. 1865-1883.

This is one of the many mediæval chronicles which assume the character of a history of the world. It begins with the creation, and is brought down to the author's own time, the reign of Edward III. Prefixed to the historical portion, is a chapter devoted to geography, in which is given a description of every known land. To say that the Polychronicon was written in the fourteenth century is to say that it is not free from inaccuracies. It has, however, a value apart from its intrinsic merits. It enables us to form a very fair estimate of the knowledge of history and geography which well-informed readers of the fourteenth and fifteenth centuries possessed, for it was then the standard work on general history.

The two English translations, which are printed with the original Latin, afford interesting illustrations of the gradual change of our language, for one was made in the fourteenth century, the other in the fifteenth. The differences between Trevisa's version and that of the unknown writer are often considerable.

42. LE LIVERE DE REIS DE BRITTANIE E LE LIVERE DE REIS DE ENGLETERE. *Edited by* JOHN GLOVER, M.A., Vicar of Brading, Isle of Wight, formerly Librarian of Trinity College, Cambridge. 1865.

These two treatises, though they cannot rank as independent narratives, are nevertheless valuable as careful abstracts of previous historians, especially "Le Livere de Reis de Engletere." Some various readings are given which are interesting to the philologist as instances of semi-Saxonized French. It is sup-posed that Peter of Ickham was the author, but no conclusion on that point has been arrived at.

43. CHRONICA MONASTERII DE MELSA AB ANNO 1150 USQUE AD ANNUM 1406. Vols. I., II., and III. *Edited by* EDWARD AUGUSTUS BOND, Esq., Assistant Keeper of the Manuscripts, and Egerton Librarian, British Museum. 1866-1868.

The Abbey of Meaux was a Cistercian house, and the work of its abbot is both curious and valuable. It is a faithful and often minute record of the establishment of a religious community, of its progress in forming an ample revenue, of its struggles to maintain its acquisitions, and of its relations to the governing institutions of the country. In addition to the private affairs of the monastery, some light is thrown upon the public events of the time, which are however kep distinct, and appear at the end of the history of each abbot's administration. The text has been printed from what is said to be the autograph of the original compiler, Thomas de Burton, the nineteenth abbot.

44. MATTHÆI PARISIENSIS HISTORIA ANGLORUM, SIVE, UT VULGO DICITUR, HISTORIA MINOR. Vols. I., II., and III. 1067-1253. *Edited by* Sir FREDERIC MADDEN, K.H., Keeper of the Department of Manuscripts, British Museum. 1866-1869.

The exact date at which this work was written is, according to the chronicler, 1250. The history is of considerable value as an illustration of the period during which the author lived, and contains a good summary of the events which followed

2 D 2

the Conquest. This minor chronicle is, however, based on another work (also written by Matthew Paris) giving fuller details, which has been called the "Historia Major." The chronicle here published, nevertheless, gives some information not to be found in the greater history.

45 Liber Monasterii de Hyda: a Chronicle and Chartulary of Hyde Abbey, Winchester, 455-1023. *Edited, from a Manuscript in the Library of the Earl of Macclesfield, by* Edward Edwards, Esq. 1866.

The "Book of Hyde" is a compilation from much earlier sources which are usually indicated with considerable care and precision. In many cases, however, the Hyde chronicler appears to correct, to qualify, or to amplify—either from tradition or from sources of information not now discoverable—the statements, which, in substance, he adopts. He also mentions, and frequently quotes from writers whose works are either entirely lost or at present known only by fragments.

There is to be found, in the "Book of Hyde," much information relating to the reign of King Alfred which is not known to exist elsewhere. The volume contains some curious specimens of Anglo-Saxon and Mediæval English.

46. Chronicon Scotorum: a Chronicle of Irish Affairs, from the Earliest Times to 1135; with a Supplement, containing the Events from 1141 to 1150. *Edited, with a Translation, by* William Maunsell Hennessy, Esq., M.R.I.A. 1866.

There is, in this volume, a legendary account of the peopling of Ireland and of the adventures which befell the various heroes who are said to have been connected with Irish history. The details are, however, very meagre both for this period and for the time when history becomes more authentic. The plan adopted in the chronicle gives the appearance of an accuracy to which the earlier portions of the work cannot have any claim. The succession of events is marked, year by year, from a.m. 1599 to a.d. 1150. The principal events narrated in the later portion of the work are, the invasions of foreigners, and the wars of the Irish among themselves. The text has been printed from a MS. preserved in the library of Trinity College, Dublin, written partly in Latin, partly in Irish.

47. The Chronicle of Pierre de Langtoft, in French Verse, from the earliest Period to the Death of Edward I. Vols. I. and II. *Edited by* Thomas Wright, Esq., M.A. 1866-1868.

It is probable that Pierre de Langtoft was a canon of Bridlington, in Yorkshire, and that he lived in the reign of Edward I., and during a portion of the reign of Edward II. This chronicle is divided into three parts; in the first is an abridgment of Geoffrey of Monmouth's "Historia Britonum," in the second, a history of the Anglo-Saxon and Norman kings, down to the death of Henry III., and in the third a history of the reign of Edward I. The principal object of the work was apparently to show the justice of Edward's Scottish wars. The language is singularly corrupt, and a curious specimen of the French of Yorkshire.

48. The War of the Gaedhil with the Gaill, or, The Invasions of Ireland by the Danes and other Norsemen. *Edited, with a Translation,* by James Henthorn Todd, D.D., Senior Fellow of Trinity College, and Regius Professor of Hebrew in the University, Dublin. 1867.

The work in its present form, in the editor's opinion, is a comparatively modern version of an undoubtedly ancient original. That it was compiled from contemporary materials has been proved by curious incidental evidence. It is stated in the account given of the battle of Clontarf that the full tide in Dublin Bay on the day of the battle (23 April 1014) coincided with sunrise; and that the returning tide in the evening aided considerably in the defeat of the Danes. The fact has been verified by astronomical calculations, and the inference is that the author of the chronicle, if not himself an eye-witness, must have derived his information from those who were eye-witnesses. The contents of the work are sufficiently described in its title. The story is told after the manner of the Scandinavian Sagas, with poems and fragments of poems introduced into the prose narrative.

49. Gesta Regis Henrici Secundi Benedicti Abbatis. The Chronicle of the Reigns of Henry II. and Richard I., 1169-1192, known under the name of Benedict of Peterborough. Vols. I. and II. *Edited by* William Stubbs, M.A., Regius Professor of Modern History, Oxford, and Lambeth Librarian. 1867.

21

This chronicle of the reigns of Henry II. and Richard I., known commonly under the name of Benedict of Peterborough, is one of the best existing specimens of a class of historical compositions of the first importance to the student.

50. MUNIMENTA ACADEMICA, OR, DOCUMENTS ILLUSTRATIVE OF ACADEMICAL LIFE AND STUDIES AT OXFORD (in Two Parts). *Edited by* the Rev. HENRY ANSTEY, M.A., Vicar of St. Wendron, Cornwall, and lately Vice-Principal of St. Mary Hall, Oxford. 1868.

This work will supply materials for a History of Academical Life and Studies in the University of Oxford during the 13th, 14th, and 15th centuries.

51. CHRONICA MAGISTRI ROGERI DE HOUEDENE. Vols. I., II., III., and IV. *Edited by* WILLIAM STUBBS, M.A., Regius Professor of Modern History, and Fellow of Oriel College, Oxford. 1868–1871.

This work has long been justly celebrated, but not thoroughly understood until Mr. Stubbs' edition. The earlier portion, extending from 732 to 1148, appears to be a copy of a compilation made in Northumbria about 1161, to which Hoveden added little. From 1148 to 1169—a very valuable portion of this work—the matter is derived from another source, to which Hoveden appears to have supplied little, and not always judiciously. From 1170 to 1192 is the portion which corresponds with the Chronicle known under the name of Benedict of Peterborough (*see* No. 49); but it is not a copy, being sometimes an abridgment, at others a paraphrase; occasionally the two works entirely agree; showing that both writers had access to the same materials, but dealt with them differently. From 1192 to 1201 may be said to be wholly Hoveden's work : it is extremely valuable, and an authority of the first importance.

52. WILLELMI MALMESBIRIENSIS MONACHI DE GESTIS PONTIFICUM ANGLORUM LIBRI QUINQUE. *Edited, from William of Malmesbury's Autograph MS.*, by N. E. S. A. HAMILTON, Esq., of the Department of Manuscripts, British Museum. 1870.

William of Malmesbury's "Gesta Pontificum" is the principal foundation of English Ecclesiastical Biography, down to the year 1122. The manuscript which has been followed in this Edition is supposed by Mr. Hamilton to be the author's autograph, containing his latest additions and amendments.

53. HISTORIC AND MUNICIPAL DOCUMENTS OF IRELAND, FROM THE ARCHIVES OF THE CITY OF DUBLIN, &c. 1172–1320. *Edited by* JOHN T. GILBERT, Esq., F.S.A., Secretary of the Public Record Office of Ireland. 1870.

A collection of original documents, elucidating mainly the history and condition of the municipal, middle, and trading classes under or in relation with the rule of England in Ireland,—a subject hitherto in almost total obscurity, Extending over the first hundred and fifty years of the Anglo-Norman settlement, the series includes charters, municipal laws and regulations, rolls of names of citizens and members of merchant-guilds, lists of commodities with their rates, correspondence, illustrations of relations between ecclesiastics and laity; together with many documents exhibiting the state of Ireland during the presence there of the Scots under Robert and Edward Bruce.

54. THE ANNALS OF LOCH CÉ. A CHRONICLE OF IRISH AFFAIRS, FROM 1014 to 1590. Vols. I. and II. *Edited, with a Translation, by* WILLIAM MAUNSELL HENNESSY, Esq., M.R.I.A. 1871.

The original of this chronicle has passed under various names. The title of "Annals of Loch Cé" was given to it by Professor O'Curry, on the ground that it was transcribed for Brian Mac Dermot, an Irish chieftain, who resided on the island in Loch Cé, in the county of Roscommon. It adds much to the materials for the civil and ecclesiastical history of Ireland; and contains many curious references to English and foreign affairs, not noticed in any other chronicle.

55. MONUMENTA JURIDICA. THE BLACK BOOK OF THE ADMIRALTY, WITH APPENDICES Vols. I., II., III., and IV. *Edited by* SIR TRAVERS TWISS Q.C., D.C.L 1871–1876.

This book contains the ancient ordinances and laws relating to the navy, and was probably compiled for the use of the Lord High Admiral of England Selden calls it the "jewel of the Admiralty Records." Prynne ascribes to the Black-Book the same authority in the Admiralty as the Black and Red Books have in the Court of Exchequer, and most English writers on maritime law recognize its importance.

56. MEMORIALS OF THE REIGN OF HENRY VI.:—OFFICIAL CORRESPONDENCE OF THOMAS BEKYNTON, SECRETARY TO HENRY VI., AND BISHOP OF BATH AND WELLS. *Edited, from a MS. in the Archiepiscopal Library at Lambeth, with an Appendix of Illustrative Documents, by* the Rev. GEORGE WILLIAMS, B.D., Vicar of Ringwood, late Fellow of King's College, Cambridge. Vols. I. and II. 1872.

> These curious volumes are of a miscellaneous character, and were probably compiled under the immediate direction of Bekynton before he had attained to the Episcopate. They contain many of the Bishop's own letters, and several written by him in the King's name; also letters to himself while Royal Secretary, and others addressed to the King. This work elucidates some points in the history of the nation during the first half of the fifteenth century.

57. MATTHÆI PARISIENSIS, MONACHI SANCTI ALBANI, CHRONICA MAJORA. Vol. I. The Creation to A.D. 1066. Vol. II. A.D. 1067 to A.D. 1216. Vol. III. A.D. 1216 to A.D. 1239. Vol. IV. A.D. 1240 to A.D. 1247. Vol. V. A.D. 1248 to A.D. 1259. Vol. VI. Additamenta. Vol. VII. Index. *Edited by* HENRY RICHARDS LUARD, D.D., Fellow of Trinity College, Registrary of the University, and Vicar of Great St. Mary's, Cambridge. 1872–1884.

> This work contains the "Chronica Majora" of Matthew Paris, one of the most valuable and frequently consulted of the ancient English Chronicles. It is published from its commencement, for the first time. The editions by Archbishop Parker, and William Wats, severally begin at the Norman Conquest.

58. MEMORIALE FRATRIS WALTERI DE COVENTRIA.—THE HISTORICAL COLLECTIONS OF WALTER OF COVENTRY. Vols. I. and II. *Edited, from the MS. in the Library of Corpus Christi College, Cambridge, by* WILLIAM STUBBS, M.A., Regius Professor of Modern History, and Fellow of Oriel College, Oxford. 1872–1873.

> This work, now printed in full for the first time, has long been a *desideratum* by Historical Scholars. The first portion, however, is not of much importance, being only a compilation from earlier writers. The part relating to the first quarter of the thirteenth century is the most valuable and interesting.

59. THE ANGLO-LATIN SATIRICAL POETS AND EPIGRAMMATISTS OF THE TWELFTH CENTURY. Vols. I. and II. *Collected and edited by* THOMAS WRIGHT, Esq., M.A., Corresponding Member of the National Institute of France (Académie des Inscriptions et Belles-Lettres). 1872.

> The Poems contained in these volumes have long been known and appreciated as the best satires of the age in which their authors flourished, and were deservedly popular during the 13th and 14th centuries.

60. MATERIALS FOR A HISTORY OF THE REIGN OF HENRY VII., FROM ORIGINAL DOCUMENTS PRESERVED IN THE PUBLIC RECORD OFFICE. Vols. I. and II. *Edited by* the Rev. WILLIAM CAMPBELL, M.A., one of Her Majesty's Inspectors of Schools. 1873–1877.

> These volumes are valuable as illustrating the acts and proceedings of Henry VII. on ascending the throne, and shadow out the policy he afterwards adopted.

61. HISTORICAL PAPERS AND LETTERS FROM THE NORTHERN REGISTERS. *Edited by* JAMES RAINE, M.A., Canon of York, and Secretary of the Surtees Society. 1873.

> The documents in this volume illustrate, for the most part, the general history of the north of England, particularly in its relation to Scotland.

62. REGISTRUM PALATINUM DUNELMENSE. THE REGISTER OF RICHARD DE KELLAWE, LORD PALATINE AND BISHOP OF DURHAM; 1311–1316. Vols. I., II., III., and IV. *Edited by* Sir THOMAS DUFFUS HARDY, D.C.L., Deputy Keeper of the Public Records. 1873–1878.

> Bishop Kellawe's Register contains the proceedings of his prelacy, both lay and ecclesiastical, and is the earliest Register of the Palatinate of Durham.

63. MEMORIALS OF SAINT DUNSTAN, ARCHBISHOP OF CANTERBURY. *Edited, from various MSS by* WILLIAM STUBBS, M.A., Regius Professor of Modern History, and Fellow of Oriel College, Oxford. 1874.

> This volume contains several lives of Archbishop Dunstan, one of the most celebrated Primates of Canterbury. They open various points of Historical and Literary interest, without which our knowledge of the period would be more incomplete than it is at present.

64. CHRONICON ANGLIÆ, AB ANNO DOMINI 1328 USQUE AD ANNUM 1388, AUCTORE MONACHO QUODAM SANCTI ALBANI. *Edited by* EDWARD MAUNDE THOMPSON, Esq., Barrister-at-Law, and Assistant-Keeper of the Manuscripts in the British Museum. 1874.

> This chronicle gives a circumstantial history of the close of the reign of Edward III. which has hitherto been considered lost.

65. THÓMAS SAGA ERKIBYSKUPS. A LIFE OF ARCHBISHOP THOMAS BECKET, IN ICE LANDIC. Vols. I. and II. *Edited, with English Translation, Notes, and Glossary by* M EIRÍKR MAGNÚSSON, M.A., Sub-Librarian of the University Library, Cambridge. 1875-1884.

> This work is derived from the Life of Becket written by Benedict of Peter-borough, and apparently supplies the missing portions in Benedict's biography.

66. RADULPHI DE COGGESHALL CHRONICON ANGLICANUM. *Edited by* the REV. JOSEPH STEVENSON, M.A. 1875.

> This volume contains the "Chronicon Anglicanum," by Ralph of Coggeshall the "Libellus de Expugnatione Terræ Sanctæ per Saladinum," usually ascribed to the same author, and other pieces of an interesting character.

67. MATERIALS FOR THE HISTORY OF THOMAS BECKET, ARCHBISHOP OF CANTERBURY. Vols. I., II., III., IV., V., and VI. *Edited by* the Rev. JAMES CRAIGIE ROBERTSON, M.A., Canon of Canterbury. 1875-1883.

> This Publication will comprise all contemporary materials for the history of Archbishop Thomas Becket. The first volume contains the life of that cele-brated man, and the miracles after his death, by William, a monk of Canter-bury. The second, the life by Benedict of Peterborough; John of Salisbury, Alan of Tewkesbury; and Edward Grim. The third, the life by William Fitzstephen; and Herbert of Bosham. The fourth, Anonymous lives, Quad-rilogus, &c. The fifth and sixth volumes, the Epistles, and known letters.

68. RADULFI DE DICETO DECANI LUNDONIENSIS OPERA HISTORICA. THE HISTORICAL WORKS OF MASTER RALPH DE DICETO, DEAN OF LONDON. Vols. I. and II. *Edited, from the Original Manuscripts, by* WILLIAM STUBBS, M.A., Regius Professor of Modern History, and Fellow of Oriel College, Oxford. 1876.

> The Historical Works of Ralph de Diceto are some of the most valuable materials for British History. The Abbreviationes Chronicorum extend from the Creation to 1147, and the Ymagines Historiarum to 1201.

69. ROLL OF THE PROCEEDINGS OF THE KING'S COUNCIL IN IRELAND, FOR A PORTION OF THE 16TH YEAR OF THE REIGN OF RICHARD II. 1392-93. *Edited by* the Rev. JAMES GRAVES, A.B. 1877.

> This Roll throws considerable light on the History of Ireland at a period little known. It seems the only document of the kind extant.

70. HENRICI DE BRACTON DE LEGIBUS ET CONSUETUDINIBUS ANGLIÆ LIBRI QUINQUE IN VARIOS TRACTATUS DISTINCTI. AD DIVERSORUM ET VETUSTISSIMORUM CODI-CUM COLLATIONEM TYPIS VULGATI. Vols. I., II., III., IV., V., and VI. *Edited by* SIR TRAVERS TWISS, Q.C., D.C.L. 1878-1883.

> This is a new edition of Bracton's celebrated work, collated with MSS. in the British Museum; the Libraries of Lincoln's Inn, Middle Temple, and Gray's Inn; Bodleian Library, Oxford; the Bibliothèque Nationale, Paris; &c.

71. THE HISTORIANS OF THE CHURCH OF YORK, AND ITS ARCHBISHOPS. Vol. I. *Edited by* JAMES RAINE, M.A., Canon of York, and Secretary of the Surtees Society. 1879.

> This will form a complete "Corpus Historicum Eboracense," a work very much needed, and of great value to the Historical Inquirer.

72. REGISTRUM MALMESBURIENSE. THE REGISTER OF MALMESBURY ABBEY; PRE SERVED IN THE PUBLIC RECORD OFFICE. Vols. I. and II. *Edited by* J. S. BREWER, M.A., Preacher at the Rolls, and Rector of Toppesfield, and CHARLES TRICE MARTIN, Esq., B.A. 1879, 1880.

> This work illustrates many curious points of history, the growth of society the distribution of land, the relations of landlord and tenant, national history customs, &c.

73. HISTORICAL WORKS OF GERVASE OF CANTERBURY. Vols. I. and II. THE CHRONICLE OF THE REIGNS OF STEPHEN, HENRY II., and RICHARD I., BY GER-VASE, THE MONK OF CANTERBURY. *Edited by* WILLIAM STUBBS, D.D.; Canon Residentiary of St. Paul's, London; Regius Professor of Modern History; and Fellow of Oriel College, Oxford; &c. 1879, 1880.

The Historical Works of Gervase of Canterbury are of great importance, as regards the questions of Church and State, during the period in which he wrote. This work was printed by Twysden, in the "Historiæ Anglicanæ Scriptores X.," more than two centuries ago. The present edition has received critical examination and illustration.

74. HENRICI ARCHIDIACONI HUNTENDUNENSIS HISTORIA ANGLORUM. THE HISTORY OF THE ENGLISH, BY HENRY, ARCHDEACON OF HUNTINGDON, from A.D. 55 to A.D. 1154, in Eight Books. *Edited by* THOMAS ARNOLD, M.A., of University College, Oxford. 1879.

Henry of Huntingdon's work was first printed by Sir Henry Savile, in 1596, in his "Scriptores post Bedam," and reprinted at Frankfort in 1601. Both editions are very rare and inaccurate. The first five books of the History were published in 1848 in the "Monumenta Historica Britannica," which is out of print. The present volume contains the whole of the manuscript of Huntingdon's History in eight books, collated with a manuscript lately discovered at Paris.

75. THE HISTORICAL WORKS OF SYMEON OF DURHAM. Vol. I. *Edited by* THOMAS ARNOLD, M.A., of University College, Oxford. 1882.

The first volume of this edition of the Historical Works of Symeon of Durham, contains the "Historia Dunelmensis Ecclesiæ," and other Works. The second volume will contain the "Historia Regum," &c.

76. CHRONICLES OF THE REIGNS OF EDWARD I. AND EDWARD II. Vols. I. and II. *Edited by* WILLIAM STUBBS, D.D., Canon Residentiary of St. Paul's, London ; Regius Professor of Modern History, and Fellow of Oriel College, Oxford ; &c. 1882, 1883.

The first volume of these Chronicles contains the "Annales Londonienses" and the "Annales Paulini :" the second, I.—Commendatio Lamentabilis in Transitu Magni Regis Edwardi. II.—Gesta Edwardi de Carnarvan Auctore Canonico Bridlingtoniensi. III.—Monachi Cujusdam Malmesberiensis Vita. Edwardi II. IV.—Vita et Mors Edwardi II. Conscripta a Thoma de la Moore.

77. REGISTRUM EPISTOLARUM FRATRIS JOHANNIS PECKHAM, ARCHIEPISCOPI CANTUARIENSIS. Vols. I. and II. *Edited by* CHARLES TRICE MARTIN, ESQ., B.A., F.S.A. 1882, 1884.

These Letters are of great value for the illustration of English Ecclesiastical History.

78. THE REGISTER OF S. OSMUND. *Edited by* the Rev. W. H. RICH JONES, M.A., F.S.A., Canon of Salisbury, and Vicar of Bradford-on-Avon. Vol. I. 1883.

This Register, of which a complete copy is here printed for the first time, is among the most ancient, and certainly the most treasured, of the muniments of the Bishops of Salisbury. It derives its name from containing the statutes, rules, and orders made or compiled by S. Osmund, to be observed in the Cathedral and Diocese of Salisbury. The first 19 folios contain the "Consuetudinam," the exposition, as regards ritual, of the "Use of Sarum."

In the Press.

CHRONICLE OF ROBERT OF BRUNNE. *Edited by* FREDERICK JAMES FURNIVALL, ESQ., M.A., of Trinity Hall, Cambridge, Barrister-at-Law.

THE METRICAL CHRONICLE OF ROBERT OF GLOUCESTER. *Edited by* WILLIAM ALDIS WRIGHT, Esq., M.A.

A COLLECTION OF SAGAS AND OTHER HISTORICAL DOCUMENTS relating to the Settlements and Descents of the Northmen on the British Isles. *Edited by* Sir GEORGE WEBBE DASENT, D.C.L., Oxon., and M. GUDBRAND VIGFUSSON, M.A.

RECUEIL DES CRONIQUES ET ANCHIENNES ISTORIES DE LA GRANT BRETAIGNE A PRESENT NOMME ENGLETERRE, par JEHAN DE WAURIN. Vol. IV. 1431–1443. *Edited by* WILLIAM HARDY, Esq., F.S.A., and EDWARD L. C. P. HARDY, Esq., F.S.A., of Lincoln's Inn, Barrister-at-Law.

LESTORIE DES ENGLES SOLUM GEFFREI GAIMAR. *Edited by* Sir THOMAS DUFFUS HARDY, D.C.L., Deputy Keeper of the Public Records; *continued by* FRANK SCOTT HAYDON, Esq., B.A.

THE HISTORIANS OF THE CHURCH OF YORK, AND ITS ARCHBISHOPS. Vol. II. *Edited by* JAMES RAINE, D.C.L., Canon of York, and Secretary of the Surtees Society.

THE REGISTER OF S. OSMUND *Edited by* the Rev. W. H. RICH JONES, M.A., F.S.A., Canon of Salisbury, and Vicar of Bradford-on-Avon. Vol. II.

CHARTULARY OF ST. MARY'S ABBEY, NEAR DUBLIN, preserved in the Bodleian Library. *Edited by* JOHN THOMAS GILBERT, Esq., F.S.A., M.R.I.A.

CHARTULARY OF THE ANCIENT BENEDICTINE ABBEY OF RAMSEY, from the MS. in the Public Record Office. *Edited by* WILLIAM HENRY HART, Esq., F.S.A., and the Rev. PONSONBY ANNESLEY LYONS.

CHRONICLE OF THE ANCIENT ABBEY OF RAMSEY, from the Chartulary of that Abbey, in the Public Record Office. *Edited by* the Rev. WILLIAM DUNN MACRAY, M.A., F.S.A., Rector of Ducklington, Oxon.

EADMERI HISTORIÆ NOVORUM SIVE SUI SÆCULI LIBRI SEX ; and, VITA ANSELMI CANTUARIENSIS ARCHIEPISCOPI, AUCTORE EADMERO. *Edited by* the Rev. MARTIN RULE, M.A.

POLYCHRONICON RANULPHI HIGDEN, with Trevisa's Translation. Vol. IX. *Edited by* the Rev. JOSEPH RAWSON LUMBY, D.D., Norrisian Professor of Divinity, Vicar of St. Edward's, Fellow of St. Catherine's College, and late Fellow of Magdalene College, Cambridge.

CHRONICLE OF WILLIAM OF NEWBURY. *Edited by* RICHARD HOWLETT, Esq., of the Middle Temple, Barrister-at-Law.

THE TRIPARTITE LIFE OF ST. PATRICK, with other documents relating to that Saint. *Edited by* WHITLEY STOKES, Esq., LL.D., of Jesus College, Oxford.

In Progress.

DESCRIPTIVE CATALOGUE OF MANUSCRIPTS RELATING TO THE HISTORY OF GREAT BRITAIN AND IRELAND. Vol. IV. ; 1327, &c. *By* Sir THOMAS DUFFUS HARDY, D.C.L., Deputy Keeper of the Public Records.

THE HISTORICAL WORKS OF SYMEON OF DURHAM. Vol. II. *Edited by* THOMAS ARNOLD, M.A., of University College, Oxford.

MATERIALS FOR THE HISTORY OF THOMAS BECKET, ARCHBISHOP OF CANTERBURY. Vol. VII.

YEAR BOOKS OF THE REIGN OF EDWARD III. Years 12–16. *Edited and translated by* LUKE OWEN PIKE, Esq., M.A., of Lincoln's Inn, Barrister-at-Law.

WILLELMI MONACHI MALMESBERIENSIS DE REGUM GESTIS ANGLORUM, LIBRI V. ; ET HISTORIÆ NOVELLÆ, LIBRI III. *Edited by* WILLIAM STUBBS, D.D., Canon Residentiary of St. Paul's, London; Regius Professor of Modern History, and Fellow of Oriel College, Oxford, &c.

THE TREATISE "DE PRINCIPUM INSTRUCTIONE," of GIRALDUS CAMBRENSIS ; with an Index to the first four volumes of the "Works of Giraldus Cambrensis," edited by the Rev. J. S. Brewer. *Edited by* GEORGE F. WARNER, Esq., of the Department of MSS., British Museum.

REGISTRUM EPISTOLARUM FRATRIS J. PECKHAM, ARCHIEPISCOPI CANTUARIENSIS. Vol. III. *Edited by* CHARLES TRICE MARTIN, Esq., B.A., F.S.A.

PUBLICATIONS OF
THE RECORD COMMISSIONERS, &c.

[In boards or cloth.]

ROTULORUM ORIGINALIUM IN CURIÂ SCACCARII ABBREVIATIO. Henry III.—Edward III. *Edited by* HENRY PLAYFORD, Esq. 2 Vols. folio (1805—1810). 25*s.*, or 12*s.* 6*d.* each.

CALENDARIUM INQUISITIONUM POST MORTEM SIVE ESCAETARUM. Henry III.— Richard III. *Edited by* JOHN CALEY and JOHN BAYLEY, Esqrs. Vols. 3 and 4, folio (1821—1828): Vol. 3, 21*s.*; Vol. 4, 24*s.*

LIBRORUM MANUSCRIPTORUM BIBLIOTHECÆ HARLEIANÆ CATALOGUS. Vol. 4. *Edited by* the Rev. T. HARTWELL HORNE. Folio (1812), 18*s.*

ABBREVIATIO PLACITORUM. Richard I.—Edward II. *Edited by* the Right Hon. GEORGE ROSE and W. ILLINGWORTH, Esq. 1 Vol. folio (1811), 18*s.*

LIBRI CENSUALIS vocati DOMESDAY-BOOK, INDICES. *Edited by* Sir HENRY ELLIS. Folio (1816), (Domesday-Book, Vol. 3). 21*s.*

LIBRI CENSUALIS vocati DOMESDAY-BOOK, ADDITAMENTA EX CODIC. ANTIQUISS. *Edited by* Sir HENRY ELLIS. Folio (1816), (Domesday-Book, Vol. 4), 21*s.*

STATUTES OF THE REALM. *Edited by* Sir T. E. TOMLINS, JOHN RAITHBY, JOHN CALEY, and WM. ELLIOTT, Esqrs. Vols. 7, 8, 9, 10, and 11, including 2 Vols. of Indices, large folio (1819—1828). 31*s.* 6*d.* each; except the Indices, 30*s.* each.

VALOR ECCLESIASTICUS, temp. Hen. VIII., Auctoritate Regia institutus. *Edited by* JOHN CALEY, Esq., and the Rev. JOSEPH HUNTER. Vols. 3 to 6 folio (1817–1834). 25*s.* each.

*** The Introduction, separately, 8vo. 2*s.* 6*d.*

ROTULI SCOTIÆ IN TURRI LONDINENSI ET IN DOMO CAPITULARI WESTMONASTERIENSI ASSERVATI. 19 Edward I.—Henry VIII. *Edited by* DAVID MACPHERSON, JOHN CALEY, and W. ILLINGWORTH, Esqrs., and the Rev. T. HARTWELL HORNE. Vol. 2, folio (1819). 21*s.*

FŒDERA, CONVENTIONES, LITTERÆ, &c.; or, RYMER'S FŒDERA, New Edition, folio. Vol. 3, Part 2, 1361—1377 (1830): Vol. 4, 1377—1383 (1869). *Edited by* JOHN CALEY and FRED. HOLBROOKE, Esqrs. Vol. 3, Part 2, 21*s.*; Vol. 4, 6*s.*

DUCATUS LANCASTRIÆ CALENDARIUM INQUISITIONUM POST MORTEM, &c. Part 3, Calendar to the Pleadings, &c., Henry VII.—13 Elizabeth. Part 4, Calendar to the Pleadings, to end of Elizabeth. (1827—1834.) *Edited by* R. J. HARPER, JOHN CALEY, and WM. MINCHIN, Esqrs. Folio. Part 3 (or Vol. 2), 31*s.* 6*d.*; Part 4 (or Vol. 3), 21*s.*

CALENDARS OF THE PROCEEDINGS IN CHANCERY, ELIZABETH; with Examples of earlier Proceedings from Richard II. *Edited by* JOHN BAYLEY, Esq. Vol. 3 (1832), folio, 21*s.*

PARLIAMENTARY WRITS AND WRITS OF MILITARY SUMMONS, with Records and Muniments relating to Suit and Service due and performed to the King's High Court of Parliament and the Councils of the Realm. *Edited by* Sir FRANCIS PALGRAVE. (1830—1834.) Folio. Vol. 1, Division 1, Edward II., 21*s*; Vol. 2, Division 2, 21*s.*; Vol. 2, Division 3, 42*s.*

ROTULI LITTERARUM CLAUSARUM IN TURRI LONDINENSI ASSERVATI. 2 Vols. folio (1833, 1844). Vol. 1, 1204—1224. Vol. 2, 1224—1227. *Edited by* THOMAS DUFFUS HARDY, Esq. Vol. 1, 63*s.*; Vol. 2, 18*s.*

PROCEEDINGS AND ORDINANCES OF THE PRIVY COUNCIL OF ENGLAND. 10 Richard II.—33 Henry VIII. *Edited by* Sir NICHOLAS HARRIS NICOLAS. 7 Vols. royal 8vo. (1834—1837). 14*s.* each.

ROTULI LITTERARUM PATENTIUM IN TURRI LONDINENSI ASSERVATI. 1201—1216.
Edited by T. DUFFUS HARDY, Esq. 1 Vol. folio (1835), 31s. 6d.
*** The Introduction, separately, 8vo. 9s.

ROTULI CURIÆ REGIS. Rolls and Records of the Court held before the King's
Justiciars or Justices. 6 Richard I.—1 John. *Edited by* Sir FRANCIS
PALGRAVE. 2 Vols. royal 8vo. (1835). 28s.

ROTULI NORMANNIÆ IN TURRI LOND. ASSERVATI. 1200—1205; 1417—1418. *Edited
by* THOMAS DUFFUS HARDY, Esq. 1 Vol. royal 8vo. (1835). 12s. 6d.

ROTULI DE OBLATIS ET FINIBUS IN TURRI LOND. ASSERVATI, temp. Regis Johannis.
Edited by THOMAS DUFFUS HARDY, Esq. 1 Vol. royal 8vo. (1835). 18s.

EXCERPTA E ROTULIS FINIUM IN TURRI LONDINENSI ASSERVATIS. Henry III., 1216—
1272. *Edited by* CHARLES ROBERTS, Esq. 2 Vols. royal 8vo. (1835, 1836;
Vol. 1, 14s.; Vol. 2, 18s.

FINES, SIVE PEDES FINIUM; SIVE FINALES CONCORDIÆ IN CURIÂ DOMINI REGIS.
7 Richard I.—16 John, 1195—1214. *Edited by* the Rev. JOSEPH HUNTER. In
Counties. 2 Vols. royal 8vo. (1835—1844); Vol. 1, 8s. 6d.; Vol. 2, 2s. 6d.

ANCIENT KALENDARS AND INVENTORIES OF THE TREASURY OF HIS MAJESTY'S EX-
CHEQUER; with Documents illustrating its History. *Edited by* Sir FRANCIS
PALGRAVE. 3 Vols. royal 8vo. (1836). 42s.

DOCUMENTS AND RECORDS illustrating the History of Scotland, and the Transactions
between the Crowns of Scotland and England; preserved in the Treasury of
Her Majesty's Exchequer. *Edited by* Sir FRANCIS PALGRAVE. 1 Vol. royal
8vo. (1837). 18s.

ROTULI CHARTARUM IN TURRI LONDINENSI ASSERVATI. 1199—1216. *Edited by*
THOMAS DUFFUS HARDY, Esq. 1 Vol. folio (1837). 30s.

REPORT OF THE PROCEEDINGS OF THE RECORD COMMISSIONERS, 1831—1837. 1 Vol.
folio (1837). 8s.

REGISTRUM vulgariter nuncupatum "The Record of Caernarvon," e codice MS.
Harleiano, 696, descriptum. *Edited by* Sir HENRY ELLIS. 1 Vol. folio
(1838), 31s. 6d.

ANCIENT LAWS AND INSTITUTES OF ENGLAND; comprising Laws enacted under the
Anglo-Saxon Kings, with Translation of the Saxon; the Laws called Edward
the Confessor's; the Laws of William the Conqueror, and those ascribed to
Henry the First; Monumenta Ecclesiastica Anglicana, from 7th to 10th
century; and Ancient Latin Version of the Anglo-Saxon Laws. Glossary,
&c. *Edited by* BENJAMIN THORPE, Esq. 1 Vol. folio (1840), 40s. Or, 2 Vols.
royal 8vo, 30s.

ANCIENT LAWS AND INSTITUTES OF WALES; comprising Laws supposed to be enacted
by Howel the Good, modified by subsequent Regulations prior to the Conquest by Edward the First; and anomalous Laws, consisting principally of
Institutions which continued in force. With Translation. Also, Latin
Transcripts, containing Digests of the Welsh Laws, principally of the
Dimetian Code. Glossary, &c. *Edited by* ANEURIN OWEN, Esq. 1 Vol. folio
(1841), 44s. Or, 2 Vols. royal 8vo., 36s.

ROTULI DE LIBERATE AC DE MISIS ET PRÆSTITIS, Regnante Johanne. *Edited by*
THOMAS DUFFUS HARDY, Esq. 1 Vol. royal 8vo. (1844). 6s.

THE GREAT ROLLS OF THE PIPE, 2, 3, 4 HEN. II., 1155—1158. *Edited by* the Rev.
JOSEPH HUNTER. 1 Vol. royal 8vo. (1844). 4s. 6d.

THE GREAT ROLL OF THE PIPE, 1 RIC. I., 1189—1190. *Edited by* the Rev. JOSEPH
HUNTER. 1 Vol. royal 8vo. (1844). 6s.

DOCUMENTS ILLUSTRATIVE OF ENGLISH HISTORY in the 13th and 14th centuries, from
the Records of the Queen's Remembrancer in the Exchequer. *Edited by*
HENRY COLE, Esq. 1 Vol. fcp. folio (1844), 45s. 6d.

MODUS TENENDI PARLIAMENTUM. An Ancient Treatise on the Mode of holding
the Parliament in England. *Edited by* THOMAS DUFFUS HARDY, Esq. 1 Vol.
8vo. (1846). 2s. 6d.

28

REGISTRUM MAGNI SIGILLI REG. SCOT. in Archivis Publicis asservatum. 1306—1424. *Edited by* THOMAS THOMSON, Esq. Folio (1814). 10s. 6d.

THE ACTS OF THE PARLIAMENTS OF SCOTLAND. Folio (1814—1875). *Edited by* THOMAS THOMSON and COSMO INNES, Esqrs. Vol. 1, 42s. Vols. 5 and 6 (in three Parts), 21s. each Part; Vols. 4, 7, 8, 9, 10, and 11, 10s. 6d. each; Vol. 12 (Index), 63s. Or, complete, 12 Volumes in 13, 12l. 12s.

THE ACTS OF THE LORDS AUDITORS OF CAUSES AND COMPLAINTS (ACTA DOMINORUM AUDITORUM). 1466—1494. *Edited by* THOMAS THOMSON, Esq. Folio (1839). 10s. 6d.

THE ACTS OF THE LORDS OF COUNCIL IN CIVIL CAUSES (ACTA DOMINORUM CONCILII)· 1478—1495. *Edited by* THOMAS THOMSON, Esq. Folio (1839). 10s. 6d.

ISSUE ROLL OF THOMAS DE BRANTINGHAM, Bishop of Exeter, Lord High Treasurer of England, containing Payments out of His Majesty's Revenue, 44 Edward III., 1370. *Edited by* FREDERICK DEVON, Esq. 1 Vol. 4to. (1835), 35s. Or, royal 8vo., 25s.

ISSUES OF THE EXCHEQUER, James I.; from the Pell Records. *Edited by* FREDERICK DEVON, Esq. 1 Vol. 4to (1836), 30s. Or, royal 8vo., 21s.

ISSUES OF THE EXCHEQUER, Henry III.—Henry VI.; from the Pell Records. *Edited by* FREDERICK DEVON, Esq. 1 Vol. 4to. (1837), 40s. Or, royal 8vo., 30s.

HANDBOOK TO THE PUBLIC RECORDS. *By* F. S. THOMAS, Esq., Secretary of the Public Record Office. 1 Vol. royal 8vo (1853). 12s.

HISTORICAL NOTES RELATIVE TO THE HISTORY OF ENGLAND. Henry VIII.—Anne (1509—1714). A Book of Reference for ascertaining the Dates of Events. *By* F. S. THOMAS, Esq. 3 Vols. 8vo. (1856). 40s.

STATE PAPERS, DURING THE REIGN OF HENRY THE EIGHTH: with Indices of Persons and Places. 11 Vols. 4to. (1830—1852), 10s. 6d. each.

Vol. I.—Domestic Correspondence.
Vols. II. & III.—Correspondence relating to Ireland.
Vols. IV. & V.—Correspondence relating to Scotland.
Vols. VI. to XI.—Correspondence between England and Foreign Courts.

WORKS PUBLISHED IN PHOTOZINCOGRAPHY.

DOMESDAY BOOK, or the GREAT SURVEY OF ENGLAND OF WILLIAM THE CONQUEROR, 1086; fac-simile of the Part relating to each county, separately (with a few exceptions of double counties). Photozincographed, by Her Majesty's Command, at the Ordnance Survey Office, Southampton, Colonel Sir HENRY JAMES, R.E., F.R.S., &c., DIRECTOR-GENERAL of the ORDNANCE SURVEY, under the Superintendence of W. BASEVI SANDERS, Esq., Assistant Keeper of Her Majesty's Records. 35 Parts, imperial quarto and demy quarto (1861–1863), boards. *Price 8s.* to 1*l.* 3*s.* each Part, according to size; or, bound in 2 Vols., 20*l.* (*The edition in two volumes is out of print.*)

This important and unique survey of the greater portion of England* is the oldest and most valuable record in the national archives. It was commenced about the year 1084 and finished in 1086. Its compilation was determined upon at Gloucester by William the Conqueror, in council, in order that he might know what was due to him, in the way of tax, from his subjects, and that each at the same time might know what he had to pay. It was compiled as much for their protection as for the benefit of the sovereign. The nobility and people had been grievously distressed at the time by the king bringing over large numbers of French and Bretons, and quartering them on his subjects, "each accord-" ing to the measure of his land," for the purpose of resisting the invasion of Cnut, King of Denmark, which was apprehended. The commissioners appointed to make the survey were to inquire the name of each place; who held it in the time of King Edward the Confessor; the present possessor; how many hides were in the manor; how many ploughs were in demesne; how many homagers; how many villeins; how many cottars; how many serving men; how many free tenants; how many tenants in soccage; how much wood, meadow, and pasture; the number of mills and fish-ponds; what had been added or taken away from the place; what was the gross value in the time of Edward the Confessor; the present value; and how much each free-man or soc-man had, and whether any advance could be made in the value. Thus could be ascertained who held the estate in the time of King Edward; who then held it; its value in the time of the late king; and its value as it stood at the formation of the survey. So minute was the survey, that the writer of the contemporary portion of the Saxon Chronicle records, with some asperity—" So very narrowly he caused it to be " traced out, that there was not a single hide, nor one virgate of land, nor even, " it is shame to tell, though it seemed to him no shame to do, an ox, nor a cow, " nor a swine was left, that was not set down." Domesday Survey is in two parts or volumes. The first, in folio, contains the counties of Bedford, Berks, Bucks, Cambridge, Chester and Lancaster, Cornwall, Derby, Devon, Dorset, Gloucester, Hants, Hereford, Herts, Huntingdon, Kent, Leicester and Rutland, Lincoln, Middlesex, Northampton, Nottingham, Oxford, Salop, Somerset, Stafford, Surrey, Sussex, Warwick, Wilts, Worcester and York. The second volume, in quarto, contains the counties of Essex, Norfolk, and Suffolk. Domesday Book was printed *verbatim et literatim* during the last century, in consequence of an address of the House of Lords to King George III. in 1767. It was not, however, commenced until 1773, and was completed early in 1783. In 1860, Her Majesty's Government, with the concurrence of the Master of the Rolls, determined to apply the art of photozincography to the production of a fac-simile of Domesday Book, under the superintendence of Colonel Sir Henry James, R.E., Director-General of the Ordnance Survey, Southampton. The fac-simile was completed in 1863.

---

* For some reason left unexplained, many parts were left unsurveyed; Northumberland, Cumberland Westmoreland, and Durham, are not described in the survey; nor does Lancashire appear under its proper name; but Furness, and the northern part of Lancashire, as well as the south of Westmoreland, with a part of Cumberland, are included within the West Riding of Yorkshire. That part of Lancashire which lies between the Ribble and Mersey, and which at the time of the survey comprehended 688 manors, is joined to Cheshire. Part of Rutland is described in the counties of Northampton and Lincoln

FAC-SIMILES of NATIONAL MANUSCRIPTS, from WILLIAM THE CONQUEROR to QUEEN ANNE, selected under the direction of the Master of the Rolls, and Photozincographed, by Command of Her Majesty, by Colonel Sir HENRY JAMES, R.E., F.R.S. DIRECTOR-GENERAL of the ORDNANCE SURVEY, and edited by W. BASEVI SANDERS, Assistant Keeper of Her Majesty's Records. *Price*, each Part, with translations and notes, double foolscap folio, 16s.

Part I. (William the Conqueror to Henry VII.). 1865. (*Out of print.*)
Part II. (Henry VIII. and Edward VI.) 1866.
Part III. (Mary and Elizabeth). 1867.
Part IV. (James I. to Anne). 1868.

The first Part extends from William the Conqueror to Henry VII., and contains autographs of the kings of England, as well as of many other illustrious personages famous in history, and some interesting charters, letters patent, and state papers. The second Part, for the reigns of Henry VIII. and Edward VI., consists principally of holograph letters and autographs of kings, princes, statesmen, and other persons of great historical interest, who lived during those reigns. The third Part contains similar documents for the reigns of Mary and Elizabeth, including a signed bill of Lady Jane Grey. The fourth Part concludes the series, and comprises a number of documents taken from the originals belonging to the Constable of the Tower of London ; also several records illustrative of the Gunpowder Plot, and a woodcut containing portraits of Mary Queen of Scots and James VI., circulated by their adherents in England. 1580-3.

FAC-SIMILES OF ANGLO-SAXON MANUSCRIPTS. Photozincographed, by Command of Her Majesty, upon the recommendation of the Master of the Rolls, by the DIRECTOR-GENERAL of the ORDNANCE SURVEY, Lieut.-General J. CAMERON, R.E., C.B., F.R.S., and edited by W. BASEVI SANDERS, Assistant Keeper of Her Majesty's Records. Part I. *Price* 2l. 10s.

The Anglo-Saxon MSS. represented in this volume form the earlier portion of the collection of archives belonging to the Dean and Chapter of Canterbury, and consist of a series of 25 charters, deeds, and wills, commencing with a record of proceedings at the first Synodal Council of Clovestho in 742, and terminating with the first part of a tripartite cheirograph, whereby Thurstan conveyed to the Church of Canterbury land at Wimbish in Essex, in 1049, the sixth year of the reign of Edward the Confessor.

FAC-SIMILES OF ANGLO-SAXON MANUSCRIPTS. Photozincographed, by Command of Her Majesty, upon the recommendation of the Master of the Rolls, by the DIRECTOR-GENERAL of the ORDNANCE SURVEY, Major-General A. COOKE, R.E., C.B., and collected and edited by W. BASEVI SANDERS, Assistant Keeper of Her Majesty's Records. Part II. *Price* 3l. 10s.
Also, separately. Edward the Confessor's Charter. *Price* 2s.

The originals of the Fac-similes contained in this volume belong to the Deans and Chapters of Westminster, Exeter, Wells, Winchester, and Worcester ; the Marquis of Bath, the Earl of Ilchester, Winchester College, Her Majesty's Public Record Office, the Bodleian Library, the Somersetshire Archæological and National History Society's Museum in Taunton Castle, and the Salt Library at Stafford. They consist of charters and other documents granted by, or during the reigns of Baldred, Æthelred, Offa, and Burgred, Kings of Mercia ; Uhtred of the Huiccas, Ceadwalla and Ini of Wessex ; Æthelwulf, Eadward the Elder, Æthelstan, Eadmund the First, Eadred, Eadwig, Eadgar, Eadward the Second, Æthelred the Second, Cnut, Eadward the Confessor, and William the Conqueror, embracing altogether a period of nearly four hundred years. They include the magnificent Charters of Dunstan and Eadward the Confessor to Westminster Abbey, and that of the same King uniting Devon and Cornwall in one see at Exeter. Orc's Guild at Abbotsbury, one of the earliest and most interesting records of these associations known in England, is reproduced in this volume, which finishes—as to date—with a charter of William the Conqueror, in the beginning of his reign, to Exeter, of great beauty and historic interest. The dates of this collection range from A.D. 693 to A.D. 1069.

Public Record Office,
January 1884.

SCOTLAND.

CATALOGUE OF SCOTCH RECORD PUBLICATIONS

PUBLISHED UNDER THE DIRECTION OF

THE LORD CLERK REGISTER OF SCOTLAND.

[OTHER WORKS RELATING TO SCOTLAND WILL BE FOUND AMONG THE PUBLICATIONS OF THE RECORD COMMISSIONERS, see pp. 26–28.]

On Sale by—

MESSRS. LONGMANS & Co., AND MESSRS. TRÜBNER & Co., LONDON ;
MESSRS. JAMES PARKER & Co., OXFORD AND LONDON ;
MESSRS. MACMILLAN & Co., CAMBRIDGE AND LONDON ;
MESSRS. A. & C. BLACK, AND MESSRS. DOUGLAS & FOULIS, EDINBURGH ;
AND MESSRS. A. THOM & Co., DUBLIN.

1. CHRONICLES OF THE PICTS AND SCOTS, AND OTHER EARLY MEMORIALS OF SCOTTISH HISTORY. Royal 8vo., half bound (1867). *Edited by* WILLIAM F. SKENE, LL.D. *Price* 10s. Out of print.

2. LEDGER OF ANDREW HALYBURTON, CONSERVATOR OF THE PRIVILEGES OF THE SCOTCH NATION IN THE NETHERLANDS (1492–1503) ; TOGETHER WITH THE BOOKS OF CUSTOMS AND VALUATION OF MERCHANDISES IN SCOTLAND. *Edited by* COSMO INNES. Royal 8vo., half bound (1867). *Price* 10s.

3. DOCUMENTS ILLUSTRATIVE OF THE HISTORY OF SCOTLAND FROM THE DEATH OF KING ALEXANDER THE THIRD TO THE ACCESSION OF ROBERT BRUCE, from original and authentic copies in London, Paris, Brussels, Lille, and Ghent. In 2 Vols. royal 8vo., half bound (1870). *Edited by* Rev. JOSEPH STEVENSON. *Price* 10s. *each.*

4. ACCOUNTS OF THE LORD HIGH TREASURER OF SCOTLAND. Vol. 1, A.D. 1473–1498. *Edited by* THOMAS DICKSON. 1877. *Price* 10s.

5. REGISTER OF THE PRIVY COUNCIL OF SCOTLAND. *Edited and arranged by* J. H. BURTON, LL.D. Vol. 1, 1545–1569. Vol. 2, 1569–1578. Vol. 3, A.D. 1578–1585. Vol. 4, A.D. 1585–1592. *Edited by* DAVID MASSON, LL.D. 1877–1880. *Price* 15s. *each.* Vols. 5 and 6 in progress.

6. ROTULI SCACCARII REGUM SCOTORUM. THE EXCHEQUER ROLLS OF SCOTLAND. Vol. 1, A.D. 1264–1359. Vol. 2, A.D. 1359–1379. *Edited by* JOHN STUART, LL.D., and GEORGE BURNETT, Lyon King of Arms. 1878–1880. Vol. 3, A.D. 1379–1406. Vol. 4, A.D. 1406–1436 (1880). Vol. 5, A.D. 1437–1454 (1882). *Edited by* GEORGE BURNETT. *Price* 10s. *each.* Vols. 6 and 7 in the press.

7. CALENDAR OF DOCUMENTS RELATING TO SCOTLAND. *Edited by* JOSEPH BAIN. Vol. 1. *Price* 15s. Vol. II. in progress.

8. REGISTER OF THE GREAT SEAL OF SCOTLAND. A.D. 1424–1513 (1882). *Edited by* JAMES BALFOUR PAUL. *Price* 15s. A.D. 1513—1548 in progress.

FAC-SIMILES OF THE NATIONAL MSS. OF SCOTLAND. (*Out of print.*) Parts I., II., and III. *Price* 21s. *each.*

IRELAND.

CATALOGUE OF IRISH RECORD PUBLICATIONS.

On Sale by—

Messrs. LONGMANS & Co., and Messrs. TRÜBNER & Co., London;
Messrs. JAMES PARKER & Co., Oxford and London;
Messrs. MACMILLAN & Co., Cambridge and London;
Messrs. A. & C. BLACK, and Messrs. DOUGLAS & FOULIS, Edinburgh;
and Messrs. A. THOM & Co., Dublin.

CALENDAR OF THE PATENT AND CLOSE ROLLS OF CHANCERY IN IRELAND. HENRY VIII., EDWARD VI., MARY, AND ELIZABETH. *Edited by* JAMES MORRIN, Royal 8vo. (1861–3). Vols. 1, 2, and 3. *Price* 11s. each.

ANCIENT LAWS AND INSTITUTES OF IRELAND.
Senchus Mor. (1865–1880.) Vols. 1, 2, 3, and 4. *Price* 10s. each.
Vol. 5 in the press.

Abstracts of the Irish Patent Rolls of James I. Unbound. *Price* 25s.

Abstracts of the Irish Patent Rolls of James I. With Supplement. *Price* 35s.

FAC-SIMILES of NATIONAL MANUSCRIPTS of IRELAND. *Edited by* JOHN T. GILBERT, F.S.A., M.R.I.A. *Part* 1 *is out of print.* Parts II. and III. *Price* 42s. each. *Part IV.* 1. *Price* 5l. 5s. *Part IV.* 2 *is in the press.*

This work is intended to form a comprehensive Palæographic Series for Ireland. It will furnish characteristic specimens of the documents which have come down from each of the classes which, in past ages, formed principal elements in the population of Ireland, or exercised an influence in her affairs. With these reproductions will be combined fac-similes of writings connected with eminent personages or transactions of importance in the annals of the country to the end of the reign of Queen Anne.

The specimens are reproduced as nearly as possible in accordance with the originals, in dimensions, colouring, and general appearance. Characteristic examples of styles of writing and caligraphic ornamentation are, so far as practicable, associated with subjects of historic and linguistic interest. Descriptions of the various manuscripts are given by the Editor in the Introduction. The contents of the specimens are fully elucidated and printed in the original languages, opposite to the Fac-similes—line for line—without contractions—thus facilitating reference and aiding effectively those interested in palæographic studies.

In the work are also printed in full, for the first time, many original and important historical documents.

Part I. commences with the earliest Irish MSS. extant.
Part II.: From the Twelfth Century to A.D. 1299.
Part III.: From A.D. 1300 to end of reign of Henry VIII.
Part IV. 1.: From reign of Edward VI. to that of James I.
In Part IV. 2.—now in the Press—the Work will be carried down to the eighteenth century.

(*This work is sold also by Letts, Son, & Co. Limited*, 33, *King William Street*; *E. Stanford, Charing Cross*; *J. Wyld, Charing Cross*; *B. Quaritch*, 15, *Piccadilly*; *W. & A. K. Johnston, Edinburgh*; *and Hodges, Figgis & Co., Dublin*.)

ACCOUNT OF FAC-SIMILES OF NATIONAL MANUSCRIPTS OF IRELAND. Parts I. and II. together. *Price* 2s. 6d. Part II. *Price* 1s. 6d Part III. *Price* 1s. Part IV. 1. *Price* 2s.

Stationery Office,
October 1883.

Lightning Source UK Ltd.
Milton Keynes UK
UKHW041126021218
333334UK00001B/70/P